大学赤本シリーズ

419

明星大学

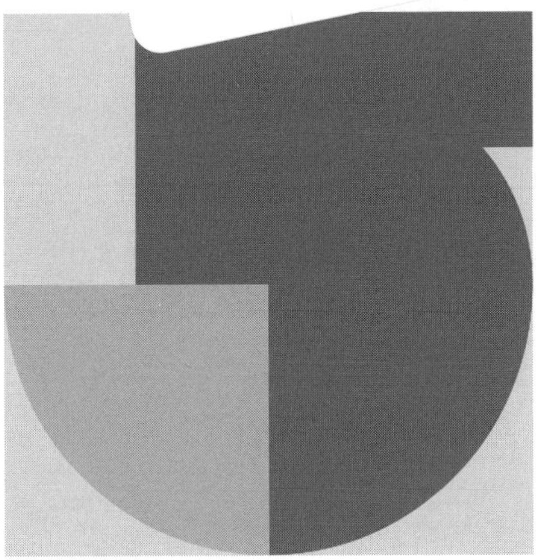

教学社

は　し　が　き

おかげさまで，大学入試の「赤本」は，今年で創刊 70 周年を迎えました。

これまで，入試問題や資料をご提供いただいた大学関係者各位，掲載許可をいただいた著作権者の皆様，各科目の解答や対策の執筆にあたられた先生方，そして，赤本を使用してくださったすべての読者の皆様に，厚く御礼を申し上げます。

以下に，創刊初期の「赤本」のはしがきを引用します。これからも引き続き，受験生の目標の達成や，夢の実現を応援してまいります。

本書を活用して，入試本番では持てる力を存分に発揮されることを心より願っています。

編者しるす

＊　＊　＊

学問の塔にあこがれのまなざしをもって，それぞれの志望する大学の門をたたかんとしている受験生諸君！　人間として生まれてきた私たちは，自己の欲するままに，美しく，強く，そして何よりも人間らしく生きることをねがっている。しかし，一朝一夕にして，この純粋なのぞみが達せられることはない。私たちの行く手には，絶えずさまざまな試練がまちかまえている。この試練を克服していくところに，私たちのねがう真に人間的な世界がはじめて開かれてくるのである。

人生最初の最大の試練として，諸君の眼前に大学入試がある。この大学入試は，精神的にも身体的にも，大きな苦痛を感ぜしめるであろう。あるスポーツに熟達するには，たゆみなき，はげしい練習を積み重ねることが必要であるように，私たちは，計画的・持続的な努力を払うことによって，この試練を克服し，次の一歩を踏みだすことができる。厳しい試練を経たのちに，はじめて満足すべき成果を獲得できるのである。

本書は最近の入学試験の問題に，それぞれ解答を付し，さらに問題をふかく分析することによって，その大学独特の傾向や対策をさぐろうとした。本書を一般の参考書とあわせて使用し，まとはずれのない，効果的な受験勉強をされるよう期待したい。

（昭和 35 年版「赤本」はしがきより）

挑む人の、いちばんの味方

赤本創刊70周年

1954年に大学入試の過去問題集を刊行してから70年。赤本は大学に入りたいと思う受験生を応援しつづけてきました。これからも，苦しいとき落ち込むときにそばで支える存在でいたいと思います。

そして，勉強をすること，自分で道を決めること，努力が実ること，これらの喜びを読者の皆さんが感じることができるよう，伴走をつづけます。

そもそも赤本とは…

受験生のための大学入試の過去問題集！

70年の歴史を誇る赤本は，500点を超える刊行点数で全都道府県の370大学以上を網羅しており，過去問の代名詞として受験生の必須アイテムとなっています。

なぜ受験に過去問が必要なのか？

大学入試は大学によって問題形式や頻出分野が大きく異なるからです。

赤本の掲載内容

傾向と対策

これまでの出題内容から，問題の「**傾向**」を分析し，来年度の入試に向けて具体的な「**対策**」の方法を紹介しています。

問題編・解答編

- 年度ごとに問題とその解答を掲載しています。
- 「**問題編**」ではその年度の試験概要を確認したうえで，実際に出題された過去問に取り組むことができます。
- 「**解答編**」には高校・予備校の先生方による解答が載っています。

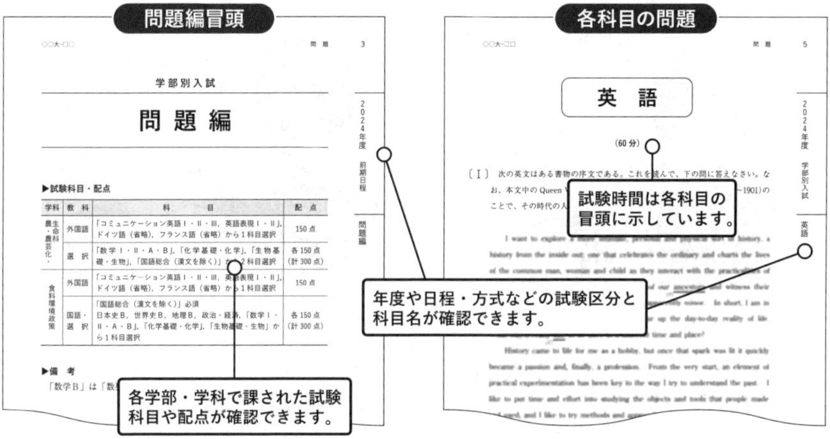

他にも，大学の基本情報や，先輩受験生の合格体験記，在学生からのメッセージなどが載っていることがあります。

掲載内容について

著作権上の理由やその他編集上の都合により問題や解答の一部を割愛している場合があります。なお，指定校推薦入試，社会人入試，編入学試験，帰国生入試などの特別入試，英語以外の外国語科目，商業・工業科目は，原則として掲載しておりません。また試験科目は変更される場合がありますので，あらかじめご了承ください。

受験勉強は

過去問に始まり,

STEP 1 なにはともあれ

まずは解いてみる

しずかに…
今，自分の心と
向き合ってるんだから
ムーン
それは
問題を解いて
からだホン!

過去問は，**できるだけ早いうちに解く**のがオススメ！
実際に解くことで，**出題の傾向，問題のレベル，今の自分の実力**がつかめます。

STEP 2 じっくり具体的に

弱点を分析する

分析の結果だけど
英・数・国が苦手みたい
スリー
必須科目だホン
頑張るホン

間違いは自分の弱点を教えてくれる**貴重な情報源**。
弱点から自己分析することで，**今の自分に足りない力や苦手な分野**が見えてくるはず！

合格者があかす 赤本の使い方

傾向と対策を熟読
（Fさん／国立大合格）
大学の出題傾向を調べるために，赤本に載っている「傾向と対策」を熟読しました。

繰り返し解く
（Tさん／国立大合格）
１周目は問題のレベル確認，２周目は苦手や頻出分野の確認に，３周目は合格点を目指して，と過去問は繰り返し解くことが大切です。

過去問に終わる。

STEP 3

志望校にあわせて

苦手分野の重点対策

明日からはみんなで頑張るよ！
参考書も！ 問題集も！
よろしくね！
呼んだ？
なにを!?
どこから!?
グッ
グッ

参考書や問題集を活用して，苦手分野の**重点対策**をしていきます。**過去問を指針**に，合格へ向けた具体的な学習計画を立てましょう！

STEP 1 ▶ 2 ▶ 3

サイクルが大事！

実践を繰り返す

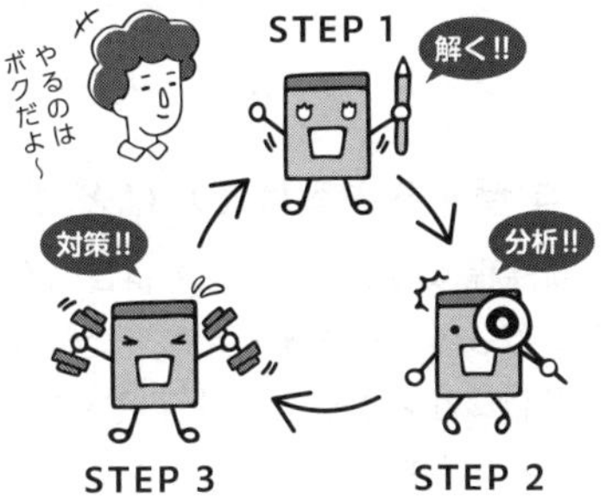

STEP 1～3を繰り返し，実力アップにつなげましょう！
出題形式に慣れることや，**時間配分を考えること**も大切です。

目標点を決める

(Yさん／私立大合格)

赤本によっては合格者最低点が載っているので，それを見て目標点を決めるのもよいです。

時間配分を確認

(Kさん／私立大学合格)

赤本は時間配分や解く順番を決めるために使いました。

添削してもらう

(Sさん／私立大学合格)

記述式の問題は先生に添削してもらうことで自分の弱点に気づけると思います。

新課程入試 Q&A

2022年度から新しい学習指導要領（新課程）での授業が始まり，2025年度の入試は，新課程に基づいて行われる最初の入試となります。ここでは，赤本での新課程入試の対策について，よくある疑問にお答えします。

Q1. 赤本は新課程入試の対策に使えますか？

A. もちろん使えます！

旧課程入試の過去問が新課程入試の対策に役に立つのか疑問に思う人もいるかもしれませんが，心配することはありません。旧課程入試の過去問が役立つのには次のような理由があります。

● 学習する内容はそれほど変わらない

新課程は旧課程と比べて科目名を中心とした変更はありますが，学習する内容そのものはそれほど大きく変わっていません。また，多くの大学で，既卒生が不利にならないよう「経過措置」がとられます（Q３参照）。したがって，出題内容が大きく変更されることは少ないとみられます。

● 大学ごとに出題の特徴がある

これまでに課程が変わったときも，各大学の出題の特徴は大きく変わらないことがほとんどでした。入試問題は各大学のアドミッション・ポリシーに沿って出題されており，過去問にはその特徴がよく表れています。過去問を研究してその大学に特有の傾向をつかめば，最適な対策をとることができます。

出題の特徴の例	・英作文問題の出題の有無 ・論述問題の出題（字数制限の有無や長さ） ・計算過程の記述の有無

新課程入試の対策も，赤本で過去問に取り組むところから始めましょう。

Q2. 赤本を使う上での注意点はありますか？

A. 志望大学の入試科目を確認しましょう。

過去問を解く前に，過去の出題科目（問題編冒頭の表）と 2025 年度の募集要項とを比べて，課される内容に変更がないかを確認しましょう。ポイントは以下のとおりです。科目名が変わっていても，実際は旧課程の内容とほとんど同様のものもあります。

英語・国語	科目名は変更されているが，実質的には変更なし。 ▶▶ **ただし，リスニングや古文・漢文の有無は要確認。**
地歴	科目名が変更され，「歴史総合」「地理総合」が新設。 ▶▶ **新設科目の有無に注意。ただし，「経過措置」(Q3参照)により内容は大きく変わらないことも多い。**
公民	「現代社会」が廃止され，「公共」が新設。 ▶▶ **「公共」は実質的には「現代社会」と大きく変わらない。**
数学	科目が再編され，「数学 C」が新設。 ▶▶ **「数学」全体としての内容は大きく変わらないが，出題科目と単元の変更に注意。**
理科	科目名も学習内容も大きな変更なし。

数学については，科目名だけでなく，どの単元が含まれているかも確認が必要です。例えば，出題科目が次のように変わったとします。

旧課程	「数学Ⅰ・数学Ⅱ・数学Ａ・数学Ｂ（数列・ベクトル）」
新課程	「数学Ⅰ・数学Ⅱ・数学Ａ・**数学Ｂ（数列）・数学Ｃ（ベクトル）**」

この場合，新課程では「数学Ｃ」が増えていますが，単元は「ベクトル」のみのため，実質的には旧課程とほぼ同じであり，過去問をそのまま役立てることができます。

Q3. 「経過措置」とは何ですか？

A. 既卒の旧課程履修者への対応です。

多くの大学では，既卒の旧課程履修者が不利にならないように，出題において「経過措置」が実施されます。措置の有無や内容は大学によって異なるので，募集要項や大学のウェブサイトなどで確認しておきましょう。

○旧課程履修者への経過措置の例

- 旧課程履修者にも配慮した出題を行う。
- 新・旧課程の共通の範囲から出題する。
- 新課程と旧課程の共通の内容を出題し，共通範囲のみでの出題が困難な場合は，旧課程の範囲からの問題を用意し，選択解答とする。

例えば，地歴の出題科目が次のように変わったとします。

旧課程	「日本史 B」「世界史 B」から１科目選択
新課程	「**歴史総合**，日本史探究」「**歴史総合**，世界史探究」から１科目選択※ ※旧課程履修者に不利益が生じることのないように配慮する。

「歴史総合」は新課程で新設された科目で，旧課程履修者には見慣れないものですが，上記のような経過措置がとられた場合，新課程入試でも旧課程と同様の学習内容で受験することができます。

要チェックだホン

新課程の情報は WEB もチェック！
より詳しい解説が赤本ウェブサイトで見られます。
https://akahon.net/shinkatei/

科目名が変更される教科・科目

	旧課程	新課程
国語	国語総合 国語表現 現代文A 現代文B 古典A 古典B	現代の国語 言語文化 論理国語 文学国語 国語表現 古典探究
地歴	日本史A 日本史B 世界史A 世界史B 地理A 地理B	歴史総合 日本史探究 世界史探究 地理総合 地理探究
公民	現代社会 倫理 政治・経済	公共 倫理 政治・経済
数学	数学Ⅰ 数学Ⅱ 数学Ⅲ 数学A 数学B 数学活用	数学Ⅰ 数学Ⅱ 数学Ⅲ 数学A 数学B 数学C
外国語	コミュニケーション英語基礎 コミュニケーション英語Ⅰ コミュニケーション英語Ⅱ コミュニケーション英語Ⅲ 英語表現Ⅰ 英語表現Ⅱ 英語会話	英語コミュニケーションⅠ 英語コミュニケーションⅡ 英語コミュニケーションⅢ 論理・表現Ⅰ 論理・表現Ⅱ 論理・表現Ⅲ
情報	社会と情報 情報の科学	情報Ⅰ 情報Ⅱ

目　次

2022年度 問題と解答

●一般選抜（前期A方式）
※ 2024 年度のⅠ期 4 教科型・3 教科型

掲載内容についてのお断り

- 一般選抜の代表的な１日程を掲載しています。
- 総合型選抜は掲載していません。

UNIVERSITY GUIDE

大学情報

基本情報

学部・学科等の構成

大学

●理工学部

総合理工学科（物理学コース，化学・生命科学コース，機械工学コース，電気工学コース）

●人文学部

国際コミュニケーション学科

日本文化学科

人間社会学科

福祉実践学科

●経済学部

経済学科

●情報学部

情報学科

●教育学部

教育学科（小学校教員コース，教科専門コース〈国語コース，社会コース，数学コース，理科コース，音楽コース，美術コース，保健体育コース，英語コース〉，特別支援教員コース，子ども臨床コース）

●経営学部

経営学科

●デザイン学部

デザイン学科

●心理学部

心理学科

●建築学部

建築学科

●データサイエンス学環

大学院

理工学研究科 / 人文学研究科 / 情報学研究科 / 経済学研究科 / 教育学研究科 / 心理学研究科 / 建築学研究科*

＊ 2025 年 4 月開設

大学所在地

明星大学

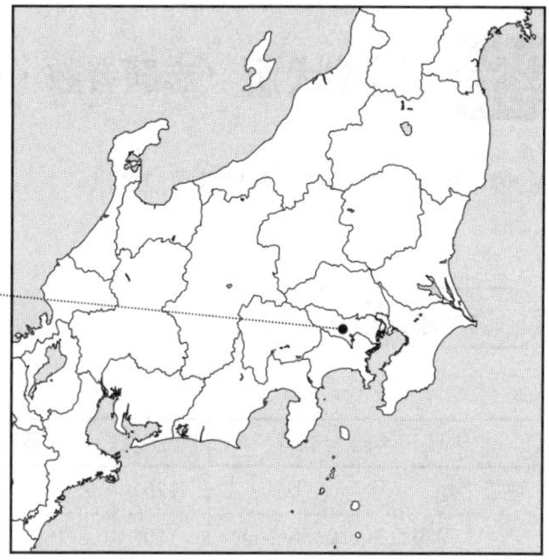

〒191-8506　東京都日野市程久保 2 - 1 - 1

2024年度入試データ

入試状況（志願者数・競争率など）

○競争率は受験者数÷合格者数で算出。

一般選抜

（ ）内は女子内数

学環・学部・学科		募集人員	志願者数	受験者数	合格者数	競争率
理工	総合理工	126	2,186(446)	2,065(438)	825(197)	2.5
人文	国際コミュニケーション	10	160(89)	155(85)	81(56)	1.9
	日本文化	18	191(93)	181(91)	161(82)	1.1
	人間社会	14	279(110)	258(100)	118(45)	2.2
	福祉実践	7	123(59)	111(54)	103(51)	1.1
経済	経済	70	774(184)	716(163)	534(125)	1.3
情報	情報	57	809(152)	770(149)	485(105)	1.6
教育	教育	108	2,895(1,260)	2,775(1,221)	910(460)	3.0
経営	経営	6	397(151)	361(128)	57(16)	6.3
デザイン	デザイン	16	326(150)	305(141)	167(72)	1.8
心理	心理	16	488(257)	462(241)	131(66)	3.5
建築	建築	28	501(168)	473(158)	307(108)	1.5
データサイエンス		9	225(54)	212(54)	124(38)	1.7

（備考）一般選抜Ⅰ期・Ⅱ期の合計。

大学入学共通テスト利用選抜

（　）内は女子内数

学環・学部・学科		募集人員	志願者数	受験者数	合格者数	競争率
理工	総合理工	40	1,173(277)	1,173(277)	504(131)	2.3
人文	国際コミュニケーション	7	96(63)	96(63)	43(35)	2.2
	日本文化	8	145(84)	145(84)	131(80)	1.1
	人間社会	10	210(98)	210(98)	68(39)	3.1
	福祉実践	5	61(41)	61(41)	55(38)	1.1
経済	経済	15	444(114)	444(114)	332(91)	1.3
情報	情報	39	497(102)	496(101)	250(68)	2.0
教育	教育	65	2,119(1,080)	2,119(1,080)	576(327)	3.7
経営	経営	4	223(90)	223(90)	65(28)	3.4
デザイン	デザイン	16	229(118)	229(118)	127(75)	1.8
心理	心理	14	247(155)	247(155)	17(12)	14.5
建築	建築	17	312(99)	312(99)	142(51)	2.2
データサイエンス		7	160(43)	160(43)	121(35)	1.3

（備考）大学入学共通テスト利用選抜Ⅰ期・Ⅱ期の合計。

募集要項（出願書類）の入手方法

インターネット出願が導入されています。募集要項は，大学ホームページで確認できるほか，直接請求することも可能です。なお，テレメールからも請求できます。

問い合わせ先

明星大学　アドミッションセンター
〒191-8506　東京都日野市程久保 2-1-1
TEL　042-591-5793
URL　https://www.meisei-u.ac.jp/

明星大学のテレメールによる資料請求方法

スマートフォンから　QRコードからアクセスしガイダンスに従ってご請求ください。
パソコンから　教学社 赤本ウェブサイト(akahon.net)から請求できます。

〈大学からのお知らせ〉

明星大学では赤本オンラインにて，本冊子に掲載していない下記の試験問題を限定公開しております。

【2024 年度】

- 一般選抜Ⅰ期（２教科型）
- 一般選抜Ⅰ期（検定＋１教科型）
- 一般選抜Ⅱ期（３教科型・２教科型）

【2023 年度】

- 一般選抜前期Ｂ方式
- 一般選抜後期Ａ方式
- 一般選抜後期Ｂ・ＢＣ方式

明星大学が主催する一般選抜向けのイベント等に参加することで，閲覧に必要な ID とパスワードを発行することができます。

下記 QR コードからアクセスし，利用規約に同意の上，発行された ID とパスワードを入力することで閲覧が可能となります。詳細は明星大学の公式 WEB サイトをご確認ください。

【明星大学公式 WEB サイト】

https://opencampus.meisei-u.ac.jp/

【赤本オンライン】

https://akahon.net/kkm/mse/

TREND & STEPS

傾向と対策

科目ごとに問題の「傾向」を分析し，具体的にどのような「対策」をすればよいか紹介しています。まずは出題内容をまとめた分析表を見て，試験の概要を把握しましょう。

注意

「傾向と対策」で示している，出題科目・出題範囲・試験時間等については，2024 年度までに実施された入試の内容に基づいています。2025 年度入試の選抜方法については，各大学が発表する学生募集要項を必ずご確認ください。

英　語

年度	番号	項　目	内　容
2024 ●	〔1〕	読　　解	内容説明
	〔2〕	読　　解	内容説明
	〔3〕	読　　解	内容説明
	〔4〕	文法・語彙	空所補充
	〔5〕	文法・語彙	語句整序
	〔6〕	会 話 文	会話の状況，空所補充
2023 ●	〔1〕	読　　解	内容説明
	〔2〕	読　　解	内容説明，内容真偽
	〔3〕	読　　解	内容真偽，内容説明
	〔4〕	文法・語彙	空所補充
	〔5〕	文法・語彙	語句整序
	〔6〕	会 話 文	会話の状況，空所補充
2022 ●	〔1〕	読　　解	内容説明
	〔2〕	読　　解	内容説明
	〔3〕	読　　解	内容説明
	〔4〕	文法・語彙	空所補充
	〔5〕	文法・語彙	語句整序
	〔6〕	会 話 文	会話の状況，空所補充

（注）●印は全問，◑印は一部マークシート式採用であることを表す。

読解英文の主題

年度	番号	内　容
2024	〔1〕	オリエント急行
	〔2〕	マウンテンゴリラ
2023	〔1〕	カーニバル
	〔2〕	プラスチックによる汚染
2022	〔1〕	動物福祉や持続可能性を考慮した衣服の製造
	〔2〕	私を野球に連れてって

傾向 基本的な読解力，文法・語彙力，会話の力を問う

01 出題形式は？

例年，大問6題の出題で，読解3題，文法・語彙2題，会話文1題となっている。全問マークシート式で，試験時間は60分。〔4〕〔5〕の文法・語彙問題は，2022年度はそれぞれ10問であったが，2023・2024年度はそれぞれ5問となった。

02 出題内容はどうか？

読解問題は，各問の英文の空所を埋めて本文の内容に合う文を完成させるものや，英語の質問に対する答えを選ぶものなどが中心となっている。また，過去には本文の主題を選ぶ問題が出題されたこともある。〔3〕では，TOEICのリーディング問題のような，複数のメール文や図表からの内容説明問題が出題されている。

文法・語彙問題は，例年，1題が最も適切な語句を補充し，短文を完成させる空所補充問題，もう1題は語句整序の問題である。どちらも，日本語が与えられてはいないが，それほど複雑な英文ではない。

会話文問題は，例年，応答として最も適切なものを選ぶ問題や，会話の状況を問うものが出題されている。いずれも，日常的な会話である。

03 難易度は？

全体として標準的な問題であるが，やや難しい問題も含まれている。〔1〕〔2〕の読解問題には語彙や構文の点で大学入学共通テストよりやや高いレベルのものもみられる。〔3〕はここ数年，メールのやり取りの形で出題され，図表が使われることもある。〔6〕の会話文問題は比較的平易と言える。読解問題に落ち着いて取り組めるように時間配分を考えよう。試験時間が60分なので，読解問題や難問にあまり時間を取られないようにする必要がある。

対策

01 読　解

英文読解に必要な知識は3つ。語彙・文法・構文である。まずはこれらの知識を身につけるようにしよう。語彙力は『英単語ターゲット 1900』(旺文社）などの単語集を使って毎日コツコツと養っていこう。また『速読英単語』（Z会）などを活用して，英文を読むスピードを上げる練習にも取り組むようにしよう。内容を問う問題は，しっかりと本文の該当箇所を見つけて解答するようにすること。過去問や標準レベルの長文問題集，例えば『やっておきたい英語長文 500』（河合出版)，『大学入試 レベル別英語長文問題ソリューション最新テーマ編1 スタンダードレベル』（かんき出版）などで練習するのもよいだろう。できるならば，複数のメール文，図表などを使った問題に慣れるために，『TOEIC L&R TEST 初心者特急パート7』（朝日新聞出版）を1冊仕上げることをおすすめする。

02 文法・語彙対策

文法・語彙の基本的な力を養成することが何より大切である。『大学入試 すぐわかる英文法』（教学社）のような文法をわかりやすく解説した問題集を1冊仕上げ，基本的な構文をしっかりマスターすること。前置詞や接続詞，副詞の問題もあるので，『風呂で覚える英熟語』（教学社）などでできる限り覚えておこう。

03 会話文

空所の前後の発言から場面にふさわしい内容を問う問題が出題されているので，会話の流れをつかむスピードを上げるようにしよう。また，会話が行われている場面を問う問題の対策としては，単語が手がかりになることも多いので，店や公共施設で使う語は確認しておこう。

日本史

年度	番号	内 容	形 式
2024 ●	〔1〕	平安時代後期の政治	選択・正誤
	〔2〕	幕末の政治	選 択
	〔3〕	「井上馨の提言」「尾崎行雄の演説」「石井・ランシング協定」─近代の政治 ⊘史料	選択・配列
	〔4〕	「カイロ宣言」─近代の外交 ⊘史料	選 択
	〔5〕	国風文化	選 択
2023 ●	〔1〕	奈良時代の政治	選択・正誤
	〔2〕	松姫の生涯	選択・配列
	〔3〕	近代の経済	選択・正誤・配列
	〔4〕	近現代の日露関係	選 択
	〔5〕	狩野派の歴史	選 択
2022 ●	〔1〕	「蒙古の牒状」「足利義満の国書」「バテレン追放令」─中世～近世の政治・外交・文化 ⊘史料	正誤・選択
	〔2〕	江戸時代の災害 ⊘年表・史料	配列・選択・正誤
	〔3〕	明治時代の東京	選択・配列・正誤
	〔4〕	「近衛声明」─昭和期の政治・外交 ⊘史料	選 択
	〔5〕	元禄文化	選 択

（注） ●印は全問，◐印は一部マークシート式採用であることを表す。

傾向　教科書中心の標準的な問題　文化史が頻出

01 出題形式は？

例年，大問5題の出題で，解答個数は各大問10個ずつの計50個となっている。全問マークシート式による選択問題で，試験時間は60分。リード文や史料などが与えられ，そのなかの空所に入る語句を選択させる問題のほか，関連する語句・年代や正誤の組合せを選択させる設問が出題され，年代順に並べさせる配列問題もみられる。

なお，2025年度は出題科目が「歴史総合，日本史探究」となる予定である（本書編集時点）。

02 出題内容はどうか？

時代別では，全時代についてほぼ満遍なく出題されているが，原始時代および戦後史からの出題はあまりみられない。2022・2023年度については，戦後に関わる小問がわずかに出題されていたが，2024年度の出題ではなかった。

分野別では，政治・外交史からの出題が中心となっているが，例年，文化史が大問で出題されている。2024年度は国風文化をテーマとする出題があった。また，他の大問でも文化に関する設問がみられる。

史料問題は，2024年度は近代を扱う大問2題でリード文に史料を用いた問題が出題された。また，2022年度は年表と組み合わせた出題もみられた。

その他，地名を問う問題も頻出である。特定の人物を中心とする出題が大問1題にあてられることもあり，2023年度には武田信玄の娘の松姫について出題されている。

03 難易度は？

政治・外交史に関わる問題は，教科書をベースとした標準的な難易度であり，基本的な人名・歴史用語や年代などを4つの選択肢から選ぶ問題となっている。しかし，史料問題での空所補充，政治に関連して出題される文化の問題，宗教・思想に関するものには，判断に迷うやや難しいものも含まれている。標準的な問題から手早く解答していき，史料問題や一部の難問に対して十分な検討時間を確保しよう。

対策

01 教科書学習の徹底

教科書レベルの基本的な問題が中心となっているので，普段の学習段階から教科書を精読し，その内容を理解していくことが最も効果的である。単に歴史用語を暗記するだけでなく，歴史的な背景や流れのなかでとらえることが大切である。『日本史用語集』（山川出版社）の説明文と似た選択肢もあるので，歴史用語を正確かつ系統的に理解するために用語集を用いるとよい。また，政治の流れが年表を用いて出題されることもあるので，資料集を利用して重要人物や事件に関する歴史の流れを確認して，簡単な年表を作成しておくことをすすめる。教科書の内容を学習し終えたら，本書の過去問や標準レベルのマーク式問題集で演習しておくとよい。正文（誤文）選択問題に対応できるよう，問題演習で消去法の習熟度を向上させておこう。

02 文化史で得点を積み重ねよう

例年，文化史が大問で出題されている。文化史は高校の授業ではあまり多くの時間をかけないことが多く，得点差がつきやすい。文化の区分ごとに宗教（特に仏教）や文学・美術・学問などをまとめて，作品と制作者については確実な知識をもっておきたい。文化や文化財を時代順に並べる問題が過去に出題されたことがあるため，各文化の特色や制作者を時代の政治の流れのなかでとらえておこう。難解な宗教・思想に関わる問題に対処するためには，資料集などを用いて思想家の系譜・業績を整理しておくとよい。また，政治・外交史の問題のなかで政治を担当した人物に関する文化の問題も出題されるので，政治史を学習するときにその人物の文化的な業績もひもづけて確認することが大切である。

03 史料問題に注意

史料が大問のリード文として与えられたり，史料に関わる政治の動きが問われたりしている。史料の空所補充などの難問もあるので，教科書に記載されている基本史料はもちろん，『詳説日本史史料集』（山川出版社）などの史料集を用いて学習を深め，史料の出典や史料中のキーワードを確認するとともに，時代背景を歴史の流れのなかでとらえておくことが大切である。

世界史

年度	番号	内容	形式
2024 ●	〔1〕	古代～現代における儒教の歴史	選択
	〔2〕	古代～近世における地中海や大西洋の交易	選択・正誤
	〔3〕	第二次世界大戦前後の状況と大戦後の影響 ⊘視覚資料	選択・配列
2023 ●	〔1〕	黒海周辺の歴史	選択
	〔2〕	古代から中世の政治・文化史	選択
	〔3〕	インド・中国の仏教史	選択
2022 ●	〔1〕	近代のアメリカ史	選択・正誤
	〔2〕	ベトナムの歴史	選択
	〔3〕	中世のヨーロッパ史 ⊘史料	選択・配列
	〔4〕	諸子百家を中心とした文化史	選択

（注） ●印は全問，◐印は一部マークシート式採用であることを表す。

傾向 幅広い分野からの出題 年代や文化史に注意

01 出題形式は？

全問マークシート式による選択問題で，大問3，4題，解答個数は45個程度となっている。試験時間は60分。空所補充問題とリード文の下線部に関する設問に答える形式の問題が大半となっている。正文（誤文）選択問題が毎年出題されており，年度によっては正誤法や配列法も出題されている。また，2022年度は史料，2024年度は視覚資料を用いた問題もみられた。

なお，2025年度は出題科目が「歴史総合，世界史探究」となる予定である（本書編集時点）。

02 出題内容はどうか？

地域別では，アジア地域と欧米地域がバランスよく出題されており，特定の国に偏ることなく，幅広い地域から出題されている。2024 年度はアフリカ史からも小問が出題された。

時代別では，年度により変動があるが，古代から現代まで幅広い出題となっている。

分野別では，政治史が多くを占めているが，思想史や文化史中心の出題もあり，2022 年度〔4〕は諸子百家を中心とした文化史から，2023 年度〔3〕は仏教史から，2024 年度〔1〕は儒教からの出題であった。

03 難易度は？

設問の大半は教科書に準拠した標準的な問題であるが，正確な年代がポイントとなっている問題が散見され，あいまいな年代理解であると失点しやすい。一部の選択肢には難度の高い内容も含まれているので注意したい。

対策

01 教科書学習を基礎に

ほぼ教科書の範囲内の内容とはいえ，古代から現代まで偏りなく出題される場合が多いので，早めに学習をスタートさせたい。語句の選択問題は標準レベルであるが，正文（誤文）選択問題にはやや迷う設問も含まれている。必ず，固有名詞も含めて用語の意味を確認し，正確に記憶すること。また，2022・2024 年度のように配列形式の問題が出題されることもある。特定の時期に適したものを選択する問題も出題されているので，大事な年号はきっちりおさえておきたい。

02 用語集の活用

「教科書学習」といっても，教科書は各社から何種類も出版されており，難易度にも差がある。自分が使用している教科書で言及されていない歴史事項の確認・理解をするためにも，『世界史用語集』（山川出版社）などの用語集を積極的に利用したい。

03 各国史の縦の流れをつかもう

明星大学に限らず，特定の国の歴史を軸とした出題がなされる場合が多い。政治史を中心に，社会史・経済史・文化史への言及がみられる場合も多いため，『新版 各国別世界史ノート』（山川出版社）などを用いて，主要各国別の歴史を古代から現代まで通して学んでおくと有効だろう。

04 文化史対策を

文化史が毎年出題されているので，しっかりと学習しておこう。単に人名や作品名を覚えるだけでなく，時代背景や前後関係もおさえておく必要がある。用語集は説明文を熟読しておきたい。

政治・経済

年度	番号	内　容	形　式
2024 ●	〔1〕	国際連盟と国際連合	選　択
	〔2〕	基本的人権の保障	選　択
	〔3〕	現代の企業	選　択
	〔4〕	日本の財政問題	選　択
2023 ●	〔1〕	核兵器と軍縮問題	選　択
	〔2〕	日本国憲法	選　択
	〔3〕	日本の財政問題　⊘グラフ	選　択
	〔4〕	物価変動と金融政策	選　択
2022 ●	〔1〕	国際連合の組織と役割	選　択
	〔2〕	戦後日本の政党政治	選　択
	〔3〕	会社のしくみ	選　択
	〔4〕	世界の社会保障制度の歴史	選　択

（注）　●印は全問，◑印は一部マークシート式採用であることを表す。

傾向　教科書中心の基本的な出題

01　出題形式は？

例年，大問 4 題で解答個数 40 個である。試験時間は 60 分。全問マークシート式による選択問題で，すべて四肢択一になっており，語句選択，正文（誤文）選択などが出題されている。

2025 年度は「政治・経済」に代えて「公共，政治・経済」が課される予定である（本書編集時点）。

02 出題内容はどうか？

大問４題のうち，政治分野２題，経済分野２題となることが多い。政治分野では，2022年度〔１〕の国際連合の組織と役割，2023年度〔１〕の核兵器と軍縮問題，2024年度〔１〕の国際連盟と国際連合のように，国際政治分野についてよく問われている。また，2022年度〔１〕ではノーベル平和賞や国際NGO，2023年度〔１〕では核兵器禁止条約についての時事問題が出題された。経済分野では，2022年度〔３〕の会社のしくみ，2023年度〔３〕・2024年度〔４〕の日本の財政問題，2024年度〔３〕の現代の企業といった現代的な課題まで幅広く問われている。

03 難易度は？

教科書中心の基本的な事項がほとんどである。ただ，出題範囲は広いので，付け焼き刃の知識では高得点は期待できない。正文（誤文）選択問題では一部に難しい内容も出題されているが，教科書レベルの知識を身につけていれば，消去法でも解答できる。時間配分に注意してマークミスなどをチェックする時間をとるなど，取りこぼしのないようにしたい。

対策

01 教科書を中心とした学習を

基本的な問題が多いので，教科書を網羅的に学習することが第一である。教科書を何度も精読し，教科書にある語句がわからないときは，『用語集 公共＋政治・経済』（清水書院）などを使って調べていくこと。また，統計数値などに関する問題に対応するため，教科書に載っているグラフや資料集をチェックし，知識を増やしておきたい。さらに，日本国憲法の条文や最高裁判所が下した重要な判例についても整理しておこう。

02 演習問題を解く

教科書で学んだ知識を定着させるためには，演習問題を解くことが大切である。基礎的な問題集を繰り返し解いて実戦力をつけておこう。

03 時事的な問題に関心をもつ

「政治・経済」は，日頃テレビや新聞で目にするニュースと密接に結びついている。「政治・経済」を学習して身につけた知識でニュースを見るとよく理解できたり，ニュースを見ることで知識の再確認ができたりするので，普段から時事的な問題に関心をもっておきたい。

数　学

年度	種類	番号	項　目	内　容
2024 ●	Ⅰ・A	〔1〕	小 問 5 問	(1)2次関数のグラフ，放物線と直線の交点 (2)円順列，確率 (3)因数分解 (4)分散，平均値 (5)三角形の重心の性質
		〔2〕	図形と計量	余弦定理，三角形の面積とその最小値
		〔3〕	確　　率	確率の基本性質，反復試行とその確率
	Ⅰ・A・Ⅱ・B	〔1〕	◀数学Ⅰ・A▶の〔1〕に同じ。	
		〔2〕	小 問 4 問	(1)多項定理 (2)複素数 (3)高次方程式 (4)整式の除法と余り
		〔3〕	ベクトル	球面の方程式，交点の位置ベクトル，球面と球面が交わってできる円の半径
	Ⅰ・A・Ⅱ・B・Ⅲ	〔1〕	◀数学Ⅰ・A▶の〔1〕に同じ。	
		〔2〕	◀数学Ⅰ・A・Ⅱ・B▶の〔2〕に同じ。	
		〔3〕	積 分 法	指数関数の積分，面積，回転体の体積
2023 ●	Ⅰ・A	〔1〕	小 問 5 問	(1)因数分解 (2)分母の有理化 (3)最大公約数 (4)余弦定理 (5)平均値，中央値
		〔2〕	2 次 関 数	2次関数の決定，2次関数のグラフ
		〔3〕	確　　率	数字の順列，確率
	Ⅰ・A・Ⅱ・B	〔1〕	◀数学Ⅰ・A▶の〔1〕に同じ。	
		〔2〕	小 問 4 問	(1)複素数 (2)常用対数 (3)ベクトル方程式 (4)微分
		〔3〕	数　　列	等差数列，階差数列，数列の和，漸化式
	Ⅰ・A・Ⅱ・B・Ⅲ	〔1〕	◀数学Ⅰ・A▶の〔1〕に同じ。	
		〔2〕	◀数学Ⅰ・A・Ⅱ・B▶の〔2〕に同じ。	
		〔3〕	積 分 法	置換積分，部分積分，面積，体積
2022 ●	Ⅰ・A	〔1〕	小 問 5 問	(1)因数分解 (2)絶対値記号のついた1次不等式 (3)方程式の整数解 (4)三角比の相互関係 (5)四分位数
		〔2〕	2 次 関 数	2次関数の決定
		〔3〕	図形の性質	メネラウスの定理，三角形の面積比
	Ⅰ・A・Ⅱ・B	〔1〕	◀数学Ⅰ・A▶の〔1〕に同じ。	
		〔2〕	2次方程式，高次方程式	2次方程式の解の判別，方程式の解から係数の決定
		〔3〕	ベクトル	位置ベクトル，ベクトル方程式

（注）●印は全問，◐印は一部マークシート式採用であることを表す。
「数学Ⅰ・A・Ⅱ・B・Ⅲ」は2023年度より実施。

出題範囲の変更

2025 年度入試より，数学は新教育課程での実施となります。詳細については，大学から発表される募集要項等で必ずご確認ください（以下は本書編集時点の情報）。

2024 年度（旧教育課程）	2025 年度（新教育課程）
数学Ⅰ・A・Ⅱ・B・Ⅲ	数学Ⅰ・A・Ⅱ・B・C・Ⅲ
数学Ⅰ・A・Ⅱ・B	数学Ⅰ・A・Ⅱ・B・C
数学Ⅰ・A	数学Ⅰ・A

旧教育課程履修者への経過措置

旧教育課程履修者に対しては，出題する問題の内容によって配慮を行う。

傾向　基礎学力と計算力を重視　幅広い分野から出題

01　出題形式は？

「数学Ⅰ・A」「数学Ⅰ・A・Ⅱ・B」「数学Ⅰ・A・Ⅱ・B・Ⅲ」いずれも大問 3 題の出題で，全問マークシート式である。試験時間はいずれも 60 分。

02　出題内容はどうか？

2024 年度までは，「数学Ⅰ・A」は，数と式，２次関数，図形と計量，確率，さらに整数，データの分析，図形の性質から出題されており，ほぼ全領域にわたっている。「数学Ⅰ・A・Ⅱ・B」は，「数学Ⅰ・A」との共通問題に加え，「数学Ⅱ」と「数学B」から 2 題の出題であった。また，「数学Ⅰ・A・Ⅱ・B・Ⅲ」は，「数学Ⅰ・A」「数学Ⅰ・A・Ⅱ・B」との共通問題に加え，「数学Ⅲ」から 1 題の出題であった。幅広い基礎学力をいろいろな角度から問うといった出題意図がうかがえる。

03　難易度は？

教科書や傍用問題集にみられるような標準的な問題が中心である。いろいろな分野からなる融合問題を処理する力と，基礎力が問われ，あわせて計算力も要求されている。内容からみて試験時間 60 分は適当な時間と思われるが，時間配分に注意して，マークミスをチェックする時間をとるようにしたい。

対策

01 基本的事項の理解を十分に

教科書で基本的事項を確実に理解しておくこと。重要な定理については自分の力で証明できるようにしておきたい。そこで得た考え方や視点は，新しい問題に直面したときに問題解決の発想につながる。そして問題演習を通して，それが活用できるような力をつけておくこと。出題範囲のすべての内容にわたって繰り返し練習をし，どの角度から問われても答えられるようにしておきたい。

02 計算力をつける

易しい問題から手をつけて確実に解いていくことが大切である。問題を見たときに，扱い慣れた問題や易しい問題を見極められるような力をつけておきたい。全問マークシート式なので計算ミスは致命的である。普段から計算力を養っておくことが重要である。計算ミスをしたら，その原因がどこにあるのかをよく検討して，同じミスをしないようにしていこう。また，図示することで計算の見通しが立つ場合も多い。図形的な意味を考えながら処理できる力を養っておきたい。

物　理

年度	番号	項　目	内　容
2024 ●	〔1〕	力　　学	人工衛星の万有引力による運動
	〔2〕	力　　学	可動台上の物体の運動
	〔3〕	電 磁 気	抵抗の電子論
	〔4〕	波　　動	ヤングの干渉実験
2023 ●	〔1〕	力　　学	小球の 2 次元衝突
	〔2〕	力　　学	万有引力の法則と静止衛星軌道
	〔3〕	電 磁 気	点電荷による電場と電位
	〔4〕	熱 力 学	気体の分子運動論
2022 ●	〔1〕	力　　学	鉛直ばね振り子
	〔2〕	波　　動	反射型回折格子
	〔3〕	熱 力 学	液体入り容器内での気体の状態変化

（注）●印は全問，◐印は一部マークシート式採用であることを表す。

傾向　基本的事項が問われる　教科書学習の徹底を！

01　出題形式は？

2022 年度は大問 3 題であったが，2023・2024 年度は大問 4 題の出題となっている。試験時間は 60 分，解答は全問マークシート式で，与えられた選択肢から答えを選ぶ形式である。

02　出題内容はどうか？

出題範囲は「物理基礎・物理」である。2023 年度は力学から 2 題，電磁気，熱力学から 1 題ずつの出題であったが，2024 年度は力学から 2 題，電磁気，波動から 1 題ずつの出題となった。

03 難易度は？

全体として基本的な問題が中心で，教科書の例題や章末問題レベルのものが出題されている。試験時間は十分にあるので，基本的な法則や用語をひとつずつ確認しながら着実に解いていきたい。選択肢は求める値と単位が一致しているかを確認するとよい。

対策

01 基本的事項をマスターしよう

全般的に基本重視であるので，まずは教科書をよく読み，基本的事項を徹底的に理解しておこう。学校の授業を大事にし，予習・復習を欠かさないようにしたい。物理の学習では，単なる「公式の暗記」ではなく，重要な法則や物理現象の意味をよく理解し，用語もその定義を理解した上で正確に覚えることが大切である。要点を整理したノートを作成し，図を活用しながらまとめていく方法も有効だろう。

02 基礎レベルの問題演習で学力の定着を

基本的事項の理解を深めるためには，問題演習は欠かせない。教科書の本文を読むのと並行して例題や章末問題をていねいに解いて，疑問が残らないように理解しておきたい。その上で，教科書傍用レベルの基本的な問題集を繰り返し解いて，思考力と計算力を身につけておこう。

03 図を描きながら考える

日頃から図を描きながら物理現象を考える習慣を身につけておくと，問題のなかでもどのような現象が起こっているかが手に取るようにわかる。視覚的にとらえることが大切である。

化　学

年度	番号	項　目	内　容
2024 ●	〔1〕	構　造	分子の形と極性，モル濃度　⊘計算
	〔2〕	状態・変化	飽和蒸気圧，pH　⊘計算
	〔3〕	無　機	カルシウム，銅とその化合物の性質
	〔4〕	有　機	芳香族化合物の性質と構造式決定，アルコールの性質　⊘計算
2023 ●	〔1〕	変化・構造	中和滴定，物質の種類と元素の周期律　⊘計算
	〔2〕	変　化	電離平衡，反応速度　⊘計算
	〔3〕	状態・構造	凝固点降下，化学反応とその量的関係　⊘計算
	〔4〕	有機・構造	有機化合物の構造と性質　⊘計算
2022 ●	〔1〕	構　造	物質の構成と化学結合
	〔2〕	変　化	化学平衡　⊘計算
	〔3〕	状態・無機	蒸気圧曲線，金属元素の性質　⊘計算
	〔4〕	有機・理論	有機化合物の分類と反応の量的関係，中和滴定　⊘計算

（注）●印は全問，◑印は一部マークシート式採用であることを表す。

傾向　教科書中心の出題　基本的な内容の理解度を問う

01　出題形式は？

例年，大問 4 題の出題で，試験時間は 60 分，全問マークシート式による選択式である。

02　出題内容はどうか？

出題範囲は「化学基礎・化学」である。全範囲から満遍なく出題されている。計算問題がよく出題されている。

03 難易度は？

60 分の試験時間で大問 4 題なので，1 題あたり 15 分で解けばよく，十分に対応できる。標準的な問題が中心であるが，計算問題や有機化合物の構造式決定などの一部にやや難しい問題も出題されている。

対策

01 基本的事項の徹底を

基本的な内容の理解度を問う問題が中心であるから，教科書の内容を理解し，知識の定着を図った上で，教科書・傍用問題集の例題や練習問題の復習を徹底しよう。計算問題は単元別に基本から標準レベルの問題演習を行うこと。また，正誤を判断させる問題も出題されるため，正誤問題にも慣れておく必要がある。

02 理論分野

理論分野は出題の中心となるので，苦手分野が残らないよう計画を立てて学習を進めておこう。計算問題は基本的な出題なので，一つの単元を発展的な内容まで掘り下げるよりも，すべての単元にわたって基本から標準レベルの問題演習を行うこと。また，計算問題に取り組むときには，日頃から電卓を使わず，有効数字にも気をつけて正確に計算できるように心がけること。

03 無機分野

性質の似た元素をまとめて，単体と化合物の性質・製法を覚えていこう。周期表と関連づけて，同族元素の類似性や結合の分類を理解すると効率的である。気体の発生反応，沈殿生成反応，金属と酸の反応については，何から何が生成するかを確実に覚え，沈殿については，化学式や色もしっかりと覚えておこう。また，各元素やその化合物についてはその性質だけでなく，用途についてもおさえておくこと。暗記が中心となる分野なので，表や単語帳にまとめることも効果的である。

04 有機分野

アセチレン，エチレン，エタノール，ベンゼンから誘導される各化合物の反応系統図を自分で作成し，物質の名称や性質，反応名などを書き込んでまとめよう。その上で，元素分析や構造決定の問題演習をするとよいだろう。また，異性体は鏡像異性体も含めて正しく数えられるよう練習しておこう。天然高分子や合成高分子について問われることもあるので，高分子の学習もしっかりしておく必要がある。

生　物

年度	番号	項　目	内　容	
2024 ●	〔1〕	遺伝情報	体細胞分裂と減数分裂	⊘計算
	〔2〕	細胞，遺伝情報	タンパク質の構造と遺伝情報	
	〔3〕	動物の反応	眼の構造と視覚の調節	
	〔4〕	生態	光の強さと植物の適応	⊘計算
	〔5〕	生態	植生の遷移とバイオーム	
2023 ●	〔1〕	細胞	顕微鏡	⊘計算
	〔2〕	細胞	酵素のはたらき	
	〔3〕	生殖・発生	染色体と遺伝子，遺伝情報の分配と減数分裂	
	〔4〕	体内環境，遺伝情報	血液の成分とはたらき，遺伝情報の変化	⊘計算
	〔5〕	生態	自然浄化，水質汚染	
2022 ●	〔1〕	体内環境	腎臓や肝臓のはたらき，免疫	
	〔2〕	動物の反応	興奮の伝導と伝達	⊘計算
	〔3〕	遺伝情報	DNA の転写	
	〔4〕	総合	生物の命名法，細胞の観察，生殖	
	〔5〕	生態	植生遷移	

（注）●印は全問，◐印は一部マークシート式採用であることを表す。

傾向　幅広く正確な知識と考察力が必要

01　出題形式は？

大問５題の出題で，解答個数は 25～29 個となっている。試験時間は 60 分。全問マークシート式で，正文（誤文）選択問題，正答の組み合わせを選択する問題，計算問題などが出題されている。

02 出題内容はどうか？

出題範囲は「生物基礎・生物」である。幅広い分野から出題されているが，特に細胞，遺伝情報，生態からの出題が多い。計算問題は頻出で，2022 年度は 1 題に，2023・2024 年度は 2 題に出題がみられた。また，2022 年度の〔 2 〕，2023 年度の〔 4 〕〔 5 〕，2024 年度の〔 4 〕のように，グラフを読み取る出題にも注意が必要である。

03 難易度は？

基本的・標準的な問題が中心であるが，2022 年度〔 4 〕の問 3，2024 年度〔 2 〕の問 3，〔 5 〕の問 2 (2)のように，正確な知識がないと選択しにくいものもある。全体として問題数は多くないので，落ち着いて解答すれば，時間の不足はないと思われる。ただ，2023 年度〔 1 〕の問 5 や 2024 年度〔 4 〕の問 5 の計算問題は時間を要するだろう。

対策

01 基本的な知識をマスターする

基本的・標準的な問題が中心なので，教科書レベルの内容を正確に理解し，記憶しておきたい。そのためには，教科書を読みながら授業で作成したノートを見直し，大事な点を書き込むなどして基礎的な知識を確実に身につけておこう。『リード Light ノート 生物基礎・生物』（数研出版），『書き込みサブノート 生物基礎・生物』（旺文社）（いずれも生物基礎と生物は別冊）などのサブノート形式の問題集は特に知識の定着に有効である。

02 問題集で演習を繰り返す

知識の定着の確認は，『リード α 生物基礎＋生物』（数研出版）などの基礎的な教科書傍用問題集で行うのがよい。解けなかった問題は，教科書やノートを見直して知識を確実にし，正解できるまで同じ問題集で演習を繰り返すことが大切である。教科書傍用問題集がマスターできたら，『大学入試 全レベル問題集 生物 2 共通テストレベル』（旺文社）などの共通テストレベルのマーク式の問題集に取り組むとよいだろう。

03 計算問題・正文（誤文）選択問題に慣れる

計算問題が出題されているので，上記にあげた問題集を利用して慣れておきたい。また，正文（誤文）選択問題には正確に読まないと間違えやすいものがあるので，過去問で演習しておこう。

国　語

年度	番号	種　類	類別	内　容	出　典
2024 ●	〔1〕	現代文	評論	書き取り，内容説明，空所補充，内容真偽	「新種の発見」岡西政典
	〔2〕	現代文	評論	書き取り，内容説明，空所補充，内容真偽	「黒の服飾史」徳井淑子
2023 ●	〔1〕	現代文	評論	書き取り，内容説明，空所補充，内容真偽	「語りえぬものを語る」野矢茂樹
	〔2〕	現代文	評論	書き取り，内容説明，空所補充，内容真偽	「移民の経済学」友原章典
2022 ●	〔1〕	現代文	評論	書き取り，内容説明，空所補充，内容真偽	「保守主義とは何か」宇野重規
	〔2〕	現代文	評論	書き取り，内容説明，空所補充，内容真偽	「日本の公教育」中澤渉

（注）　●印は全問，◑印は一部マークシート式採用であることを表す。

傾向　迷わされる選択肢が多い

01　出題形式は？

現代文２題の出題で，全問マークシート式による選択式である。試験時間は60分。

02　出題内容はどうか？

２題とも評論からの出題が続いており，文章自体はやや難解。判断が難しい選択肢を含む設問が出題されることも多い。設問内容は，漢字の書き取り（１題５問ずつ），空所補充，内容説明，内容真偽と例年同じ形式で出題されている。空所補充では，文脈に合う語句，接続語を問うだけでなく，慣用表現や四字熟語などの国語常識の知識も問われる。

03 難易度は？

迷わされる選択肢が多く，大問2題で各10問という設問数もあいまって，やや難しいレベルである。そのため，じっくり考えていると時間が足りなくなるので注意すること。漢字の書き取りは手早くすませるなど，時間配分に配慮することが必要である。

対策

01 読解力

読解力を確実に身につけよう。そのためには，まず段落ごとのキーワードをつかみ，部分理解から全体理解へと積み上げ，全体像をつかむ。次に，全体像から細部に立ち返って詳細に検討する。こうした方法を確立すること。さらに，興味・関心のある分野の新書を何冊か読んでおくと効果的である。

同時に，読解力養成のための問題集を繰り返し解き，読解法や問題解法を確立しよう。その際，『大学入試 全レベル問題集 現代文 3 私大標準レベル』（旺文社）などが有用だろう。内容説明問題で選択肢に迷った場合は，必ず本文中に根拠があるはずなので，本文を踏まえて選択肢を吟味し直す練習を徹底すること。

02 国語常識

漢字の書き取りは必出で，得点源でもある。漢字問題集をしっかりと何度も反復して仕上げておこう。また，慣用表現や四字熟語の問題が出題されることも多い。それらについては，『即戦ゼミ 入試頻出 新国語問題総演習』（桐原書店）などを活用して，知識の定着を図るのがよい。以上にとどまらず，基礎的な語彙力の向上のため，日頃から不明な言葉に出くわしたときは，面倒がらずに辞書を引いて意味と用例を確認する習慣をつけておくこと。

03 過去問演習

大問 2 題で全問選択式とはいえ，それぞれの設問数が 10 問と多く，紛らわしい選択肢も多いので，過去問演習を通じて時間配分の対策をしておく必要がある。じっくり読み込んで時間をかけて吟味する演習と，試験時間以内に素早く解き進める演習の両方を十分に行っておこう。

2024年度

問題と解答

一般選抜Ⅰ期：4教科型・3教科型

問題編

▶試験科目・配点

教　科	科　　　目	配　点
外国語	コミュニケーション英語Ⅰ・Ⅱ，英語表現Ⅰ	100点
地歴・公民・理科	日本史B，世界史B，政治・経済，「物理基礎・物理」，「化学基礎・化学」，「生物基礎・生物」から1科目選択	100点
数　学	「数学Ⅰ・A」，「数学Ⅰ・A・Ⅱ・B」，「数学Ⅰ・A・Ⅱ・B・Ⅲ」から1科目選択	100点
国　語	国語総合（古文・漢文を除く）	100点

▶備　考

- 各教科の得点を偏差値換算する。
  4教科型：4教科を受験し，4教科の総偏差値で合否判定する。
  3教科型：4教科から3教科以上を受験し，高偏差値3教科で合否判定する。
- 以下の学科・学環は指定の科目を必ず受験すること。
  総合理工学科：「数学Ⅰ・A・Ⅱ・B」または「数学Ⅰ・A・Ⅱ・B・Ⅲ」
  情報学科：「数学Ⅰ・A」または「数学Ⅰ・A・Ⅱ・B」または「数学Ⅰ・A・Ⅱ・B・Ⅲ」
  国際コミュニケーション学科：コミュニケーション英語Ⅰ・Ⅱ，英語表現Ⅰ
  データサイエンス学環：「数学Ⅰ・A」または「数学Ⅰ・A・Ⅱ・B」または「数学Ⅰ・A・Ⅱ・B・Ⅲ」

英　語

(60 分)

I 次の英文を読み，各問の答え又は空所に入るものとして，最も適切なものはどれか，それぞれ①～④から選んで答えよ。

Orient Express is the name of a long-distance passenger train originally operated by the Compagnie Internationale des Wagons-Lits (International Sleeping-Car Company). Its route has changed many times, and several routes have in the past concurrently used the name. Although the original Orient Express was simply a regular international railway service, the name has become synonymous with luxury travel.

The original route, which first ran on October 4, 1883, was from Paris to Istanbul (then called Constantinople) and included ferry trips. Passengers crossed a river by boat, picked up another train, and completed their journey by ferry. 1889 saw the completion of a direct rail line to Istanbul. The Orient Express at this time ran daily from Paris to Budapest, three times a week onwards to Belgrade and Istanbul, and once a week to Bucharest.

The onset of World War One in 1914 saw Orient Express services suspended. They resumed at the end of hostilities in 1918, and in 1919 the opening of the Simplon Tunnel allowed the introduction of a more southward route via Trieste to (from 1920 onwards) Istanbul. The service on this route was known as the Simplon Orient Express, and it ran in addition to continuing services on the old route. The Treaty of Saint-Germain, a peace treaty signed on September 10, 1919, contained a clause requiring Austria to accept this train: formerly, Austria only allowed international services to pass through the

Austrian territory (which included Trieste at the end of World War One) if they ran via Vienna.

The 1930s saw the most successful time of Orient Express services, with three parallel services running: the Orient Express, the Simplon Orient Express, and also the Arlberg Orient Express, which became operational in 1931 and through trains ran via Budapest, onwards from there to Bucharest and Athens. Passengers traveling to Istanbul changed trains either at Budapest or Belgrade. During this time, the Orient Express services acquired their reputation for comfort and luxury, carrying sleeping cars with permanent service and restaurant cars known for the quality of their cuisine.

The start of the Second World War in 1939 again interrupted the Orient Express services, which partly resumed in 1945. Following the end of the war, normal services resumed except on the Athens leg, where the closure of the border between Yugoslavia and Greece prevented services running. That border re-opened in 1951 and the services to Athens resumed, but the closure of the Bulgaria-Turkey border from 1951 to 1952 prevented services running to Istanbul during that time.

Adapted from: Academic Kids.(eds.).(2005).
Orient Express. *academickids.com.*

問1 Orient Express 【1】

① had been the name attached to a particular train, but a different name was used once its route changed.

② had been the name of a regular international railway service, but a travel agency registered a low-cost package with that name.

③ is the name of a long-distance passenger train, but the name and deluxe travel have become closely associated with each other.

④ was the name of a specific train route, and no other route bore the name simultaneously.

問2 It was not until 1889 that the passengers of the Orient Express departing from Paris 【2】

① didn't have to pass through Budapest when they traveled to Belgrade.

② had to change trains and then catch a ferry in order to reach Istanbul.

③ were able to take a special train which ran to Bucharest every day.

④ were able to travel to Istanbul, all by rail but only three times a week.

問3 What can be said about the Simplon Orient Express in 1920? 【3】

① The original Orient Express, which became operational in 1883, ran to the south of the Simplon Orient Express.

② The route of the original Orient Express was an extension of the Simplon Orient Express's route.

③ The Simplon Orient Express passed through Trieste, but Vienna was not on its route.

④ The Treaty of Saint-Germain contained a clause banning the Simplon Orient Express from passing through the Austrian territory.

問4 What can be said about the Arlberg Orient Express in 1931? 【4】

① Belgrade was one of the places of transfer for the Arlberg Orient Express's passengers who wanted to travel to Istanbul.

② Budapest was not on the route of the Arlberg Orient Express.

③ Passengers of the Arlberg Orient Express needed to change trains at Budapest when they traveled to Bucharest.

④ The Arlberg Orient Express didn't have a direct train to Athens.

問5 What happened to the Orient Express services between 1951 and 1952?

【5】

① All the services returned to normal operations.

② All the services were suspended.

③ No service to Athens was available.

④ No service to Istanbul was available.

II

次の英文を読み，各問の答えとして，最も適切なものはどれか，それぞれ①～④から選んで答えよ。

There are about a thousand mountain gorillas remaining on Earth, and about half live in the forests of the Virunga mountains in central Africa. Mountain gorillas are a subspecies of eastern gorilla. As their name hints, they live in the mountains at elevations between 8,000 and 13,000 feet.

These gorillas live on the green, volcanic slopes of Rwanda, Uganda, and the Democratic Republic of Congo — areas that have seen much human violence from which the gorillas have not escaped unscathed. Habitat loss is a major threat: agriculture, illegal mining, and forest destruction for charcoal production have degraded their forests. They often get caught in snares laid out to trap other animals for bushmeat. Climate change also poses a threat: While gorillas are adaptive, moving to higher elevations to adapt to warmer temperatures, those areas are densely populated with little forest remaining. Catching illnesses from humans is also a threat. The majority of mountain gorillas are habituated to human presence because of the tourism industry, and while there are strict sanitation protocols in place and touching the gorillas is prohibited, disease could spread quickly.

The International Union for the Conservation of Nature, which sets the conservation status of species, changed their status from “critically endangered” to “endangered” in 2008 as their numbers improved. Scientists, however, warn that they could quickly slip back into being critically endangered.

To stay warm in the mountains, mountain gorillas have longer hair than their eastern lowland cousins, the Grauer's gorillas (Gorilla beringei graueri). They also tend to be a bit larger than other gorillas and have shorter arms.

Gorillas can climb trees, but are usually found on the ground in communities of up to 30 individuals. These troops are organized according to fascinating social structures. Troops are led by one dominant, older adult male, often called a silverback because of the swath of silver hair that adorns his otherwise dark fur. Troops also include several other young males, some females, and their offspring. The leader organizes troop activities like eating, nesting in leaves, and moving about in a home range of 0.75- to 16 square miles.

Those who challenge this alpha male are apt to be cowed by impressive shows of physical power. He may stand upright, throw things, make aggressive charges, and pound his huge chest while barking out powerful hoots or unleashing a frightening roar. Despite these displays and the animals' obvious physical power, gorillas are generally calm and nonaggressive unless they are disturbed.

In the thick forests of central and west Africa, troops find plentiful food for their vegetarian diet. They eat roots, shoots, fruit, wild celery, and tree bark and pulp.

Female gorillas give birth to one infant after a pregnancy of nearly nine months. Unlike their powerful parents, newborns are tiny — weighing four pounds — and able only to cling to their mothers' fur. These infants ride on their mothers' backs from the age of four months through the first two or three years of their lives.

Young gorillas, from three to six years old, remind human observers of children. Much of their day is spent in play, climbing trees, chasing one another, and swinging from branches.

In captivity, gorillas have displayed significant intelligence and have even learned simple human sign language.

Adapted from: National Geographic.(eds.).(2022).
Mountain Gorilla. *Nationalgeographic.com.*

問1 What is a major danger for mountain gorillas? 【6】

① The damage to their physical condition caused partly by agricultural chemicals.

② The decrease in their food caused partly by the illegal fishing industry.

③ The hunting of their babies in order to make money illegally.

④ The loss of their natural environment caused partly by forest destruction for charcoal production.

問2 Why is touching the gorillas prohibited? 【7】

① The gorillas are accustomed to humans because of tourism, and disease could spread through contact with those tourists.

② The gorillas are not accustomed to humans and touching them may scare them.

③ The gorillas are very violent and they may hurt tourists who try to touch them.

④ The gorillas may have disease and catching illnesses from them is a threat to tourists.

問3 Why are the leaders of the gorillas called silverbacks? 【8】

① The leaders of the gorillas often have silver fangs which look very powerful.

② The very young male mountain gorillas have silver hair, which shows the difference between males and females.

③ They have silver hair which stands out in their otherwise dark fur.

④ When they become old, their hair turns silver from dark hair.

問4 What is a general character of the mountain gorillas? 【9】

① They always act violently showing their physical power.

② They are usually aggressive and often pound their huge chests.

③ They are usually quiet and don't get violent unless they are bothered.

④ They like fighting against other males unleashing a frightening roar.

問5 Which description is appropriate of baby gorillas? 【10】

① They ride on their mothers' backs from the age of four months, but they leave their mothers when they become one year old.

② They ride on their mothers' backs from the age of four months till they become two or three years old.

③ They ride on their mothers' backs when they are babies and change to riding on their fathers' backs.

④ They ride on their mothers' backs when they are babies, but they stand up and walk around alone soon after they become one year old.

Ⅲ　次のEメールを読み，各問の答えとして，最も適切なものはどれか，それぞれ①～④から選んで答えよ。

Email 1

From: Natalie Martinez

To: National Highways Customer Enquiries

Date: Tuesday, June 13, 2023; 09:45

Subject: Roadworks

Dear Sir/Madam,

I had the misfortune to travel West on the A765 highway yesterday. Our journey (both to and from the destination) usually takes 60 minutes. Instead, because of an obstruction, it took 90 minutes. We were stuck in a slow-moving queue from the roundabout at the western end of Somerton some 2.5 kilometers ahead of the obstruction. This is wholly unacceptable.

The delay was not caused by an accident or other such incidents. Instead, the cause turned out to be a short stretch of routine maintenance work near Wellhampton.

This was the main cause, but it was clear also that the traffic lights were set poorly, giving priority to traffic travelling East towards Somerton over traffic going West towards Oldport. Thus, our passage through the lights on our return journey at about 5:20 pm was much swifter, and our return journey took only 65 minutes overall as a result.

What added insult to injury was that there was no-one working at the site of the obstruction, and this was at around 2:30 pm on a Monday afternoon, which was when we first encountered it.

And this was during the busy month of June. I shudder to think about the value of all that time wasted by those stuck in this queue, many of whom were commercial in nature.

I trust you will take action to remove this obstruction as soon as you can.

Yours,
Natalie Martinez

Email 2

From: Alex Crombe, National Highways Customer Enquiries
To: Natalie Martinez
Date: Wednesday, June 14, 2023; 15:03
Subject: Re: Roadworks

Dear Ms. Martinez,

Sorry for any inconvenience caused. Unfortunately, while carrying out maintenance of the highway on Friday night, we discovered a large sink hole in the west-bound highway. We had two choices, either close the road completely or erect two-way traffic signals. We decided that the better of these two options was the latter. However, due to the large number of vehicles on the road, queueing was unavoidable.

We plan to carry out some emergency repairs tomorrow night so that the road can be reopened before the weekend. This section of the highway is due to be resurfaced in September this year.

Sorry again for any inconvenience caused and thank you for your patience and understanding.

Regards,

Alex Crombe

問1　What is the purpose of Natalie Martinez's email? 【11】

① To ask National Highways to repair a road.

② To complain about the consequences of work being carried out on a road.

③ To inform National Highways of an accident.

④ To report about the discovery of a sink hole in a road.

問2　How long was Natalie Martinez's return journey delayed compared to the usual journey time? 【12】

① 5 minutes

② 30 minutes

③ 65 minutes

④ 90 minutes

問3　What was the cause of Natalie Martinez's delay? 【13】

① Members of National Highway's staff were completely blocking the road.

② There had been a car crash and the roads were blocked during the emergency.

③ Traffic had been diverted to a longer route than her usual route.

④ Traffic had been restricted to a single lane.

問4　What information did Natalie Martinez report about the traffic lights? 【14】

① They gave an unfair advantage to some vehicles.

② They were broken.

③ They were hard to see.

④ They were working normally.

問5　What will National Highways do next?　【15】

① It will build a new road.

② It will close the road until September.

③ It will fix the road.

④ It will install two-way traffic signals.

Ⅳ　次の各英文の空所【16】〜【20】に入る最も適切なものはどれか，それぞれ①〜④から選んで答えよ。

問1　【16】 June 1, 2023, the company had 216 people working full-time and 53 part-timers.

① As of　② But for　③ Due to　④ In between

問2　The British Museum 【17】 the Rosetta Stone and many other objects from Egypt.

① boards　② grounds　③ houses　④ stations

問3　Robert is like a 【18】, because he always conceals evil intentions under cheerful smiles.

① bear with a sore head　② bird in a golden cage

③ horse of a different color　④ wolf in sheep's clothing

問4　The majority rule is most often used in decision-making, but some decisions are required to be 【19】.

① cautious　② numerous　③ previous　④ unanimous

問5　A country's 【20】 depends partly on the educational standards of its people.

① casualty　② humidity　③ prosperity　④ velocity

V 次の各問において，それぞれ下の１．から６．の語を並べ替えて空所を補い，英文を完成させよ。そして，空所の２番目と４番目にくる語の最も適切な組み合わせをそれぞれ①～④から選んで答えよ。

問１　It is ＿＿＿ (２番目) ＿＿＿ (４番目) ＿＿＿ ＿＿＿ is no free lunch.

１．by　　２．means　　３．no
４．obvious　　５．that　　６．there

①　3－2　　②　6－1　　③　2－5　　④　3－4　　【21】

問２　The ＿＿＿ (２番目) ＿＿＿ (４番目) ＿＿＿ ＿＿＿ he would resign.

１．as　　２．politician　　３．quoted
４．saying　　５．that　　６．was

①　3－4　　②　1－4　　③　6－1　　④　2－5　　【22】

問３　You ＿＿＿ (２番目) ＿＿＿ (４番目) ＿＿＿ ＿＿＿ of gadgets.

１．distance　　２．excessive　　３．from
４．should　　５．use　　６．yourself

①　4－6　　②　1－3　　③　5－4　　④　6－3　　【23】

問４　Something ＿＿＿ (２番目) ＿＿＿ (４番目) ＿＿＿ ＿＿＿ you believe.

１．appears　　２．saw　　３．shape
４．to　　５．what　　６．you

①　3－5　　②　1－3　　③　6－5　　④　2－4　　【24】

問5　The ＿＿＿＿ (2番目) ＿＿＿＿ (4番目) ＿＿＿＿ ＿＿＿＿ had come about.

1．article　　2．disaster　　3．how

4．referred　　5．the　　6．to

① 5－1　② 4－3　③ 1－3　④ 2－6　【25】

Ⅵ　次の会話を読み，各問の答え又は空所に入る最も適切なものはどれか，それぞれ①～④から選んで答えよ。

Part 1

問1　A：Good evening. May I help you?

B：Yes. I have a trouble with the air conditioner. It doesn't work. I pressed the power button and even tried to hold it down.

A：Just one moment. I will inform Sam, our porter, to check. By the way, is your balcony door open?

B：I'll check. Oh, it wasn't completely closed. Now the air conditioner is working. Thanks a lot.

Where is the conversation most likely taking place?　【26】

① In a car.

② In a hotel room.

③ In a restroom.

④ In an elevator.

問2　A：Today, because the wind is strong, it'll be a bumpy ride. We're offering you a free motion sickness pill.

B：Excuse me, our son easily gets sick. Where should we sit?

A：You should go near the back. And stay inside in order not to get wet.

B：OK. Can we take one of the bags in case of vomiting?

Where is the conversation most likely taking place? 【27】

① In a submarine.

② On a bus.

③ On a ship.

④ On a train.

Part 2

問3 A：Hey, mummy. I want to feed the kangaroos.

B：We've got the bag of feed pellets that we bought at the entrance. Here you are. Go ahead.

A：I'll feed him. Wow, you must be hungry! Good boy. Mummy, look. He's so cute.

B：【28】

A：Really? Wow, it's so fluffy. Mummy, have a try!

B：Of course, I will.

① Be careful not to step on the droppings around you.

② Don't touch him. He may have germs.

③ The sign says it's OK to pat them gently.

④ You can also play with the tortoises over there.

問4 A：Hey, you look so tired today. Is something wrong?

B：Yeah. I talked with my boss about my duties. Now they're too much for me.

A：What did she say? Are there any remedies to improve your situation?

B： 【29】

A：What? Your boss is terrible! I hate to say this, but it's time for you to change jobs.

① No, but she gave me a sympathetic ear and now I feel a little better.

② No. She just repeated "you know, when I was your age, I did blah blah blah."

③ Yes, she promised to transfer me to a department with less workload.

④ Yes, she will take over some of my duties to reduce my burden.

問5 A：Excuse me. Do you know where Building No. 5 is? I have class there.

B：Sorry, I don't know. I'm a freshman and I'm also looking for my classroom.

A：Actually, I'm looking at a university guide map on my smartphone, but it's hard to understand.

B： 【30】

A：That's a good idea. I didn't notice her.

① Hey, take a look. This guy is a blogger I follow.

② I saw a map of our campus by the entrance gate. Let's go.

③ Oh, I found a friend of mine, and she may be lost, too.

④ Why don't we ask the university staff member over there?

日本史

（60分）

1 次の文章を読み，後の問い（問1～問10）に答えよ。

1068（治暦4）年に即位した後三条天皇は，藤原氏を外戚としない天皇であったため，a親政をとって強力な政治を実施した。なかでも荘園の増加に対応するために，b延久の荘園整理令を出した。そのために中央に［ 1 ］を設置して，その政策はかなりの成果を上げた。

後三条天皇の子の白河天皇は最初は親政を行った。しかし，その子の［ 2 ］に皇位を譲ると上皇（院）となり政治の実権を握った。これをc院政という。白河上皇はd国司層等を支持勢力として権力を強化した。彼らは院近臣と呼ばれ，院司等として院庁の職員となった。院庁から下される院庁下文や院から出される院宣は政治に効力を持つようになり，またe院の御所に武士を組織した。

上皇は出家して法皇となり，f多くの大寺院を造営して盛大な法会を行った。これらの費用を調達するために，g売位・売官が盛んとなった。

そして院政の中から武士が力を持つようになり，保元の乱や平治の乱を経て平清盛が政権を握る平氏政権となった。

問1　下線部aに関連して，後三条天皇の側近として天皇の政治に協力した人物として最も適当なものを，次の①～④のうちから一つ選べ。【1】

①　大江広元　　②　三善清行　　③　大江匡房　　④　菅原道真

問2　下線部bに関連して，この荘園整理令の内容について述べた次の文ア・イについて，その正誤の組み合せとして最も適当なものを，次の①～④のうちから一つ選べ。【2】

ア　1045（寛徳2）年以後の新立荘園を停止し，この年以前の荘園でも荘園の成立を証明する公文書がない荘園を停止した。

イ　勅旨田の開田と，皇族及び五位以上の貴族が百姓の田地・住宅を買い取って占拠することを禁止した。

①　ア－正　イ－正　　②　ア－正　イ－誤

③　ア－誤　イ－正　　④　ア－誤　イ－誤

問3　下線部bに関連して，後三条天皇はこの3年後に公定の枡を制定した。その名前として最も適当なものを，次の①～④のうちから一つ選べ。【3】

①　公枡　②　京枡　③　宣旨枡　④　勅旨枡

問4　空欄 1 に入るものとして最も適当なものを，次の①～④のうちから一つ選べ。【4】

①　蔵人　　②　政所

③　勘解由使　　④　記録所（記録荘園券契所）

問5　空欄 2 に入る人物として最も適当なものを，次の①～④のうちから一つ選べ。【5】

①　鳥羽天皇　②　崇徳天皇　③　嵯峨天皇　④　堀河天皇

問6　下線部cに関連して，院政が開始された年以後の出来事として最も適当なものを，次の①～④のうちから一つ選べ。【6】

①　前九年合戦　　②　平忠常の乱

③　源義親の乱　　④　藤原純友の乱

問7　下線部dに関連して，国司の代官として各国の国府（国衙）に派遣されたものの名称として最も適当なものを，次の①～④のうちから一つ選べ。【7】

①　預所　②　目代　③　知行国主　④　受領

問8　下線部eに関連して，この白河院政期に組織された武士の名称として最も適当なものを，次の①～④のうちから一つ選べ。【8】

① 東面の武士　② 西面の武士

③ 南面の武士　④ 北面の武士

問9　下線部fに関連して，白河天皇の御願寺として造立された寺院として最も適当なものを，次の①～④のうちから一つ選べ。【9】

① 法成寺　② 尊勝寺　③ 法勝寺　④ 最勝寺

問10　下線部gに関連して，財物を官に納めて位階や官職を得ることをなんと称するか，最も適当なものを，次の①～④のうちから一つ選べ。【10】

① 不輸　② 遙任　③ 成功　④ 寄進

2　次の文章を読み，後の問い（問1～問10）に答えよ。

1860年3月，桜田門外の変で a 大老の b 井伊直弼が暗殺され，幕府の権威は失墜する。それ以降，幕府と朝廷の融和をはかる公武合体派と，天皇を尊崇し外国を排斥しようとする尊王攘夷派の路線が対抗するようになった。

幕政の中心であった安藤信正と久世広周は，公武合体の政策をとり，c 孝明天皇の妹の d 和宮と第14代将軍徳川家茂との結婚を実現させた。この政略的な結婚は，尊王攘夷派から非難され，安藤は1862年1月，坂下門外で水戸藩浪士らの襲撃を受けて失脚する。公武合体派を主導した e 薩摩藩は，島津久光が江戸に下向し，幕政改革を求めた。その意向を受け，将軍後見職には［　1　］が，政事総裁職には［　2　］が，京都守護職には［　3　］が，それぞれ就任した。これが f 文久の改革である。

一方，京都では長州藩が尊王攘夷派の主導権をにぎり，急進的な考えを持つ公卿と結んで朝廷を動かし，攘夷の決行を幕府にせまった。朝命を引き出した長州藩は，g 攘夷を実行に移した。長州藩の尊王攘夷運動に危機感を持った薩摩・会津藩は，朝廷内の公武合体派などと協力して，h 尊王攘夷派を京都から追放した。追放された長州藩は，勢力を回復するため i 池田屋事件をきっかけに京都に進撃したが，会津・桑名・薩摩藩などの兵力により退けられた。

問1 下線部 a に関連して，大老について説明した文として最も適当なものを，次の①～④のうちから一つ選べ。【11】

① 幕府の政務を統轄する常設の職であり，譜代大名から選出される。

② 徳川家一門，もしくはこれに準ずる大名から選出され老中を補佐する。

③ 非常時におかれる職であり，特定の譜代大名家より選出される。

④ 幕政監察を任務とし，殿中礼法・宗門改などにも関与する。

問2 下線部 b に関連して，井伊直弼について説明した文（ア～エ）のうち，正しい内容の組み合せとして最も適当なものを，次の①～④のうちから一つ選べ。【12】

ア 勅許を得ないまま日米修好通商条約に調印した。

イ 安政の大獄では，徳川斉昭や吉田松陰などを流刑にしている。

ウ 将軍継嗣問題では，一橋派の反対を抑え徳川慶福（家茂）を推した。

エ 国防強化を目的とし，海軍伝習所や洋学所の設立を大老として行った。

① ア・イ　② ア・ウ　③ イ・ウ　④ イ・エ

問3 下線部 c に関連して，孝明天皇について説明した文として**誤っているもの**を，次の①～④のうちから一つ選べ。【13】

① 通商条約の締結には反対していたが，公武合体の建言は受け入れた。

② 孝明天皇の子が明治天皇である。

③ 第二次長州征討の開始後に急死した。

④ 八月十八日の政変で失脚し，一時的に長州に逃れた。

問4　下線部dに関連して，1861（文久元）年の和宮の関東下向の後に起こった出来事（ア～エ）の組み合せとして最も適切なものを，次の①～④のうちから一つ選べ。【14】

ア　咸臨丸の太平洋横断　　イ　薩英戦争

ウ　モリソン号事件　　エ　改税約書への調印

①　ア・イ　②　ア・ウ　③　イ・ウ　④　イ・エ

問5　下線部eに関連して，この時期の薩摩藩について説明した文として最も適当なものを，次の①～④のうちから一つ選べ。【15】

①　奄美三島（諸島）を支配し，黒砂糖の専売を実施して利益を得ていた。

②　幕末期には領内の商人と結び，橋本左内らを招いて藩政改革を推進していた。

③　改革派の藩士「おこぜ組」を起用して藩政を改革し，公武合体策を進めていた。

④　一橋家や会津藩と連携し，一会桑と称する体制を構築していた。

問6　空欄［1］～空欄［3］に関連して，ここに入る人物の組み合わせとして最も適当なものを，次の①～④のうちから一つ選べ。【16】

①　空欄［1］＝徳川（一橋）慶喜
　　空欄［2］＝松平慶永（春嶽）
　　空欄［3］＝松平容保

②　空欄［1］＝藤田東湖
　　空欄［2］＝徳川（一橋）慶喜
　　空欄［3］＝三条実美

③　空欄［1］＝松平慶永（春嶽）
　　空欄［2］＝大久保利通
　　空欄［3］＝徳川（一橋）慶喜

④　空欄［1］＝松平容保
　　空欄［2］＝桂小五郎（木戸孝允）
　　空欄［3］＝松平慶永（春嶽）

問７　下線部ｆに関連して，この改革について説明した文として最も適当なものを，次の①～④のうちから一つ選べ。【17】

① 幕府財政の補強と国防強化を目的として，上知令を出した。

② 大名家の断絶を減らすために，末期養子を認めることにした。

③ 参勤交代制について江戸出府を三年に１回とし，正妻と嫡子の帰国を認めた。

④ 異国船打払令を廃止し，外国船には燃料と食料を提供するように改めた。

問８　下線部ｇに関連して，朝命を受けた後，長州藩の実行した攘夷の内容として最も適当なものを，次の①～④のうちから一つ選べ。【18】

① 藩主の行列に対する非礼を咎め，イギリス人を殺傷した。

② 下関海峡を通過する外国船を砲撃して，船舶に損害を与えた。

③ 建設中のイギリス公使館を襲撃し，全焼させた。

④ アメリカ外交官ハリスの通訳官ヒュースケンを殺害した。

問９　下線部ｈに関連して，この時期の前後に尊王攘夷派による挙兵事件が各地で起きているが，その事件として**誤っているもの**を，次の①～④のうちから一つ選べ。【19】

① 寺田屋事件　② 生野の変

③ 天狗党の乱　④ 天誅組の変

問10　下線部ｉに関連して，池田屋事件で尊王攘夷派を殺傷・捕縛した武力組織の局長（隊長）として最も適当なものを，次の①～④のうちから一つ選べ。【20】

① 高杉晋作　② 土方歳三　③ 西郷隆盛　④ 近藤勇

3 次の史料（A～C）を読み，後の問い（問１～問10）に答えよ。（史料は，省略および書き改めた部分もある。）

史料A

一，今回 a欧州ノ大禍乱ハ，日本国運ノ発展ニ対スル大正新時代ノ天佑(てんゆう)ニシテ，日本国ハ直(ただち)ニ挙国一致ノ団結ヲ以(もつ)テ，此(この)天佑ヲ享受(きょうじゅ)セザルベカラズ。

（中略）

一，此戦局ト共ニ，b英・仏・露ノ団結一致ハ更(さら)ニ強固ニナルト共ニ，日本ハ右三国ト一致団結シテ，茲(ここ)ニ東洋ニ対スル日本ノ利権ヲ確立セザルベカラズ。

（井上馨の提言『世外井上公伝』）

史料B

c彼等ハ常ニ口ヲ開ケバ直(ただち)ニ忠愛(ちゅうあい)ヲ唱(とな)へ，恰(あたか)モ忠君愛国ハ自分ノ一手専売(いってせんばい)ノ如ク唱ヘテアリマスルガ，其為(そのなな)ストコロヲ見レバ常ニ玉座(ぎょくざ)ノ蔭(かげ)ニ隠(かく)レテ政敵(せいてき)ヲ狙撃(そげき)スルガ如キ挙動(きょどう)ヲ執(と)ッテ居(お)ルノデアル。c彼等ハ玉座ヲ以(もつ)テ胸壁(きょうへき)トナシ，詔勅(しょうちょく)ヲ以テ弾丸(だんがん)ニ代ヘテ政敵ヲ倒サントスルモノデハナイカ。……又，其(その)内閣総理大臣ノ位地ニ立ッテ，然(しか)ル後 d政党ノ組織ニ着手スルト云フガ如キモ，彼ノ一輩(いっぱい)ガ如何(いか)ニ我憲法ヲ軽(かる)ク視(み)，其精神ノアルトコロヲ理解セナイカノ一班(いっぱん)ガ分(わか)ル。

（『帝国議会衆議院議事速記録』）

史料C

合衆国及日本国両政府ハ，領土相近接スル国家ノ間ニハ特殊ノ関係ヲ生スルコトヲ承認ス，従(したがつ)テ合衆国政府ハ日本国カ支那ニ於テ特殊ノ利益ヲ有スルコトヲ承認ス，……尤(もつと)モ支那ノ領土主権ハ完全ニ存在スルモノニシテ……

（『日本外交文書』）

問１　下線部aに関連して，ここで示されている「欧州ノ大禍乱」として最も適当なものを，次の①～④のうちから一つ選べ。【21】

①　世界恐慌　　②　第一次世界大戦

③　ロシア革命　　④　第二次世界大戦

問2　下線部bに関連して，この3国が結んでいた関係の名称として最も適当なものを，次の①～④のうちから一つ選べ。【22】

①　三国同盟　②　三国干渉　③　三国協商　④　ポーツマス条約

問3　史料Aに関連して，この提言をした井上馨の説明として最も適当なものを，次の①～④のうちから一つ選べ。【23】

①　第1次伊藤内閣の外相として欧化政策をとりながら，条約改正に尽力した。

②　内閣制度を創設し，枢密院議長として大日本帝国憲法の制定にもたずさわった。

③　台湾総督や陸相などを歴任し，軍部や藩閥官僚を重用した政治を行った。

④　パリ講和会議の全権委員を務め，大正後期以降は唯一の元老となった。

問4　下線部cに関連して，ここで示されている「彼等」として最も適当なものを，次の①～④のうちから一つ選べ。【24】

①　吉野作造らの大正デモクラシーの論客。

②　清浦奎吾らの枢密院を構成する委員。

③　犬養毅らの護憲運動を展開した政治家。

④　桂太郎らの藩閥政治家や官僚。

問5　下線部dに関連して，ここで示されている「政党」の結成時の名称として最も適当なものを，次の①～④のうちから一つ選べ。【25】

①　立憲国民党　②　立憲政友会

③　立憲同志会　④　立憲自由党

問6　史料Bに関連して，この演説を行った人物は「憲政の神様」と称されたが，その人物として最も適当なものを，次の①～④のうちから一つ選べ。【26】

①　原敬　②　尾崎行雄　③　高橋是清　④　大隈重信

問７　史料Ｂに関連して，この演説を行った人物等の運動のスローガンとして最も適当なものを，次の①～④のうちから一つ選べ。【27】

①　「緊縮財政」・「産業合理化」　②　「普選断行」・「貴族院改革」

③　「挙国一致」・「藩閥打破」　④　「閥族打破」・「憲政擁護」

問８　史料Ｃに関連して，この協定が締結されたときに日本の特派大使となった人物として最も適当なものを，次の①～④のうちから一つ選べ。【28】

①　幣原喜重郎　②　加藤友三郎

③　加藤高明　④　石井菊次郎

問９　史料Ｃに関連して，後にある条約が締結されたためこの協定は廃棄された。その条約として最も適当なものを，次の①～④のうちから一つ選べ。【29】

①　ロンドン海軍軍縮条約　②　四カ国条約

③　九カ国条約　④　ヴェルサイユ条約

問10　３つの史料（Ａ～Ｃ）で示されている内容を，古いものから年代順に並べた配列として適切なものを，次の①～④のうちから一つ選べ。【30】

①　史料Ａ→史料Ｂ→史料Ｃ　②　史料Ａ→史料Ｃ→史料Ｂ

③　史料Ｂ→史料Ｃ→史料Ａ　④　史料Ｂ→史料Ａ→史料Ｃ

4　次の史料を読み，後の問い（問１～問10）に答えよ。（史料は，省略および書き改めた部分もある。）

a三大同盟国ハ日本国ノ侵略ヲ制止シ且之ヲ罰スル為今次ノ戦争ヲ為シツツアルモノナリ。右同盟国ハ自国ノ為ニ何等ノ利得ヲモ欲求スルモノニ非ス。又領土拡張ノ何等ノ念ヲモ有スルモノニ非ス。

右同盟国ノ目的ハ，日本国ヨリ千九百十四年ノ第一次世界戦争ノ開始以後ニ於テ日本国カ奪取シ又ハ占領シタルb太平洋ニ於ケル一切ノ島嶼ヲ剥奪スルコト，並ニ［　1　］，c［　2　］及澎湖島ノ如キ日本国カ清国人ヨリ盗取シタル一切ノ地域ヲ中華民国ニ返還スルコトニ在リ。

日本国ハ又暴力及貪慾ニ依リ日本国ノ略取シタル他ノ一切ノ地域ヨリ駆逐セラルヘシ。

前記三大国ハ［　3　］ノ人民ノ奴隷状態ニ留意シ軈(やが)テ［　3　］ヲ自由且独立ノモノタラシムルノ決意ヲ有ス。

右ノ目的ヲ以テ右三同盟国ハ同盟諸国中日本国ト交戦中ナル諸国ト協調シ日本国ノ無条件降伏ヲ齎スニ必要ナル重大且長期ノ行動ヲ続行スヘシ。

（『日本外交年表竝主要文書』）

問１　これは，1943（昭和18）年11月に決定・発表された宣言である。この宣言の名称として最も適当なものを，次の①～④のうちから一つ選べ。【31】

①　ヤルタ宣言　　②　ポツダム宣言

③　カイロ宣言　　④　テヘラン宣言

問２　下線部ａに関連して，この「三大同盟国」にあたる国の組み合わせとして最も適当なものを，次の①～④のうちから一つ選べ。【32】

①　朝鮮・イギリス・ソ連

②　アメリカ・イギリス・中華民国

③　イギリス・ソ連・中華民国

④　アメリカ・イギリス・ソ連

問３　下線部ｂに関連して，国際連盟によって日本の委任統治領とされていた島嶼は，もともとはある国が領土としていた。その国として最も適当なものを，次の①～④のうちから一つ選べ。【33】

①　オーストリア　　②　オスマン帝国
③　ドイツ　　④　イタリア

問４　空欄［　1　］～［　3　］に入るものの組み合わせとして最も適当なものを，次の①～④のうちから一つ選べ。【34】

①　空欄［　1　］＝樺太　空欄［　2　］＝朝鮮　空欄［　3　］＝台湾
②　空欄［　1　］＝満州　空欄［　2　］＝台湾　空欄［　3　］＝朝鮮
③　空欄［　1　］＝満州　空欄［　2　］＝樺太　空欄［　3　］＝朝鮮
④　空欄［　1　］＝朝鮮　空欄［　2　］＝台湾　空欄［　3　］＝満州

問５　下線部ｃに関連して，空欄［　2　］と澎湖島が日本領となった年として最も適当なものを，次の①～④のうちから一つ選べ。【35】

①　1895（明治28）年　　②　1905（明治38）年
③　1910（明治43）年　　④　1919（大正８）年

問６　空欄［　3　］が日本領となった年として最も適当なものを，次の①～④のうちから一つ選べ。【36】

①　1895（明治28）年　　②　1905（明治38）年
③　1910（明治43）年　　④　1919（大正８）年

問７　この宣言が発せられる前年の1942（昭和17）年６月には日本軍は主力航空母艦４隻と艦載機を失う大敗北を喫したが，この戦いとして最も適当なものを，次の①～④のうちから一つ選べ。【37】

①　マリアナ沖海戦　　②　フィリピン沖海戦
③　真珠湾攻撃　　④　ミッドウェー海戦

問８　この宣言が発せられた時に日本で首相を務めていた人物として最も適当なものを，次の①～④のうちから一つ選べ。【38】

①　東条英機　②　近衛文麿　③　小磯国昭　④　鈴木貫太郎

問９　問８の人物は，1944（昭和19）年７月にある島が陥落したこと（これにより，いわゆる絶対国防圏の一角が崩壊した）の責任を取る形で辞職するが，その島として最も適当なものを，次の①～④のうちから一つ選べ。【39】

①　アッツ島　②　グアム島
③　サイパン島　④　ラバウル島

問10　問９の島の陥落ののち，この地域は次々と米軍に占領され，日本空爆の拠点となったが，昨年サミットが開かれた広島に原子爆弾を投下したＢ29「エノラ・ゲイ」もこの地域にあるテニアン島から出撃した。広島に原子爆弾が投下された日として最も適当なものを，次の①～④のうちから一つ選べ。【40】

①　1945（昭和20）年３月10日　②　1945（昭和20）年８月６日
③　1945（昭和20）年８月９日　④　1945（昭和20）年８月15日

5 次の文章を読み，後の問い（問１～問10）に答えよ。

平安時代も10世紀に入ると，それまでの大陸の文化を直接的に受けた文化から，これらを消化し在来の文化と融合した新たな思想や文学，美術などが貴族層の中から生み出され，以後の日本文化に大きな影響を与えることとなった。

最初の勅撰和歌集として a『古今和歌集』が編纂され，後には朗詠に適した漢詩文と和歌とを集めた b『和漢朗詠集』も編まれた。また仮名文字によって多くの物語や随筆や日記などが書かれるようになった。このうち c『栄花（華）物語』は，物語と名付けられてはいるが編年体で，実在の人物たちが記される歴史書である。仮名文字と草書体の流麗さも評価されるようになり，特に能書家の３名は d三跡（蹟）と呼ばれて評価が高かった。

宮廷や貴族に仕える e女性たちの間で文学も盛んになり，華やかな時代であった一方，皇族や貴族たちは怨霊や末法思想に怯（おび）える不安な一面もあった。f怨みを持ったまま死んだとされる者たちの祟りを逃れるために社殿を建てて神として祀り，御霊会が行われた。また，世の中が段階的に悪くなってゆき末法の世に入るという末法思想の下では，死後は［　1　］の浄土である極楽浄土に往生することが願われ，［　2　］は極楽往生の方法を記した『往生要集』を著している。その末法元年とされる1052（永承７）年の翌年，藤原頼通は極楽浄土を模して［　3　］を建立した。その本尊は［　4　］によって寄木造（よせぎづくり）の技法で製作され，彼の仏像は以後の造像の規範とされた。

問１　下線部ａに関連して，この和歌集の編纂を命じた天皇は誰か，その天皇名として最も適当なものを，次の①～④のうちから一つ選べ。【41】

①　嵯峨天皇　　②　醍醐天皇　　③　宇多天皇　　④　桓武天皇

問２　下線部ｂに関連して，この『和漢朗詠集』の撰者をつとめた人物として最も適当なものを，次の①～④のうちから一つ選べ。【42】

①　源高明　　②　在原業平　　③　紀貫之　　④　藤原公任

問３　下線部ｃに関連して，『栄花（華）物語』において特に栄華を讃美されている登場人物は誰か，その人物として最も適当なものを，次の①～④のうちから一つ選べ。【43】

①　藤原良房　②　藤原時平　③　藤原道長　④　藤原頼通

問４　下線部ｄに関連して，次の①～④のうちから**三跡（蹟）に含まれない人物**をひとり選べ。【44】

①　橘逸勢　②　藤原行成　③　小野道風　④　藤原佐理

問５　下線部ｅに関連して，次の①～④のうちから**作者が女性ではない作品**を一つ選べ。【45】

①　『蜻蛉日記』　②　『更級日記』
③　『土佐日記』　④　『和泉式部日記』

問６　下線部ｆに関連して，大宰府に左遷されたまま死に，後に怨霊として怖れられて天神として祀られた人物として最も適当なものを，次の①～④のうちから一つ選べ。【46】

①　菅原道真　②　伴善男　③　崇徳上皇　④　源高明

問７　空欄 [1] に入る仏として最も適当なものを，次の①～④のうちから一つ選べ。【47】

①　釈迦如来　②　大日如来　③　弥勒如来　④　阿弥陀如来

問８　空欄 [2] に入る人物として最も適当なものを，次の①～④のうちから一つ選べ。【48】

①　貞慶（解脱）　②　明恵（高弁）
③　源信（恵心僧都）　④　空也

問９　空欄 3 に入るものとして最も適当なものを，次の①～④のうちから一つ選べ。【49】

① 中尊寺金色堂　② 平等院鳳凰堂
③ 富貴寺大堂　④ 蓮華王院本堂（三十三間堂）

問10　空欄 4 に入る人物として最も適当なものを，次の①～④のうちから一つ選べ。【50】

① 運慶　② 快慶　③ 康勝　④ 定朝

世界史

（60分）

1 儒教の歴史について述べた次の文章を読み，下の問い（問１～問15）に答えよ。

前６世紀，①周王朝の権威が衰え，諸侯が覇を唱えはじめた時代，王朝草創期に理想的な政治をしいたとされる周公旦にあこがれる一人の思想家，孔子が現われた。彼は政治家としては不遇をかこったが，［ 1 ］。その約100年後，諸侯が王として割拠する時代に，［ 2 ］を掲げて各地を遊説したのが孟子である。彼の言う［ 2 ］とは仁義などの道徳による統治であり，その根拠とされたのが人の本来の性質を善と見なす性善説である。またその約50年後，孟子の性善説に対して性悪説を唱えた荀子は，礼義という人為的な規範による統治を主張した。以上三人の思想家は後に儒家に分類されるが，荀子のもとからは李斯や［ 3 ］といった法家の思想家が輩出し，その教えを取り入れた秦がまもなく天下を統一する。

しかし，秦は短命に終わり，約400年に及ぶ漢王朝の時代が幕を開ける。漢ははじめ道家や法家の教えに従っていたが，やがて周の後継であることを示すために儒家の教えを取り入れ，儒教国家としての体制を整えてゆく。そこで，後漢の時代には②五経をはじめとする儒教経典の字句解釈を行なう③訓詁学が発達した。隋唐の時代には，国家儀礼に関わる礼典が整備されるとともに，儒教が④科挙の科目になったため，孔穎達らが『［ 4 ］』を編集して経典解釈の統一をはかった。ただ，訓詁学を中心とする当時の儒教はしだいに形骸化し，哲学的あるいは宗教的問題に興味をもつ知識人の多くは，老荘思想や仏教に惹きつけられていった。

宋代になると，政治の主導権が貴族から科挙官僚の手に移り，彼らによって儒教の新たなあり方が模索されはじめる。そのなかで，当時の知識人たちの間で人気のあった禅仏教の影響を受けながら生み出されたのが⑤朱子学である。その主な関心事は心の問題だったとされる。創始者の朱熹は，心を性という「理」の側面と情という「気」の側面に分け，格物窮理などの方法によって，心を「理」と調和させてゆけば，誰もが孔子のような聖人になれると説いた。

一方，明代には朱子学に対する批判から陽明学が興起する。創始者の［ 5 ］は，朱子学が心を性と情に分けたうえで性のみを「理」とするのを否定し，この心がまるごと「理」であって，その良知を存分に発揮すればよいのだと説いた。ただ，そのため陽明学からは欲望を過度に肯定し，ときに社会秩序をないがしろにして見せるような一派も生まれた。清初になると，⑥儒教が空理空論に堕したがために明が滅んだのだと主張する思想家たちが現われ，その系譜から清代中期に考証学が花開く。考証学は朱子学を批判し後漢の訓詁学に復古する方向で展開した。そして，清末には前漢の儒教である公羊学にまで回帰し，それを集大成した［ 6 ］らが［ 7 ］，失敗に終わった。

辛亥革命を経て中華民国期に入ると，⑦「民主と科学」を掲げる新文化運動において，儒教は不自由，不平等の思想として批判された。また，1921年に結成された中国共産党も儒教的な社会秩序を転覆することを目指した。その後，共産党によって中華人民共和国が建国されると，1960年代から70年代にかけて展開された⑧文化大革命において儒教批判の嵐が巻き起こった。しかし，70年代末にはじまる改革開放を経て，現在の中国では儒教が伝統的な道徳思想として改めて脚光を浴びている。

問１　下線部①に関連して，その時代に関する説明として最も適当なものを，次の①～④のうちから一つ選べ。【1】

① 鉄製農具の使用が始まった。

② 儒家と道家が論争を繰り広げた。

③ 戦国時代と呼ばれる。

④ 半両銭が用いられるようになった。

問２　空欄 [1] にあてはまる文章として最も適当なものを，次の①～④のうちから一つ選べ。【２】

① 『論語』を著わしてその思想を後世に伝えた
② 墨家の思想家たちと論争して頭角を現わした
③ 兼愛や非攻などの理想を説いて一大勢力を築いた
④ 仁や孝などの道徳を説いて多くの弟子を指導した

問３　空欄 [2] にあてはまる語句として正しいものを，次の①～④のうちから一つ選べ。【３】

① 覇道政治　② 人道政治
③ 正道政治　④ 王道政治

問４　空欄 [3] にあてはまる人物の名として正しいものを，次の①～④のうちから一つ選べ。【４】

① 蘇秦　② 商鞅　③ 韓非　④ 鄒衍

問５　下線部②に関連して，五経の組み合わせとして正しいものを，次の①～④のうちから一つ選べ。【５】

① 『易経』，『書経』，『詩経』，『論語』，『孟子』
② 『易経』，『書経』，『詩経』，『礼記』，『春秋』
③ 『易経』，『書経』，『孝経』，『論語』，『孟子』
④ 『易経』，『書経』，『孝経』，『論語』，『春秋』

問６　下線部③に関連して，訓詁学を大成した学者の名として正しいものを，次の①～④のうちから一つ選べ。【６】

① 鄭玄　② 董仲舒　③ 司馬遷　④ 蔡倫

問７　下線部④に関連して，科挙の説明として最も適当なものを，次の①～④のうちから一つ選べ。【７】

①　唐の則天武后のときに始まった。

②　朝鮮やベトナムでも行われた。

③　19世紀末に廃止された。

④　元王朝のもとでは行われなかった。

問８　空欄 [4] にあてはまる書物の名として正しいものを，次の①～④のうちから一つ選べ。【８】

①　五経大全　　②　五経正義

③　五経通議　　④　五経異義

問９　下線部⑤に関連して，朱子学の説明として**誤っているもの**を，次の①～④のうちから一つ選べ。【９】

①　朝鮮や日本においても官学として受容された。

②　明代には官学としての地位を陽明学に譲った。

③　元代に科挙の標準解釈として採用された。

④　四書が五経と並んで重んじられた。

問10　空欄 [5] にあてはまる人物の名として正しいものを，次の①～④のうちから一つ選べ。【10】

①　王重陽　　②　王安石

③　王仙芝　　④　王守仁

問11　下線部⑥に関連して，考証学の祖とされる人物の名として正しいものを，次の①～④のうちから一つ選べ。【11】

①　顧炎武　　②　顧憲成

③　銭大昕　　④　張居正

問12　空欄 [6] にあてはまる人物の名として正しいものを，次の①～④のうちから一つ選べ。【12】

① 康有為　② 曾国藩
③ 李鴻章　④ 李大釗

問13　空欄 [7] にあてはまる文章として最も適当なものを，次の①～④のうちから一つ選べ。【13】

① 「中体西用」を掲げ，西洋の技術を導入しようとしたが
② 「滅満興漢」を掲げ，清王朝を打倒しようとしたが
③ 「変法自強」を掲げ，立憲君主制を樹立しようとしたが
④ 「扶清滅洋」を掲げ，外国勢力を追い払おうとしたが

問14　下線部⑦に関連して，新文化運動と中国共産党結成において中心となった人物の名として正しいものを，次の①～④のうちから一つ選べ。【14】

① 胡適　② 陳独秀
③ 張学良　④ 毛沢東

問15　下線部⑧に関連して，文化大革命の説明として最も適当なものを，次の①～④のうちから一つ選べ。【15】

① 毛沢東による農業・工業・国防・科学技術の現代化運動だったが，失敗した。
② 毛沢東による国民党撲滅運動という面が強く，多くの亡命者が出た。
③ 毛沢東によるソ連の技術の導入運動だったが，中ソ対立により挫折した。
④ 毛沢東による権力奪還運動という面が強く，多くの犠牲者が出た。

2 地中海や大西洋の交易について述べた次の文章を読み，下の問い（問1～問15）に答えよ。なお，東ローマ帝国とビザンツ帝国は同義で利用している。

中世イタリアは①都市を中心に歴史が作られた。中世都市発展のきっかけは東方からやってきた。西ローマ帝国が滅んで，縮小したローマ帝国の都はコンスタンティノープルにあった。ビザンツ帝国（東ローマ帝国）領にセルジューク朝が侵攻した時，ビザンツ帝国はヴァリャーグ人やアルメニア人などの傭兵を投入して防衛した。東ローマ皇帝が頼ったヴァリャーグ人は当初，バルト海周辺に居住していて，現サンクト＝ペテルブルクあたりから黒海方面に南下してきた②民族であると見られている。傭兵だけでは戦力不足を感じて，1095年，皇帝（アレクシオス1世コムネノス）は援軍の派遣のため，③ローマ教皇に援助を要請・依頼した。

十字軍に参加した民族（ヨーロッパ人）は地中海では一括して④フランク人と呼ばれた。他方，セルジューク朝の一族がアナトリアに政権を確立すると，ルーム＝セルジュークとさえ呼ばれた。ルームはローマのことである。東ローマ帝国の住民は自称ローマ人であったが，第4回十字軍の頃からヘレネス（ギリシア人）を自称するようになった。レヴァント（原義は日が昇る地域）には，⑤十字軍関連の組織としていくつかの騎士団も進出した。地中海にさまざまな民族や宗教が行き交う世界が生まれていた。

ヴェネツィア商人は1082年にコンスタンティノープルに居住地を獲得し，東方貿易の拠点の一つを確保できていたので，当初，十字軍に参加しなかった。⑥1099年にイェルサレムが奪還されると，ヴェネツィアも十字軍を支援した。その貢献でレヴァントに領地を獲得して，その土地の砂糖や綿花の生産・交易で利益を得た。のちに，イスラームが失地を回復すると，ヴェネツィアは⑦クレタ島やキプロス島で，その土地の農民や奴隷を利用して，サトウキビや綿花の取引を継続した。

ジェノヴァはヴェネツィアに対抗して，⑧黒海の北，クリミア半島のカッファ（現フェオドシア）に交易拠点を確保できた。ジェノヴァはビザンツ帝国（東ローマ帝国）の復活を支援したが，後に黒死病の侵入を許してしまった。イタリア諸都市は黒海貿易で穀物，木材，奴隷などを輸入した。ジェノヴァは1380年にヴェネツィアとの争いに敗れて，以後，大西洋を重視するようになった。マデイラ諸島やカナリア諸島などの，いわゆる大西洋諸島ではサトウキビ栽培が発展した。

1500年，ポルトガルの貴族⑨カブラルがブラジルに漂着した。ポルトガルは当初，赤色の染料木であるブラジル・ウッド（蘇芳）の取引を中心にしていたが，1530年代以降，ブラジル植民をすすめていって，サトウキビ栽培を根付かせた。当初は先住民も利用されたが，彼らは狩猟・採集民であったので，農作業には適さず，⑩アフリカから黒人奴隷を輸入するようになった。1570年代までに，コンゴからサントメ島経由でブラジルへと黒人奴隷が輸出される構図が生まれた。ギニア湾にあるサントメ島は19世紀までポルトガルによる奴隷輸出の中継地として利用され続けた。

ポルトガルは⑪1580年以降，スペインと同君連合の状態にあった。ポルトガルの砂糖植民地を狙ったのは，⑫1618年から始まる戦争に参加することで，再びスペインと戦争状態に突入した⑬オランダであった。1620～50年代の一時期，オランダはブラジルの占領に成功して，黒人奴隷制によるサトウキビ栽培で利益をあげた。

オランダは当時，バルト海の穀物や北海のニシンで先物取引を始めていた。オランダは地中海東部とも交易していて，原産地の一つであるオスマン帝国から輸入・改良したチューリップの球根も同様の取引を行って，1636～37年には⑭チューリップ恐慌を引き起こすほど，投資が盛んに行われていた。

オランダは宗教の自由を標榜していたので，イベリア半島から⑮オランダの諸都市やブラジル植民地に移住したユダヤ人（セファルディム）が多くいた。ポルトガルが王位を回復して，1650年代にブラジルからオランダ系植民者が追放されると，彼らは北アメリカや西インド諸島（カリブ海の島々）などに移住した。その頃からイギリス領やフランス領の西インド諸島で，黒人奴隷制によるサトウキビ栽培が始まった。

問1 下線部①に関連して，次の**説明文**㋐〜㋒の中の空欄［ Ⅰ ］〜［ Ⅲ ］には，下にある〔**都市名**〕A〜Eのいずれかの都市名が入る。空欄［ Ⅰ ］〜［ Ⅲ ］に入る都市名の組み合わせとして正しいものを，下の①〜⓪のうちから一つ選べ。【16】

説明文

㋐ 黒海の北方に定住していたゲルマン系の民族が493年，［ Ⅰ ］を都としてイタリア北部に王国を建国した。東ローマ皇帝ユスティニアヌスは555年，この国を滅ぼし，この地域を東ローマ帝国領として回復した。最終的にこの地域は，ピピンの寄進でローマ教皇領に組み込まれた。

㋑ 12〜13世紀，神聖ローマ皇帝に対抗して，ロンバルディア同盟が結成された。同盟の中心にヴィスコンティ家の［ Ⅱ ］があった。後に，レオナルド＝ダ＝ヴィンチはここに約20年滞在し，修道院壁画として「最後の晩餐」を描いた。

㋒ イタリア中西部の都市［ Ⅲ ］は神聖ローマ皇帝を支持して，12世紀に発展し，ロマネスク様式の大聖堂が建立された。この都市はアルノ川の両岸で繁栄したが，アルノ川の上流域ではフィレンツェが発展した。

〔**都市名**〕

A＝ミラノ，B＝ピサ，C＝ボローニャ，D＝ナポリ，E＝ラヴェンナ

① Ⅰ－A，Ⅱ－E，Ⅲ－B　　② Ⅰ－A，Ⅱ－D，Ⅲ－C
③ Ⅰ－B，Ⅱ－E，Ⅲ－D　　④ Ⅰ－B，Ⅱ－C，Ⅲ－A
⑤ Ⅰ－C，Ⅱ－E，Ⅲ－D　　⑥ Ⅰ－C，Ⅱ－A，Ⅲ－B
⑦ Ⅰ－D，Ⅱ－E，Ⅲ－C　　⑧ Ⅰ－D，Ⅱ－B，Ⅲ－A
⑨ Ⅰ－E，Ⅱ－A，Ⅲ－B　　⓪ Ⅰ－E，Ⅱ－D，Ⅲ－C

問２　下線部②に関連して，次の**説明文**㋓～㋖は，下にある［**民族名**］F～Jのいずれかの民族の説明である。㋓～㋖の説明文と［民族名］F～Jとの組み合わせとして正しいものを，下の①～⓪のうちから一つ選べ。【17】

説明文

㋓　前３世紀頃まで，カフカスや黒海北方で遊牧生活を送っていたイラン系とみられている民族である。

㋔　後２～３世紀頃には，ドニエプル川やドナウ川の河口あたりに定住していたゲルマン系の民族である。

㋕　ルーシとも呼ばれるが，ドニエプル川の中流域にキエフを都とした国をつくった民族である。

㋖　14世紀には，黒海の北東ヴォルガ川下流に，サライ（宮殿）を構えた民族である。

［民族名］

F＝ゴート人，G＝エトルリア人，H＝ノルマン人，I＝モンゴル人，
J＝スキタイ人

①　㋓－F，㋔－G，㋕－H，㋖－I
②　㋓－F，㋔－H，㋕－J，㋖－I
③　㋓－G，㋔－F，㋕－I，㋖－H
④　㋓－G，㋔－J，㋕－I，㋖－F
⑤　㋓－H，㋔－F，㋕－J，㋖－I
⑥　㋓－H，㋔－I，㋕－J，㋖－F
⑦　㋓－I，㋔－F，㋕－H，㋖－G
⑧　㋓－I，㋔－H，㋕－J，㋖－G
⑨　㋓－J，㋔－F，㋕－H，㋖－I
⓪　㋓－J，㋔－I，㋕－H，㋖－F

問３　下線部③に関連して，ローマ教皇がビザンツ帝国の要請を受諾し十字軍を派遣したが，この第１回十字軍遠征が行われた時点と最も近い時期に起きた出来事として正しいものを，次の①～④のうちから一つ選べ。【18】

① ピピンがラヴェンナ地方を教皇に寄進した。

② ローマ教皇がオットー１世にローマ皇帝の位を与えた。

③ レオン３世が聖像崇拝禁止令を発布した。

④ グレゴリウス７世がハインリヒ４世を破門した。

問４　下線部④に関連して，イブン＝ジュバイル（1145～1217年）は1183～85年の『メッカ巡礼記』でヨーロッパの十字軍（フランク十字軍）士をイフランジュと呼んだ。その巡礼記に関連する次の文章で，「彼」はイブン＝ジュバイルをさす。次の①～⑤のうちで，下線部の内容が**誤っているもの**を一つ選べ。ただし，年代は正しい。なお，文中アッコンはアッカ，アッコ，アクルなどの呼び名がある。【19】

① 彼はムワッヒド朝の支配下にあったグラナダで書記官として働いていた。

② 彼は1183年２月にグラナダを出発し，セウタからジェノヴァ人の船に乗った。セウタは後の1415年にポルトガルが攻略した町である。

③ 彼は約１カ月の航海で，地中海を横断し，アレクサンドリアに到達した。エジプトはスンナ派のファーティマ朝によって治安が保たれていた。その後，彼はナイル川や紅海を無事通過して，メッカに到達できた。

④ 彼はメッカからの帰路，７～８世紀にはウマイヤ朝の首都であったダマスカスを経由して，アッコンからジェノヴァ人の大型船に乗って，地中海を渡った。

⑤ 彼がダマスカスからアッコンへ通過した時には，軍人は戦争をしていたが，ムスリムやキリスト教徒の商人・巡礼者は自由に往来し，両軍の間を行き来していた。彼が帰国した後，イェルサレム近辺はサラディン（サラーフ＝アッディーン）と第３回十字軍との争いの地となった。

問５　下線部⑤に関連して，十字軍時代（1096～1291年）に公認された組織の説明として**誤っているもの**を，次の①～④のうちから一つ選べ。ただし，年代は正しい。【20】

①　ドイツ騎士団は後に，ユトランド半島に拠点を移して，プロイセンにつながる支配地を確保した。

②　聖ヨハネ騎士団は傷病者の救護に活躍した。後にキプロス島，ロードス島，マルタ島に本拠を移した。

③　ソロモン神殿跡に創設されたテンプル騎士団は，1312年にフランス国王フィリップ４世に財産を没収された。

④　カタリ派改宗に尽力した修道士が，ドミニコ修道会（説教者会）という托鉢修道会を創設した。

問６　下線部⑥に関連して，第１回十字軍の頃の地中海東部と西アジア地域の状況について述べた次の文ａ・ｂの正誤の組み合わせとして正しいものを，下の①～④のうちから一つ選べ。【21】

ａ　ヴェネツィアは第１回十字軍派遣の前にエジプトのマムルーク朝に認められ，アレクサンドリアで東方物産を扱えるようになっていた。

ｂ　イラン系のブワイフ朝に替わり，第１回十字軍派遣の前にセルジューク朝がバグダードに入城した。

①　ａ－正　ｂ－正　　②　ａ－正　ｂ－誤

③　ａ－誤　ｂ－正　　④　ａ－誤　ｂ－誤

問７　下線部⑦に関連して，ヴェネツィアがクレタ島を領有できたのは第４回十字軍の結果である。クレタ島と第４回十字軍について述べた次の文ａ・ｂの正誤の組み合わせとして正しいものを，下の①～④のうちから一つ選べ。【22】

ａ　前３千年紀の前半，クレタ島では，線文字Ｂとクノッソス宮殿で有名なクレタ文明（ミノア文明）が栄えた。

b　ヴェネツィアは第４回十字軍に主に資金と兵たん（ロジスティクス）で協力して，十字軍騎士とほぼ同等の領地を獲得した。

①　a－正　b－正　②　a－正　b－誤
③　a－誤　b－正　④　a－誤　b－誤

問８　下線部⑧に関連して，ヴェネツィアの影響が強かったラテン帝国が1261年に滅び，ジェノヴァは黒海貿易に本格的に乗り出せるようになった。13世紀半ば頃の黒海周辺の政治情勢を説明した文として最も適当なものを，次の①～⑤のうちから一つ選べ。【23】

①　セルジューク朝が当初ニケーア（イズニク）を都にしていたが，十字軍に奪われると，都をコンヤにうつした。
②　黒海の北方に勢力を伸ばしたキエフ公国はウラディミル１世の時代に，ギリシア正教を受け入れ，繁栄する国家となった。
③　モスクワ大公国が黒海まで南下して，ロシア帝国の土台を築いた。
④　バトゥがモンゴル軍を率いて侵攻し，キプチャク＝ハン国（ジョチ＝ウルス）を建国した。
⑤　キプチャク＝ハン国の後継国家として，クリミア半島にクリム＝ハン国が建国された。

問９　下線部⑨に関連して，アフリカ大陸を南下する航路は海流と風に逆らうことになるので，カブラルは，インドに到達してインド航路を開拓したインド派遣艦隊の前任者と同様に，大西洋を通過する航路をたどって，ブラジルに漂着した。カブラルの前任者の名として正しいものを，次の①～④のうちから一つ選べ。【24】

①　エンリケ航海王子　②　バルトロメウ＝ディアス
③　ヴァスコ＝ダ＝ガマ　④　コロンブス

問10　下線部⑩に関連して，次の**説明文**㋗～㋚は，下にある［**国名・地域名**］K～Oのいずれかの国・地域の説明である。㋗～㋚の説明文と［国名・地域名］K～Oとの組み合わせとして正しいものを，下の①～⓪のうちから一つ選べ。【25】

説明文

㋗　14～17世紀頃，現ナイジェリア西部のニジェール川下流域で繁栄した。

㋘　現ベナン共和国に位置しており，17世紀初めから奴隷狩りに乗り出して，強大になった。

㋙　15世紀にポルトガルが金を求めて来訪し，黄金だけでなく，象牙や奴隷の取引もそこで始まった。

㋚　15世紀半ば，ニジェール川流域に政権を確立し，トンブクトゥなどを拠点として，サハラ縦断の黄金と岩塩の交易で栄えた。

［国名・地域名］

K＝ギニア地方，L＝ベニン王国，M＝ソンガイ王国，N＝ブガンダ王国，O＝ダホメ王国

①　㋗－K，㋘－L，㋙－M，㋚－N
②　㋗－K，㋘－O，㋙－L，㋚－M
③　㋗－L，㋘－M，㋙－N，㋚－K
④　㋗－L，㋘－O，㋙－K，㋚－M
⑤　㋗－M，㋘－K，㋙－L，㋚－O
⑥　㋗－M，㋘－N，㋙－O，㋚－L
⑦　㋗－N，㋘－L，㋙－M，㋚－K
⑧　㋗－N，㋘－M，㋙－L，㋚－O
⑨　㋗－O，㋘－M，㋙－K，㋚－L
⓪　㋗－O，㋘－N，㋙－M，㋚－K

問11　下線部⑪に関連して，スペイン国王がポルトガル国王を兼ねるようになったのは1580年である。この前後20年間（1570～90年）に生じた事件として**誤っているもの**を，次の①～⑤のうちから一つ選べ。【26】

①　オランダ独立宣言　　②　無敵艦隊の英国来襲

③　スペインのマニラ建設　　④　イェルマークのシベリア遠征

⑤　ナントの王令発布

問12　下線部⑫に関連して，その戦争に関係する説明として**誤っているもの**を，次の①～⑤のうちから一つ選べ。【27】

①　ベーメンの新王フェルディナントがベーメンにカトリックを強制したので，反乱が生じた。

②　スウェーデン国王がプロテスタントを支援するため，神聖ローマ帝国に侵攻した。

③　戦争終結のため，ウェストファリア条約が結ばれた。

④　戦争の講和条約でオランダの独立が正式に認められた。

⑤　神聖ローマ帝国を軍事的に支援したので，プロイセンが王国として認められた。

問13　下線部⑬に関連して，17世紀のオランダの歴史の説明として**誤っているもの**を，次の①～④のうちから一つ選べ。ただし，年代は正しい。【28】

①　オランダはスペインとの争いを再開し，1621年，西インド会社を設立した。

②　オランダの西インド会社はブラジルの他，北アメリカにはケベック植民地を開拓した。

③　1602年に設立されたオランダの東インド会社は1623年，マルク（モルッカ）諸島のアンボイナ島でイギリス東インド会社の商館員たちを殺害した。

④　オランダは1641年にマラッカの占領に成功した。

問14　下線部⑭に関連して，チューリップ恐慌を引き起こした種類の球根は「光と影の画家」として有名な当時の画家の名をとって，［　㋛　］＝チューリップと呼ばれる。［　㋛　］に入る画家の名として正しいものを，次の①～⑤のうちから一つ選べ。【29】

①　ベラスケス　②　ファン＝ダイク

③　フェルメール　④　レンブラント

⑤　ルーベンス

問15　下線部⑮に関連して，次の文章の空欄［　㋜　］～［　㋞　］には，下にある〔**都市名**〕P～Tのいずれかの都市名が入る。空欄［　㋜　］～［　㋞　］に入る都市名の組み合わせとして正しいものを，下の①～⑧のうちから一つ選べ。【30】

13～14世紀頃，ハンザ同盟の商館が置かれて，［　㋜　］がフランドルの中心として繁栄していた。15世紀末，ハプスブルク家のマクシミリアンがフランドル諸都市と戦った頃，［　㋝　］を勢力下において，ここにポルトガルの香辛料，ドイツの銀，イギリスの毛織物を集めるのに成功した。その結果，その孫，神聖ローマ皇帝カール５世の時代には，［　㋝　］がこの地域の中心的交易地として繁栄した。しかし，その子，フェリペ２世が独立戦争中，［　㋝　］を占領したため，多くの商人が［　㋞　］に移住した。17世紀にはホラント州の中心都市［　㋞　］がヨーロッパの商業・金融の中心地となった。

〔**都市名**〕

P＝アムステルダム，Q＝ユトレヒト，R＝ブリュージュ（ブルッヘ），

S＝アントウェルペン（アントワープ），T＝ブリュッセル

①　㋜－P，㋝－Q，㋞－R　②　㋜－P，㋝－S，㋞－T

③　㋜－Q，㋝－S，㋞－T　④　㋜－Q，㋝－R，㋞－P

⑤　㋜－R，㋝－Q，㋞－T　⑥　㋜－R，㋝－S，㋞－P

⑦　㋜－S，㋝－Q，㋞－P　⑧　㋜－S，㋝－R，㋞－T

3 第二次世界大戦前後の状況と大戦後の影響について述べた次の文章を読み，下の問い（問1～問15）に答えよ。

1929年，ニューヨーク株式取引所において株価が暴落し，企業の倒産や失業者の増加，貿易の縮小などに伴って世界恐慌へと繋がっていった。とくにドイツでは経済危機に加えて政治的な危機が起きた。1932年，失業者の人数がおよそ600万人に達した頃，人々の心は国民社会主義ドイツ労働者党，いわゆる①ナチスに傾いていった。一方，学問や思想は統制下におかれたため，②国外へ亡命する者も後を絶たなかった。③ヒトラー率いるナチスのもと，ドイツは1933年に［ 1 ］から脱退し，1935年には［ 2 ］を発表して徴兵制を復活させた。翌年ドイツは④ロカルノ条約を破棄し，［ 3 ］に軍を進駐させた。

スペインでは人民戦線政府が生まれ，⑤フランコ将軍がモロッコで反乱を起こした。1938年になるとドイツはオーストリアを併合し，さらに要求を止めなかったが，⑥他の列強は警戒心を強めるものの協議と譲歩の姿勢をとり，衝突を避けた。そして1939年にドイツはポーランドへ領土を要求する。しかしポーランドはそれに応じなかったため，ドイツは独ソ不可侵条約を締結して，ソ連とともにポーランドを分割することとなった。同年9月ドイツのポーランド侵略をきっかけにイギリス・フランスが宣戦布告したことで⑦第二次世界大戦が始まる。⑧1945年，ソ連軍によりベルリンは陥落しドイツは無条件降伏する。第二次世界大戦は文字通りの世界戦となり，科学技術の進歩も相まって多大な犠牲を出した。

1947年，アメリカのトルーマン大統領はトルーマン＝ドクトリンを発表し，「封じ込め政策」をとることで共産主義の進出を阻止しようとした。また⑨国務長官のマーシャルは，ヨーロッパの経済復興援助計画，マーシャル＝プランを発表した。共産主義への「封じ込め政策」を契機に，ヨーロッパにおける東西の対立が顕著となり，⑩軍事衝突をともなわない対立が構造化していった。1948年にチェコスロヴァキアでクーデターが起きたため，⑪西ヨーロッパ連合条約（ブリュッセル条約）を締結することで共産主義の勢力拡大を抑えようとする動きがあった。東西の対立はベルリンでも見られた。この時ベルリンはブランデンブルク門を中心に⑫4ヶ国の管轄下にあったが，西ドイツにおける政府の樹立を前提として貨幣改革が行われると，ソ連は1948年6月に西ベルリンへの水・陸連絡を封鎖した。⑬<u>1949年5月にベルリン封鎖は解かれ，ドイツ連邦共和国（西ドイツ）およびドイツ民主共和国（東ドイツ）が成立することとなる</u>。その後ヨーロッパでの東西対立は拡大し，冷戦は世界化していく。

問1　下線部①に関連して，ナチスはミュンヘン一揆に失敗するも精力的に大衆宣伝し，1932年の総選挙で第一党に躍進する。ナチス政権が取り組んだこととして<u>**誤っているもの**</u>を，次の①～④のうちから一つ選べ。【31】

① アウトバーン（自動車専用高速道路）の建設
② 親衛隊（SS）によるロマの人々の援助
③ 軍需生産による失業者の救済
④ 休暇旅行の普及

問2　下線部②に関連して，20世紀にドイツから亡命した人物の名として正しいものを，次の①～④のうちから一つ選べ。【32】

① ニーチェ　② マックス＝プランク
③ ライプニッツ　④ アインシュタイン

問3　下線部③に関連して，ヒトラーが獄中で口述筆記させ，彼の基本的政策がまとめられた書物の名として正しいものを，次の①～④のうちから一つ選べ。【33】

① 『西洋の没落』　② 『力への意志』
③ 『天路歴程』　④ 『わが闘争』

問4　空欄［ 1 ］と［ 2 ］にあてはまる語句の組み合わせとして正しいものを，次の①～④のうちから一つ選べ。【34】

① ［ 1 ］：国際連盟　［ 2 ］：全権委任法
② ［ 1 ］：国際連合　［ 2 ］：全権委任法
③ ［ 1 ］：国際連盟　［ 2 ］：再軍備宣言
④ ［ 1 ］：国際連合　［ 2 ］：再軍備宣言

問５　下線部④に関連して，ロカルノ条約について述べた文として**誤っているもの**を，次の①～④のうちから一つ選べ。【35】

① 1924年にスイスのロカルノで会議が開かれ，９ヶ国が参加した。

② 1925年にロンドンで本調印された。

③ ロカルノ条約は，集団安全保障条約の総称であり，国境条約を含む。

④ ロカルノ条約の破棄により第一次世界大戦後の国際秩序は揺らいだ。

問６　空欄 [3] にあてはまる地域の名として正しいものを，次の①～④のうちから一つ選べ。【36】

① シュレジエン　② 南チロル

③ トリエステ　④ ラインラント

問７　下線部⑤に関連して，1937年にフランコ軍を支援するドイツ空軍の無差別爆撃によって廃墟と化した小都市ゲルニカを主題に，作品『ゲルニカ』を描いた画家の名として正しいものを，次の①～④のうちから一つ選べ。【37】

① エル＝グレコ　② ベラスケス

③ ピカソ　④ ダリ

問８　次の写真Ⅰ～Ⅳの中で，下線部⑥に関連するものとして最も適当なものを，下の①～④のうちから一つ選べ。【38】

Ⅰ

左からオルランド，ロイド＝ジョージ，クレマンソー，ウィルソン

Ⅱ

左からチェンバレン，ダラディエ，ヒトラー，ムッソリーニ

Ⅲ

左からチャーチル，ローズヴェルト，スターリン

Ⅳ

左からアトリー，トルーマン，スターリン

①　Ⅰ　　②　Ⅱ　　③　Ⅲ　　④　Ⅳ

問9　下線部⑦に関連して，連合国がナチス＝ドイツの戦争責任者を裁く目的で，軍事裁判を行ない，これにより航空相等を務めたゲーリングや外相を務めたリベントロップらに絞首刑が宣告された。この国際裁判が行なわれた地名として正しいものを，次の①～④のうちから一つ選べ。【39】

①　フランクフルト　　②　ミュンヘン

③　クラクフ　　④　ニュルンベルク

問10　下線部⑧に関連して，1945年以前の出来事を述べた文ａ～ｃが，時期の古いものから順に正しく並んでいるものを，下の①～④のうちから一つ選べ。【40】

a　大西洋憲章が発表された。

b　ノルマンディー上陸作戦が成功をおさめ，パリが解放された。

c　ムッソリーニが解任され，ファシスト党に解散命令が出た。

①　a→b→c　　②　a→c→b

③　b→a→c　　④　b→c→a

問11　下線部⑨に関連して，マーシャルおよびマーシャル＝プランについて述べた文として**誤っているもの**を，次の①～④のうちから一つ選べ。【41】

① マーシャルは，1953年にノーベル経済学賞を受賞した。

② マーシャル＝プランの目的は，ヨーロッパ諸国への共産主義の浸透を防止することであった。

③ マーシャル＝プランによる援助資金を受け入れるため，ヨーロッパ経済協力機構（OEEC）が設立された。

④ マーシャル＝プランは1948年から1951年まで実施された。

問12　下線部⑩に関連して，軍事衝突をともなわない対立である冷戦が本格化する1947年よりも前に起きた出来事として最も適当なものを，次の①～④のうちから一つ選べ。【42】

① ソ連や東欧諸国は経済相互援助会議（コメコン）を設立した。

② 西ドイツでアデナウアーが首相に就任した。

③ 国際連合の専門機関として国際通貨基金（IMF）が設置された。

④ ソ連や東欧諸国はワルシャワ条約機構を発足させた。

問13　下線部⑪に関連して，1948年に西ヨーロッパ連合条約（ブリュッセル条約）を締結した国として**誤っているもの**を，次の①～④のうちから一つ選べ。【43】

① イタリア　② ルクセンブルク

③ ベルギー　④ オランダ

問14　下線部⑫に関連して，ベルリンを管理していた4カ国に**含まれない国**を，次の①～④のうちから一つ選べ。【44】

① アメリカ　② イギリス

③ フランス　④ スペイン

問15　下線部⑬に関連して，西ドイツおよび東ドイツに関する説明として**誤っているもの**を，次の①～④のうちから一つ選べ。【45】

①　西ドイツと東ドイツが再度統合されるのは，1990年である。

②　ベルリン封鎖の間に，ベルリンの壁が築かれた。

③　ドイツ連邦共和国は，ボンを首都とした。

④　ドイツ民主共和国は，ベルリンを首都とした。

政治・経済

（60分）

1 次の文章を読み、後の問いに答えなさい。

集団安全保障とは、関係国が互いに武力行使を慎むことを約束すると共に、これに反した武力行使が行われた場合は、【1】国が共同で制裁を加えることで、戦争を抑止する方法である。

17世紀から19世紀のヨーロッパでは、(ア)一部の思想家などが国際的組織による平和の維持を構想する一方、国家または国家群の間で勢力【2】を維持することが戦争を抑止する上で有効な政策と広く考えられていた。

しかし、勢力【2】政策の破綻により第一次世界大戦が勃発すると、1917年、当時は局外中立の立場にいたアメリカのウィルソン大統領は、上院での演説で「力の【2】ではなく力の共同体」を実現することを訴えた。これは、国際平和の維持を勢力【2】から集団安全保障に基づく体制に転換することを提唱したと言える。

第一次世界大戦後のパリ講和会議で、(イ)ウィルソン大統領らの主導によって関係各国は平和維持のための国際組織の結成に合意し、1920年、42カ国が加盟する国際連盟が成立した。また、国際紛争を司法的に解決するために、国際連盟は連盟規約第14条により【3】裁判所を設置した。しかし、(ウ)国際連盟理事会の常任理事国に予定されていたアメリカは、議会の反対によって最終的に国際連盟に加盟しなかった。主要国の不参加はその後も、国際連盟の能力を大きく制約することとなった。

国際連盟は1920年代、ギリシャ・ブルガリア間の紛争を解決するなど、国際平和の維持に一定の成果を挙げた。しかし、1930年代になると日本の【4】、イタリアのエチオピア侵略などの事案に対し、(エ)有効な対応ができなかった。さらに、日本をはじめヨーロッパ、ラテンアメリカなどから国際連盟を脱退する国が相次ぎ、第二次世界大戦の勃発後はほぼ活動停止に陥った。

1945年に結成された国際連合では、【5】の決議によって軍事的制裁を行うことができるなど、国際連盟の教訓を取り入れている。また、国際連盟は、国際平和の維持に失敗したとはいえ(オ)伝染病対策のような保健分野、社会分野などで国際協力の実績を残した。国際連合はこのような国際連盟の遺産を受け継いでいるのである。

問1　空欄【1】～【5】に入る最も適当な語句を、それぞれ次の①～④のうちから一つずつ選びなさい。

【1】①　その他全ての関係　②　紛争の当事
③　賛同する有志　④　責任を持つ大

【2】①　分散　②　連合　③　均衡　④　温存

【3】①　国際軍事　②　常設仲裁
③　国際海洋法　④　常設国際司法

【4】①　満州事変　②　シベリア出兵
③　台湾出兵　④　真珠湾攻撃

【5】①　総会　②　首脳会議
③　安全保障理事会　④　軍事参謀委員会

問2　下線部(ア)に関連して、その著作で諸国家が国家連合を結成して国際平和を維持することを主張した、カントやルソーに影響を与えたとされる17～18世紀の政治思想家の名前として最も適当なものを、次の①～④のうちから一つ選びなさい。【6】

①　マキャヴェッリ　②　サン＝ピエール
③　ロールズ　④　トルストイ

問３　下線部(イ)に関連して、1918年にウィルソン大統領が議会演説において提唱した、国際組織の結成を含む、第一次世界大戦後の平和原則として最も適当なものを、次の①～④のうちから一つ選びなさい。【７】

①　十四か条の平和原則　②　非核三原則

③　平和五原則　④　外交三原則

問４　下線部(ウ)に関連して、国際連盟の常任理事国に**なったことのない国**として最も適当なものを、次の①～④のうちから一つ選びなさい。【８】

①　ソヴィエト連邦　②　イタリア

③　ドイツ　④　中華民国

問５　下線部(エ)に関連して、国際連盟の国際紛争解決についての説明として**適当でないもの**を、次の①～④のうちから一つ選びなさい。【９】

①　連盟規約に反して戦争を起こした国に対する軍事的制裁のために、加盟国が連盟に兵力を提供する義務はなかった。

②　国際連盟の理事会、総会における決定は特段の定めがない限り全会一致を原則とした。

③　加盟国間の国際紛争に関する理事会の審査結果に載せられるのは勧告などであり、国連安全保障理事会における決定のような法的拘束力を持たなかった。

④　連盟規約第十二条は加盟国に対し、いかなる場合においても戦争に訴えることを禁じていた。

問６　下線部(オ)に関連して、国際連盟の保健衛生事業の役割などを引き継ぎ、1948年に設立された国連専門機関の略称として最も適当なものを、次の①～④のうちから一つ選びなさい。【10】

①　ＷＨＯ　②　ＵＮＩＣＥＦ

③　ＵＮＥＳＣＯ　④　ＵＮＨＣＲ

2 次の文章を読み、後の問いに答えなさい。

全ての国民が人間たるに値する生活を営む権利を社会権（社会権的基本権）という。社会権は資本主義経済の発展にともなう貧困や失業など社会問題の発生、労働運動や社会運動の発展を背景として成立した権利である。1919年にドイツで制定された【11】憲法は社会権の保障を初めて規定し、20世紀の憲法に大きな影響を与えた。

日本国憲法において社会権は、生存権、教育を受ける権利、労働基本権として保障されている。まず、第【12】条１項は「すべて国民は、健康で文化的な最低限度の生活を営む権利を有する」として生存権を規定している。また、同２項は「国は、すべての生活部面について、社会福祉、社会保障及び公衆衛生の向上及び増進に努めなければならない」と定めている。生存権については、その内容を具体化して保障する法律が存在するならば、国家に対してその範囲内での法的義務が生じる、とする考え方がある。その種の法律の一例が(ア)生活保護法である。

日本国憲法第26条１項は教育を受ける権利と教育の【13】を保障し、同２項は子どもに普通教育を受けさせる義務と、【14】を無償とすることを規定している。この憲法の理念にもとづいて（旧）教育基本法が1947年に制定された。

労働者の生存権を保障するために、日本国憲法は第27条１項で勤労の権利を、第28条で(イ)労働三権を規定している。この規定にもとづいて、労働基準法、労働組合法、労働関係調整法の労働三法が定められている。

社会権は「国家による自由」とも形容される。これに対し「国家への自由」といわれることがあるのが【15】である。その具体的内容として日本国憲法は、(ウ)選挙権・被選挙権（第15条・第44条）、(エ)国民審査権（第79条）、国民投票権（第96条）などの諸権利を規定している。また日本国憲法では、人権が不当に侵害された場合に救済を求めることができる(オ)請求権（国務請求権）も規定されている。

問１　空欄 【11】 ～ 【15】 に入る最も適当な語句や数字を、それぞれ次の①～④のうちから一つずつ選びなさい。

【11】 ①　リンダール　②　クレオール
③　ミュルダール　④　ワイマール

【12】 ①　24　②　25　③　29　④　30

【13】 ①　門戸開放　②　機会均等
③　結果の平等　④　三位一体

【14】 ①　初等教育　②　中等教育　③　公立高校　④　義務教育

【15】 ①　自由権　②　受益権　③　参政権　④　陳情権

問２　下線部(ア)に関連する記述として**適当でないもの**を、次の①～④のうちから一つ選びなさい。【16】

①　1936年に制定され、1946年に全面改正された。

②　生活保護は生活困窮者に対する救済制度であり、生活扶助、医療扶助など、８種類からなる。

③　生活保護は、その人の能力、利用できる資産や年金、手当など他の制度をすべて活用してもなお最低生活水準に達しない場合に不足分が扶助される。

④　生活保護を申請すると、申請者の世帯に対して通常は資力調査（資産調査）などが行われる。

問３　下線部(イ)に関連する記述として**適当でないもの**を、次の①～④のうちから一つ選びなさい。【17】

①　団結権は、労働者が団結して労働組合をつくる権利である。

②　団体交渉権は、労働者の労働条件、待遇の改善向上などのため、労働組合が使用者や使用者団体と交渉する権利である。

③　団体行動権は、団体交渉で労使の交渉がまとまらない場合などに正当な手続きを経て労働組合がストライキなどの争議を実行したり、組合活動を行ったりする権利である。

④　暴力の行使を含むあらゆる団体行動権の行使に対して、国家は刑罰を科すことができず（刑事免責）、使用者は損害賠償を請求できない（民事免責）。

問４　下線部(ウ)に関連する記述として最も適当なものを、次の①～④のうちから一つ選びなさい。【18】

①　日本で初めて女性を含む普通選挙が実施されたのは1946年４月の衆議院議員総選挙であった。

②　日本国憲法は、各種の選挙に立候補できる年齢を直接に条文で定めている。

③　平等選挙とは、財産の有無によって選挙権に制限がないことをいう。

④　普通選挙とは、各有権者が一人一票の投票権をもつことをいう。

問５　下線部(エ)に関連する記述として**適当でないもの**を、次の①～④のうちから一つ選びなさい。【19】

①　最高裁判所裁判官は任命後はじめて行われる衆議院議員総選挙の際に国民審査にかけられる。

②　2023年６月現在、これまでに国民審査によって罷免された裁判官はいない。

③　憲法の改正は、国会が発議し、国民投票において過半数の賛成を得ることで国民の承認を経る必要がある。

④　2023年６月現在、これまでに現行憲法のもとで憲法改正が発議されたことはあるが、国民投票で改正が承認されたことはない。

問６　下線部(オ)の説明として**適当でないもの**を、次の①～④のうちから一つ選びなさい。【20】

①　国や地方公共団体に施策などに関し希望を述べることができる。

②　特別裁判所による審判において救済を求めることができる。

③　公務員の不法行為で損害を受けたり、社会資本整備など公共のために私

有財産が収用された場合に、国などに対して賠償や補償を求めることができる。

④ 刑事裁判で抑留・拘禁された者が無罪となれば、国に対して刑事補償を請求できる。

3 次の文章を読み、後の問いに答えなさい。

私たちは、企業が製造した製品やサービスを日々購入している。そこで、私たちの日常生活に深く関係している企業について考えてみよう。

企業の中でも法人で、(ア)会社法の第二条第一号で定義されているものを会社といい、会社は全部で 【21】 種類ある。その中でも最高議決機関を 【22】 とする(イ)株式会社は主要な会社形態である。

企業が経営活動を行うためには、元手となる資金を調達する必要がある。企業の資金の調達方法には、(ウ)株式発行や銀行からの借入れなどがある。そして、調達した資金を元手にして、企業が財やサービスの販売、諸費用の支払いといった様々な経営活動を行った結果、利潤（利益）または損失が生じる。

企業は、市場での競争に勝つために、新製品や新サービスの提供、生産技術の開発などを行う必要がある。この点について、経済学者の 【23】 は、企業がイノベーションによる創造的破壊を行う必要性を説いた。

企業は、利益の追求を目的として経営活動を行う私的存在ではあるが、企業と利害関係を有する 【24】 に対して責任をもつ社会的存在でもあるため、(エ)社会的責任も求められている。

1997年に、 【25】 が改正され、持株会社が解禁されたこともあり、金融など様々な分野で企業の再編が進んだ。(オ)企業間での合併や買収も多く行われており、世界的規模で経営活動を行う多国籍企業も増加している。

問1　空欄 【21】 ～ 【25】 に入る最も適当な語句や数字を、それぞれ次の①～④のうちから一つずつ選びなさい。

【21】 ①　3　②　4　③　5　④　6

【22】 ①　監査役会　②　取締役会　③　役員会　④　株主総会

【23】 ①　フリードマン　②　マルクス

③　シュンペーター　④　ケインズ

【24】 ①　ステークホルダー　②　ゲーム・チェンジャー

③　フリーライダー　④　ベンチャー

【25】 ①　金融商品取引法　②　中小企業基本法

③　独占禁止法　④　特定商取引法

問2　下線部(ア)に関連する記述として最も適当なものを、次の①～④のうちから一つ選びなさい。【26】

①　会社法では、最低資本金制度が定められている。

②　会社法の施行に伴い、有限会社を新たに設立することはできなくなった。

③　会社法によれば、経済主体は、企業、投資家および政府の3つである。

④　会社法には、会社に課す法人税額に関する条文がある。

問3　下線部(イ)に関連する記述として最も適当なものを、次の①～④のうちから一つ選びなさい。【27】

①　株式会社の監査人と所有者が異なることを、所有と経営の分離という。

②　株式会社は、有限責任社員と無限責任社員で構成される。

③　株式会社は、会社外部の人を取締役に加えることができる。

④　日本銀行は、株式会社である。

問4　下線部(ウ)に関連する記述として**適当でないもの**を、次の①～④のうちから一つ選びなさい。【28】

① 銀行が預金者から集めた預金の一部は、銀行の破綻に備えて、預金保険機構に預けなければならない。この制度を準備預金制度という。

② 株式会社は、その設立時だけでなく、設立後も株式を発行することができる。

③ 銀行からの借入れにより調達した資金は他人資本に該当する。

④ 銀行が貸し出しを繰り返すことによって、銀行全体として最初に受け入れた預金額を超える預金通貨を作り出す効果を信用創造という。

問5　下線部(エ)に関連する記述として**適当でないもの**を、次の①～④のうちから一つ選びなさい。【29】

① 一般的に、企業の社会的責任はＣＳＲと略される。

② 企業による人権活動などの社会貢献活動のための寄付行為やボランティアをメセナという。

③ 企業などが法令を遵守することをコンプライアンスという。

④ 近年、社会課題の解決と利益の追求の両立を目指す社会的企業が出現している。

問6　下線部(オ)に関連する記述として**適当でないもの**を、次の①～④のうちから一つ選びなさい。【30】

① 海外の会社との資金決済に際しては、外国為替手形を用いることが多い。

② 業種の異なる企業同士の合併や買収などによって生じた巨大複合企業体は、コングロマリットと呼ばれる。

③ 円安ドル高になると、アメリカからの輸入品の仕入れ価格（円建て価格）は高くなる。

④ 最終生産物または工業製品を相互に輸出入する貿易を垂直貿易という。

4 次の文章を読み、後の問いに答えなさい。

2020年に始まった新型コロナウイルスのパンデミックは、公衆衛生に危機をもたらすと同時に経済にも大きなダメージを与えた。感染を防ぐために外出や移動が制限されたため、特に観光、旅客輸送、飲食といった業界は極めて大きなダメージを受けた。このような状況で個々の労働者や企業にできることは限られている。そこで政府の出番となる。日本政府は新型コロナウイルス緊急経済対策として、中小法人、個人事業者の事業継続を支援するための 【31】 や雇用を守るための雇用調整助成金などを給付し大規模に財政出動することで経済を支えようとした。

これらは、政府の経済的役割の一つである経済の安定化に関する政策である。感染症のパンデミックだけでなく、天候の悪化や大地震、あるいはそれ以外の多くの要因によって一国全体の景気は悪くなることがある。逆に、様々な要因によって景気が良くなることもある。景気の悪化も改善も行きすぎると問題である。景気が悪化すると失業が増えてしまう。景気が過熱すると 【32】 が起きてしまう。そこで、(ア)政府は様々な手段を使って経済を安定化させようとする。

前述の通り、日本政府は2020年度に大規模な財政支出を伴う経済対策を行ったが、その支出のほとんどは国債の発行によって賄われた。当然ながら、それは大規模な支出を賄えるほどの税収がなかったからだが、(イ)日本政府の国債発行は2020年度だけではなく常態化している。例えば、歳入総額のうち公債金が占める割合を表す 【33】 は、予算委員会資料によると2022年度において最終的に44.9%であった。国債発行が常態化するという状況は20年以上続いており、結果として国債発行残高の対ＧＤＰ比率は主要国の中では最も高くなっている。

国債発行が続く主な要因の一つは、(ウ)政府の支出が増え続けていることである。一般会計歳出のうち、2023年度当初予算において金額が最も高かったのが 【34】 である。したがって、政府の財政状態を改善するためには 【34】 の増大をいかに抑えるかが鍵となる。

政府の経済的役割には他にも(エ)資源配分の調整と(オ)所得の再分配がある。経済には様々なタイプの財、サービスがあり、中には民間の経済主体に任せていてはうまく提供できないものもある。そういった財やサービスを提供するのが政府による資源配分の調整である。また、社会には様々な人がいる。稼ぐのが得意な人もいれば苦手な人もいる。お金持ちの家に生まれた人もいればそうでない人もいる。つまり、どうしても貧富の格差が生じてしまう。そこで、格差を縮小させるための政策を政府が実施する。これが所得の再分配である。再分配を実現するための制度として、【35】がある。これは、課税所得金額が高くなるにつれ税率が高くなるというものであり、豊かな人により多く負担してもらい、所得が低い人の負担を軽減するための仕組みである。

問１　空欄【31】～【35】に入る最も適当な語句を、それぞれ次の①～④のうちから一つずつ選びなさい。

【31】①　新型コロナウイルス感染症緊急包括支援交付金
②　地方交付税交付金
③　日銀特融
④　持続化給付金

【32】①　インフレーション　②　デフレーション
③　スタグフレーション　④　スタグネーション

【33】①　公債発行率　②　公債依存度
③　公債負担率　④　公債占有度

【34】①　社会保障関係費　②　地方交付税交付金等
③　国債費　④　防衛関係費

【35】①　累進課税制度　②　間接税
③　直接税　④　源泉徴収制度

問２　下線部(ア)に関連して、経済安定化政策についての記述として**適当でないもの**を、次の①～④のうちから一つ選びなさい。【36】

①　不況時には失業が増えるので失業保険給付が増える。すると、失業者の所得の減少を抑える事ができ、消費があまり減らずに済む。その結果、景気の悪化を抑えることができる。このように、失業保険給付は制度的に不

況対策となるので、ビルトインスタビライザーとして機能する。

② 不況時に公共事業、例えばダムの建設を行えば、建設業者の売上が増え、その従業員の所得が増える。すると、従業員の消費も増えるはずである。その消費によって周辺の小売店の売り上げも増えるだろう。このように、ダム建設への支出は建設業者以外の業者へ波及していく。

③ 財政支出が国債で賄われた時、人々はその国債の償還のために将来増税されると予想するかもしれない。そうすると、人々は将来の増税に備えて貯蓄を増やし、消費は増やさないだろう。その結果、財政支出の効果が弱くなってしまうかもしれない。

④ 不況時には消費を刺激するために減税すべきだが、減税をするかどうかは政治家の決断の問題である。したがって、内閣の決断だけで手続きに時間をかけずすぐに減税を実施し、景気を刺激することができる。

問3 下線部(イ)に関して、日本の国債発行状況についての記述として**適当でないもの**を、次の①～④のうちから一つ選びなさい。【37】

① 2020年度の国債発行額は約10兆円であった。

② 1998年度以降、景気の悪化を反映し、国債発行額が急速に増えていった。

③ 2023年度の国債発行残高は1000兆円を超えている。

④ 2022年度において主要先進国（Ｇ７）の中で日本の次に債務残高の対ＧＤＰ比が高いのはイタリアである。

問4 下線部(ウ)に関して、日本の財政についての記述として**適当でないもの**を、次の①～④のうちから一つ選びなさい。【38】

① 2022年度の一般会計総額は100兆円を超えていた。

② 2000年以降、少子高齢化が急速に進行したため年金財政が危機的な状況に陥った。そのため、政府は2020年度に年金に関する収支を明確にするため、年金特別会計を創設した。

③ 菅義偉内閣は、医療費の増大を抑えるために後期高齢者で一般所得者等

の区分に含まれていた者のうち一定以上の所得がある人の自己負担割合をそれまでの１割から２割に上げることを決定した。

④　1990年度と2023年度（当初予算）の一般会計歳出を比べると、社会保障関係費の割合が大幅に高くなっている。

問５　下線部(エ)に関する記述として最も適当なものを、次の①～④のうちから一つ選びなさい。【39】

①　工場から排出される煙によって周辺住民の健康が害されるといった事態は特に発展途上国で頻発するが、このようにある経済主体の行動によって他の経済主体に直接影響が及ぶことをクラウディングアウトといい、政府はこれを規制しなければならない。

②　ある財の市場において、その財を供給する企業が１社しかない場合、その市場を独占市場といい、その企業を独占企業と呼ぶ。独占企業は価格を下げて販売量を過剰に増やそうとするので、政府は規制しなければならない。

③　電力やガス、水道といった事業には規模の経済性があるため、大きな企業の方が生産性は高くなり、小さな企業は生産性が低くなるので競争に負けて市場から退出することになる。結果的に独占市場になってしまうので、政府が規制しなければならない。

④　公共財とは、学校や音楽ホール、公民館のように多くの人が同時に利用するもののことである。このような施設は政府が提供すべきである。

問６　下線部(オ)に関する記述として**適当でないもの**を、次の①～④のうちから一つ選びなさい。【40】

①　相続税には非課税枠があるので、遺産総額がそれより少ない人には課税されない。そのため相続税には強い再分配効果がある。

②　年金や医療保険には多額の公費が投入されている。また、医療保険には所得が高いほど保険料が高くなるという仕組みがあり、これも再分配として機能している。

③　生活保護は、最低生活水準を保障するという目的のために支給されるので、その支給額は制度創設以来一度も変更されていない。

④　経済的な格差が広がりすぎると、低所得者の生活が苦しくなって憲法で保障された最低限度の生活を送ることができなくなるかもしれないという問題だけでなく、社会不安にもつながりかねないため、政府は所得再分配によって格差の縮小に努めなければならない。

数　学

解答上の注意

1．問題の文中の 【1】【2】 ， 【3】 などには，特に指示がないかぎり数字（0～9）が入ります。【1】，【2】，【3】，【4】，…の一つ一つは，数字の一つに対応します。それらを解答用紙の【1】，【2】，【3】，【4】，…で示された解答欄にマークして答えなさい。

（例） 【1】【2】 に 83 と答えたいとき

解答番号	解答欄									
	1	2	3	4	5	6	7	8	9	0
【1】	①	②	③	④	⑤	⑥	⑦	●	⑨	⓪
【2】	①	②	●	④	⑤	⑥	⑦	⑧	⑨	⓪

2．同一の問題中に 【1】 ， 【2】【3】 などが2度以上現れる場合，2度目以降は， 【1】 ， 【2】【3】 のように細字で表記します。

3．問題の文中に網かけされた 【1】 などには，選択肢から一つ選んで答えなさい。

4． 【1】 x^2+ 【2】 $x+$ 【3】 に，例えば，x^2+3 と解答する場合は， 【1】 に1， 【2】 に0， 【3】 に3と答えなさい。

5．比を解答する場合，最も簡単な整数比で答えなさい。例えば，2：3と答えるところを，4：6や6：9のように答えてはいけません。

6．分数形で解答する場合はそれ以上約分できない形で答えなさい。
例えば，$\dfrac{3}{4}$，$\dfrac{2a+1}{3}$ と答えるところを，$\dfrac{6}{8}$，$\dfrac{4a+2}{6}$ のように答えてはいけません。

7．小数の形で解答する場合，指定された桁数の一つ下の桁を四捨五入して答えなさい。また，必要に応じて，指定された桁まで ⓪ にマークしなさい。例えば，【1】.【2】【3】に 2.5 と答えたいときは，2.50 として答えなさい。

8．根号を含む形で解答する場合，根号の中に現れる自然数が最小となる形で答えなさい。例えば，$4\sqrt{2}$，$\frac{\sqrt{13}}{2}$，$6\sqrt{2a}$ と答えるところを，$2\sqrt{8}$，$\frac{\sqrt{52}}{4}$，$3\sqrt{8a}$ のように答えてはいけません。同様に，$\frac{1+3\sqrt{2}}{2}$ と答えるところを，$\frac{2+6\sqrt{2}}{4}$ や $\frac{2+3\sqrt{8}}{4}$ のように答えてはいけません。

9．指数を含む形で解答する場合，底（a^b の形における a）が最小の自然数となる形で答えなさい。例えば，2^6 と答えるところを，4^3 のように答えてはいけません。

◀数学Ⅰ・A▶

（60分）

1 次の問いに答えなさい。

(1) 放物線 $y = 4x^2 + 8x$ を x 軸方向に 【1】，y 軸方向に 【2】 だけ平行移動させると，その頂点の座標が原点と一致する。

また，$-3 \leqq x \leqq -2$ において，放物線 $y = 4x^2 + 8x$ と直線 $y = ax + 6$（a は定数）との共有点が存在するような傾き a の値の範囲は

$-$ 【3】 $\leqq a \leqq$ 【4】 である。

(2) (i) 5人が輪の形に並ぶとき，並び方の総数は 【5】【6】 通りある。

(ii) 表と裏がともに $\frac{1}{2}$ の確率で出る1枚の硬貨を1人1回ずつ投げて，5人全員が表または5人全員が裏を出す確率は $\dfrac{【7】}{【8】【9】}$ である。

(3) $(x^2 - 2x)^2 - 11(x^2 - 2x) + 24$

$= (x +$ 【10】$)(x +$ 【11】$)(x -$ 【12】$)(x -$ 【13】$)$

ただし，【10】 $<$ 【11】，【12】 $<$ 【13】 とする。

(4) 20個の値からなるデータがあり，そのうちの5個の値の平均値は2，分散は2，残り15個の値の平均値は6，分散は8である。これら20個のデータの平均値は 【14】 であり，分散は 【15】.【16】 である。

(5) 三角形ABCの重心をGとし，頂点Aと重心Gを通る直線が辺BCと交わる点をMとする。三角形ABCの面積が42であるとき，三角形AGBの面積は 【17】【18】 であり，三角形GCMの面積は 【19】 である。

2　下図のように，1辺の長さが2の正四面体ABCDがある。辺ACの中点をMとし，点Pは辺AD上を動くものとする。線分APの長さをtとするとき，次の問いに答えなさい。

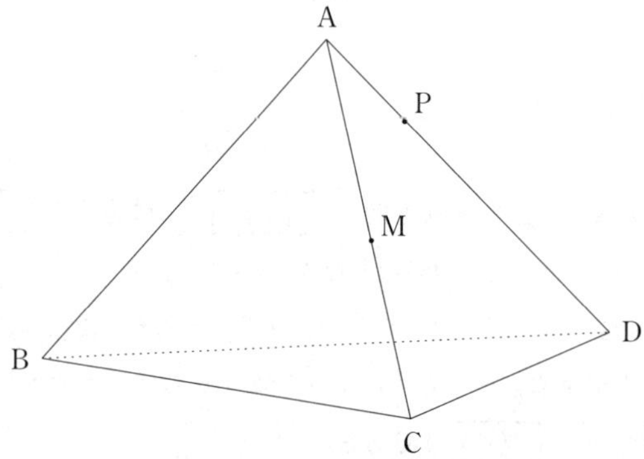

(1)　$\angle BAP = \angle MAP =$ 【20】【21】 °であるから，BP^2をtで表すと，

$$BP^2 = t^2 - \boxed{【22】}\,t + \boxed{【23】}$$

であり，PM^2をtで表すと，

$$PM^2 = t^2 - \boxed{【24】}\,t + \boxed{【25】}$$

である。

(2)　$\angle PBM = \theta$とおくと，

$$\cos^2\theta = \frac{(t - \boxed{【26】})^2}{12(t^2 - \boxed{【22】}\,t + \boxed{【23】})}$$

と表すことができる。すると，

$$\sin^2\theta = \frac{11t^2 - \boxed{【27】【28】}\,t + \boxed{【29】【30】}}{12(t^2 - \boxed{【22】}\,t + \boxed{【23】})}$$

である。

(3)　$\triangle BMP$の面積をSとおくと，

$$S = \frac{1}{\boxed{【31】}}\sqrt{11t^2 - \boxed{【32】【33】}\,t + \boxed{【34】【35】}}$$

である。

(4)　$0 \leqq t \leqq 2$ であるから，S は $t = \dfrac{【36】}{【37】【38】}$ のとき最小値

$\dfrac{\sqrt{【39】【40】}}{【41】【42】}$ をとる。

3　次の問いに答えなさい。

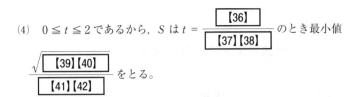

(1)　袋の中に白球 n 個，赤球 $(10-n)$ 個の合計10個の球が入っている。この袋の中から2個の球を同時に無作為に取り出す試行について考える。

(i)　$n=5$ のとき，白球と赤球が1個ずつ出る確率は $\dfrac{【43】}{【44】}$ である。

(ii)　白球と赤球が1個ずつ出る確率が $\dfrac{7}{15}$ 以上となる n の値の範囲は，
【45】 $\leqq n \leqq$ 【46】 である。

(2)　1個のサイコロを繰り返し3回投げる試行について考える。サイコロには1から6までの目が書かれており，6つの目の出方は同様に確からしいとする。

(i)　1の目が1回だけ出る確率は $\dfrac{【47】【48】}{【49】【50】}$ である。

(ii)　出た目の最小値が1となる確率は $\dfrac{【51】【52】}{【53】【54】【55】}$ である。

(iii)　出た目の最小値が2となる確率は $\dfrac{【56】【57】}{【58】【59】【60】}$ である。

◀数学Ⅰ・A・Ⅱ・B▶

(60分)

1 ◀数学Ⅰ・A▶の[1]に同じ。

2 次の問いに答えなさい。

(1) $(2x-3y+z)^7$ の展開式における x^3y^3z の項の係数と，x^2y^4z の項の係数の和は，【20】【21】【22】【23】となる。

(2) $A=\dfrac{\sqrt{-1}+\sqrt{-4}+\sqrt{-1}\sqrt{-5}}{a+\sqrt{-5}}$ が実数となるような実数 a は，

$a=-\dfrac{【24】}{【25】}$ である。

このとき，A の値は，$A=\dfrac{【26】\sqrt{【27】}}{【28】}$ である。

(3) 実数 a，b を係数に含む3次方程式 $ax^3+2x^2+bx-3=0$ の解の1つが $1-i$ であるとき，$a=-\dfrac{【29】}{【30】}$，$b=-\dfrac{【31】}{【32】}$ となる。

このとき，3次方程式の残りの2つの解は，$x=$【33】$+$【34】i，

$x=-\dfrac{【35】}{【36】}$ である。

(4) x の整式 $x^{2024}+x^6+x$ を x^3-x で割ったときの余りは，

【37】$x^{【38】}+$【39】x である。

3 座標空間内の2点A(3, 0, −1), B(−1, 4, 3)を直径の両端とする球面をSとする。次の問いに答えなさい。

(1) 球面Sの方程式は

$(x-\boxed{【40】})^2+(y-\boxed{【41】})^2+(z-\boxed{【42】})^2=\boxed{【43】【44】}$

であり，球面Sの半径は$\boxed{【45】}\sqrt{\boxed{【46】}}$である。

(2) 点C(1, 0, −1)を通り，ベクトル(1, 1, −1)に平行な直線lと球面Sの交点は，

$$\left(\boxed{【47】}+\frac{\boxed{【48】}\sqrt{\boxed{【49】}}}{\boxed{【50】}},\ \frac{\boxed{【48】}\sqrt{\boxed{【49】}}}{\boxed{【50】}},\ -\boxed{【51】}-\frac{\boxed{【48】}\sqrt{\boxed{【49】}}}{\boxed{【50】}}\right)$$

と

$$\left(\boxed{【47】}-\frac{\boxed{【48】}\sqrt{\boxed{【49】}}}{\boxed{【50】}},\ -\frac{\boxed{【48】}\sqrt{\boxed{【49】}}}{\boxed{【50】}},\ -\boxed{【52】}+\frac{\boxed{【48】}\sqrt{\boxed{【49】}}}{\boxed{【50】}}\right)$$

である。

(3) 点D(5, 5, 1)を中心とする半径2の球面Tと球面Sが交わってできる円の半径は$\dfrac{\sqrt{\boxed{【53】【54】【55】}}}{\boxed{【56】【57】}}$である。

◀数学Ⅰ・A・Ⅱ・B・Ⅲ▶

（60分）

1 ◀数学Ⅰ・A▶の[1]に同じ。

2 ◀数学Ⅰ・A・Ⅱ・B▶の[2]に同じ。

3 t は正の定数とし，xy 平面上の曲線 C の方程式を

$$y = e^{2x} - 9te^{x} + 18t^2$$

とする。曲線 C と x 軸との2つの交点のうち x 座標が小さい方を点A，大きい方を点Bとする。ただし，以下で e は自然対数の底であり，log は自然対数を表す。

(1) 曲線 C と x 軸との交点A，Bの座標を t を用いて表すと，点Aの x 座標は log【40】 + $\log t$ であり，点Bの x 座標は log【41】 + $\log t$ である。

(2) 点Aの x 座標が1となるとき，$t = \dfrac{【42】}{【43】}e$ であり，このとき点Bの x 座標は【44】 + log【45】である。

(3) $t = \dfrac{【42】}{【43】}e$ とする。曲線 C と x 軸で囲まれた部分の面積は，

$e^2\left(\dfrac{【46】}{【47】} - 【48】\log【45】\right)$ である。

(4)　$t = \dfrac{【42】}{【43】}e$ とする。曲線 C と x 軸で囲まれた部分を x 軸の周りに1回転させてできる立体の体積は，

$$\pi e^4 \left(-\frac{【49】【50】}{【51】} + 【52】\log 【45】 \right)$$

である。

物　理

（60分）

1　地球を中心とした半径 r [m] の円軌道を質量 m [kg] の人工衛星が速さ v_0 [m/s] で周回している。地球の質量を M [kg]，万有引力定数を G [N・m^2/kg^2]，人工衛星の公転周期を T [s] とする。この問題では，地球の自転と公転を無視することとする。このとき，以下の設問に最も適する答えをそれぞれの解答群①～④から一つ選べ。

問1　v_0 を r，T を用いて表せ。【1】

①　$\sqrt{\dfrac{2\pi r}{T}}$　　②　$\dfrac{2\pi r}{T}$　　③　$\dfrac{\pi r^2}{T}$　　④　$\dfrac{4\pi r^2}{T}$

問2　v_0 を G，M，r を用いて表せ。【2】

①　$\sqrt{\dfrac{GM}{r}}$　　②　$\dfrac{\sqrt{GM}}{r}$　　③　$\dfrac{GM}{r}$　　④　$\dfrac{GM\sqrt{r}}{r}$

問3　ケプラーの第3法則をこの円軌道での人工衛星の周回軌道に適用すると，「公転周期の2乗は公転半径の3乗に比例する」すなわち $T^2 = kr^3$（k は比例定数）が成り立つ。問1と問2の結果から，k を求めよ。【3】

①　$\dfrac{GM}{4\pi^2}$　　②　$\dfrac{GM}{2\pi}$　　③　$\dfrac{2\pi}{GM}$　　④　$\dfrac{4\pi^2}{GM}$

次に，図のように円軌道上の点Aで人工衛星を加速して速さを v_1 [m/s] にしたところ，人工衛星は地球を焦点の一つとする楕円軌道を運動するようになった。また，この軌道上で地球の中心から最も遠い点Bまでの距離は $3r$ [m] となった。

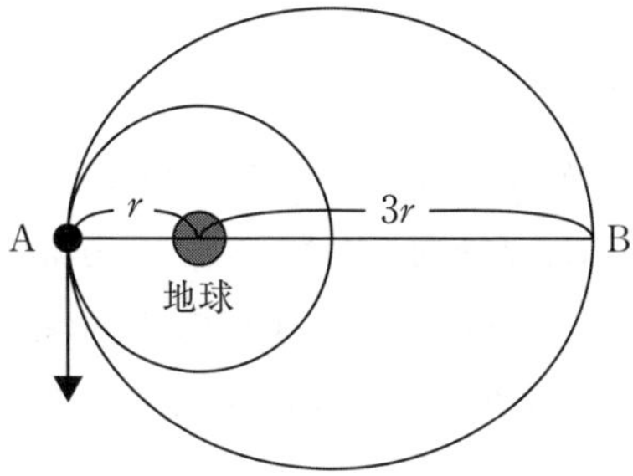

図

問4　ケプラーの第2法則（地球と人工衛星を結ぶ線分が一定時間に掃く面積は一定である）から，点Bにおける人工衛星の速さ v_2 [m/s] を v_1 を用いて表せ。【4】

① $\frac{1}{4}v_1$　② $\frac{1}{3}v_1$　③ $3v_1$　④ $4v_1$

問5　点Aと点Bにおける力学的エネルギー保存の式から，v_1 を G，M，r を用いて表せ。【5】

① $\sqrt{\frac{2GM}{3r}}$　② $\sqrt{\frac{GM}{r}}$　③ $\sqrt{\frac{3GM}{2r}}$　④ $\sqrt{\frac{2GM}{r}}$

問6　人工衛星が円軌道から楕円軌道に移ったときに追加されたエネルギー E [J] を求めよ。【6】

① $\frac{GMm}{4r}$　② $\frac{3GMm}{4r}$　③ $\frac{3GMm}{2r}$　④ $\frac{GMm}{r}$

2　図のように，質量 M [kg] の台が水平な床に置かれている。台の上面では長さ L [m] の水平面 AB と曲面 BC とが，なめらかにつながっている。台上の点 A から点 B に向かって，質量 m [kg] の小物体を速度 v [m/s] で滑らせた。重力は鉛直下向きにはたらき，重力加速度の大きさを g [m/s^2] とする。小物体は大きさを無視でき，すべての運動は図に示す鉛直平面内で起こるものとする。以下の設問に最も適する答えをそれぞれの解答群①～④から一つ選べ。

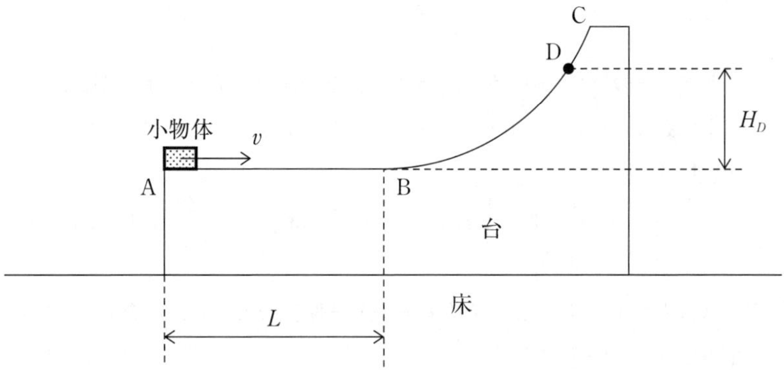

図

はじめに，台を床に固定したところ，小物体は曲面 BC の途中で最高点 D に達した後，滑り降りてきた。小物体と水平面 AB および曲面 BC との間の摩擦は無視できるものとする。

問1　最高点 D の水平面 AB からの高さ H_D [m] を求めよ。【7】

①　$\dfrac{v}{2g}$　　②　$\dfrac{v}{g}$　　③　$\dfrac{v^2}{2g}$　　④　$\dfrac{v^2}{g}$

次に，台が床の上で摩擦なく自由に動くことができるようにしたところ，小物体が曲面 BC に達すると台は右に動き出した。小物体は曲面 BC 上の最高点 E に達した後，曲面 BC を滑り降り，再び水平面 AB 上を点 B から点 A に向かって滑った。小物体と水平面 AB および曲面 BC との間の摩擦は無視できるものとする。

問2　小物体が最高点Eに達したときの，床に対する台の速度の大きさ v_1［m/s］を求めよ。【8】

①　$\dfrac{m}{m+M}v$　②　$v\sqrt{\dfrac{m}{m+M}}$　③　$\dfrac{M}{m+M}v$　④　$v\sqrt{\dfrac{M}{m+M}}$

問3　最高点Eの水平面ABからの高さ H_E［m］は H_D の何倍か。【9】

①　$\dfrac{m}{m+M}$　②　$\sqrt{\dfrac{m}{m+M}}$　③　$\dfrac{M}{m+M}$　④　$\sqrt{\dfrac{M}{m+M}}$

問4　小物体が曲面BCを滑り降りて点Bに達したときの，床に対する台の速度の大きさ v_2［m/s］を求めよ。【10】

①　$\dfrac{m}{m+M}v$　②　$\dfrac{M}{m+M}v$　③　$\dfrac{2m}{m+M}v$　④　$\dfrac{2M}{m+M}v$

問5　小物体が曲面BCを滑り降りた後，小物体が床に対して，台と同じ向きに進むための条件を求めよ。【11】

①　$m<M$　②　$m>M$　③　$m<2M$　④　$m>2M$

台が床の上で自由に動くことができる状態で，さらに，長さ L の水平面ABに摩擦がある場合を考える。このとき，点Aから右向きに速度 v で滑り出した小物体は，摩擦のある水平面ABを通過し，なめらかな曲面BC上の最高点Fに達した後，曲面BCを滑り降りた。その後，水平面ABを点Bから点Aに向かって滑り，点Aで台に対して静止した。ただし，小物体と台との間の動摩擦係数を μ とし，摩擦力が小物体にした仕事以外は，空気抵抗などによるエネルギーの損失はないものとする。

問6　v を，μ，M，m，L，g を用いて表せ。【12】

①　$m\sqrt{\dfrac{2\mu gL}{M(m+M)}}$　②　$2m\sqrt{\dfrac{\mu gL}{M(m+M)}}$

③　$\sqrt{\dfrac{2\mu(m+M)gL}{M}}$　④　$2\sqrt{\dfrac{\mu(m+M)gL}{M}}$

3　図のように，長さ l [m]，断面積 S [m^2] の導体中を，電気量 $-e$ [C] の自由電子が一様な速さ v [m/s] で同じ向きに運動していると仮定する。この導体の両端の電位差は V [V] であり，自由電子は導体中の陽イオンから速さに比例した抵抗力 kv [N]（k は比例定数）を受けているとする。また，単位体積あたりの自由電子の数は n [個/m^3] であるとする。このとき，以下の設問に最も適する答えをそれぞれの解答群①～④から一つ選べ。

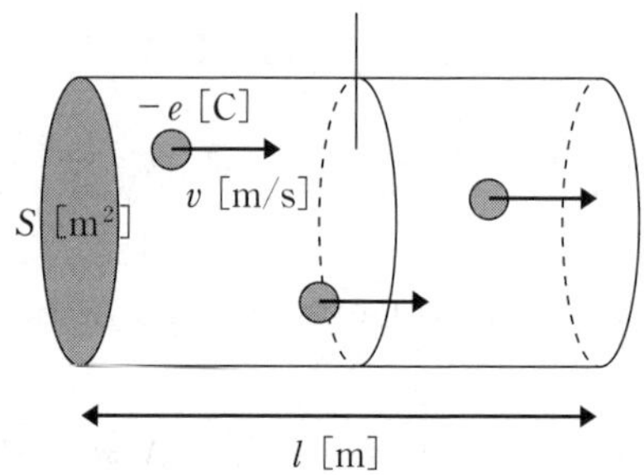

図

問1　1秒間に図の断面Aを通過する自由電子の数 N [個/s] を求めよ。【13】

① $\dfrac{nv}{S}$　② nvS　③ $nvlS$　④ nv^2lS

問2　1秒間に図の断面Aを通過する電気量，すなわち電流の大きさ I [A] を求めよ。【14】

① $\dfrac{n^2v}{S}$　② $envS$　③ $envlS$　④ env^2lS

問3　導体内部に生じる電場から1つの自由電子が受ける静電気力の大きさ F [N] を求めよ。【15】

① $\dfrac{eV}{nl}$　② $\dfrac{eV}{lS}$　③ $\dfrac{eV}{l}$　④ $\dfrac{eV^2}{l}$

問4　自由電子が受ける静電気力と抵抗力のつりあいから，v を求めよ。【16】

① $\dfrac{V}{ekl}$　② $\dfrac{eV}{klS}$　③ $\dfrac{eV}{kl}$　④ $\dfrac{eV^2}{kl}$

問5　問2と問4の結果とオームの法則から，この導体の抵抗 R [Ω] を求めよ。【17】

① $\dfrac{kl}{e^2nS}$　② $\dfrac{kS}{e^2nl}$　③ $\dfrac{kl}{enS}$　④ $\dfrac{kS}{enl}$

問6　下記は，導体中の電子の運動を説明した文章である。空欄（ア）（イ）（ウ）に入る語句の組み合わせとして適切なものを選べ。【18】

一般に，導体の温度を上昇させた場合，その電気抵抗値は（ア）。これは，導体中の（イ）の熱運動が活発になるために（ウ）からである。

①（ア）減少する（イ）自由電子（ウ）自由電子が進行しやすくなる
②（ア）減少する（イ）陽イオン（ウ）自由電子の進行を妨げる
③（ア）増加する（イ）自由電子（ウ）自由電子が進行しやすくなる
④（ア）増加する（イ）陽イオン（ウ）自由電子の進行を妨げる

4　図のようにスリット面1，スリット面2，スクリーンが平行に置かれている。スリット面1とスリット面2との間の距離を l [m]，スリット面2とスクリーンとの間の距離を L [m] とする。スリット面1にはスリット S_0，スリット面2には，狭い間隔 d [m] で，スリット S_1，S_2 が備えられている。S_0 の左側の光源から波長 λ [m] の単色光を照射すると，スクリーン上に明暗の縞模様が観測された。線分 S_1S_2 の垂直二等分線とスクリーンとの交点を原点Oとして，図のように x 軸をとり，Oから上向きに x [m]（ただし，$x>0$ とする）だけ離れた位置を点Pとする。l および L は，x および d よりも十分大きく，問1～4では S_0 から S_1，S_2 までの距離は等しいものとする。以下の設問に最も適する答えをそれぞれの解答群①～④から一つ選べ。

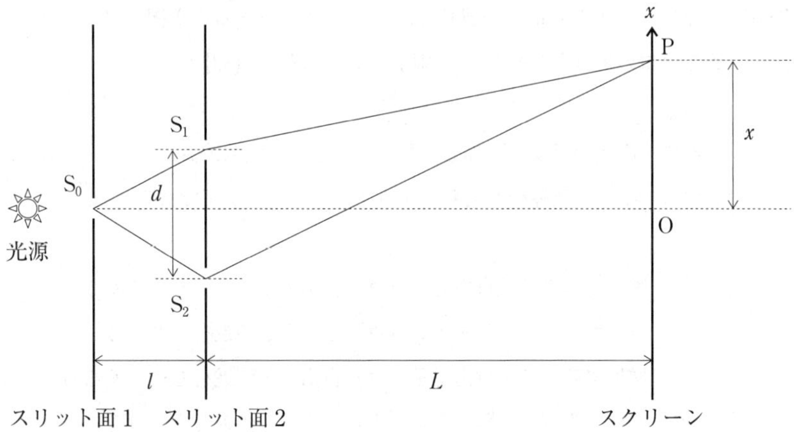

図

問1　S_2PとS_1Pの差（$S_2P - S_1P$）[m] を求めよ。【19】

① $\sqrt{L^2 + \left(x + \dfrac{d}{2}\right)^2} - \sqrt{L^2 + \left(x - \dfrac{d}{2}\right)^2}$

② $\sqrt{L^2 + (x + d)^2} - \sqrt{L^2 + (x - d)^2}$

③ $\dfrac{1}{2}\left\{\sqrt{L^2 + \left(x + \dfrac{d}{2}\right)^2} - \sqrt{L^2 + \left(x - \dfrac{d}{2}\right)^2}\right\}$

④ $\dfrac{1}{2}\left\{\sqrt{L^2 + (x + d)^2} - \sqrt{L^2 + (x - d)^2}\right\}$

問2　1と比べて$|h|$が十分小さいときに成り立つ近似式 $(1 + h)^n \fallingdotseq 1 + nh$ を用いて，問1の答えを簡略化せよ。【20】

① $d\dfrac{x}{L}$　② $d\dfrac{2x}{L}$　③ $d\sqrt{\dfrac{x}{L}}$　④ $d\sqrt{\dfrac{2x}{L}}$

問3　点Pの位置に明線ができるとき，xが満たす条件を0以上の整数m（$m = 0, 1, 2, \cdots$）を用いて表せ。【21】

① $x = \left(m + \dfrac{1}{2}\right)\dfrac{L}{2d}\lambda$　② $x = \left(m + \dfrac{1}{2}\right)\dfrac{L}{d}\lambda$

③ $x = m\dfrac{L}{2d}\lambda$　④ $x = m\dfrac{L}{d}\lambda$

問 4　隣り合う明線の間隔 a [m] を求めよ。【22】

① $\frac{2L\lambda}{d}$　② $\frac{L\lambda}{d}$　③ $\frac{L\lambda}{2d}$　④ $\frac{L\lambda}{4d}$

スリット面 1 を x 軸の正の方向に y だけゆっくりと移動させると，点 P にあった明線は [あ] の方向に [い] [m] だけ移動した。ただし，y は l に比べて十分小さいものとする。

問 5　上の文章中の [あ]，[い] に入れる語の組み合わせとして最も適当なものを選べ。【23】

① あ：x 軸の正，い：$\frac{L}{l}y$　② あ：x 軸の負，い：$\frac{L}{l}y$

③ あ：x 軸の正，い：$\frac{2L}{l}y$　④ あ：x 軸の負，い：$\frac{2L}{l}y$

スリット面 1 を，S_0 から S_1 および S_2 までの距離が等しい元の位置に戻し，スリット面 2 とスクリーンとの間を屈折率 n の媒質で満たした。

問 6　明線の間隔は，問 4 で求めた間隔の何倍になるか。【24】

① n^2　② n　③ $\frac{1}{n}$　④ $\frac{1}{n^2}$

化 学

（60 分）

1 以下の問い（問１，２）に答えよ。

問１ 次の記述を読み，問(1)，(2)に答えよ。

原子が共有電子対を引き付ける強さを ［ア］ といい，周期表上では希ガス（貴ガス）を除いて ［イ］ に位置するものほど大きくなる。一般に，異種の原子からなる共有結合では， ［ア］ の差が大きいほど電荷の偏りが ［ウ］ くなる。

共有結合している２原子間に見られる電荷の偏りを，結合の ［エ］ という。二酸化炭素分子 CO_2 は $C=O$ 結合に ［エ］ があるが，分子が ［オ］ 形であるため，分子全体では結合の ［エ］ は打ち消し合って ［カ］ 分子となる。アンモニア分子 NH_3 は $N-H$ 結合に ［エ］ があり，分子が ［キ］ 形であるため，分子全体では結合の ［エ］ は打ち消し合わずに ［ク］ 分子となる。

(1) 記述中の空欄 ［ア］ ～ ［ウ］ にあてはまる最も適当なものを，①～⑧の中から一つずつ選べ。ただし，同じ選択肢を繰り返し選んではならない。

ア【1】 イ【2】 ウ【3】

① イオン化傾向	② 電気陰性度	③ 右上
④ 右下	⑤ 左上	⑥ 左下
⑦ 大き	⑧ 小さ	

⑵　記述中の空欄 エ 〜 ク にあてはまる最も適当なものを，①〜⑦の中から一つずつ選べ。ただし，同じ選択肢を繰り返し選んでもよい。
エ【4】　オ【5】　カ【6】　キ【7】　ク【8】

①　極性　②　無極性　③　安定性　④　三角錐
⑤　正四面体　⑥　折れ線　⑦　直線

問２　塩化ナトリウム NaCl 水溶液について，問⑴，⑵に答えよ。ただし，原子量は Na = 23.0，Cl = 35.5 とする。

⑴　塩化ナトリウム 5.85 g を水に溶かして 200 mL の水溶液をつくった。この塩化ナトリウム水溶液のモル濃度（mol/L）として最も適当な値を，①〜④の中から一つ選べ。【9】

①　0.250　②　0.500　③　0.600　④　0.700

⑵　0.200 mol/L の塩化ナトリウム水溶液 200 mL をつくるために必要な塩化ナトリウムは何 g か。最も適当な値を，①〜④の中から一つ選べ。【10】

①　1.17　②　2.34　③　3.12　④　4.68

2　以下の問い（問１～３）に答えよ。

問１　次の図はジエチルエーテル，エタノール，水の蒸気圧曲線である。問(1)～(4)に答えよ。

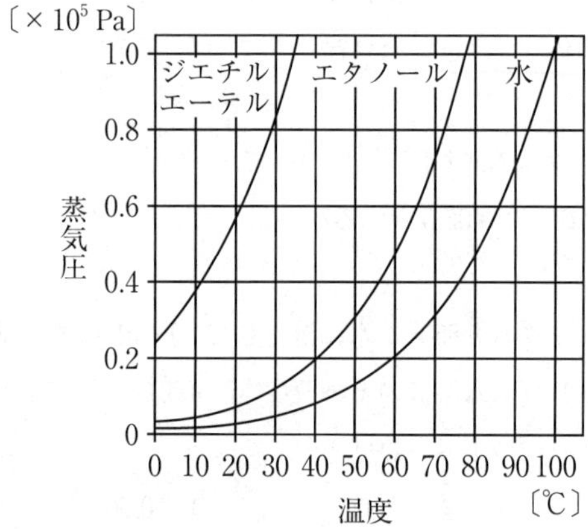

(1)　外圧を 1.0×10^5 Pa にしたときのジエチルエーテルの沸点は約何℃か。最も適当な値を，①～④の中から一つ選べ。【11】

①　5.0　　②　15　　③　25　　④　35

(2)　外圧 8.0×10^4 Pa では，水は約何℃で沸騰するか。最も適当な値を，①～④の中から一つ選べ。【12】

①　60　　②　75　　③　85　　④　94

(3)　エタノールを 70℃で沸騰させたい。外圧を約何 Pa にすればよいか。最も適当な値を，①～④の中から一つ選べ。【13】

①　6.1×10^4　　②　7.4×10^4　　③　8.6×10^4　　④　9.2×10^4

(4)　ジエチルエーテル，エタノール，水の中で，分子間力が最も大きい物質はどれか。最も適当なものを，①～③の中から一つ選べ。【14】

①　ジエチルエーテル　　②　エタノール　　③　水

問２　0.20 mol/L 酢酸 CH_3COOH 水溶液の pH として最も適当な値を，①～④の中から一つ選べ。ただし，酢酸の電離定数 K_a は 2.0×10^{-5} mol/L，$\log_{10} 2 = 0.30$，酢酸の電離度は１に比べて十分に小さいものとする。【15】

①　1.9　　②　2.7　　③　3.6　　④　5.8

問３　ピストンつきの容器に少量の水を入れて放置したとき，水の一部が蒸発して容器内が飽和状態となった。この状態で（ア）～（ウ）の各操作を行い放置すると，水の蒸気圧はそれぞれどのようになるか。最も適当なものを，①～③の中から一つずつ選べ。ただし，各操作中に水が完全に蒸発することはなく，液体の水が残っていたものとする。また，同じ選択肢を繰り返し選んでもよい。

（ア）　体積を一定に保ち，ゆっくり温度を上げる。

（イ）　温度を一定に保ち，ゆっくり体積を大きくする。

（ウ）　温度を一定に保ち，ゆっくり体積を小さくする。

ア【16】　イ【17】　ウ【18】

①　増加する　　②　減少する　　③　変化しない

3 以下の問い（問1，2）に答えよ。

問1　次の記述（ア）～（オ）にあてはまるカルシウムCaの化合物の化学式として最も適当なものを，①～⑤の中から一つずつ選べ。ただし，同じ選択肢を繰り返し選んではならない。

（ア）　石灰石の主成分であり，塩酸と反応して二酸化炭素を発生する。
（イ）　生石灰とも呼ばれ，水と反応すると多量の熱を発生する。
（ウ）　消石灰とも呼ばれ，水に少し溶けて強塩基性を示す。
（エ）　セッコウとも呼ばれ，建築材料，セッコウ像などに用いられる。
（オ）　水によく溶け，吸湿性が強く，潮解性がある。無水物は乾燥剤として用いられる。

ア【19】　イ【20】　ウ【21】　エ【22】　オ【23】

① CaO　② $CaCO_3$　③ $CaCl_2$
④ $Ca(OH)_2$　⑤ $CaSO_4 \cdot 2H_2O$

問2　次の記述を読み，問(1)，(2)に答えよ。

銅Cuを熱濃硫酸に溶かすと［ア］ができる。［ア］水溶液に水酸化ナトリウムNaOH水溶液を加えると，青白色の［イ］が沈殿する。［イ］を加熱すると黒色の［ウ］になる。Cuを空気中で加熱すると［ウ］を生成するが，1000℃以上に加熱すると赤色の［エ］になる。また，［イ］にアンモニア水を過剰に加えると［オ］色の溶液になる。

(1)　空欄［ア］～［エ］にあてはまる化合物の化学式として最も適当なものを，①～⑥の中から一つずつ選べ。

ア【24】　イ【25】　ウ【26】　エ【27】

① $CuSO_4$　② CuO　③ Cu_2O

④ $Cu(OH)_2$　⑤ CuS　⑥ $Cu(NO_3)_2$

(2) 空欄 オ にあてはまる最も適当なものを，①〜④の中から一つ選べ。【28】

① 無　② 深青　③ 黒　④ 青白

4 以下の問い（問1，2）に答えよ。

問1　分子量が150以下の5種類の芳香族化合物A〜Eに関する次の記述を読み，問(1)〜(3)に答えよ。ただし，原子量は H = 1.00，C = 12.0，N = 14.0，O = 16.0 とする。

炭素C，水素H，酸素Oのみからなる芳香族化合物A 10.8 mg を完全燃焼させたところ，二酸化炭素 CO_2 30.8 mg と水 H_2O 7.2 mg をそれぞれ生じた。芳香族化合物Aのベンゼン環に結合している水素原子1個を臭素原子に置換した化合物としては，2種類の分子が存在する。芳香族化合物Aの水溶液に塩化鉄(Ⅲ) $FeCl_3$ 水溶液を加えると，呈色反応を示した。

芳香族化合物Bの希塩酸溶液を氷冷しながら亜硝酸ナトリウム $NaNO_2$ 水溶液を加えるとジアゾ化が起こり，ジアゾニウム塩を生じた。このジアゾニウム塩の水溶液を加熱すると気体を生じて分解し，芳香族化合物Aと塩酸を生じた。

芳香族化合物Cを 1.22 g 含む水溶液を中和するには，1.00 mol/L の水酸化ナトリウム NaOH 水溶液が 10.0 mL 必要であった。

芳香族化合物Dは特有の臭気をもつ無色の液体で，水よりも軽い。フェノールの製法であるクメン法では，プロペンとともに原料として用いられるなど，多くの芳香族化合物の合成原料として用いられる。有害なので，その取り扱いには注意が必要である。

芳香族化合物Eは，塗料用のシンナーの主成分であり，芳香族化合物Dと性質は似ている。酸化剤を用いて酸化すると，芳香族化合物Cを生じた。

(1) 芳香族化合物AとBの構造式として最も適当なものを，①～⓪の中から一つずつ選べ。

A【29】 B【30】

①
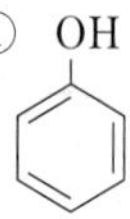

②
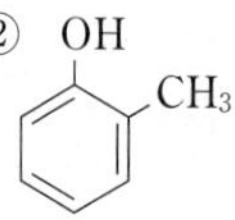

③
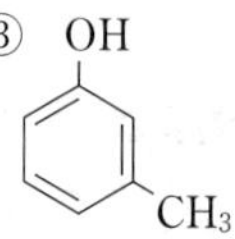

④
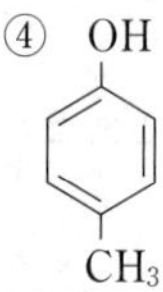

⑤
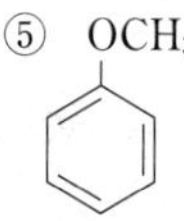

⑥
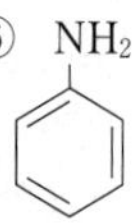

⑦
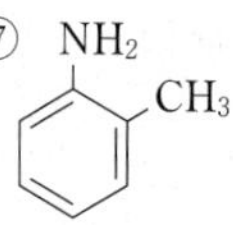

⑧
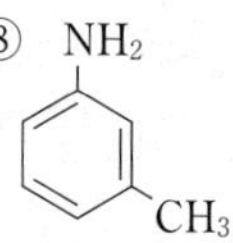

⑨
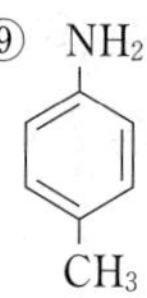

⓪
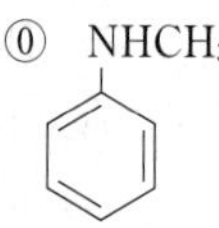

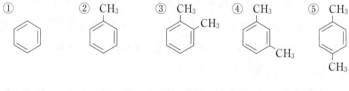

(2) 芳香族化合物C～Eの構造式として最も適当なものを，①～⓪の中から一つずつ選べ。

C【31】 D【32】 E【33】

①

②
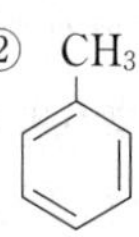

③
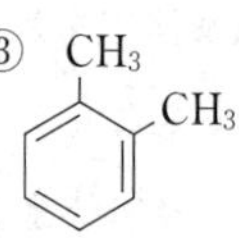

④
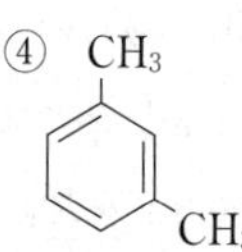

⑤
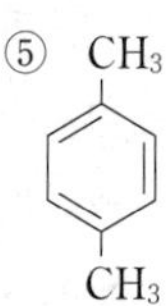

⑥
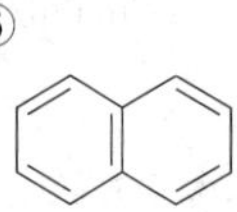

⑦
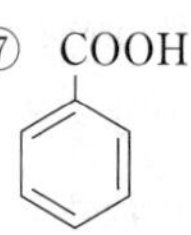

⑧

⑨
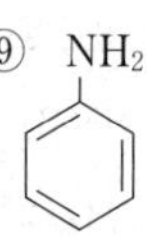

⓪
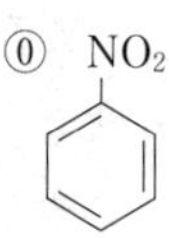

(3)　これらの芳香族化合物A～Eの混合物を，次の図に示す操作により，ア～オの5つの容器に分離した。ア～オの各容器に含まれる芳香族化合物として最も適当なものを，下の①～⑤の中から一つずつ選べ。ただし，同じ選択肢を繰り返し選んではならない。

ア【34】　イ【35】　ウ【36】　エ【37】　オ【38】

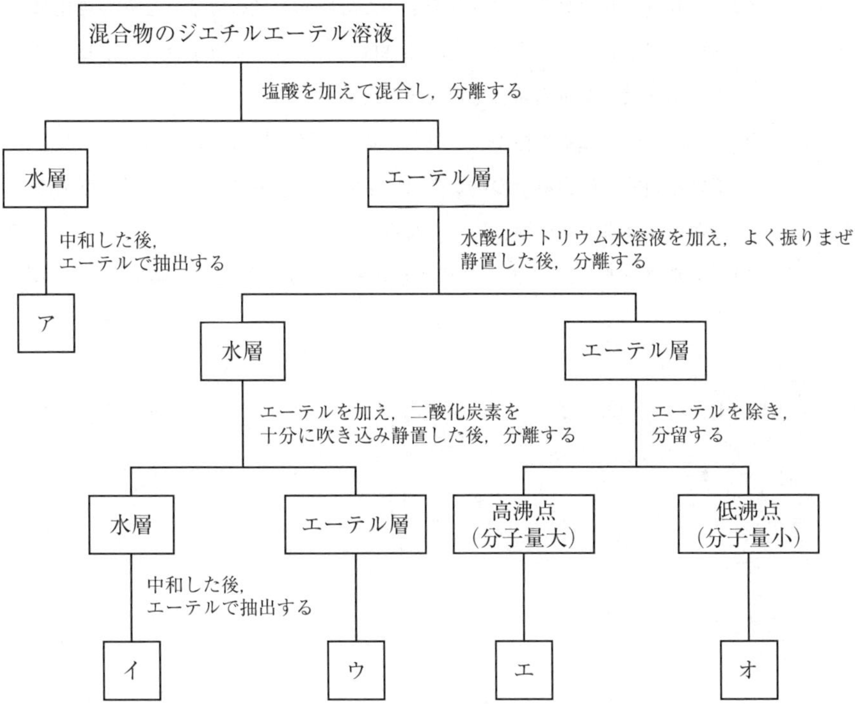

①　芳香族化合物A　　②　芳香族化合物B　　③　芳香族化合物C

④　芳香族化合物D　　⑤　芳香族化合物E

問２　アルコールに関する次の記述（ア）～（エ）のうち，正しいものはいくつあるか。最も適当なものを，①～⑤の中から一つ選べ。【39】

（ア）アルコールは分子中のヒドロキシ基の数によって，第一級アルコール，第二級アルコール，第三級アルコールに分類される。

（イ）アルコールはヒドロキシ基をもつため，同程度の分子量をもつ炭化水素に比べて融点・沸点が高い。これは，アルコール分子どうしがヒドロキシ基の部分で水素結合を形成するためである。

（ウ）アルコールは親水性のヒドロキシ基と，疎水性の炭化水素基からできているので，炭素原子の数が少ないものは水に溶けやすく，炭素原子の数が多くなると水に溶けにくくなる。

（エ）アルコールは，水溶液中でヒドロキシ基が電離して，強い酸性を示す。

①　1　　②　2　　③　3　　④　4　　⑤　0

生　物

（60分）

1　体細胞分裂と細胞周期に関する次の文章を読み，以下の問い（問１～５）に答えよ。

分裂を繰り返している体細胞では，細胞分裂を行う分裂期（M期）とそれ以外の時期である間期を繰り返しており，この周期性を細胞周期（分裂が終わってから次の分裂が終わるまでの過程）という。間期は，G_1期，S期，G_2期に分けられる。また，分裂期（M期）は前期，中期，後期，終期に分けられる。体細胞分裂は，発根したタマネギを材料にして顕微鏡で観察することができる。顕微鏡でタマネギの根端分裂組織の細胞を400個観察したとき，間期と分裂期［(a)～(d)］の状態の細胞が観察された。それぞれに分類された細胞数は次の写真の下に示したようになった。

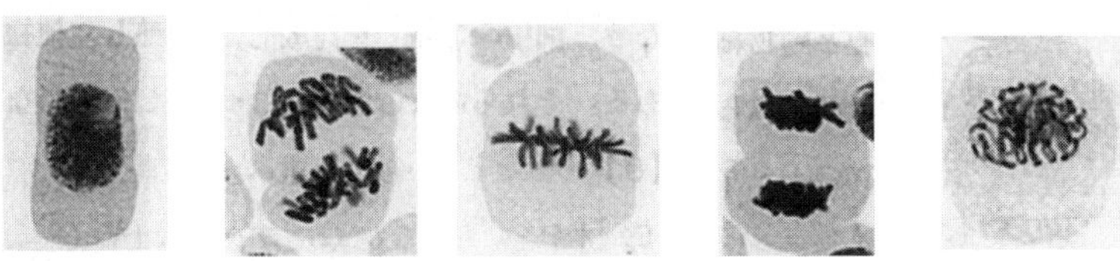

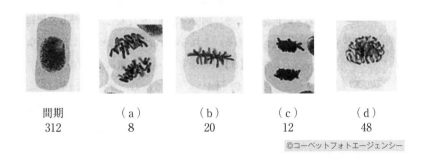

間期	(a)	(b)	(c)	(d)
312	8	20	12	48

問１　タマネギの根端分裂組織の材料として体細胞分裂を観察する際，次のＡ～Ｃの操作を行う。それらの操作の順番として最も適当なものを，次の①～⑥から１つ選べ。【1】

（A）　観察材料に酢酸カーミン液を1滴たらす。

（B）　観察材料を冷えた酢酸に10分間浸す。

（C）　観察材料を60℃に温めた塩酸に15秒間浸す。

①　A→B→C　②　A→C→B　③　B→A→C

④　B→C→A　⑤　C→A→B　⑥　C→B→A

問2　前ページの写真（a）～（d）は，分裂期の前期，中期，後期，終期のどれに対応するか。その組み合わせとして最も適当なものを，次の①～⑧から1つ選べ。【2】

	（a）	（b）	（c）	（d）
①	前期	中期	後期	終期
②	前期	後期	中期	終期
③	中期	終期	前期	後期
④	中期	前期	終期	後期
⑤	後期	終期	中期	前期
⑥	後期	中期	終期	前期
⑦	終期	前期	後期	中期
⑧	終期	後期	前期	中期

問3　タマネギの細胞周期を25時間としたとき，分裂期にかかる時間はどのくらいであると考えられるか。最も適当なものを次の①～⑥から1つ選べ。ただし，各細胞において細胞分裂の始まる時期がばらばらで同調していないこと，細胞周期の進行が停止している細胞がないこと，分裂の各時期に要する時間が細胞によって変わらないこととする。【3】

①　0.5時間　②　0.75時間　③　1.25時間

④　3時間　⑤　5.5時間　⑥　19.5時間

問４　細胞周期における染色体１本あたりのDNA量の変化として最も適当なものを，次の①〜⑥から１つ選べ。【４】

①
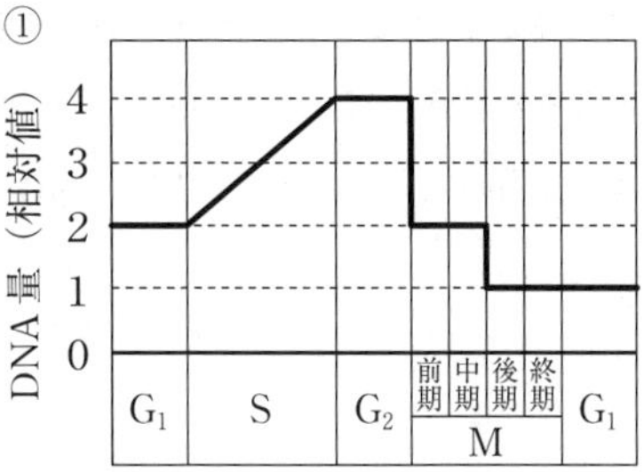

②
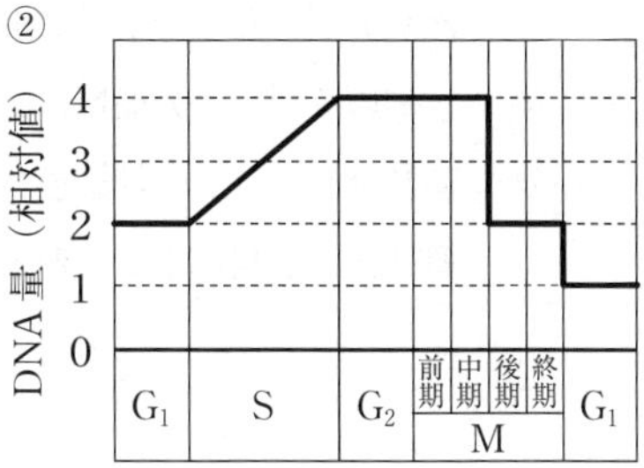

③
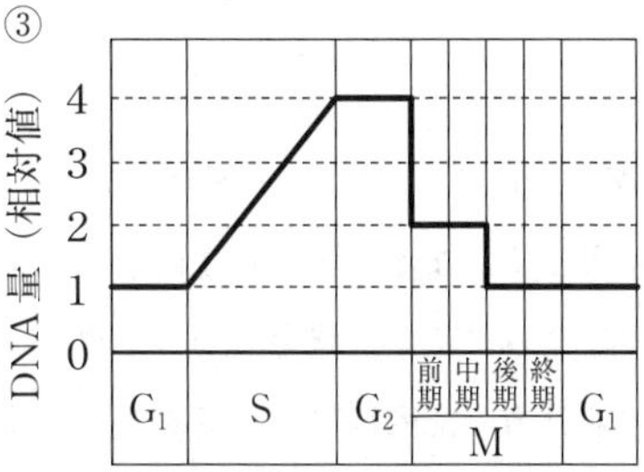

④
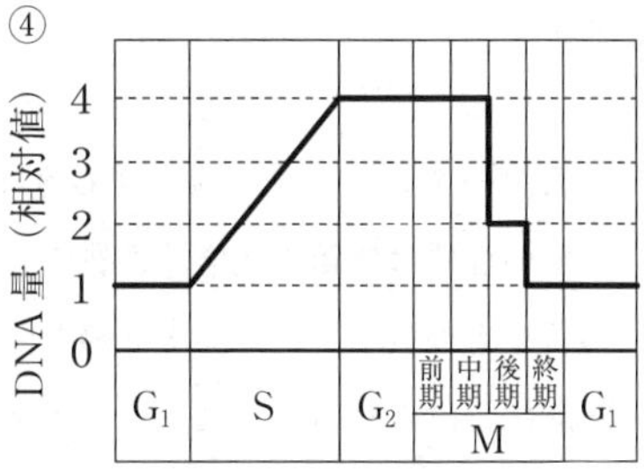

⑤
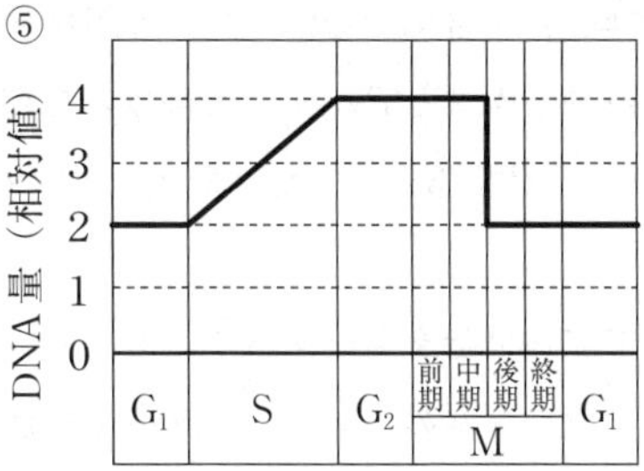

⑥
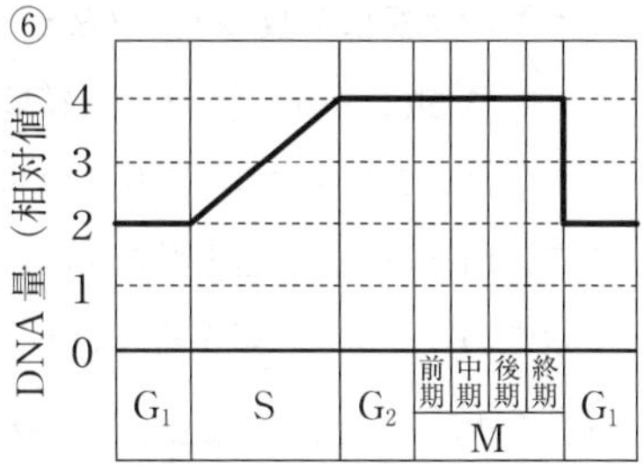

問５　体細胞分裂と減数分裂の比較について**誤っているもの**を次の①〜⑤から１つ選べ。【５】

①　体細胞分裂と減数分裂はともに，顕微鏡で染色体を観察することができる。

②　体細胞分裂では細胞周期１サイクルで細胞分裂は１回であるが，減数分裂では細胞分裂は２回起こる。

③　体細胞分裂では細胞周期1サイクルでDNAの複製は1回であるが，減数分裂ではDNAの複製は2回起こる。

④　減数分裂の第1分裂期に相同染色体が対合して二価染色体ができるが，体細胞分裂では分裂期に相同染色体の対合は起こらない。

⑤　減数分裂では，二価染色体において相同染色体の間で乗換え（遺伝子の組換え）が起こることがある。

2　アミノ酸とタンパク質に関する次の文章を読み，以下の問い（問1～5）に答えよ。

天然のタンパク質を構成するアミノ酸は，通常，（　ア　）種類であり，アミノ酸の性質は側鎖の化学的性質の違いによって決まる。側鎖が水になじみやすい性質をもつ（　イ　）アミノ酸と，水になじみにくい性質をもつ（　ウ　）アミノ酸に分けられる。これらのアミノ酸の並び方（配列）によってタンパク質の形や性質が決まる。

タンパク質は多数のアミノ酸が（　エ　）結合でつながり，この鎖状分子を（　オ　）鎖という。（　オ　）鎖はα-ヘリックスとβシートと呼ばれる部分的な立体構造を形成する。これらの部分的な立体構造が折りたたまれてそのタンパク質に固有の立体構造を形成する。

複数の（　オ　）鎖が組み合わさって立体構造を形成することもある。例えば，ヒトの(a)<u>インスリン</u>は，A鎖とB鎖の2本の（　オ　）鎖からできている。また，ヒトの(b)<u>ヘモグロビン</u>は，α鎖とβ鎖と呼ばれる（　オ　）鎖がそれぞれ2本ずつ会合した四量体である。

タンパク質のアミノ酸配列は遺伝子の情報をもとにつくられている。ヒトの場合，タンパク質の遺伝子は約（　カ　）個ほどあると考えられているが，実際のタンパク質の種類は10万種類程度あると考えられている。つまり，(c)<u>1つの遺伝子情報をもとに数種類のタンパク質がつくられている</u>ことになる。

問1　上の文章の（ア）～（ウ）に入る数字，語の組み合わせとして最も適当なものを，次の①～⑨から１つ選べ。【6】

	（ア）	（イ）	（ウ）
①	20	水溶性	難溶性
②	20	親水性	疎水性
③	20	疎水性	親水性
④	24	水溶性	難溶性
⑤	24	親水性	疎水性
⑥	24	疎水性	親水性
⑦	28	水溶性	難溶性
⑧	28	親水性	疎水性
⑨	28	疎水性	親水性

問2　上の文章の（エ）～（カ）に入る語，数字の組み合わせとして最も適当なものを次の①～⑨から１つ選べ。【7】

	（エ）	（オ）	（カ）
①	ペプチド	ポリペプチド	10,000
②	ヌクレオチド	ポリヌクレオチド	10,000
③	リガンド	ポリリガンド	10,000
④	ペプチド	ポリペプチド	20,000
⑤	ヌクレオチド	ポリヌクレオチド	20,000
⑥	リガンド	ポリリガンド	20,000
⑦	ペプチド	ポリペプチド	40,000
⑧	ヌクレオチド	ポリヌクレオチド	40,000
⑨	リガンド	ポリリガンド	40,000

問３　下線部（a）インスリンに関する記述として**誤っているもの**を，次の①～⑤から１つ選べ。【８】

①　ヒトでは，インスリンはすい臓のランゲルハンス島Ｂ細胞から分泌される。

②　ヒトでは，インスリンはグリコーゲンの合成を促進し，血糖濃度（血糖値）を低下させる。

③　インスリンの分泌量の低下は糖尿病の原因のひとつである。

④　ヒトのインスリンの遺伝子を大腸菌プラスミドと連結させると，大腸菌の細胞内でヒトのインスリンを生産することができる。

⑤　ブタとウシのインスリンは，ヒトのインスリンと同じ一次構造を有する。

問４　下線部（b）ヘモグロビンに関する記述として**誤っているもの**を，次の①～⑤から１つ選べ。【９】

①　ヘモグロビンは赤血球に含まれ，酸素を運搬する機能を有する。

②　ヘモグロビンの酸素結合部位であるヘムには銅が含まれる。

③　ヘモグロビンの１本のポリペプチド鎖の立体構造は，ミオグロビンの立体構造と似ている。

④　ヘモグロビンの遺伝子に変異が起こると，貧血症になることがある。

⑤　脊椎動物においてヘモグロビンのアミノ酸配列の置換数は生物進化の分子時計に用いられる。

問５　下線部（c）のしくみとして最も適当と考えられるものを，次の①～⑥から１つ選べ。【10】

①　アポトーシス　　②　一塩基多型（SNP）

③　オペロン説　　④　選択的スプライシング

⑤　セントラルドグマ　　⑥　半保存的複製

3 視覚の調節に関する次の文章を読み，以下の問い（問1～6）に答えよ。

ヒトの眼球の前面は透明な（　ア　）で覆われており，眼球に入射する光はまず（　ア　）を通過し，円形に開いた（　イ　）を通って（　ウ　）に至る。（　ウ　）はその周辺部にあるチン小帯により毛様体につながっており，（　ウ　）の厚みが変化し，[a]焦点距離が変わることで対象物体との距離が変わっても網膜に鮮明な像が結べるように調節されている。

網膜の視細胞層には光を受容して神経を通じて伝達する情報に変換するはたらきをする視細胞が存在する。視細胞は形の違いから[b]錐体細胞とかん体細胞の2つに区別できる。視細胞からの情報は連絡細胞層の神経細胞群を経由して，次の細胞層に存在する神経節細胞へと伝達される。

問1　（ア）～（ウ）に入る語の組み合わせとして，次の①～⑨から最も適当なものを1つ選べ。【11】

	（ア）	（イ）	（ウ）
①	角膜	水晶体	ガラス体
②	角膜	瞳孔	水晶体
③	角膜	瞳孔	ガラス体
④	虹彩	水晶体	ガラス体
⑤	虹彩	水晶体	瞳孔
⑥	虹彩	瞳孔	水晶体
⑦	結膜	瞳孔	水晶体
⑧	結膜	水晶体	ガラス体
⑨	結膜	水晶体	瞳孔

問2　文章中の下線部aに関して遠くのものを見るときの調節のしくみとして，次の①～④から最も適切なものを1つ選べ。【12】

①　毛様筋がゆるみ，チン小帯がゆるむ。

②　毛様筋が収縮し，チン小帯が緊張する。

③　毛様筋がゆるみ，チン小帯が緊張する。

④　毛様筋が収縮し，チン小帯がゆるむ。

問３　文章中の下線部ｂに関する以下の記述のうち最も適当なものを，下の①～⑤から１つ選べ。【13】

①　錐体細胞は主に薄暗い場所ではたらき，かん体細胞は主に明るい場所ではたらく。

②　錐体細胞は棒状であり，かん体細胞はやや尖った形状をしている。

③　錐体細胞，かん体細胞はどちらも外節部と呼ばれる場所に光を吸収する色素を多く含んでいる。

④　かん体細胞には青，緑，赤の三種類があり，色の区別に関与する。

⑤　錐体細胞，かん体細胞は網膜上に不均一に分布しており，黄斑部分にかん体細胞が多い。

問４　図１は，暗順応における視細胞の感度の変化を示している。曲線部Ａと曲線部Ｂのグラフが表している現象を説明した記述として最も適当なものを，下の①～⑥からそれぞれ１つずつ選べ。

Ａ【14】　Ｂ【15】

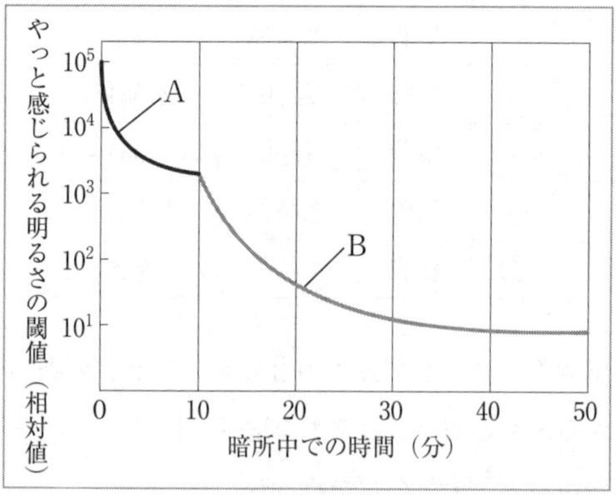

図１　暗順応での視細胞の感度の変化

① 錐体細胞の感度が低下する。

② 錐体細胞の感度が上昇する。

③ かん体細胞の感度が低下する。

④ かん体細胞の感度が上昇する。

⑤ 錐体細胞とかん体細胞共に感度が低下する。

⑥ 錐体細胞とかん体細胞共に感度が上昇する。

問５　かん体細胞に含まれる視物質の名称と，視神経の束により網膜内で視細胞が分布しない部位の名称との組み合わせとして，次の①～⑨から最も適当なものを１つ選べ。【16】

	視物質	視細胞が分布しない部位
①	セロトニン	黄斑
②	セロトニン	紅斑
③	セロトニン	盲斑
④	アントシアニン	黄斑
⑤	アントシアニン	紅斑
⑥	アントシアニン	盲斑
⑦	ロドプシン	黄斑
⑧	ロドプシン	紅斑
⑨	ロドプシン	盲斑

問６　図２は視神経繊維が眼球を出てからの走行を模式的に示したものである。両眼の内側（鼻側）の網膜からでた視神経は視交さと呼ばれる部位で交さして反対側の脳へ入り，両眼の外側（耳側）の網膜からでた視神経は交させずにその側の脳に入る。図２のＡ，Ｂの部分で視神経が障害を受けた場合，視野の欠損はどのようになるか。図３の①～⑥から最も適当なものをそれぞれ１つずつ選べ。ただし見える部分は白，見えない部分は黒で示す。

Ａ【17】　Ｂ【18】

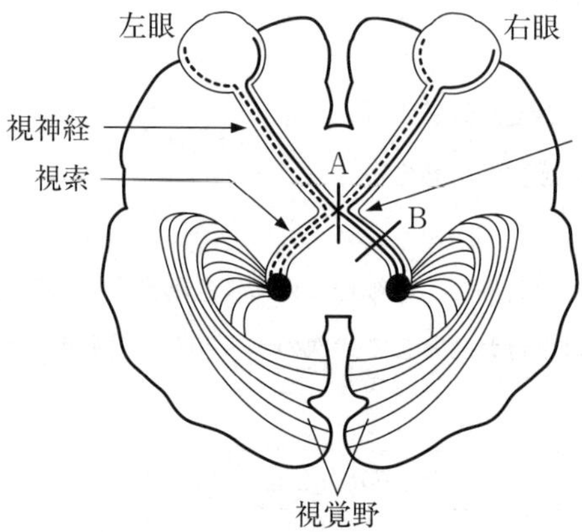

図2 視覚情報の伝達

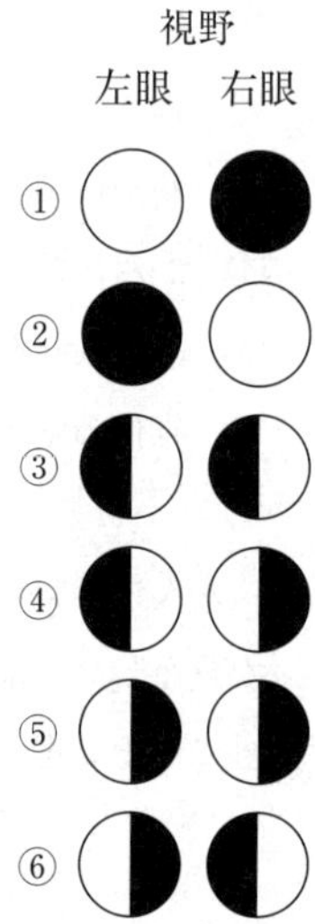

図3 視野の欠損

4 植物と環境に関する次の文章を読み，以下の問い（問１～５）に答えよ。

植物の成長には光が必要であるが，光の利用の仕方は植物の種類によって異なる。草原や耕作地などの日当たりの良い環境でよく生育する植物を（　ア　）といい，森林の中などの日陰の環境で生育できる植物を（　イ　）という。植物の生育には（　ウ　）より強い光が得られる環境が必要であり，（　ア　）と（　イ　）の違いは（　ウ　）などの違いによる。下の図は，（　ア　）と（　イ　）についての光合成速度と光の強さの関係を示したものである。

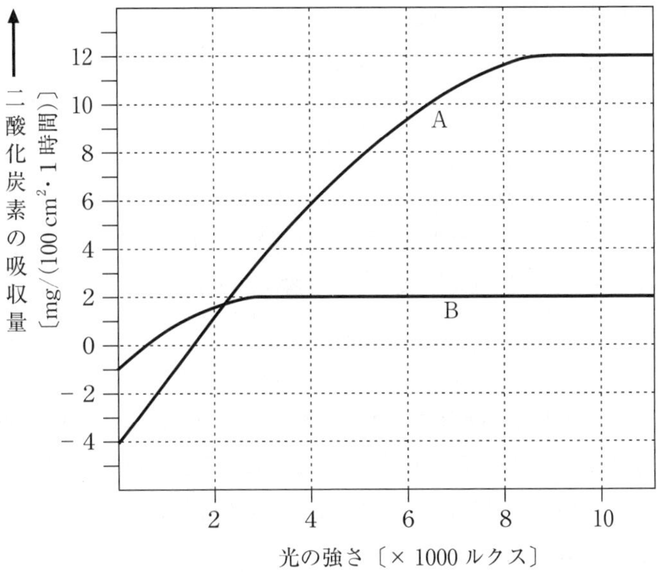

図　光の強さと光合成速度

問１　文章中の（ア），（イ）に入る語として最も適当なものを，次の①～⑨からそれぞれ１つずつ選べ。

ア【19】　イ【20】

①　長日植物　　②　中性植物　　③　陽生植物

④　種子植物　⑤　裸子植物　⑥　短日植物

⑦　被子植物　⑧　陰生植物　⑨　顕花植物

問２　日陰の環境で生育できる植物である（イ）に該当する植物種名として最も適当なものを，次の①～⑥から１つ選べ。【21】

①　ススキ　②　コナラ　③　トマト

④　クロマツ　⑤　ベニシダ　⑥　タンポポ

問３　文章中の（ウ）に入る語として最も適当なものを，次の①～⑥から１つ選べ。【22】

①　光屈性点　②　光補償点　③　光受容点

④　光飽和点　⑤　光呼吸点　⑥　走光性点

問４　図中の光合成曲線Ｂは，日当たりの良い環境でよく生育する植物である（ア）と，日陰の環境で生育できる植物である（イ）のどちらに該当するか。最も適当なものを次の①，②から１つ選べ。【23】

①　（ア）　②　（イ）

問５　光合成曲線Ａ，Ｂが観察される植物Ａ，Ｂそれぞれに4000ルクスの光を９時間照射し，15時間暗所に置くことを繰り返し，生育状況を観察した。植物Ａ，Ｂの生育状況の組み合わせとして最も適当なものを，次の①～④から１つ選べ。【24】

	植物Ａ	植物Ｂ
①	生育した	生育した
②	生育した	生育しなかった
③	生育しなかった	生育した
④	生育しなかった	生育しなかった

5　植生の多様性と分布に関する以下の問い（問１～４）に答えよ。

問１　地球上には，いろいろな場所に多種多様な植物が生育している。ある場所に植物が生育しているとき，その場所を覆っている植物全体を植生という。ある場所の植生が時間とともに移り変わり，一定方向に変化していく現象を遷移（植生遷移）という。遷移について述べた次の文Ⅰ～Ⅲについて，その正誤の組み合わせとして最も適当なものを，下の①～⑧から１つ選べ。【25】

Ⅰ　地衣類は，乾燥しやすく栄養分が少ない環境でも岩にはりつくように生育できるため，一次遷移の先駆種になる。

Ⅱ　森林は，主に樹木からなる植生であり，二次遷移によって生じた森林も遷移が進むと極相林になる。

Ⅲ　遷移開始から極相林になるまでの時間は，一次遷移より二次遷移の方が長い。

	Ⅰ	Ⅱ	Ⅲ
①	正	正	正
②	正	正	誤
③	正	誤	正
④	正	誤	誤
⑤	誤	正	正
⑥	誤	正	誤
⑦	誤	誤	正
⑧	誤	誤	誤

問２　極相に達した森林の多くでは，高木層の下に亜高木層，低木層，草本層などが発達している。次の問い(1)，(2)に答えよ。

(1)　極相に達した森林に見られる低木層を構成する植物として最も適当なものを，次の①～⑥から１つ選べ。【26】

①　陰樹の幼木と陰生植物

②　陽樹の幼木と陽生植物

③　陰樹の幼木と陽生植物

④　陽樹の幼木と陰生植物

⑤　陰樹および陽樹の幼木と陰生植物

⑥　陰樹および陽樹の幼木と陽生植物

(2)　極相に達した森林において，台風や寿命などにより森林の一部が破壊され，低木層の植物が強い光を受けるようになった場合に起こる可能性を示した記述として最も適当なものを，次の①～④から１つ選べ。【27】

①　低木層の植物のうち，陽樹の幼木のみが急速に成長を始める。

②　低木層の多くの植物が種子をつけ，その芽生えが急速に成長する。

③　低木層の陰樹は枯れ，地中に埋もれていた高木層の植物の種子が発芽し成長する。

④　低木層の植物のうち，高木および亜高木の幼木が急速に成長を始める。

問３　気温や降水量などの気候的要素は，その地域の植生やそこに生活する動物に大きな影響を与える。その地域の植生とそこに生息する動物などを含めた生物のまとまりをバイオーム（生物群系）という。次の文Ⅰ～Ⅲで示された特徴をもつバイオームの組み合わせとして最も適当なものを，下の①～⑧から１つ選べ。【28】

Ⅰ　主に落葉広葉樹からなり，春の芽吹き，秋の紅葉，冬の落葉と季節による変化が著しい。春，林冠の葉が広がる前に林床で開花するカタクリなども見られる。

Ⅱ　多種類の植物が繁茂する。主に常緑広葉樹からなる森林で，階層構造が発達しており，高木層は30～40 m にまで達する。微生物の活動が活発で，土壌有機物の分解速度が速い。

Ⅲ　主に草本類からなるが，地衣類やコケ植物が混じることもある。低温のため，微生物による有機物の分解速度が遅く，土壌中の栄養塩類が少ない。

	Ⅰ	Ⅱ	Ⅲ
①	照葉樹林	熱帯多雨林	ステップ
②	照葉樹林	熱帯多雨林	ツンドラ
③	照葉樹林	雨緑樹林	ステップ
④	照葉樹林	雨緑樹林	ツンドラ
⑤	夏緑樹林	熱帯多雨林	ステップ
⑥	夏緑樹林	熱帯多雨林	ツンドラ
⑦	夏緑樹林	雨緑樹林	ステップ
⑧	夏緑樹林	雨緑樹林	ツンドラ

問4　日本における極相林として，照葉樹林，夏緑樹林，針葉樹林が大部分を占めている。これら3種類の極相林のそれぞれを代表する植物名の組み合わせとして最も適当なものを，次の①～⑧から1つ選べ。【29】

	照葉樹林	夏緑樹林	針葉樹林
①	トチノキ	ブナ	アカマツ
②	トチノキ	ブナ	トドマツ
③	トチノキ	タブノキ	アカマツ
④	トチノキ	タブノキ	トドマツ
⑤	スダジイ	ブナ	アカマツ
⑥	スダジイ	ブナ	トドマツ
⑦	スダジイ	タブノキ	アカマツ
⑧	スダジイ	タブノキ	トドマツ

問9　傍線部F「不気味な異界の生物を緑色で表したり、怪しげな人物に緑色のマスクを付けさせたりする今日の映画やファンタジーの色使いは、その名残である」とあるが、その説明として最も適切なものを、次の①～⑤のうちから一つ選びなさい。解答番号は【27】。

① 中世の緑に対する差別的なイメージが現代の映像作品にも伝わってしまっていることを名残惜しく思う人もいる。
② 今日、異界の生物や怪しげな人を緑で表現することが多いのは、異教の習俗に由来する五月祭に緑の服を着る慣習が現代にも伝わっているためである。
③ 現代の作品で不気味な生物や怪しげな人物に緑を用いるのは、染師やユダヤ人やロビンフッドなどを忌避してきたことへの反動である。
④ 今日の映画やファンタジーにおける緑色は、染師やユダヤ人やロビンフッドの影響と同時に、自然の草木の色だというポジティブなイメージの影響も強い。
⑤ 緑は欺瞞の色だと考えられたために、悪魔やアウトローのような者が着る色であったことが、現代の映像作品にも影響を与えている。

問10　本文の内容と合致するものを、次の①～⑤のうちから一つ選びなさい。解答番号は【28】。

① ヨーロッパでは女性モードやその年のトレンドの色にも禁欲的な傾向が見られ始めている。
② 芸人や楽師や道化師などは、はじめは疎んじられていたが、後にはその技術が賞賛されるようになった。
③ 中世ヨーロッパには、黒や緑の染料を先に作ってから、それで布を一挙に染めようという発想はなかった。
④ 中世には、街の娼婦が付けていた縞柄の腕章が人気を博した。
⑤ 染師は色を塗り変える神聖な仕事として畏敬の念を持たれていた。

問7　傍線部Ｅ「キリスト教の文化圏のヨーロッパの人びとには、おそらく自然の色を着るという日本人のような発想はないだろう」とあるが、その理由として最も適切なものを、次の①～⑤のうちから一つ選びなさい。解答番号は【25】。

①　そもそも寒冷の気候で季節感に乏しいのに加えて、キリスト教以前のヨーロッパ土着のケルト人文化に対する嫌悪感があるから。

②　そもそも日常生活から季節感が確実に減っているのに加えて、少ない色数で色を統一しようとする意識が根付いているから。

③　そもそも神の創造物である自然の色を身につけることを神への冒瀆と考えるのに加えて、ケルト人の樹木崇拝の信仰も受け継いでいるから。

④　そもそも気候的に季節感が乏しいのに加えて、神の創造物である自然の色を人間が身につけることは神への冒瀆になると感じてしまうから。

⑤　そもそも自然の色を身につけることが神への冒瀆に感じてしまう信仰上の問題に加えて、ヨーロッパの服飾史をわきまえているから。

問8　空欄［Ｙ］に入る語句として最も適切なものを、次の①～⑤のうちから一つ選びなさい。解答番号は【26】。

①　値の張る

②　手頃な

③　忌み嫌われた

④　神聖な

⑤　根ざした

③　矛盾
④　由来
⑤　帰結

問5　傍線部C「女神のこのような性格」とあるが、その説明として最も適切なものを、次の①～⑤のうちから一つ選びなさい。解答番号は【23】。

①　一〇〇の手を持つような多才な性格。
②　運命を予見できない無力な性格。
③　人に対していたずらに運命を与える、気まぐれな性格。
④　ひとそれぞれに違った運命を与える慈悲深い性格。
⑤　危険のしるしを敏感に感じとる性格。

問6　傍線部D「日本人の色に対する態度」とあるが、その説明として最も適切なものを、次の①～⑤のうちから一つ選びなさい。解答番号は【24】。

①　少ない色数で色を統一しようとするヨーロッパ人と異なり、写本を色鮮やかに彩るようなわかりやすさを有している。
②　自然の色に対する彼我の違いをわきまえ、街を色であふれさせて、季節の色を楽しむごとく、色に対して寛容である。
③　都市計画の遅れもあって街に色があふれており、色彩設計への意識が低く、色を統一しようという意識が少ない。
④　四季折々の風物に恵まれた自然環境から色を抽象的に取り出すことに長け、季節を意識して衣服の色を選ぶ。
⑤　季節の色を楽しむ文化を育ててきたところから、色に対する寛容さを持ち、色をものの色として捉えようとする傾向がある。

② ヨーロッパの人びとは色に関心があるからこそ、色の使い方に対して抑制的であった。
③ ヨーロッパはファッションの中心地なので、多彩な色使いを忌避する禁欲的なファッションが流行することもある。
④ ヨーロッパにおける街の景観を守るための色彩設計は、色に対して野放図な日本の街並みを反面教師とした。
⑤ ヨーロッパでは日本と同じく色数を制限して、街並みでも服装でも少ない色数で統一しようとする。

問3　傍線部B「結果としてこのような色使いが疎まれることになったのではないかと思われる」とあるが、その説明として最も適切なものを、次の①～⑤のうちから一つ選びなさい。解答番号は【21】。
① 社会の序列から排除され疎外された人びとは、多彩な色使いを強要されたので、派手な色使いを嫌うようになった。
② 多彩な色使いは、祭りの場を盛り上げる目的で用いられたがゆえに、日常の場では疎まれるようになった。
③ 中世末期ヨーロッパでは多彩な色使いが疎まれるようになった結果、赤と黄と緑の三色の組み合わせが道化服の典型となった。
④ 芸人や道化が派手な色の服を着たことを示す写本挿絵や記録がいくらも残っているので、それを読んだ人びとは結果的に派手な色使いを疎むようになった。
⑤ 多彩な色使いは、社会から排除され疎外された人びとのユニフォームのようなものとして使われていたという理由から避けられるようになった。

問4　空欄 X に入る語句として最も適切なものを、次の①～⑤のうちから一つ選びなさい。解答番号は【22】。
① 影響
② 昇華

③ 財産を娘にジョウトした。
④ カジョウな演出にうんざりする。
⑤ それはジョウキを逸した行動だ。

傍線部(エ)「ソウコク」 解答番号 【18】
① 事態はイッコクを争う。
② 事業の改善をカンコクする。
③ コクモツを栽培する。
④ 日記をコクメイに記した。
⑤ ザンコクな場面に目を背ける。

傍線部(オ)「ベッシ」 解答番号 【19】
① 委員会にシモンする。
② 優雅なシグサに見とれる。
③ 海外の工場をシサツする。
④ 不心得者をシダンする。
⑤ シリョ深い行動をとる。

問2 傍線部A「色に対する禁欲的な態度」とあるが、その説明として最も適切なものを、次の①～⑤のうちから一つ選びなさい。 解答番号は 【20】。
① ヨーロッパの人びとは、色に関心が薄いので、街並みや服装において派手な色使いをしなかった。

＊問題作成上の都合で、原文の一部に手を加えてあります。

問1　傍線部(ア)～(オ)を漢字にしたとき、それと同じ漢字になるものを、次の①～⑤のうちからそれぞれ一つずつ選びなさい。解答番号は【15】～【19】。

傍線部(ア)「ゼンエイ」解答番号【15】
① ビルのシュエイを務める。
② 人類のエイチを結集する。
③ 亡霊のゲンエイにおびえる。
④ センエイ的な取り組みをする。
⑤ 新興国がハンエイする。

傍線部(イ)「サトして」解答番号【16】
① ユカイな話を聞く。
② 彼の不心得をセツユした。
③ 怪我がすみやかにチユする。
④ この発言はヒユにすぎない。
⑤ 彼にはユダンがならない。

傍線部(ウ)「ジョウセイ」解答番号【17】
① 日本酒をジョウゾウする。
② 大願ジョウジュのお守りを買う。

であったのは、二重の染めの工程が必要だったがゆえに手間のかかる作業だったことに理由があるのはもちろんだが、置いてはいけない青と赤、あるいは青と黄の染浴をひとつの工房に備えることに中世人が抵抗を感じていたがゆえに、充分に生産できなかったからである。

染師は、芸人や楽師と同じように中世にはベッシ(オ)の対象であったことが知られているが、これも彼らが色を扱うがゆえであった。色を塗り変えてしまう彼らの作業は悪魔的と考えられたためである。夏には緑の木々の葉が秋には赤や黄に変色するのもまた、キリスト教の文化圏では警戒されることがらに属している。緑色はいずれ色が変わるから、ひとを欺く欺瞞(ぎまん)の色であった。ゆえに自然の草木の色である緑を身につけるとするなら、それは悪事に誘う悪魔であり、イエスを捕縛するユダヤ人であり、あるいはロビンフッド(*注7)のようなアウトローである。そのため異教の習俗に由来する五月祭に緑を着ることを除けば、緑を着る機会は中世ではまれであった。F不気味な異界の生物を緑色で表したり、怪しげな人物に緑色のマスクを付けさせたりする今日の映画やファンタジーの色使いは、その名残である。

（徳井淑子『黒の服飾史』）

＊注1　オートクチュール――高級衣装店。特にパリの高級衣装店協会に加盟している店のこと。
＊注2　香具師――人の集まる所で、日用品や食品などを並べ、大声で品物の説明、宣伝をしながら売る大道商人。
＊注3　ポリクローム――多彩色の。反対語はモノクローム。
＊注4　アトリビュート――絵画や彫刻などで、神あるいは人物の役目・資格などを表すシンボル。
＊注5　ウンベルト・エーコ――イタリアの記号論学者・小説家。一九三二生～二〇一六没。
＊注6　ケルト人――古代ヨーロッパのケルト語族の人々。その言語・風習はアイルランドやウェールズ地方などに残存する。
＊注7　ロビンフッド――一二、三世紀のイギリスにいたとされる伝説上の義賊。森に居を構えて、神出鬼没の活躍を続けた。

平安朝の配色の好尚、すなわち重ね色目はその代表である。また、藍、紅、紫など古く日本の色名には染料となる植物に由来する名が多く、色を抽象的に取り出すことをしたヨーロッパ人と違い、日本人は色をものの色としてとらえる傾向が強いこともその証(あかし)であろう。日常生活から季節感は確実に減ってしまった今日ではあるが、それでもなお、季節感に乏しい寒冷の地域に住む北ヨーロッパの人びとに比べれば、わたしたちははるかに季節を意識して衣服の色を選んでいる。

そして<u>E キリスト教の文化圏のヨーロッパの人びとには、おそらく自然の色を着るという日本人のような発想はないだろう</u>。それは寒冷の気候ゆえに、季節感に乏しい風土のせいばかりではない。キリスト教が自然を神の創造物と考えるとするなら、自然の色も同様に神の創造物であり、そうであるならその色をひとが身につけることは神への冒瀆(ぼうとく)になると感じたように思えるからだ。ヨーロッパの服飾史上、自然の色を着る唯一の例と思われるのは、春に蘇(よみがえ)った自然の緑を着る五月祭(メーデー)の習慣であるが、この祝祭はもともとキリスト教布教以前のヨーロッパ大陸に土着のケルト人*注6のあいだに広まった樹木崇拝の信仰に由来するから、キリスト教の文化ではない。

色を神の創造物と考えたがゆえに、中世に染師(そめし)の分業体制が徹底したというミシェル・パストゥローの説明は興味深い。中世では赤と青の染めは同じ工房ではできなかった。赤の染師と青の染師はそれぞれの染めを専門に扱っていた。ただし赤の染師は黄色を扱うことはできるし、青の染師は黒や緑を扱うことができた。赤と青の染めを分業にするのは、この二種の染料が混じり、新たな色が生まれることへの恐れがあったからであるという。すなわち神の創造された自然の色から人間の手で新たな色をつくり出すことを神への冒瀆と考えたというのである。

したがって、黒や緑の染めのように二重の染色工程を必要とする場合、あらかじめ二種の染料を混ぜて黒や緑の染料をつくり、一挙に染めようとする発想はない。染色技法の未熟な中世において、布を黒く染めるには、藍と茜(あかね)、すなわち青と赤の染浴(せんよく)に二重に浸(つ)けて、限りなく黒に近付けるというのがひとつの方法であった。一方で緑は、藍の染浴を通して青く染め、次にウェルド（モクセイソウ科の植物）による黄色の染浴を通し、最終的に緑色を得るという方法をとる。黒い布も緑の布も中世に［　Y　］織物

たとえばボッカッチョの『王侯の没落』の翻案である一五世紀イングランドの作家リドゲイトの作品は、運命女神の服はさまざまな色でできていると述べ、青・金・緑・赤・白・黒などの色名を挙げて、いかにも中世らしくそれぞれの色の意味を述べ連ねている。そのテクストに添えられた挿絵に、目隠しをされた彼女の姿が描かれることがあるのは、彼女が気まぐれであることを、つまりわたしたちが運命を予見できないことを表すためである。あるいは千手観音のようにたくさんの手が描かれることがあるのは、ひとそれぞれに違った運命を与えるからで、テクストによれば彼女は一〇〇の手をもっている。そしてドレスの多色使いもまた、C女神のこのような性格と結びつけられているのだろう。ただし、テクストは多数の色がどのように配置されているのかには言及していないのだが、挿絵に彼女の姿が描かれるとき、そのドレスが縞柄であるのは、この模様に危険のしるしを感じとる時代であったからである。

多色使いは危険のしるしであり、不合理のしるしである。複数の色を同一平面上に並べることへの忌避は、このような中世の習慣にさかのぼり、多色使いを危険視する観念が歴史のなかで(ウ)ジョウセイされたように思われる。

ウンベルト・エーコ[*注5]が一四世紀のイタリアの修道会を舞台にして著した『薔薇(ばら)の名前』は、映画化もされてよく知られているが、そこにある次のようなエピソードも、中世らしい色に対する観念を示すためであった。物語は禁断の写本をめぐる(エ)ソウコクのなかで起こる連続殺人事件である。その謎を解くべく文書庫に潜入した若い修道士アドソは、けばけばしい色で塗られた写本挿絵の獣や女の姿に魅せられるが、しだいに感覚を失い不安にかられていたたまれなくなり、大慌てで文書庫を後にする。修道院のモノクロームの世界で若い修道士が出会った鮮やかな彩色写本の世界は、欲望の世界に誘惑する罠(わな)であり、危険のサインである。

少ない色数で色を統一しようとするヨーロッパ人の意思は、D日本人の色に対する態度と比較してみればわかりやすいかもしれない。それは自然の色に対する彼我の態度の違いでもある。わたしたちの街が色であふれているのは、都市計画の遅れのせいでも色彩設計への意識の欠如のせいでもないのかもしれない。おそらく日本人は、色に寛容な文化をもっているのである。それは季節の色を楽しむ文化を育ててきたからであり、四季折々の風物に恵まれた自然環境がそれを育んできたからだろう。季節の色をまとう

ヨーロッパの人びとはなぜ色に厳しく向き合うのか。ヨーロッパ中世の服飾の色について調査していた筆者は、多彩な色使いが、芸人や道化など社会から疎まれた人びとのいわばユニフォームとして使われ、それが彼らのしるしとして機能した過去の習慣が、カラフルな色使いを危険視する、今日なお残る色彩観を生み育てたのではないかと考えたことがある。中世末期の一四世紀から一五世紀には、芸人や楽師や道化師など、宮廷や街中で気晴らしや娯楽を提供し、祝祭の気分を盛り上げる役割のひとたちが、複数の派手な色を組み合わせた服を着たことは、それを示す写本挿絵や壁画、あるいは記録がいくらでも残っていることからよく知られている。

遊興の任務を負う彼らは、社会の序列からも排除され疎外された人びとである。ゆえに彼らがいわばお仕着せとして着た多彩な色使いは、祭りの場を盛り上げる目的に適(かな)ったがゆえの選択であったのが本来であったとしても、B結果としてこのような色使いが疎まれることになったのではないかと思われる。道化服の典型といえば、赤と黄と緑の三色の組み合わせである。緑が青で置き換えられることもあり、またこれらのなかの二色、あるいは四色が選択されることもあるが、いずれにしても対照的な色相の複数の色を縞柄(しまがら)や市松模様に並べるのが、道化や芸人たちに与えられたいわばユニフォームであった。楽器を奏する楽師も同様である。一六世紀後半に書かれた女性向けの教育書は、服装に緑と黄、または赤と黄という組み合わせを使うと大道芸人や香具師(やし)*注2のようにみえるから、このような配色を避けるよう注意をうながし、その上で服装に使う色を多くても二、三色に限るよう(イ)サトしている。

さらに同じ中世には、街の娼婦(しょうふ)に、複数の色の縞柄を腕章のようにして付けさせることがあったが、これもまたポリクローム*注3への忌避を育てただろう。一六世紀以降の絵画は、改悛(かいしゅん)したマグダラのマリアを描く際に、それまでの彼女の淫蕩(いんとう)な暮らしを暗示するかのように多色の縞柄を装いのどこかに描き入れるアトリビュート*注4を生んでいるが、これも売春と多色の縞柄が結びつく中世以来の色の観念に［　X　］する。娼婦のしるしとして機能した多色は、一方で中世文学に登場する運命女神のドレスの多彩な色使いにも通じる。ひとの運命を司(つかさど)る女神がたくさんの色の付いたドレスを着て登場するのは、いたずらに運命を分かち与える、彼女の気まぐれな性格や脈絡のなさを示すためである。

② 現段階で存在を確認することができる全ての動物の種数は、およそ七〇万種である。
③ クモヒトデ綱の種数に比べると、カブトムシを含むコウチュウ目の種数は実に一〇〇倍を超える。
④ 分類学で研究を進めるには、種数が一〇〇種に届かない分類群でとどめておくのが最も好都合である。
⑤ リンネが十七世紀に著した『自然の体系』は、動物の分類をするうえで必須の書物である。

二

次の文章を読んで、後の問い（問1〜問10）に答えなさい。

ヨーロッパの人びとが色に禁欲的であるといえば、奇異に感じられるかもしれない。モードの発信地が多極化したとはいえ、今日なおオートクチュール[*注1]というモードの牽引役を抱えるパリは女性ファッションの中心地であるし、イタリア、ミラノも伝統的なファッション発信地である。(ア)ゼンエイ的なデザイナーを生んだベルギー、アントワープも現代モードを牽引する。そして女性モードといえば色を抜きにしては考えられないし、その年のトレンドの色はファッションがもっとも重視する要素である。

ゆえにここで色に禁欲的であるというのは、色に関心がないという意味なのではない。むしろ色に関心があり、そうであればこそ色の使いかたに慎重であるということである。たとえばヨーロッパに行けば、どこの国のどこの町に行こうと街並みの色は統一され、わたしたち日本の街のように多彩な色があふれかえってはいない。街の景観を守るために色彩設計が行き届いているといわれる通りである。その落ち着いた街並みを歩くひとたちの服装も、色味という点では日本人よりはるかに地味である。ヨーロッパの人びとは、わたしたちのように色を野放図に使うことはしない。色数を制限し、少ない色数で街並みでも服装でも統一する意識が、彼らにはきわめてはっきりしている。おそらくこのようなA色に対する禁欲的な態度は、ヨーロッパの人びとが黒い服を着る歴史をつくってきたことと重なり合うだろう。

が実を結び、あらゆる生物の名前や特徴をそらんじることができる。

⑤　根気強く文献を集め標本を観察し、図鑑に記載のない生物の特徴がわかるようになった後も理解を深めれば、過去の文献のなかで、種を特定する情報が不十分であったことに気づくようになる。

問9　傍線部F「ここでやっと、自分はその分類群の専門家だと言えるだろう」とあるが、その説明として最も適切なものを、次の①～⑤のうちから一つ選びなさい。解答番号は【13】。

①　種の形態的特徴を記した文献を調査するとともに、海外でも正当な手段で担名タイプ標本を観察し、それらの経験則を総合することで新種と判断できる、自立した研究者ということになる。

②　世界中に存在する文献や、その情報源である担名タイプ標本など、多くの情報を長年観察しつづけて、はじめて、自分が調査する生物を新種と断定できる眼力を得たことになる。

③　新種記載の基をなす担名タイプ標本が海外にある場合でも、あくまで現地調査を諦めず、自分のなかに分類群の種別を見分ける鑑識能力を養うまで努力すれば、専門性を修得することになる。

④　あらゆる文献の調査はもちろん、私的な研究機関を通じて、その種の学名の根拠となる担名タイプ標本も観察するなどの苦労を体験し、ようやく新種の発見者ということになる。

⑤　徹底した文献調査と、新種記載の基をなす担名タイプ標本の観察を重ねた末に、ある生物が、それと同じ属の他の種と区別できるようになったとき、専門的な見識が確立したことになる。

問10　本文の内容と合致するものを、次の①～⑤のうちから一つ選びなさい。解答番号は【14】。

①　テヅルモヅルを含むツルクモヒトデ目の種数はクモヒトデ綱全体の種数の十分の一以上である。

⑤　ニホンクモヒトデのように日本近海に生息する種は、生態や形態の変異を直接観察できるため、図鑑に情報が載っていないとしても問題ない。

問7　空欄 Y に入る語句として最も適切なものを、次の①～⑤のうちから一つ選びなさい。解答番号は【11】。

①　返す返すも
②　見込みが外れ
③　喜びもつかの間
④　間髪を容れず
⑤　待ったなしで

問8　傍線部E「ここからは、面白いように種の情報が入ってくるだろう」とあるが、その説明として最も適切なものを、次の①～⑤のうちから一つ選びなさい。解答番号は【12】。

①　図鑑や論文に載っていない種、つまり新種を発見するには、文献の網羅的収集を断念しないことが何より肝心で、それで不足があっても、多くの標本を観察していれば自ずと道が開ける。
②　分類学の経験則からいって、必死で文献収集と標本観察をこなせば、それまでの苦労が嘘のように忽然と、眼前の生物であっても、図鑑に載っている特徴や名前を言い当てられるようになる。
③　古今東西の文献や標本を収集しつづけ、第一段階の入り口を突破する瞬間には、それまでわからなかった生物の形態的な特徴などが、ある日、魔法のように理解できるようになる。
④　筆者の個人的経験に過ぎないため理由は不明だが、数多くの文献や標本を集めつづけ、その苦しい峠を越えれば、努力

でなく、図鑑に色や形状が載っている種を選ぶことが好ましいから。

問5　空欄 X に入る語句として最も適切なものを、次の①～⑤のうちから一つ選びなさい。解答番号は【9】。

① 一を聞いて十を知る
② ローマは一日にして成らず
③ 百聞は一見に如かず
④ 一知半解そのもの
⑤ 見ると聞くとは大違い

問6　傍線部D「この『自信をもって同定できる種』の存在は、それを分類の基準にできるという点で、初心者にとって極めて重要である」とあるが、その説明として最も適切なものを、次の①～⑤のうちから一つ選びなさい。解答番号は【10】。

① 身近で楽に採集し観察することのできる種の場合、すでに図鑑に基本情報が備わっている確率が高いので、細かい特徴を見逃すリスクが低い。
② 身近で採集でき観察しやすい種は、分類に役立つ情報が図鑑にも載りやすく、個体の識別に困らないため、その後は近縁種の同定に役立つという意味で、その道の専門家となる第一歩となる。
③ 図鑑の情報は完璧でないため、種の同定には不備もあるが、ニホンクモヒトデのように身近で採れる種を調べる際にはそのような懸念はない。
④ 図鑑にしても文献にしても、種の情報を万全に載せてはいないが、自分の近くで観察可能な種の場合は、同定に必要な特徴を見逃さずにすむ。

に関する情報も記されておらず、新種の発見においては全く役に立たないから。

③　新種を発見する際には、Yes／Noを答えることで形態的な特徴から生物を絞り込める検索表が必須であり、その活用のために分類群に関する膨大な形態情報を整理・把握しておく必要があるから。

④　生物の形態的な特徴を把握する際には、手がかりの一つにすぎない検索表に頼るだけでなく、自力で文献をひも解いて膨大な動物の形態情報を整理し、分類できるほどの準備を必要としているから。

⑤　一定数の生物に関する特徴を記した検索表は、新種か否かを判断する際に有用だが、全ての情報を網羅していないため、自ら文献を集めて新種に関する情報を補い、検索表を改良しなければならないから。

問4　傍線部C「十数種から数十種くらいを含む分類群を最初のターゲットとして取り組み、だんだんと幅を広げていくのが無難であろう」とあるが、その理由として最も適切なものを、次の①～⑤のうちから一つ選びなさい。解答番号は【8】。

①　分類学では、種数の少ない生物が研究対象として好まれており、動物の形態を記した図鑑や標本よりも、自分で観察できる身近な分類群を選ぶことが、「正解」への近道となるから。

②　文献を収集する際には、分類階級の高級な生物や見栄えの良い種だけではなく、自分の手で採集可能である種を選ぶことが不可欠であり、それがその後の作業の効率を大きく規定しうるから。

③　分類学では、分類階級の高低にこだわらず、対象とする分類群を次第に拡大していくことが、新種発見の着実な道すじであり、いきなり膨大な種数の動物を選ぶことは避けるべきだから。

④　生物によっては数千もの数にのぼる種が存在しており、その内から新種の有無を膨大な文献から探し当てるのは困難であって、対象をごく少数種を含む分類群にとどめる方が有効であるから。

⑤　数十種程度の種数がある生物であれば、形態を把握する時間も大してかけずに文献を集めることができ、また文献だけ

問2　傍線部A「しかるべき文献を集め、そのなかで公表された情報を整理するところから、分類学は始まるのである」とあるが、その説明として最も適切なものを、次の①〜⑤のうちから一つ選びなさい。解答番号は【6】。

① 調査対象となる動物の分類群に関する分類の情報を集めるため、分類学では文献調査を行う際には、リンネの『自然の体系』以降、科学系の学会で公表された発表内容や学術誌に掲載された情報の全てを収集する。

② 分類学が行う文献調査の主な対象は、関連する学会が公刊して閲読可能な科学雑誌や本がその中心であり、ウェブ情報はもちろん、学会などの機関が発刊している科学雑誌や本に引用された著作物は対象とならない。

③ 動物を分類し新種を認定する際に基礎となる文献調査では、リンネの『自然の体系』以降に公にされた出版物の全情報を網羅的に収集し、とくに新種を発見した学会が複製した科学雑誌に掲載された情報が信頼に足る。

④ 対象とする動物の分類群に関する文献調査の際、学術機関などが発刊した出版物のなかで、学名が公表されていて、かつ発刊された段階で閲覧可能になっていたものに関する情報を、網羅的に収集し、記載された情報を整理することが欠かせない。

⑤ 動物の分類を網羅するために文献調査を行う分類学では、分類に関わる科学雑誌や学術書の全てを集めるが、リンネの『自然の体系』以降に発刊された書物では、対象となる分類群であっても全てに目を通す必要はない。

問3　傍線部B「生物の分類は難しい」とあるが、その理由として最も適切なものを、次の①〜⑤のうちから一つ選びなさい。解答番号は【7】。

① 動物を分類する基準となる形態情報を把握して新種を探索する際、研究が進展している分類群ならまだしも、それ以外の多くの分類群については、万能な検索表の用意なしでは新種の特定が難しいから。

② 動物の形態的な特徴を記した検索表は、全種類の動物の情報を示しているわけではないうえ、当然ながら未発見の生物

④ 海外の旅行客をユウインする。
⑤ 株主ユウタイ券を手に入れる。

傍線部(ウ)「タイマン」解答番号【3】
① 祝賀会に秘書をタイドウする。
② タイハイ的な暮らしを改める。
③ 長距離を走るタイキュウ力を養う。
④ 職場のキンタイ表に記入する。
⑤ 困難に直面してもタイゼンと構える。

傍線部(エ)「ケンビキョウ」解答番号【4】
① ビシ的な見方にとらわれる。
② 冷暖房カンビの物件を探す。
③ 警察が不審な車をツイビする。
④ カンビな曲調に酔いしれる。
⑤ 列品中のハクビとされる絵を見る。

傍線部(オ)「セイキュウ」解答番号【5】
① その老舗ではキセイヒンを扱っていない。
② 卒業式で校歌をセイショウする。
③ 希望が聞き届けられるようコンセイする。
④ 追い詰められた味方にカセイする。
⑤ 書類に問題がないかセイサする。

＊注1　リンネ――カール・フォン・リンネ（一七〇七―七八）。スウェーデンの博物学者。代表作『自然の体系』では、生物の体系的な分類を行った。
＊注2　門――生物を分類する際の階級の一つ。上位から下位へ、界、門、綱、目、科、属、種の順に並ぶ。
＊注3　背腕板――腕の背面の板を示す部位の名称。

＊問題作成上の都合で、原文の一部に手を加えてあります。

問1　傍線部(ア)～(オ)を漢字にしたとき、それと同じ漢字になるものを、次の①～⑤のうちからそれぞれ一つずつ選びなさい。解答番号は【1】～【5】。

傍線部(ア)「ユウシ」解答番号【1】
① 人間の存在理由をシイする。
② 平安時代のシセキを訪ねる。
③ 劇中歌のシショウを読む。
④ ゲンシとなるお金を集める。
⑤ ボシ手帳の記録を確認する。

傍線部(イ)「ユウに」解答番号【2】
① ユウキュウの昔に思いをはせる。
② バンユウ引力の法則を学習する。
③ 世界各国をシュウユウする。

これで第一段階突破である。Eここからは、面白いように種の情報が入ってくるだろう。さらに文献を集め、自分のなかで形態的な特徴などが組み立てられてくると、今度は「不足している情報」が見えてくる。一〇〇年前に一度だけ、文章のみで記載されたきりの種で、現在の分類で重要視されている形態的情報が書かれていない、という例などが、まるであぶりだされるように浮き彫りになってくるのである。

ある種が新種かどうかを判断する場合、少なくとも、それが所属する属に含まれる全種と比べ、そのいずれとも区別できることを証明する必要がある。しかし、文献だけではどうにも形態情報が十分に得られない種に関しては、その記載の基になった標本を観察する他ない。

新種記載の基になった標本は「タイプ標本」と呼ばれ、なかでもその種の学名を担保する担名タイプ標本は、非常に重要である。基本的にこのタイプ標本は博物館で大事に保管されているものであり、正当な理由があれば、現地で観察できる。博物館によっては郵送してくれる場合もあるが、少なくともしかるべき研究機関・研究室の肩書きを持って(オ)セイキュウする必要がある。いずれにせよ、新種を記載するためには、必要とあらば海外にも赴き、タイプ標本を観察しなくてはならない。

このように世界中の文献・標本情報の収集を経て、やっと一人前の鑑定眼を持つにいたるのである。その段階でついに、自分のなかにある基準が備わっていることに気づく。それは、「自分が知らない生物＝新種」ということである。

Fここでやっと、自分はその分類群の専門家だと言えるだろう。ある生物を観察して、「これは新種だ」とはじめて思えたときは、自分が「専門性」を持ったと確信できる、人生でも数少ない瞬間であると私は思う。人にもよりけりで、早くても数か月はかかるこの作業であるが、その先に人生でもなかなか味わうことのできない達成感と、新種発見への道が開けている。

（岡西政典『新種の発見』）

いうことである。例えばニホンクモヒトデは日本沿岸でよく採集され、いろいろな図鑑に載っているが、仮に、図鑑に載っていなかったとする。この種は、同じく日本沿岸でよく採集されるトウメクモヒトデに外見が似ているため、もしこちらに間違って同定してしまうと、クモヒトデの同定で用いられているケンビ(エ)キョウレベルの小さな細かい骨片の形を間違えて把握してしまう恐れがある。実際、ニホンクモヒトデは、＊注3背腕板(はいわんばん)と呼ばれる骨片が他の多くのクモヒトデの種とは異なる特殊な形をしているため、もし本種が図鑑に載っていなければ、大事な形態を誤認してしまうことにつながる。

つまり自分の手元にある生き物の既知情報と正確に照らし合わせることができないと、その生き物の形の基準が作れなくなってしまうのである。細かいことかもしれないが、分類を行う上では、このような小さな形態の違いを把握できているかどうかが非常に重要で、それが新種かどうかの判断に効いてくる。また、図鑑は多くの人に扱いやすいよう、そのような細かい形態は省いている場合も多いため、まずは確実に同定できる種で基本的な体の仕組みなどを把握するために、文献情報のきちんとした整理が必要となる。

そうして、来る日も来る日も文献と標本を見比べ、やっと一種が正確に同定できたとする。しかし［ Y ］、これからが本番である。採集してきた他の種の観察を続けるとすぐに、文献の情報に記載されていない形態の変異や、文献の間違いなどに気付いたりなどと、自分の周りに生息する生物の観察や、すぐに手に入る図鑑やレビュー論文を見るだけではどうしても解決できない問題にぶち当たったりするだろう。

私が思うに、ここが重要である。ここで、身近な問題で解決できないからと諦めるのではなく、歯を食いしばり、どんなに古い文献であろうが収集し、言語にかかわらず目を通し、あちこち駆けずり回って標本の収集を行えるかどうかが、分類学の一つの分水嶺(ぶんすいれい)だ。諦めずに、古今東西の文献収集と標本観察を継続していれば、突然目の前の生物の特徴が、名前が、スッと理解できるようになる瞬間が訪れる。これは私の実体験や、いろいろな分類学者に話を聞いた経験に基づくが、分類学の入り口でもがきつづけた者には、なぜかこのような臨界点を突破する瞬間が訪れるのだ。

な属もある。
目という高位の分類階級でも、テヅルモヅルを含むツルクモヒトデ目は約二〇〇種である一方、カブトムシなどを含むコウチュウ目は、全動物種の四分の一に相当する三七万種以上を含む。
実際にどれくらいの時間がかかるのかは難しいところだが、例えば数千種を含むような分類群であれば、一人の研究者が一生かけて研究に勤しむような規模である。
したがって、十数種から数十種くらいを含む分類群を最初のターゲットとして取り組み、だんだんと幅を広げていくのが無難であろう。また、できれば自分の拠点に近い場所で観察できる（少なくともそういう種が身近にいる）グループにしたほうがよい。いくら自分好みで恰好よくても、海外産で実物が簡単に見られない動物の文字や図を眺めるばかりでは、その生物の特徴は頭に入らないだろう。また、文字だけではどうしても理解できなかった形が、標本を見れば一発で理解できた、というのは「分類学あるある」で、まさに X である。
さらに、身近で簡単に採れる種は、図鑑に同定の「正解」が載っている可能性が高い。色彩変異や形の変異を全てカバーできている図鑑は少ないし、同定に必要な形の説明が不十分なことがある。ごくたまに、種名を間違えているものも見られる。これは別に筆者の(ウ)タイマンというわけではなく、生物があまりに多様で、限られた紙面でその生態や形態の変異を全てはカバーしきれないためだ。ゆえに結果的に、簡単には採れない種では、その正確な変異の範囲が載っていない可能性が高く、入門の種としては不適切かもしれない。
対して身近で採れる種というのは、各地で色彩や形態の変異、並びに種を見分けるポイントがよく研究されているため、図鑑にそのような情報が掲載されていることが多い。これにより、自信をもってその種を同定することができる。この「自信をもって同定できる種」の存在は、それを分類の基準にできるという点で、初心者にとって極めて重要である。
自分の手元にある種が同定しきれないということは、その種（またはそれが所属するグループ）の形態を完全に把握できないと

かで公表された情報を整理するところから、分類学は始まるのである。

その集め方については、『Zoological Record』という、動物の学名が掲載された著作物を集めた便利な雑誌などを基準に、文献を子引き孫引きで網羅していくというのが一つのスタンダードなやり方である。

文献収集のもう一つの目的は、対象とする動物の形態的な特徴を把握することである。B生物の分類は難しい。研究が進んでいる分類群であれば、ある程度の範囲をカバーした、便利な検索表が存在する。検索表とは、そこに示された形態的な特徴について、Yes／Noと答えるうちに、最終的に目的の生物が同定（ある生物の学名が既知のものかどうか調べること）できるという便利な代物である。

しかし全ての種（しゅ）が網羅されていないという意味では、この検索表も完全とは言えないし、ある地域限定の種も多い。新種が発見されるのは、当然記載が進んでいる分類群よりは、まだ手付かずの分類群で多いはずだが、そのような分類群こそ検索表などはできていないだろう。

このような分類群を相手にする場合は、もはや自分で検索表（である必要性は必ずしもないが）を作る、少なくとも作れるだけの情報を整理するしかない。さまざまな記載に目を通し、形態情報を整理して、その分類群を研究するための土台、知識を自分のなかに構築する。むしろこれこそが、文献収集の大きな目的である。

そもそも、いくら検索表があったところで、その分類群の形態が把握できていなければそれを読むことすらできない。そのようなわけで、どのみち文献情報の整理は避けて通れない道である。

文献を集めるにあたって、ターゲットにすべき分類群選びは重要である。例えば約二一〇〇種を含むと言われるクモヒトデ綱（こう）全体から新種を発見できるようになりたい、と思えば、その文献の数は一万を(イ)ユウに超えるし、数年で終わる仕事ではない。さしあたってある程度小規模な分類群にターゲットを絞って文献を集めていくのが得策である。

このときに意識すべきは分類階級ではなく、種数である。例えば二種しか含まないようなレアな門（もん）*注2もあれば五〇〇種を含む大き

国語

（六〇分）

一

次の文章を読んで、後の問い（問1〜問10）に答えなさい。

新種を発見するにあたって最も基礎的かつ重要となるのは、文献調査である。自分のターゲットとする分類群を決めたら、まずはそれに関する文献を、全て集める必要がある。

その目的は主に二つで、一つは、その対象とする分類群に関する分類の情報を網羅するためである。とは言っても、ユウシ(ア)以来の全ての情報に目を通す必要があるわけではない。動物の場合は、リンネ*注1が『自然の体系』を著した一七五八年一月一日以降に発刊された文献に限る。

では、分類学における「文献」とは何だろうか。この定義は、それが発刊された日付によって異なるのだが、おおむね、「最初に発刊された時点で入手可能であり、同じ原本から複製されたもの」という条件をクリアする必要がある。平たく言えば、学会などの機関が発刊している科学雑誌や本などがこれに相当する。分類学では、こうした文献上で行われた新種記載などを「公表された命名法的行為」と表現し、分類学の舞台に上がったとみなす。

一方で、標本に添えられる、採集情報を書き記したラベルに「新種」と書かれていたり、ウェブ上での記事や、また、学会発表で配られる発表の要旨集などで「新種発見」と書かれていても、それらは「公表」とは言わない。A しかるべき文献を集め、そのな

解答編

英語

Ⅰ

解答　問1．③　問2．④　問3．③　問4．①　問5．④

解説

《オリエント急行》

問1． 第1段第1文（Orient Express is…）と同段最終文（Although the original…）から③「(オリエント急行は）長距離旅客列車の名前であるが，その名前と豪華な旅はお互いに密接に結びついてきた」が適切。

問2． 第2段第3文（1889 saw the…）「1889年にはイスタンブールへの直接の鉄道路線が完成した」と同段第4文（The Orient Express…）から④が適切。It was not until 1889 that ～ は強調構文で，「1889年になって初めて～した」という意味。

問3． 第3段第2～最終文（They resumed at…ran via Vienna.）の，トリエステを経由する路線はシンプロンオリエント急行として知られ，1919年のサンジェルマン条約によりオーストリアが領内の通過を認めたが，それ以前はウィーンを経由する列車しか領内の通過を認めていなかったという記述と③が一致する。

問4． 第4段第1・2文（The 1930s saw…Budapest or Belgrade.）「…アールベルグオリエント急行は1931年に操業し，ブダペストを経由して，さらにそこからブカレストとアテネへ運行された。イスタンブールへ旅行する乗客はブダペストかベオグラードで列車を乗り換えた」と①が合致する。

問5． 第5段最終文（That border re-opened…）後半の「ブルガリアとトルコの国境の1951年から1952年の閉鎖によってその間イスタンブールへの運行ができなかった」から④が適切。

Ⅱ 解答 問1．④ 問2．① 問3．③ 問4．③ 問5．②

解説

《マウンテンゴリラ》

問1． 第2段第2文（Habitat loss is …）冒頭に「生息地の喪失が主要な脅威である」とあり，その後に木炭生産のための森林破壊がその原因の一つとして挙げられているので④が適切。

問2． 第2段最終2文（Catching illnesses from … could spread quickly.）に「人間から病気に感染することもまた脅威である。観光産業のため，大部分のマウンテンゴリラは人間の存在に慣れており，厳しい保健衛生の手続きが実施され，ゴリラに触れることは禁止されているが，病気はすぐに広がる」とあることから①が適切。

問3． 第5段第3文（Troops are led …）「他の部分の黒っぽい毛を引き立てる銀色の毛が帯状に生えているためにシルバーバックとしばしば呼ばれる一匹の支配的な年長の雄によって群れは率いられる」から③が適切。

問4． 第6段最終文（Despite these displays …）後半に「ゴリラは驚かされなければ一般に穏やかで非攻撃的である」とあるので③が適切。

問5． 第8段最終文（These infants ride …）に「その幼児は4カ月から最初の2，3年まで母親の背中に乗っている」とあるので②が適切。「*A* から *B* まで」と期間を表すとき，from *A* to *B* / from *A* till *B* / from *A* untill *B* / from *A* through *B* いずれも用いられる。

Ⅲ 解答 問1．② 問2．① 問3．④ 問4．① 問5．③

解説

《道路工事による渋滞に対する苦情と回答》

問1． Email 1の本文第1・2段（I had the … work near Wellhampton.）によれば，短い区間の通常のメンテナンス作業のために渋滞が起きて，往路では30分ほど余計に時間がかかったことが容認できないとメールを送っている。したがって②が適切。

問2.「通常の所要時間に比べて，ナタリー＝マルティネスの復路はどれくらい遅れたか？」

Email 1の本文第1段第2文（Our journey（both …）に通常60分かかるとあり，第3段第2文（Thus, our passage …）によれば，復路は65分かかったとあるので，①が適切。第1段第3文（Instead, because of …）に「そうはいかなくて，障害のため90分かかった」とあるのは往路のことである。

問3. Email 2の本文第1段（Sorry for any … queueing was unavoidable.）によれば，西行きの幹線道路で大きな陥没が見つかり，道路を閉鎖せずに両面通行の信号を立てることになったが，車の数が多かったので，順番待ちの行列が避けられなかったとある。このことが表現されているのは④である。③「通行が彼女のいつものルートより長いルートに迂回されていた」

問4. Email 1の本文第3段第1文（This was the …）後半に「信号の設定が悪かったのが明白で，東行き優先となっていた」とある。よって①が適切。

問5. Email 2の本文第2段第1文（We plan to …）「週末までに道路を再開できるよう，明日の夜に緊急修理を行う予定である」より③が適切。

Ⅳ　解答　**問1.** ①　**問2.** ③　**問3.** ④　**問4.** ④　**問5.** ③

解説

問1.「2023年6月1日時点で，その会社にはフルタイムで働く人が216人，パートタイムの人が53人いた」

but for ～「～がなければ」 due to ～「～のために」 in between ～「～（二つ）の間に」

問2.「大英博物館はロゼッタストーンをはじめとする多くのエジプトの物を所蔵している」

board「～に搭乗する」 ground「～を地面に置く」 station「～を配置する」

問3.「ロバートは羊の皮をかぶった狼のようだ。彼はいつも明るい笑顔の下に悪意を隠しているから」

a wolf in sheep's clothing「羊の皮をかぶった狼」は偽善者を表す。①「頭の痛い熊」(→いらいらした人)　②「金のカゴの中の鳥」(→玉の輿に乗って不自由な人)　③「異なった色の馬」(→別の問題)

問4.「多数決は物事を決めるときに最もよく用いられるが，全員一致が必要な決定もある」

ここでの some は「一部の」の意味。多数決に対比して述べられる決定方法だから，unanimous「全員一致の」が最も適切。cautious「用心深い」 numerous「数が多い」 previous「以前の」

問5.「国の繁栄は国民の教育水準である程度決まる」

教育水準にかかっているものを選ぶ。casualty「死傷者」 humidity「湿度」 velocity「速度」

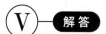

Ⅴ　解答　問1. ④　問2. ③　問3. ②　問4. ④　問5. ②

解説

問1. (It is) by no means obvious that there (is no free lunch.)「無料のランチがないことは決して明白ではない」

it は形式主語で that 節を受ける。by no means「決して～ない」 by no means の位置は be 動詞や助動詞の後や一般動詞の前がふつう。

問2. (The) politician was quoted as saying that (he would resign.)「その政治家は辞任すると発言したと報道された」

be quoted as saying that ～「～と発言したと（報道）される」 quote は「～を引用する」だが，文章や人の発言をそのまま引用すること。as はここでは前置詞。

問3. (You) should distance yourself from excessive use (of gadgets.)「あなたは機械の使いすぎから距離を置くべきだ」

distance *oneself* from ～「～から距離を置く」

問4. (Something) you saw appears to shape what (you believe.)「あなたの見たものがあなたの信じることを形成するようだ」

something の後に目的格の関係代名詞が省略されている。appear to *do*「～するようだ，～するように思われる」 shape「～を形成する，方向づける」

問5. (The) article referred to how the disaster (had come about.)
「その記事はどのようにその災害が起こったのかにふれていた」
refer to～「～に言及する」 come about「起こる」

Ⅵ 解答 問1. ② 問2. ③ 問3. ③ 問4. ② 問5. ④

解説

問1. A「こんばんは。どうなさいましたか？」 B「はい。エアコンにトラブルがあるんです。効かないんです。電源ボタンを押して，押さえつけようとさえしたんです」 A「少々お待ちください。ポーターのサムに確認するよう知らせます。ところで，バルコニーのドアは開いていますか？」 B「調べてみます。ああ，完全には閉まっていませんでした。今，エアコンは効いています。どうもありがとう」

「ポーター」や「バルコニー」から「ホテルの一室」が適切。restroom「トイレ，化粧室」

問2. A「今日は風が強いので，乗っていてよく揺れるでしょう。無料の乗り物酔い止めの薬をお配りしております」 B「すみません。私の息子は具合が悪くなりやすいんです。どこに座ったらいいでしょうか？」 A「後部の近くがいいでしょう。そして，濡れないように中にいてください」 B「わかりました。吐くといけないから袋を一ついただいていっていいですか？」

乗り物酔いをしたり身体が濡れたりする可能性がある場所を選ぶ。

問3. A「ねえ，お母さん。カンガルーに餌をあげたい」 B「入り口で買った餌粒の袋があるよ。はい，これ。さあどうぞ」 A「あの子にあげよう。わあ，おなかが減ってたんだね！ いい子だ。お母さん，見てこの子とてもかわいいよ」 B「看板に優しくトントンしてもいいって書いてあるね」 A「本当？ わあ，とてもふわふわだ。お母さんもやってみてよ！」 B「いいよ，やってみましょう」

カンガルーに餌をあげられるような場所で，子供が「お母さん，やってみて！」と言うような行動を示唆する選択肢を選ぶ。④の tortoise「亀」と遊ぶというのは唐突。

問4. A「おや，今日はとても疲れているようだね。どこか具合悪いの？」 B「うん。上司と仕事のことを話してたんだよ。今，私には仕事が多すぎるんだ」 A「彼女は何て言ったの？　状況を良くする改善策はあるの？」 B「いいえ。彼女は『私はあなたの年にはあれこれやった』って繰り返しただけだよ」 A「何？　あなたの上司はひどいね！　こんなことは言いたくないけど，仕事を変えるときだよ」

「上司はひどい，仕事を変えるときだ」という返事が返ってくるような発言を選ぶ。②以外は上司がBの相談を聞き入れてくれる内容である。blah blah blah「あれこれ，などなど」

問5． A「すみません。5号館はどこか知っていますか？　そこで授業があるんです」 B「ごめんなさい，わかりません。新入生なので，私も教室を探しているんです」 A「実は，スマートフォンで大学のガイドマップを見ているんだけれど，それがわかりづらいんだ」 B「向こうにいる大学のスタッフに聞いてみようよ」 A「それは良い考えだね。彼女に気付かなかった」

良い考えと言えるもので，続くAの返事に「彼女」という第三者が出てくるので，それにあたるものが入っている選択肢を選ぶ。③の「あっ，友達を見つけた。彼女も迷っているかもしれない」は良い考えとは言えない。

日本史

1 解答

問1．③　問2．②　問3．③　問4．④　問5．④
問6．③　問7．②　問8．④　問9．③　問10．③

解説

《平安時代後期の政治》

問2． イ．誤文。勅旨田の開田や，皇族や五位以上の貴族による田地の占有を禁じたのは延喜の荘園整理令である。

問4． 後三条天皇が延久の荘園整理令の際に設置した機関は記録所（記録荘園券契所）である。

問6． 院政の開始は1086年。①前九年合戦は1051～62年，②平忠常の乱は1028～31年，③源義親の乱は1108年，④藤原純友の乱は939～941年。

問9． 白河天皇の御願寺は六勝寺の始まりである法勝寺である。①法成寺は藤原道長の造営，②尊勝寺は堀河天皇の御願寺，④最勝寺は鳥羽天皇の御願寺である。

2 解答

問1．③　問2．②　問3．④　問4．④　問5．①
問6．①　問7．③　問8．②　問9．①　問10．④

解説

《幕末の政治》

問1． ①誤文。幕府の政務を統轄する常設の職は老中である。②誤文。老中の補佐は若年寄の役割。④誤文。幕政監察は大目付の役割。

問2． イ．誤文。安政の大獄で徳川斉昭は蟄居，吉田松陰は刑死となった。エ．誤文。海軍伝習所や洋学所の設立を行ったのは阿部正弘である。

問3． ④誤文。八月十八日の政変で失脚して長州に逃れたのは三条実美ら尊攘派の公卿である。

問5． ②誤文。橋本左内は福井藩士。③誤文。「おこぜ組」は土佐藩で起用された。④誤文。「一会桑」の「桑」から桑名藩を想起したい。

問7． ①誤文。上知令は天保の改革で出された。②誤文。末期養子の禁を緩和したのは4代将軍徳川家綱のころ。④誤文。異国船打払令を廃止し薪水給与令を出したのは天保期。

問8． ①誤文。藩主の行列への非礼でイギリス人を殺傷したのは薩摩藩による生麦事件。③誤文。イギリス公使館の襲撃は水戸藩士による東禅寺事件。④誤文。ヒュースケンは薩摩藩の浪士に殺害された。ヒュースケン殺害事件も生麦事件・東禅寺事件と同様に長州藩外国船砲撃事件の前の出来事である。

3 解答

問1． ② **問2．** ③ **問3．** ① **問4．** ④ **問5．** ③
問6． ② **問7．** ④ **問8．** ④ **問9．** ③ **問10．** ④

解説

《近代の政治》

問1．「大正新時代」の「戦局」から第一次世界大戦を想起したい。

問3． ②誤文。内閣制度を創設したのは伊藤博文。③誤文。台湾総督というのはやや難であるが，陸相で藩閥官僚を重用したのは桂太郎である。④誤文。パリ講和会議の全権委員は西園寺公望である。

問4・問6． 史料Bは第一次護憲運動の時の尾崎行雄の演説であり，ここで批判されているのは桂太郎らの藩閥政治家である。

問8．「合衆国政府ハ日本国カ支那ニ於テ特殊ノ利益ヲ有スルコトヲ承認ス」から，史料Cは第一次世界大戦中に交わされた石井・ランシング協定と判断したい。

問10． 史料Aの井上馨の提言は1914年，史料Bの尾崎行雄の演説は1913年，史料Cの石井・ランシング協定は1917年のもの。

4 解答

問1． ③ **問2．** ② **問3．** ③ **問4．** ② **問5．** ①
問6． ③ **問7．** ④ **問8．** ① **問9．** ③ **問10．** ②

解説

《近代の外交》

問2． カイロ会談は日本と交戦しているアメリカのローズヴェルト・イギリスのチャーチル・中国の蔣介石によって行われた。

問4．「日本国カ清国人ヨリ盗取シタル」から，1・2は満州と台湾と判断したい。

問5． 日本が台湾と澎湖諸島を手に入れたのは，1895年に日清戦争の講和条約である下関条約を締結したことによる。

問8・問9． 東条内閣はサイパン島陥落を受けて総辞職し，その後小磯内閣が成立した。

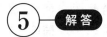

5 解答 **問1．** ②　**問2．** ④　**問3．** ③　**問4．** ①　**問5．** ③
問6． ①　**問7．** ④　**問8．** ③　**問9．** ②　**問10．** ④

解説

《国風文化》

問2．『和漢朗詠集』は藤原公任撰の和歌漢詩文集である。②在原業平は『伊勢物語』の主人公，③紀貫之は『古今和歌集』の編者で『土佐日記』の作者であることをおさえておきたい。

問4． 橘逸勢は空海や嵯峨天皇と合わせて三筆と称された。

問8．「『往生要集』を著して」から源信（恵心僧都）を想起したい。

問9． 藤原頼通が建立したのが平等院鳳凰堂。①中尊寺金色堂も③富貴寺大堂も④蓮華王院本堂（三十三間堂）も院政期に建立された。

問10． 寄木造で造られた平等院鳳凰堂の阿弥陀如来像は定朝の作である。

世界史

1 解答

問1．①　問2．④　問3．④　問4．③　問5．②
問6．①　問7．②　問8．②　問9．②　問10．④
問11．①　問12．①　問13．③　問14．②　問15．④

解説

《古代～現代における儒教の歴史》

問1． ①正解。鉄製農具の使用は孔子が現れた春秋時代末に始まり，戦国時代に普及した。

問2． ①誤文。『論語』は，孔子の死後，弟子たちにより編纂された。②誤文。墨家と論争して頭角を現したのは孟子。③誤文。兼愛や非攻を説いたのは墨家。

問4． ①蘇秦は縦横家。②商鞅は法家の思想家だが，前3世紀に活躍した荀子・李斯・韓非より以前の前4世紀の人。④鄒衍は陰陽家。

問7． ①誤文。科挙は隋の文帝によって開始した。③誤文。科挙が廃止されたのは20世紀初頭（1905年）。④誤文。科挙は元王朝のもとで当初中断されたが，14世紀初頭に復活した。

問9． ②誤文。朱子学は陽明学による批判を受けたが，明代の官学としての地位は揺らいでいない。

問13． ③正解。「滅満興漢」を掲げた太平天国の乱の鎮圧に貢献した漢人官僚が「中体西用」に基づく洋務運動を進めたが，日清戦争で同じく近代化を進める日本に敗れた。それに対応して起きた立憲君主制をめざす「変法自強」を唱える康有為ら改革派を抑えた清朝保守派は，「扶清滅洋」を掲げる義和団事件に乗じて列国に宣戦し敗れた。

問15． 文化大革命の開始は1966年。①誤文。農業・工業・国防・科学技術の現代化運動は，鄧小平が文化大革命後に推進した「四つの現代化」の内容である。②誤文。国民党政権は国共内戦に敗れて1949年に台湾に逃れている。③誤文。中華人民共和国成立後の1950年に中ソ友好同盟相互援助条約が成立している。

2 解答 問1．⑨　問2．⑨　問3．④　問4．③　問5．①
問6．③　問7．③　問8．④　問9．③　問10．④
問11．⑤　問12．⑤　問13．②　問14．④　問15．⑥

解説

《古代～近世における地中海や大西洋の交易》

問1． ㋐「ピピンの寄進」からラヴェンナ，㋑レオナルド＝ダ＝ヴィンチの『最後の晩餐』からミラノ，㋒「ロマネスク様式の大聖堂」からピサと判断できる。

問3． 第1回十字軍開始は1096年。④グレゴリウス7世によるハインリヒ4世の破門が1077年で最も近い。①ピピンのラヴェンナ寄進は754年と756年，②オットー1世の（神聖）ローマ皇帝即位は962年，③聖像崇拝禁止令は726年。

問4． ③誤り。ファーティマ朝はシーア派。

問5． ①誤文。ドイツ騎士団が拠点を移したのはエルベ川以東。

問6． 第1回十字軍開始は1096年。a．誤文。マムルーク朝の成立は1250年なので第1回十字軍よりも時代が後となる。b．正文。セルジューク朝のバグダード入城は1055年。

問7． a．誤文。クレタ文明（ミノア文明）では線文字Aが使用された。b．正文。

問8． ④正解。キプチャク＝ハン国の成立は1243年。①誤文。セルジューク朝がニケーアからコンヤに遷都したのは第1回十字軍に敗れた12世紀。②誤文。ウラディミル1世がギリシア正教を受け入れたのは10世紀末。③誤文。モスクワ大公国は14世紀の成立。⑤誤文。クリム＝ハン国の成立は15世紀。

問12．「1618年から始まる戦争」は三十年戦争。⑤誤文。スペイン継承戦争（1701～13/14年）の内容。

問13． ②誤文。カナダでケベック植民地を開拓したのはフランス。オランダは北アメリカにニューネーデルラント植民地を開拓した。

③ 解答

問1. ② **問2.** ④ **問3.** ④ **問4.** ③ **問5.** ①
問6. ④ **問7.** ③ **問8.** ② **問9.** ④ **問10.** ②
問11. ① **問12.** ③ **問13.** ① **問14.** ④ **問15.** ②

解説

《第二次世界大戦前後の状況と大戦後の影響》

問5. やや難。①誤文。ロカルノ会議は1925年に開催され，イギリス・フランス・ドイツ・イタリア・ベルギー・ポーランド・チェコスロヴァキアの7カ国が参加してロカルノ条約が成立した。

問8. ②正解。下線部⑥はチェコスロヴァキアのズデーテン地方をめぐって開かれたミュンヘン会議での宥和政策を指す。①第一次世界大戦後のパリ講和会議，③ヤルタ会談，④ポツダム会談での写真。

問10. ②正解。a．大西洋憲章（1941年）→c．ムッソリーニ解任（1943年）→b．パリ解放（1944年）。

問11. 難問。①誤文。マーシャルが1953年に受賞したのはノーベル平和賞。

問12. ③正解。国際通貨基金（IMF）は，ブレトン＝ウッズ協定（1944年）に基づき翌年設立された。①経済相互援助会議（コメコン）の設立は1949年。②アデナウアーの首相就任は1949年。④ワルシャワ条約機構の成立は1955年。

問13. 1948年2月のチェコスロヴァキアのクーデタに対し，イギリス・フランス・ベネルクス3国（ベルギー・オランダ・ルクセンブルク）が西ヨーロッパ連合条約（ブリュッセル条約）を締結した。

問15. ベルリンの壁が建設されたのは，1948～49年のベルリン封鎖時ではなく1961年である。

政治・経済

1 解答

問1.【1】—①　【2】—③　【3】—④　【4】—①　【5】—③

問2. ②　問3. ①　問4. ④　問5. ④　問6. ①

解説

《国際連盟と国際連合》

問2. ②適切。サン＝ピエールは主著『永久平和論』で恒久的・普遍的な平和を確立するためには，すべての国が加盟する国際平和機構の創設が必要であることを提唱し，後のカントやルソーに影響を与えた。

問3. ①適切。ウィルソン大統領は第一次世界大戦終結のための平和原則として，公開会議における平和条約の締結と秘密外交の禁止，公海の自由，軍備の縮小，植民地問題の解決，民族自決主義，特別な規約に基づく国際平和機構の設立（国際連盟設立案）などを提唱した。②不適。非核三原則は，核兵器を「持たず，作らず，持ち込ませず」の三原則を指すものであり，1967年に佐藤栄作内閣によって提唱された。③不適。平和五原則は，1954年にインドのネルー首相と中国の周恩来首相の間で合意された平和に関する外交原則である。④不適。外交三原則は，国連加盟後に日本で定められた外交活動における原則を指す。

問4. ④適切。国際連盟の常任理事国は，連盟規約によりアメリカ・イギリス・フランス・イタリア・日本の5カ国であったが，アメリカが国際連盟に加盟しなかったことにより4カ国となった。ドイツ（1926年）とソ連（1934年）が国際連盟加盟と同時に常任理事国に加わったが，後にドイツ・日本・イタリアは脱退し，ソ連は除名となった。

問5. ④正文。連盟規約第12条では「司法裁判の判決後または理事会の報告後3カ月を経過するまで」との限定があった。

問6. ①適切。WHOは世界保健機関の略称である。1948年に設立された国連の専門機関であり，本部はスイスのジュネーブにある。

2　解答

問1．【11】—④　**【12】**—②　**【13】**—②　**【14】**—④
【15】—③

問2．①　**問3．**④　**問4．**①　**問5．**④　**問6．**②

解説

《基本的人権の保障》

問2．①誤文。生活保護法は1946年に制定，1950年に全面改正された。

問3．④誤文。正当な争議行為については，刑事免責，民事免責，不利益取扱いからの保護を受けることができるが，違法争議行為については刑事責任および民事責任が問われることになる。

問4．①正文。日本で女性が初めて参政権を行使したのは1946年4月10日，第二次世界大戦後初めての衆議院議員総選挙であった。②誤文。被選挙年齢について直接定めているのは公職選挙法である。③誤文。普通選挙の説明である。④誤文。平等選挙の説明である。

問5．④誤文。現行憲法のもとで憲法改正が発議されたことはない。

問6．②誤文。日本国憲法第76条第2項に「特別裁判所は，これを設置することができない」と規定されている。

3　解答

問1．【21】—②　**【22】**—④　**【23】**—③　**【24】**—①
【25】—③

問2．②　**問3．**③　**問4．**①　**問5．**②　**問6．**④

解説

《現代の企業》

問2．②正文。現行の会社法では有限会社の新設はできないが，すでに設立されている有限会社は存続できる。①誤文。最低資本金制度は撤廃されている。③誤文。3つの経済主体とされるのは家計，企業，政府である。④誤文。法人税について規定しているのは会社法ではなく法人税法である。

問3．③正文。株式会社は社外取締役として社外から取締役員を雇うことができる。①誤文。所有と経営の分離とは，経営者と所有者が異なることをいう。②誤文。株式会社は有限責任社員のみで構成される。④誤文。日本銀行は株式会社ではなく認可法人である。

問4．①誤文。準備預金制度とは市中金融機関が預金者への払戻しに備えて日本銀行に預金する制度であり，預金保険機構に預けるわけではない。

問5．②誤文。寄付行為やボランティア活動はフィランソロピーである。
問6．④誤文。垂直貿易ではなく水平貿易である。

4 解答

問1．【31】—④ **【32】**—① **【33】**—② **【34】**—① **【35】**—①
問2．④ **問3．**① **問4．**② **問5．**③ **問6．**③

解説

《日本の財政問題》

問2．④誤文。減税を実施し景気を刺激するためには，内閣が減税に関する法律案を提出し，国会で法律として制定しなければならない。
問3．①誤文。2020 年度の国債発行総額は，コロナ禍の影響もあり，特例公債と建設公債を合わせ約 153.5 兆円であった（財務省ホームページより）。
問4．②誤文。行政改革推進法に基づく特別会計改革により厚生保険特別会計と国民年金特別会計を統合し，年金特別会計が 2007 年に設置された。
問5．③正文。電力の小売自由化により，従来の電力会社だけではなく新事業者にも電気の販売を可能とし，2016 年には電気小売業への参加が全面自由化した。水道についても 2018 年に水道法が改正され民間事業者でも参入できるようになった。しかし，大手電力，水道会社は自由化後に参入した新規事業者に比較し，依然として圧倒的な規模を有するため，独占禁止法による政府規制によって，独占市場と化すことを防止する必要がある。①誤文。クラウディングアウトではなく公害である。②誤文。独占企業は価格を維持しようとするため価格の下方硬直性が生じる。④誤文。公共財は非競合性と非排除性を満たすものであるが，これらの施設は非排除性を満たすとはいえない。
問6．③誤文。厚生労働省は原則 5 年に 1 度，生活保護を受けていない低所得世帯との不公平をなくすために，専門的かつ客観的な視点から生活保護における生活扶助の基準額の見直しを実施している。

数　学

◀数学Ⅰ・A▶

1 解答

(1)【1】1　【2】4　【3】2　【4】3

(2)(i)【5】【6】24　(ii)【7】1　【8】【9】16

(3)【10】1　【11】2　【12】3　【13】4

(4)【14】5　【15】9　【16】5

(5)【17】【18】14　【19】7

解説

《小問5問》

(1)
$$y=4x^2+8x$$
$$=4(x^2+2x)$$
$$=4(x+1)^2-4$$

したがって，この放物線の頂点は　$(-1,\ -4)$

よって，x 軸方向に1，y 軸方向に4だけ平行移動させると，その頂点の座標が原点と一致する。（→【1】・【2】）

また，直線 $y=ax+6$ は点 $(0,\ 6)$ を通り，傾き a の直線であるので，放物線 $y=4x^2+8x$ 上の点 $(-3,\ 12)$ を通るとき

$$a=\frac{12-6}{-3-0}=-2$$

放物線 $y=4x^2+8x$ 上の点 $(-2,\ 0)$ を通るとき

$$a=\frac{0-6}{-2-0}=3$$

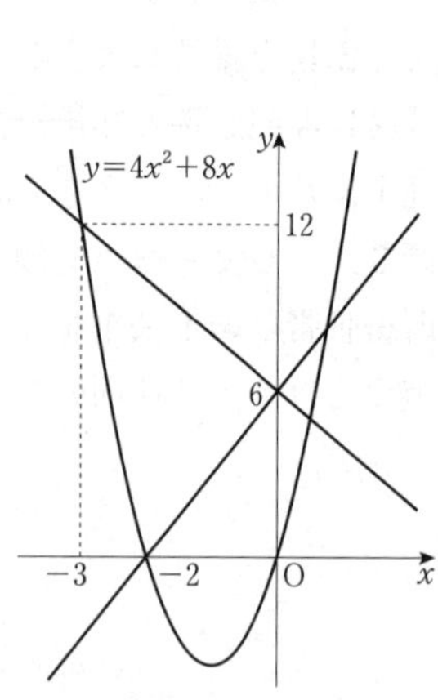

したがって，右図において，放物線の $-3\leqq x\leqq -2$ の部分と共有点をもつように直線の傾きを動かして考えることにより，$-3\leqq x\leqq -2$ において，放物線 $y=4x^2+8x$ と直線 $y=ax+6$ との共有点が存在するような傾き a の値の範囲は

$-2 \leqq a \leqq 3$　（→【3】・【4】）

(2)(i)　5人での円順列を考えて

$(5-1)!=4!$

$=4\cdot3\cdot2\cdot1$

$=24$ 通り　（→【5】【6】）

(ii)　5人全員が表を出す確率は

$\left(\dfrac{1}{2}\right)^5$

5人全員が裏を出す確率も同じなので，求める確率は

$\left(\dfrac{1}{2}\right)^5\cdot2=\dfrac{1}{16}$　（→【7】～【9】）

(3)　$(x^2-2x)^2-11(x^2-2x)+24$

$=\{(x^2-2x)-8\}\{(x^2-2x)-3\}$

$=(x^2-2x-8)(x^2-2x-3)$

$=(x-4)(x+2)(x-3)(x+1)$

$=(x+1)(x+2)(x-3)(x-4)$　（→【10】～【13】）

(4)　20個のデータのうち，平均値が2，分散が2である5個の値を x_k $(k=1,\ 2,\ 3,\ 4,\ 5)$ とおき，平均値が6，分散が8である残り15個の値を y_k $(k=1,\ 2,\ \cdots,\ 15)$ とおく。

20個のデータの平均値は

$\dfrac{2\times5+6\times15}{20}=\dfrac{100}{20}=5$　（→【14】）

(分散)＝(2乗の平均)－(平均)^2 なので，

${x_k}^2$ $(k=1,\ 2,\ 3,\ 4,\ 5)$ の平均は

$(x_k$ の分散$)+(x_k$ の平均$)^2=2+2^2=6$

${y_k}^2$ $(k=1,\ 2,\ \cdots,\ 15)$ の平均は

$(y_k$ の分散$)+(y_k$ の平均$)^2=8+6^2=44$

よって，20個のデータの2乗の平均は

$\dfrac{6\times5+44\times15}{20}=\dfrac{690}{20}=34.5$

したがって，求める分散は

$34.5-5^2=9.5$　（→【15】・【16】）

(5)　M は辺 BC の中点なので

$$BM : CM = 1 : 1$$

また，重心の性質より

$$AG : MG = 2 : 1$$

したがって

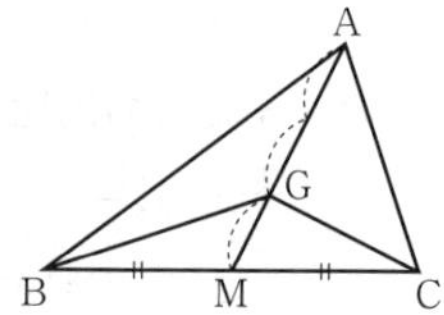

$$\triangle AGB = \frac{2}{3}\triangle ABM$$

$$= \frac{2}{3}\cdot\frac{1}{2}\triangle ABC$$

$$= \frac{1}{3}\cdot 42 = 14 \quad (\to【17】【18】)$$

$$\triangle GCM = \frac{1}{3}\triangle ACM$$

$$= \frac{1}{3}\cdot\frac{1}{2}\triangle ABC$$

$$= \frac{1}{6}\cdot 42 = 7 \quad (\to【19】)$$

2 解答

(1)【20】【21】60　【22】2　【23】4　【24】1　【25】1

(2)【26】6　【27】【28】12　【29】【30】12

(3)【31】4　【32】【33】12　【34】【35】12

(4)【36】6　【37】【38】11　【39】【40】66　【41】【42】11

解説

《余弦定理，三角形の面積とその最小値》

(1)　正四面体の各面は正三角形なので

$$\angle BAP = \angle MAP = 60° \quad (\to【20】【21】)$$

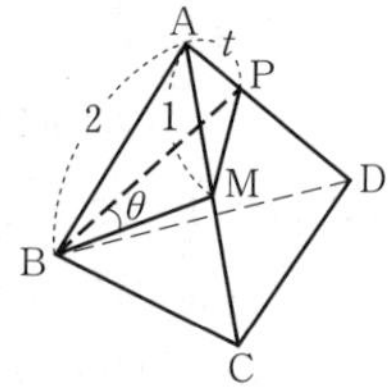

△ABP において，余弦定理より

$$BP^2 = AB^2 + AP^2 - 2\cdot AB\cdot AP\cos\angle BAP$$

$$= 2^2 + t^2 - 2\cdot 2\cdot t\cdot\frac{1}{2}$$

$$= t^2 - 2t + 4 \quad (\to【22】\cdot【23】)$$

△APM において，余弦定理より

$$PM^2 = AM^2 + AP^2 - 2\cdot AM\cdot AP\cos\angle MAP$$

$$=1^2+t^2-2\cdot1\cdot t\cdot\frac{1}{2}$$

$$=t^2-t+1 \quad (\to【24】・【25】)$$

(2)　$BM=AB\sin 60°=\sqrt{3}$ であり，$BP>0$ より $BP=\sqrt{t^2-2t+4}$ なので，$\triangle BPM$ において，余弦定理より

$$\cos\theta=\frac{BM^2+BP^2-PM^2}{2\cdot BM\cdot BP}$$

$$=\frac{3+(t^2-2t+4)-(t^2-t+1)}{2\sqrt{3}\cdot\sqrt{t^2-2t+4}}$$

$$=\frac{-t+6}{2\sqrt{3}\cdot\sqrt{t^2-2t+4}}$$

よって

$$\cos^2\theta=\frac{(-t+6)^2}{12(t^2-2t+4)}=\frac{(t-6)^2}{12(t^2-2t+4)} \quad (\to【26】)$$

ここで，$\sin^2\theta+\cos^2\theta=1$ より

$$\sin^2\theta=1-\cos^2\theta$$

$$=1-\frac{(t-6)^2}{12(t^2-2t+4)}$$

$$=\frac{12(t^2-2t+4)-(t-6)^2}{12(t^2-2t+4)}$$

$$=\frac{11t^2-12t+12}{12(t^2-2t+4)} \quad (\to【27】\sim【30】)$$

(3)　$0°<\theta<180°$ より，$\sin\theta>0$ なので

$$\sin\theta=\sqrt{\frac{11t^2-12t+12}{12(t^2-2t+4)}}=\frac{\sqrt{11t^2-12t+12}}{2\sqrt{3}\sqrt{t^2-2t+4}}$$

よって

$$S=\frac{1}{2}BM\cdot BP\sin\theta$$

$$=\frac{1}{2}\cdot\sqrt{3}\cdot\sqrt{t^2-2t+4}\cdot\frac{\sqrt{11t^2-12t+12}}{2\sqrt{3}\sqrt{t^2-2t+4}}$$

$$=\frac{1}{4}\sqrt{11t^2-12t+12} \quad (\to【31】\sim【35】)$$

(4)　$S=\frac{1}{4}\sqrt{11t^2-12t+12}$

$$=\frac{1}{4}\sqrt{11\left(t^2-\frac{12}{11}t\right)+12}$$

$$=\frac{1}{4}\sqrt{11\left(t-\frac{6}{11}\right)^2+\frac{96}{11}}$$

したがって，$0 \leqq t \leqq 2$ において，S は $t=\frac{6}{11}$ のとき最小となり，その最小値は

$$\frac{1}{4}\sqrt{\frac{96}{11}}=\frac{1}{4}\cdot\frac{4\sqrt{6}}{\sqrt{11}}=\frac{\sqrt{66}}{11}$$　(→【36】〜【42】)

3 解答

(1)(i)【43】5　【44】9　(ii)【45】3　【46】7

(2)(i)【47】【48】25　【49】【50】72

(ii)【51】【52】91　【53】【54】【55】216

(iii)【56】【57】61　【58】【59】【60】216

解説

《確率の基本性質，反復試行とその確率》

(1)　全事象は

$${}_{10}C_2=\frac{10\cdot 9}{2\cdot 1}=45 \text{ 通り}$$

(i)　$n=5$ のとき，白球 5 個から 1 個，赤球 5 個から 1 個取り出す場合の数は

$${}_5C_1\cdot{}_5C_1=25 \text{ 通り}$$

したがって，求める確率は

$$\frac{25}{45}=\frac{5}{9}$$　(→【43】・【44】)

(ii)　白球 n 個から 1 個，赤球 $(10-n)$ 個から 1 個取り出す場合の数は

$${}_nC_1\cdot{}_{10-n}C_1=n(10-n) \text{ 通り}$$

したがって，このときの確率は

$$\frac{n(10-n)}{45}$$

よって，求める n の値の範囲は

$$\frac{n(10-n)}{45} \geqq \frac{7}{15}$$

$$n(10-n) \geqq 21$$
$$n^2-10n+21 \leqq 0$$
$$(n-3)(n-7) \leqq 0$$

ゆえに

$$3 \leqq n \leqq 7 \quad (\to【45】・【46】)$$

(2)(i)　3回のうち，1回1の目が出て，2回1以外の目が出る確率なので

$${}_3C_1 \cdot \left(\frac{1}{6}\right)^1 \left(\frac{5}{6}\right)^2 = \frac{25}{72} \quad (\to【47】\sim【50】)$$

(ii)　出た目の最小値が1となるのは，3回のうち，少なくとも1回1の目が出る場合であり，その余事象は「3回のうち，1の目が1回も出ない」場合なので，求める確率は

$$1-\left(\frac{5}{6}\right)^3 = 1-\frac{125}{216} = \frac{91}{216} \quad (\to【51】\sim【55】)$$

(iii)　出た目の最小値が2以下となるのは，3回のうち，少なくとも1回1の目または2の目が出る場合であり，その余事象は「3回のうち，1の目と2の目がともに1回も出ない」場合なので，その確率は

$$1-\left(\frac{4}{6}\right)^3 = 1-\frac{64}{216} = \frac{152}{216}$$

したがって，出た目の最小値が2となる確率は，(ii)より

$$\frac{152}{216}-\frac{91}{216} = \frac{61}{216} \quad (\to【56】\sim【60】)$$

別解　出た目がすべて2以上である確率は

$$\left(\frac{5}{6}\right)^3 = \frac{125}{216}$$

出た目がすべて3以上である確率は

$$\left(\frac{4}{6}\right)^3 = \frac{64}{216}$$

したがって，出た目の最小値が2となる確率は

$$\frac{125}{216}-\frac{64}{216} = \frac{61}{216}$$

◀数学Ⅰ・A・Ⅱ・B▶

1

◀数学Ⅰ・A▶の〔1〕に同じ。

2 解答

(1)【20】【21】【22】【23】3780

(2)【24】5 【25】3 【26】3 【27】5 【28】5

(3)【29】7 【30】4 【31】1 【32】2 【33】1 【34】1 【35】6 【36】7

(4)【37】2 【38】2 【39】1

解説

《小問4問》

(1) $(2x-3y+z)^7$ の展開式における一般項は

$$\frac{7!}{a!b!c!}(2x)^a(-3y)^bz^c=\frac{7!}{a!b!c!}\cdot2^a\cdot(-3)^b\cdot x^ay^bz^c$$

（ただし，$a+b+c=7$，a，b，c は0以上の整数）

x^3y^3z の係数は，$a=3$，$b=3$，$c=1$ を代入して

$$\frac{7!}{3!3!1!}\cdot2^3\cdot(-3)^3=\frac{7\cdot6\cdot5\cdot4\cdot3\cdot2}{3\cdot2\cdot3\cdot2}\cdot2^3\cdot(-3)^3$$
$$=-7\cdot5\cdot3^3\cdot2^5$$

x^2y^4z の係数は，$a=2$，$b=4$，$c=1$ を代入して

$$\frac{7!}{2!4!1!}\cdot2^2\cdot(-3)^4=\frac{7\cdot6\cdot5\cdot4\cdot3\cdot2}{2\cdot4\cdot3\cdot2}\cdot2^2\cdot(-3)^4$$
$$=7\cdot5\cdot3^5\cdot2^2$$

したがって

$$-7\cdot5\cdot3^3\cdot2^5+7\cdot5\cdot3^5\cdot2^2=7\cdot5\cdot3^3\cdot2^2(-2^3+3^2)$$
$$=7\cdot5\cdot27\cdot4$$
$$=3780 \quad (\to【20】\sim【23】)$$

別解 $(2x-3y+z)^7=\{(2x-3y)+z\}^7$ を展開したとき，z の項は

$${}_7C_1(2x-3y)^6z=7(2x-3y)^6z$$

$(2x-3y)^6$ の展開式における一般項は

$${}_6C_k(2x)^k\cdot(-3y)^{6-k}=\frac{6!}{k!(6-k)!}\cdot2^k\cdot(-3)^{6-k}\cdot x^ky^{6-k}$$

（ただし，$0\leqq k\leqq 6$）

であるから，$(2x-3y)^6$ を展開したとき，

x^3y^3 の係数は，$k=3$ を代入して

$$\frac{6!}{3!3!}\cdot2^3\cdot(-3)^3=-5\cdot3^3\cdot2^5$$

x^2y^4 の係数は，$k=2$ を代入して

$$\frac{6!}{2!4!}\cdot2^2\cdot(-3)^4=5\cdot3^5\cdot2^2$$

したがって，求める係数の和は

$$7\cdot(-5\cdot3^3\cdot2^5+5\cdot3^5\cdot2^2)=7\cdot5\cdot3^3\cdot2^2\cdot(-2^3+3^2)$$
$$=7\cdot5\cdot27\cdot4=3780$$

(2) $$A=\frac{\sqrt{-1}+\sqrt{-4}+\sqrt{-1}\sqrt{-5}}{a+\sqrt{-5}}$$
$$=\frac{i+2i+i\cdot\sqrt{5}i}{a+\sqrt{5}i}$$
$$=\frac{-\sqrt{5}+3i}{a+\sqrt{5}i}$$
$$=\frac{(-\sqrt{5}+3i)(a-\sqrt{5}i)}{a^2+5}$$
$$=\frac{(3-a)\sqrt{5}+(3a+5)i}{a^2+5}$$

a が実数なので，$(3-a)\sqrt{5}$，a^2+5 は実数であり，また，$3a+5$ も実数であるので，A が実数となる条件は

$$3a+5=0$$

より

$$a=-\frac{5}{3}$$ （→【24】・【25】）

このとき

$$A=\frac{\left(3+\frac{5}{3}\right)\sqrt{5}}{\left(-\frac{5}{3}\right)^2+5}=\frac{3\sqrt{5}}{5}$$ （→【26】～【28】）

(3)　$ax^3+2x^2+bx-3=0$　……①

①に $x=1-i$ を代入すると

$$a(1-i)^3+2(1-i)^2+b(1-i)-3=0$$

$$a(1-3i-3+i)+2(1-2i-1)+b(1-i)-3=0$$

よって

$$(-2a+b-3)+(-2a-b-4)i=0$$

$-2a+b-3$, $-2a-b-4$ は実数なので

$$\begin{cases}-2a+b-3=0\\-2a-b-4=0\end{cases}$$

したがって

$$a=-\frac{7}{4},\ b=-\frac{1}{2}$$　(→【29】〜【32】)

このとき

$$-\frac{7}{4}x^3+2x^2-\frac{1}{2}x-3=0$$

$$7x^3-8x^2+2x+12=0$$

$$(7x+6)(x^2-2x+2)=0$$

よって，$7x+6=0$ または $x^2-2x+2=0$ より

$$x=-\frac{6}{7},\ 1\pm i$$

したがって，求める残りの２つの解は

$$x=1+i,\ x=-\frac{6}{7}$$　(→【33】〜【36】)

別解１　①の解の１つが $1-i$ であることより，その共役複素数 $1+i$ も解である。これらを解にもつ２次方程式は

$$(1-i)+(1+i)=2,\ (1-i)(1+i)=2$$

より　$x^2-2x+2=0$

であるから，もう１つの解を α とすると，①の左辺は

$$ax^3+2x^2+bx-3=a(x^2-2x+2)(x-\alpha)$$

$$=ax^3-a(2+\alpha)x^2+2a(1+\alpha)x-2a\alpha$$

と書ける。

係数を比較して

$$2=-a(2+\alpha),\ b=2a(1+\alpha),\ 3=2a\alpha$$

よって

$$2=-2a-\frac{3}{2},\ b=2a+3$$

より

$$a=-\frac{7}{4},\ b=-\frac{1}{2},\ \alpha=-\frac{6}{7}$$

以上より

$$a=-\frac{7}{4},\ b=-\frac{1}{2}$$

残りの 2 つの解は

$$x=1+i,\ -\frac{6}{7}$$

別解 2　①の解の 1 つが $1-i$ であることより，その共役複素数 $1+i$ も解である。したがって，もう 1 つの解を α とおくと，解と係数の関係より

$$\begin{cases} \alpha+(1+i)+(1-i)=-\dfrac{2}{a} & \cdots\cdots② \\ \alpha(1+i)+(1+i)(1-i)+(1-i)\alpha=\dfrac{b}{a} & \cdots\cdots③ \\ \alpha(1+i)(1-i)=\dfrac{3}{a} & \cdots\cdots④ \end{cases}$$

②より

$$\alpha+2=-\frac{2}{a}$$

よって

$$\alpha=-\frac{2}{a}-2 \quad \cdots\cdots②'$$

④より

$$2\alpha=\frac{3}{a} \quad \cdots\cdots④'$$

②′，④′ より

$$\frac{3}{a}=-\frac{4}{a}-4$$

よって

$$\frac{7}{a}=-4$$

より

$$a=-\frac{7}{4}$$

②′に代入して

$$\alpha=-2\cdot\left(-\frac{4}{7}\right)-2=-\frac{6}{7}$$

③より

$$2\alpha+2=\frac{b}{a}$$

よって

$$\begin{aligned} b&=a(2\alpha+2)\\ &=-\frac{7}{4}\cdot\left(-\frac{12}{7}+2\right)=-\frac{1}{2} \end{aligned}$$

(4)　$x^{2024}+x^6+x$ を x^3-x で割ったときの余りは 2 次以下の整式なので，商を $Q(x)$，余りを ax^2+bx+c とおくと

$$\begin{aligned} x^{2024}+x^6+x&=(x^3-x)Q(x)+ax^2+bx+c\\ &=x(x+1)(x-1)Q(x)+ax^2+bx+c \end{aligned}$$

$x=0$ を代入すると

$0=c$　……①

$x=-1$ を代入すると

$1+1+(-1)=a-b+c$

よって

$a-b+c=1$　……②

$x=1$ を代入すると

$1+1+1=a+b+c$

よって

$a+b+c=3$　……③

①～③より

$a=2,\ b=1,\ c=0$

したがって，求める余りは

$2x^2+x$　(→【37】～【39】)

3 解答

(1)【40】1 【41】2 【42】1 【43】【44】12 【45】2 【46】3

(2)【47】1 【48】2 【49】3 【50】3 【51】1 【52】1

(3)【53】【54】【55】111 【56】【57】10

解説

《球面の方程式，交点の位置ベクトル，球面と球面が交わってできる円の半径》

(1) 球面 S の中心を O_1 とする。

点 O_1 は線分 AB の中点なので，その座標は

$$(x,\ y,\ z)=\left(\frac{3+(-1)}{2},\ \frac{0+4}{2},\ \frac{-1+3}{2}\right)$$
$$=(1,\ 2,\ 1)$$

また，半径は

$$AO_1=\sqrt{(3-1)^2+(0-2)^2+(-1-1)^2}$$
$$=\sqrt{4+4+4}$$
$$=2\sqrt{3}\quad (\to【45】\cdot【46】)$$

したがって，求める球面 S の方程式は

$$(x-1)^2+(y-2)^2+(z-1)^2=12\quad \cdots\cdots ①\quad (\to【40】\sim【44】)$$

(2) 直線 l 上の任意の点を点 $P(\vec{p})$ とすると

$$\vec{p}=(1,\ 0,\ -1)+t(1,\ 1,\ -1)$$
$$=(t+1,\ t,\ -t-1)\quad (t \text{ は実数})$$

と表すことができる。

点 P が球面 S 上にあるとき，①に代入して

$$\{(t+1)-1\}^2+(t-2)^2+\{(-t-1)-1\}^2=12$$
$$t^2+t^2-4t+4+t^2+4t+4=12$$
$$3t^2=4$$

よって

$$t=\pm\frac{2}{\sqrt{3}}=\pm\frac{2\sqrt{3}}{3}$$

したがって，求める交点の座標は，

$t=\dfrac{2\sqrt{3}}{3}$ のとき

$$\left(1+\frac{2\sqrt{3}}{3},\ \frac{2\sqrt{3}}{3},\ -1-\frac{2\sqrt{3}}{3}\right)$$ (→【47】〜【51】)

$t=-\dfrac{2\sqrt{3}}{3}$ のとき

$$\left(1-\frac{2\sqrt{3}}{3},\ -\frac{2\sqrt{3}}{3},\ -1+\frac{2\sqrt{3}}{3}\right)$$ (→【52】)

(3) 球面 S と球面 T を平面 $z=1$ で切断すると右図のようになり，球面のそれぞれの中心はこの平面上にある。

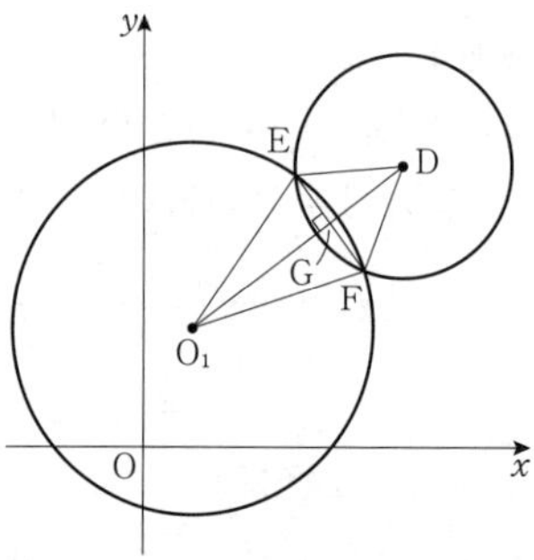

2 円の交点を E，F とし，線分 O_1D と線分 EF との交点を G とすると，球面 T と球面 S が交わってできる円の中心は G で，半径は右図の線分 EG の長さである。

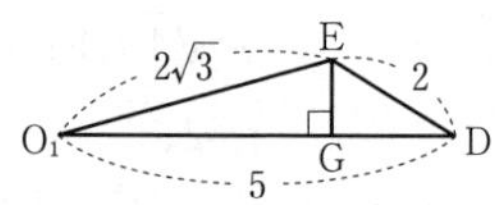

ここで

$$O_1D=\sqrt{(5-1)^2+(5-2)^2}$$
$$=\sqrt{4^2+3^2}=5$$
$$O_1E=2\sqrt{3}$$
$$DE=2$$

円の弦と半径は垂直に交わるので

$$\angle EGO_1=90°$$

したがって，$O_1G=x$ とおくと，三平方の定理より

$$O_1E^2-O_1G^2=DE^2-DG^2$$
$$12-x^2=4-(5-x)^2$$
$$12-x^2=4-(25-10x+x^2)$$
$$10x=33$$

よって

$$x=\frac{33}{10}$$

したがって，求める半径は

$$EG=\sqrt{12-x^2}$$
$$=\sqrt{12-\left(\frac{33}{10}\right)^2}$$

$$=\sqrt{\frac{1200-1089}{100}}$$

$$=\frac{\sqrt{111}}{10}$$ (→【53】～【57】)

◀数学Ⅰ・A・Ⅱ・B・Ⅲ▶

1 ◀数学Ⅰ・A▶の〔1〕に同じ。

2 ◀数学Ⅰ・A・Ⅱ・B▶の〔2〕に同じ。

3 解答

(1)【40】3　【41】6

(2)【42】1　【43】3　【44】1　【45】2

(3)【46】3　【47】2　【48】2

(4)【49】【50】11　【51】4　【52】4

解説

《指数関数の積分，面積，回転体の体積》

(1)　$y=e^{2x}-9te^x+18t^2$

$=(e^x-3t)(e^x-6t)$

$y=0$ のとき

$e^x=3t,\ 6t$

より

$x=\log 3t,\ \log 6t$

したがって，$\log 3t<\log 6t$ なので，

点Aの x 座標は

$x=\log 3t=\log 3+\log t$　(→【40】)

点Bの x 座標は

$x=\log 6t=\log 6+\log t$　(→【41】)

(2)　点Aの x 座標が1となるとき

$\log 3t=1$

より

$t=\dfrac{1}{3}e$　(→【42】・【43】)

また，このときの点Bの x 座標は

$$x=\log 6t=\log 2e=1+\log 2 \quad (\to【44】\cdot【45】)$$

(3) $t=\dfrac{1}{3}e$ のとき

$$y=e^{2x}-3e\cdot e^{x}+2e^{2}$$
$$=(e^{x}-e)(e^{x}-2e)$$

よって，$e\leqq e^{x}\leqq 2e$ すなわち $1\leqq x\leqq \log 2e$ の範囲で，$y\leqq 0$ である。

したがって，求める面積は

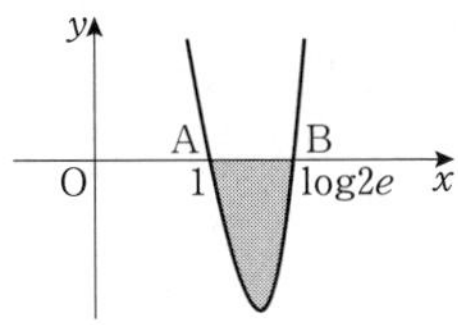

$$-\int_{1}^{\log 2e}(e^{2x}-3e\cdot e^{x}+2e^{2})dx$$
$$=-\left[\frac{1}{2}e^{2x}-3e\cdot e^{x}+2e^{2}x\right]_{1}^{\log 2e}$$
$$=-\frac{1}{2}(e^{2\log 2e}-e^{2})+3e(e^{\log 2e}-e)-2e^{2}(\log 2e-1)$$
$$=-\frac{1}{2}(e^{\log 4e^{2}}-e^{2})+3e(2e-e)-2e^{2}(\log 2+1-1)$$
$$=-\frac{1}{2}(4e^{2}-e^{2})+3e^{2}-2e^{2}\log 2$$
$$=e^{2}\left(\frac{3}{2}-2\log 2\right) \quad (\to【46】\sim【48】)$$

(4) 求める立体の体積は

$$\pi\int_{1}^{\log 2e}(e^{2x}-3e\cdot e^{x}+2e^{2})^{2}dx$$
$$=\pi\int_{1}^{\log 2e}(e^{4x}+9e^{2}\cdot e^{2x}+4e^{4}-6e\cdot e^{3x}-12e^{3}\cdot e^{x}+4e^{2}\cdot e^{2x})dx$$
$$=\pi\int_{1}^{\log 2e}(e^{4x}+13e^{2}\cdot e^{2x}+4e^{4}-6e\cdot e^{3x}-12e^{3}\cdot e^{x})dx$$
$$=\pi\left[\frac{1}{4}e^{4x}+\frac{13}{2}e^{2}\cdot e^{2x}+4e^{4}x-2e\cdot e^{3x}-12e^{3}\cdot e^{x}\right]_{1}^{\log 2e}$$
$$=\pi\left\{\frac{1}{4}(e^{4\log 2e}-e^{4})+\frac{13}{2}e^{2}(e^{2\log 2e}-e^{2})+4e^{4}(\log 2e-1)\right.$$
$$\left.-2e(e^{3\log 2e}-e^{3})-12e^{3}(e^{\log 2e}-e)\right\}$$
$$=\pi\left\{\frac{1}{4}(e^{\log 16e^{4}}-e^{4})+\frac{13}{2}e^{2}(e^{\log 4e^{2}}-e^{2})+4e^{4}(\log 2+1-1)\right.$$
$$\left.-2e(e^{\log 8e^{3}}-e^{3})-12e^{3}(2e-e)\right\}$$

$$=\pi\left\{\frac{1}{4}(16e^4-e^4)+\frac{13}{2}e^2(4e^2-e^2)+4e^4\log 2-2e(8e^3-e^3)-12e^4\right\}$$

$$=\pi e^4\left(\frac{15}{4}+\frac{39}{2}-14-12+4\log 2\right)$$

$$=\pi e^4\left(-\frac{11}{4}+4\log 2\right)$$ （→【49】～【52】）

物　理

①　解答

問1． ②　**問2．** ①　**問3．** ④　**問4．** ②　**問5．** ③
問6． ①

解説

《人工衛星の万有引力による運動》

問1． 人工衛星は公転周期 T〔s〕の間に，円周の長さ $2\pi r$〔m〕だけ運動するので，人工衛星の速さ v_0〔m/s〕は

$$v_0=\frac{2\pi r}{T}\text{〔m/s〕}$$

問2． 円運動の運動方程式より

$$m\frac{{v_0}^2}{r}=G\frac{Mm}{r^2}$$

$$\therefore\quad v_0=\sqrt{\frac{GM}{r}}\text{〔m/s〕}$$

問3． 問1・問2の結果より，v_0 を消去すると

$$\sqrt{\frac{GM}{r}}=\frac{2\pi r}{T}$$

両辺を2乗して整理すると

$$\frac{T^2}{r^3}=\frac{4\pi^2}{GM}$$

問4． ケプラーの第二法則より

$$\frac{1}{2}(3r)v_2=\frac{1}{2}rv_1$$

$$\therefore\quad v_2=\frac{1}{3}v_1\text{〔m/s〕}$$

問5． 力学的エネルギー保存則より

$$\frac{1}{2}m{v_1}^2-G\frac{Mm}{r}=\frac{1}{2}m{v_2}^2-G\frac{Mm}{3r}$$

問4の結果を代入して整理すると

$$v_1=\sqrt{\frac{3GM}{2r}}\text{〔m/s〕}$$

問6． 人工衛星が円軌道から楕円軌道へ移る際に追加されたエネルギー E〔J〕は

$$E=\frac{1}{2}m{v_1}^2-\frac{1}{2}m{v_0}^2$$
$$=\frac{1}{2}m\left(\sqrt{\frac{3GM}{2r}}\right)^2-\frac{1}{2}m\left(\sqrt{\frac{GM}{r}}\right)^2$$
$$=\frac{GMm}{4r}\text{〔J〕}$$

2 **解答**　**問1．** ③　**問2．** ①　**問3．** ③　**問4．** ③　**問5．** ②　**問6．** ④

解説

《可動台上の物体の運動》

問1． 力学的エネルギー保存則より

$$\frac{1}{2}mv^2=mgH_{\mathrm{D}}\quad\cdots\cdots(\mathrm{i})$$

$$\therefore\quad H_{\mathrm{D}}=\frac{v^2}{2g}\text{〔m〕}$$

問2． 運動量保存則より

$$(m+M)v_1=mv\qquad\therefore\quad v_1=\frac{m}{m+M}v\text{〔m/s〕}$$

問3． 力学的エネルギー保存則より

$$\frac{1}{2}(m+M){v_1}^2+mgH_{\mathrm{E}}=\frac{1}{2}mv^2$$

$$mgH_{\mathrm{E}}=\frac{1}{2}mv^2-\frac{1}{2}(m+M)\left(\frac{m}{m+M}v\right)^2$$
$$=\frac{1}{2}mv^2\left(1-\frac{m}{m+M}\right)$$

ここで，(i)式より

$$mgH_{\mathrm{E}}=mgH_{\mathrm{D}}\left(\frac{M}{m+M}\right)\qquad\therefore\quad\frac{H_{\mathrm{E}}}{H_{\mathrm{D}}}=\frac{M}{m+M}\text{ 倍}$$

問4． 右向きを正として，小物体が点Bに達したときの，床に対する小物体の速度を v_3〔m/s〕とすると，運動量保存則より

$$mv_3+Mv_2=mv\quad\cdots\cdots(\mathrm{ii})$$

力学的エネルギー保存則より

$$\frac{1}{2}mv_3{}^2+\frac{1}{2}Mv_2{}^2=\frac{1}{2}mv^2$$

両辺に $2m$ をかけると

$$(mv_3)^2+mMv_2{}^2=(mv)^2$$

(ii)式より，mv_3 を消去すると

$$(mv-Mv_2)^2+mMv_2{}^2=(mv)^2$$

$$(mv)^2-2mMvv_2+(Mv_2)^2+mMv_2{}^2=(mv)^2$$

$$\{(m+M)v_2-2mv\}v_2=0$$

$v_2\neq 0$ より

$$v_2=\frac{2m}{m+M}v\,[\mathrm{m/s}]$$

問5． v_2 を(ii)式に代入して整理すると

$$v_3=\frac{m-M}{m+M}v\,[\mathrm{m/s}]$$

小物体が床に対して，台と同じ向きに進むための条件は

$$v_3>0 \qquad \therefore\quad m>M$$

問6． 小物体が点Aで台に対して静止したときの台の速度を $V\,[\mathrm{m/s}]$ とする。

運動量保存則より

$$(m+M)V=mv \qquad \therefore\quad V=\frac{m}{m+M}v\,[\mathrm{m/s}]$$

力学的エネルギー変化と仕事の関係より

$$\frac{1}{2}(m+M)V^2-\frac{1}{2}mv^2=-\mu mgL\times 2$$

$$\frac{1}{2}(m+M)\left(\frac{m}{m+M}v\right)^2-\frac{1}{2}mv^2=-\mu mgL\times 2$$

$$\frac{1}{2}\frac{mM}{m+M}v^2=2\mu mgL$$

$$\therefore\quad v=2\sqrt{\frac{\mu(m+M)gL}{M}}\,[\mathrm{m/s}]$$

3 解答 **問1.** ② **問2.** ② **問3.** ③ **問4.** ③ **問5.** ①
問6. ④

解説

《抵抗の電子論》

問1. 電子は1秒間にv〔m〕だけ進むので，導体のうちの長さv〔m〕の区間に含まれる電子が断面Aを1秒間に通過する電子の数N〔個/s〕と一致する。したがって

$$N=nvS\text{〔個/s〕}$$

問2. 電流の大きさI〔A〕は，導線断面Aを1秒間に通過する電気量と等しいので

$$I=eN=envS\text{〔A〕}$$

問3. 導体内部に生じる電場の強さをE〔V/m〕とすると，Eは1m当たりの電位差と一致するので

$$E=\frac{V}{l}\text{〔V/m〕}$$

1つの自由電子が電場から受ける静電気力の大きさF〔N〕は

$$F=|-e|E=\frac{eV}{l}\text{〔N〕}$$

問4. 自由電子にはたらく力のつりあいより

$$0=F-kv=\frac{eV}{l}-kv$$

$$\therefore\quad v=\frac{eV}{kl}\text{〔m/s〕}$$

問5. 問4の結果を問2に代入すると

$$I=en\left(\frac{eV}{kl}\right)S$$

この導体の抵抗R〔Ω〕は，オームの法則より

$$R=\frac{V}{I}=\frac{kl}{e^2nS}\text{〔Ω〕}$$

問6. 導体の温度が上昇し導体中の陽イオンの熱運動が活発になると，自由電子が陽イオンと衝突する頻度が増えることにより自由電子の進行が妨げられる。

4 解答　問1．①　問2．①　問3．④　問4．②　問5．②　問6．③

解説

《ヤングの干渉実験》

問1． S_2P を斜辺とする直角三角形について，三平方の定理を用いると

$$S_2P=\sqrt{L^2+\left(x+\frac{d}{2}\right)^2}$$

S_1P を斜辺とする直角三角形について，三平方の定理を用いると

$$S_1P=\sqrt{L^2+\left(x-\frac{d}{2}\right)^2}$$

これより

$$S_2P-S_1P=\sqrt{L^2+\left(x+\frac{d}{2}\right)^2}-\sqrt{L^2+\left(x-\frac{d}{2}\right)^2}\,〔\mathrm{m}〕$$

問2． 1と比べて $|h|$ が十分小さいときに成り立つ近似式 $(1+h)^n \fallingdotseq 1+nh$ を利用すると

$$S_2P=L\left\{1+\frac{\left(x+\frac{d}{2}\right)^2}{L^2}\right\}^{\frac{1}{2}}$$

$$\fallingdotseq L\left\{1+\frac{1}{2}\frac{\left(x+\frac{d}{2}\right)^2}{L^2}\right\}$$

$$S_1P=L\left\{1+\frac{\left(x-\frac{d}{2}\right)^2}{L^2}\right\}^{\frac{1}{2}}$$

$$\fallingdotseq L\left\{1+\frac{1}{2}\frac{\left(x-\frac{d}{2}\right)^2}{L^2}\right\}$$

と近似できるので

$$\mathrm{S_2P}-\mathrm{S_1P}\fallingdotseq L\left\{1+\frac{1}{2}\frac{\left(x+\frac{d}{2}\right)^2}{L^2}\right\}-L\left\{1+\frac{1}{2}\frac{\left(x-\frac{d}{2}\right)^2}{L^2}\right\}$$

$$=d\frac{x}{L}\,[\mathrm{m}]$$

問3． 点Pが明線となる干渉条件は

$$\mathrm{S_2P}-\mathrm{S_1P}=m\lambda$$

$$d\frac{x}{L}=m\lambda$$

$$\therefore\quad x=m\frac{L}{d}\lambda\,(=x_m\text{ とおく})$$

問4． 隣り合う明線の間隔 a〔m〕は

$$a=x_{m+1}-x_m$$

$$=(m+1)\frac{L}{d}\lambda-m\frac{L}{d}\lambda$$

$$=\frac{L\lambda}{d}\,[\mathrm{m}]$$

問5． スリット面1を x 軸の正の方向に y だけゆっくりと移動させると，経路差が $\frac{dy}{l}$ だけ増加する。このときの明線の位置を x'〔m〕とすると，明線ができる干渉条件は

$$\frac{dx'}{L}+\frac{dy}{l}=m\lambda\qquad\therefore\quad x'=m\frac{L}{d}\lambda-\frac{L}{l}y\,[\mathrm{m}]$$

よって，明線の位置の変化は

$$x'-x=-\frac{L}{l}y$$

となるので，明線は x 軸の負の方向に $\frac{L}{l}y$〔m〕だけ移動した。

問6． 問4の結果より，明線の間隔 a は波長 λ に比例するので，媒質中での光の波長を λ'〔m〕とすると，屈折の法則より

$$n\cdot\lambda'=1\cdot\lambda\qquad\therefore\quad \lambda'=\frac{1}{n}\cdot\lambda\,[\mathrm{m}]$$

よって，明線の間隔は $\frac{1}{n}$ 倍に変化する。

化学

1 解答

問1．(1)ア―②　イ―③　ウ―⑦
(2)エ―①　オ―⑦　カ―②　キ―④　ク―①

問2．(1)―②　(2)―②

解説

《分子の形と極性，モル濃度》

問2．(1)　塩化ナトリウムの式量は

$$23.0+35.5=58.5$$

となるため，求めるモル濃度は

$$\frac{5.85}{58.5}\times\frac{1000}{200}=0.500[\mathrm{mol/L}]$$

(2)　この水溶液に含まれる塩化ナトリウムの物質量は

$$0.200\times\frac{200}{1000}=0.0400[\mathrm{mol}]$$

となるため，求める質量は

$$58.5\times0.0400=2.34[\mathrm{g}]$$

2 解答

問1．(1)―④　(2)―④　(3)―②　(4)―③
問2．②

問3．(ア)―①　(イ)―③　(ウ)―③

解説

《飽和蒸気圧，pH》

問1．(4)　分子間力が大きい物質ほど一定圧力下での沸点は高くなる。

問2．酢酸水溶液の水素イオン濃度 $[H^+]$ は

$$[H^+]=\sqrt{0.20\times2.0\times10^{-5}}=\sqrt{4.0\times10^{-6}}[\mathrm{mol/L}]$$

となるため，求める pH は

$$\mathrm{pH}=-\log_{10}(4.0\times10^{-6})^{\frac{1}{2}}=\frac{6}{2}-\frac{1}{2}\log_{10}2^2=2.7$$

問3．(ア)　体積を一定に保ち，温度を上げていくと，蒸発する水の量が増

える。

(イ)　温度を一定に保ち，蒸気がある部分の体積を大きくしても，液体が存在するかぎりその温度の飽和蒸気圧になるまで液体がさらに蒸発する。

(ウ)　温度を一定に保ち，蒸気がある部分の体積を小さくすると，その温度の飽和蒸気圧になるまで蒸気が凝縮する。

3　解答

問1． (ア)―②　(イ)―①　(ウ)―④　(エ)―⑤　(オ)―③

問2． (1)ア―①　イ―④　ウ―②　エ―③　(2)―②

解説

《カルシウム，銅とその化合物の性質》

問2． (1)　それぞれ次の反応が起こる。

ア．　$Cu+2H_2SO_4 \longrightarrow CuSO_4+2H_2O+SO_2$

イ．　$CuSO_4+2NaOH \longrightarrow Cu(OH)_2+Na_2SO_4$

ウ．　$Cu(OH)_2 \longrightarrow CuO+H_2O$

エ．　$2Cu+O_2 \longrightarrow 2CuO$

$4CuO \longrightarrow 2Cu_2O+O_2$

(2)　次の反応が起こる。

$$Cu(OH)_2+4NH_3 \longrightarrow [Cu(NH_3)_4]^{2+}+2OH^-$$

4　解答

問1． (1)A―④　B―⑨　(2)C―⑦　D―①　E―②

(3)ア―②　イ―③　ウ―①　エ―⑤　オ―④

問2． ②

解説

《芳香族化合物の性質と構造式決定，アルコールの性質》

問1． (1)　芳香族化合物 **A** 10.8 mg に含まれる各成分元素の質量は

$$\text{C の質量}：30.8\times\frac{12.0}{12.0+16.0\times2}\fallingdotseq8.4\text{〔mg〕}$$

$$\text{H の質量}：7.2\times\frac{1.00\times2}{1.00\times2+16.0}\fallingdotseq0.8\text{〔mg〕}$$

$$\text{O の質量}：10.8-(8.4+0.8)=1.6\text{〔mg〕}$$

したがって，芳香族化合物 **A** を構成する C，H，O の原子数の比は

$$C:H:O=\frac{8.4}{12.0}:\frac{0.8}{1.00}:\frac{1.6}{16.0}=0.7:0.8:0.1=7:8:1$$

となるため，組成式は C_7H_8O となり，分子量が 150 以下のため分子式は C_7H_8O となる。また，塩化鉄(Ⅲ)水溶液を加えると呈色することから，芳香族化合物 **A** はフェノール類であると考えられ，その構造式は次の 3 つの可能性がある。

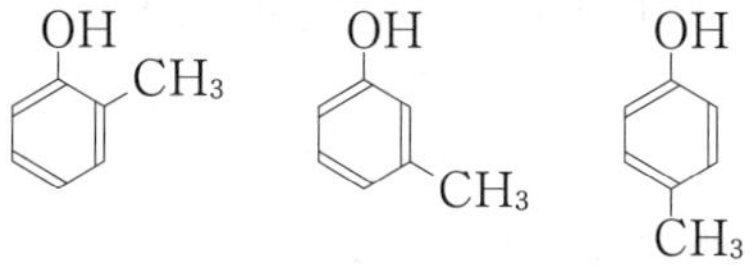

この中で，ベンゼン環に結合している水素原子 1 個を臭素原子に置換したときに 2 種類の分子が存在するものは，次のとおりとなる。

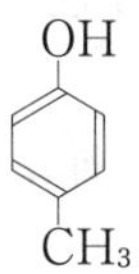
（Br に置換すると，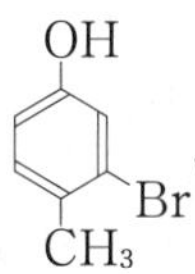，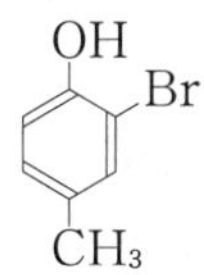 の 2 種類）

また，ジアゾニウムイオンは不安定で，加熱すると加水分解が起こり，フェノール類が生成する。このとき得られたものが芳香族化合物 **A** であるため，このときのジアゾニウム塩は

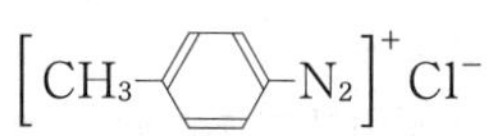

であると考えられ，芳香族化合物 **B** の構造式は次のとおりとなる。

(2)　芳香族化合物 **C** の分子量を x とすると

$$\frac{1.22}{x}=1\times1.00\times\frac{10.0}{1000} \qquad \therefore \quad x=122$$

となる。また，芳香族化合物 **C** は塗料用シンナーの主成分である芳香族化合物 **E** を酸化すると得られるため

芳香族化合物 **C**：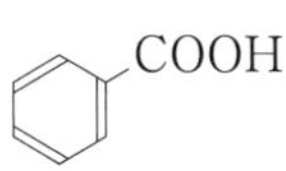

芳香族化合物 **E**：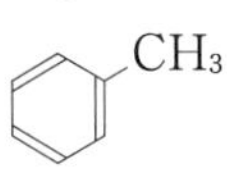

であると考えられる。なお，芳香族化合物 **D** はクメン法の原料として用いられることから，ベンゼンであると考えられる。

(3)　混合物のジエチルエーテル溶液に塩酸を加えると起こる反応は

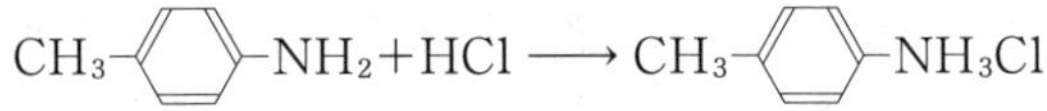

水酸化ナトリウム水溶液を加えると起こる反応は

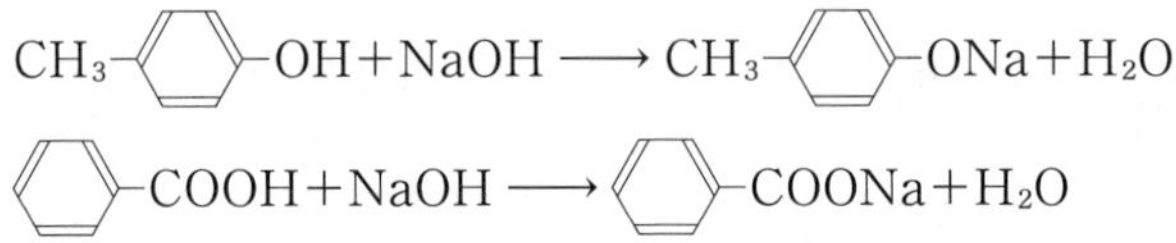

二酸化炭素を十分に吹き込んだときに起こる反応は

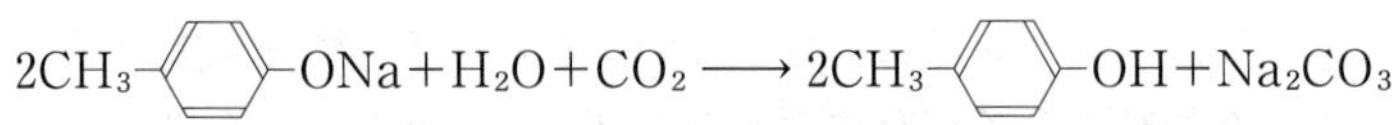

問2． (ア)誤り。アルコールは分子中のヒドロキシ基の数によって，1価アルコール，2価アルコール，3価アルコールに分類される。

(イ)正しい。アルコールは水素結合をして沸点が高くなるが，異性体であるエーテルの沸点は同程度の分子量をもつ炭化水素の沸点に近い。

(ウ)正しい。1価アルコールの場合，メタノール CH_3OH，エタノール C_2H_5OH，1-プロパノール C_3H_7OH は，水と無制限に溶け合うが，1-ブタノール C_4H_9OH は高濃度で飽和溶液となり，二層に分離する。炭素原子の数が4以上になると次第に水に溶けなくなる。

(エ)誤り。アルコールの −OH 基は水中で電離せず中性であるが，ベンゼン環に結合した −OH 基（フェノール類）は，水中でわずかに電離して弱酸性を示す。

生　物

1　解答　問1．④　問2．⑥　問3．⑤　問4．⑤　問5．③

解説

《体細胞分裂と減数分裂》

問1． タマネギの根端を用いて体細胞分裂を観察する際には，固定・解離・染色の順で操作を行う。固定は，生きていたときの細胞の状態を保持するための処理で，5～10°C の 45%酢酸やエタノールと氷酢酸の混合液（カルノア液）などが固定液として用いられる（(B)）。解離は，根端を60°C に温めた 3 %塩酸に浸すことで，個々の細胞を離れやすくするための処理である（(C)）。DNA の染色には，酢酸カーミン溶液や酢酸オルセイン溶液が用いられる（(A)）。

問2． 体細胞分裂の間期では，染色体は細い糸状の状態で核内に分散しているため，顕微鏡で観察できない。分裂期（M 期）の各時期では，染色体に次のような特徴がみられる。

前期：染色体は凝縮してひも状になり，核膜が消失して，顕微鏡で観察できるようになる（(d)）。

中期：染色体が赤道面（細胞の中央）に並ぶ（(b)）。

後期：染色体は 2 つに分かれて，両極に移動する（(a)）。

終期：染色体は糸状に戻り，核膜が形成される。タマネギなどの植物細胞では赤道面に細胞板が形成され，細胞が二分される（(c)）。

問3． 細胞分裂が同調していない場合，細胞周期に対する分裂期にかかる時間の割合は，全細胞数に対する分裂期の細胞数の割合に等しい。つまり，次の関係式が成り立つ。

$$\frac{\text{分裂期の時間}}{\text{細胞周期}}=\frac{\text{分裂期の細胞数}}{\text{全細胞数}}$$

タマネギの細胞周期は 25 時間，全細胞数は 400 個，分裂期の細胞数は(a)～(d)に分類された細胞数の和であるから

$$\text{分裂期の時間}=\text{細胞周期}\times\frac{\text{分裂期の細胞数}}{\text{全細胞数}}$$

$$=25\times\frac{8+20+12+48}{400}=5.5\text{時間}$$

問4． 体細胞分裂では，間期のS期にDNAが複製され，染色体1本あたりのDNA量が2倍になる。このとき，各染色体は複製されて2つになったものが動原体の部分で結合した状態となっている。この状態の染色体が，分裂期の中期に赤道面に並び，動原体の結合部分から2つに分かれるため，中期と後期の間で染色体1本あたりのDNA量が半減する。なお，DNA量が半減する時期は，染色体1本あたり，核1個あたり，細胞1個あたりで異なることに注意すること。⑥のグラフは，細胞1個あたりのDNA量の変化を表したものである。

問5． ③誤り。DNAの複製は，体細胞分裂，減数分裂ともに，間期のS期に1回のみ起こる。

② 解答　問1．②　問2．④　問3．⑤　問4．②　問5．④

解説

《タンパク質の構造と遺伝情報》

問3． ⑤誤り。ポリペプチド鎖を構成するアミノ酸の配列順序を一次構造という。インスリンを構成する51個のアミノ酸のうち，ヒトとブタでは1カ所，ヒトとウシでは3カ所異なっている。

問4． ②誤り。ヘモグロビンの酸素結合部位であるヘムには鉄が含まれる。

問5． 遺伝子の情報からタンパク質が合成される過程は，DNAの塩基配列がRNAの塩基配列に写し取られる転写と，mRNAの塩基配列がアミノ酸配列に置き換えられる翻訳からなる。ヒトをはじめとする真核生物では，転写によって合成されたRNA（mRNA前駆体）の一部が取り除かれて，mRNAが合成される。この過程をスプライシングという。スプライシングの際に取り除かれる部分が変化すると，ある遺伝子の転写によってつくられた1種類のmRNA前駆体から2種類以上のmRNAが合成される。このような現象を選択的スプライシングという。

3 **解答** 問1．② 問2．③ 問3．③
問4．A―② B―④
問5．⑨ 問6．A―④ B―③

解説

《眼の構造と視覚の調節》

問2． 毛様筋がゆるむと，チン小帯が緊張する。その結果，水晶体が薄くなり，焦点距離が長くなって，遠くのものが網膜上に像を結ぶ。近くのものを見るときは，反対に，毛様筋が収縮してチン小帯がゆるみ，水晶体は弾性力により厚くなる。

問3． ①・②誤り。錐体細胞とかん体細胞の特徴が，選択肢の記述と反対である。

④誤り。色の区別に関与するのは錐体細胞である。

⑤誤り。黄斑部分に多いのは錐体細胞である。

問4． 明るい場所から急に暗い場所に入ると，はじめはよく見えないが，しだいに見えるようになる現象を暗順応という。暗所では，かん体細胞の視物質であるロドプシンが徐々に蓄積されていくため，錐体細胞の感度のある程度の上昇に続いて，かん体細胞の感度が飛躍的に上昇して，弱い光でも受容できるようになる。

問6． 下図より，両眼ともに，視野の右半分の情報は左側の網膜が受容し，視野の左半分の情報は右側の網膜が受容することがわかる。Aの部分で視神経が障害を受けると，左眼では右側，右眼では左側の網膜の情報が脳まで届かなくなるため，左眼では視野の左半分，右眼では視野の右半分が欠損する。Bの部分で視神経が障害を受けると，両眼ともに右側の網膜の情報が脳まで届かなくなるため，左半分の視野が欠損する。

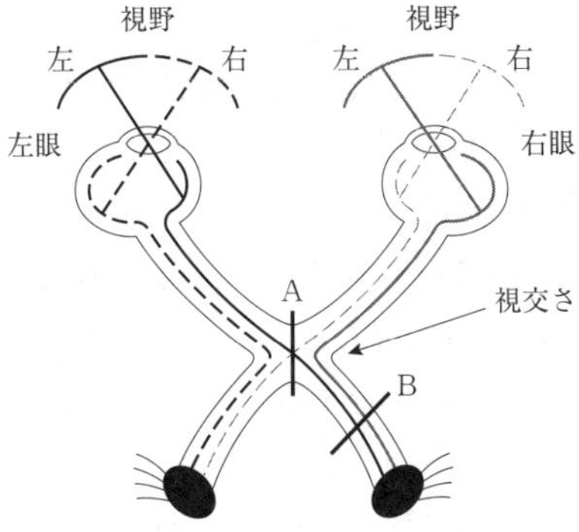

4 **解答** **問1．ア**―③　**イ**―⑧　**問2．**⑤　**問3．**②
問4．②　**問5．**③

解説

《光の強さと植物の適応》

問2．ベニシダは，森林の林床でみられるシダ植物である。

問3．呼吸速度と光合成速度が等しくなる光の強さを光補償点という。光補償点以下の光では，植物は生育できない。陰生植物は，陽生植物に比べて光補償点が低いため，弱い光の下でも生育できる。

問4．光合成曲線Bは，光合成曲線Aに比べ，光補償点が低く，最大光合成速度と呼吸速度がともに小さいことから，陰生植物に該当することがわかる（次図参照）。

問5．次図より，4000ルクスの光を照射すると，1時間あたり植物Aは $6\,mg/100\,cm^2$，植物Bは $2\,mg/100\,cm^2$ の二酸化炭素を吸収することがわかる（光合成により吸収した二酸化炭素量から呼吸により放出した二酸化炭素量を引いた見かけの二酸化炭素吸収量）。また，暗所では，呼吸により，1時間あたり植物Aは $4\,mg/100\,cm^2$，植物Bは $1\,mg/100\,cm^2$ の二酸化炭素を放出することがわかる。よって，4000ルクスの光を9時間照射し，15時間暗所に置くと，植物A，Bの二酸化炭素の吸収量と放出量はそれぞれ

植物A：$6\times9=54\,[mg/100\,cm^2]$
$4\times15=60\,[mg/100\,cm^2]$
$54-60=-6\,[mg/100\,cm^2]$

植物B：$2\times9=18\,[mg/100\,cm^2]$
$1\times15=15\,[mg/100\,cm^2]$
$18-15=3\,[mg/100\,cm^2]$

これより，植物A，Bの二酸化炭素の吸収量と放出量の差はそれぞれ

植物A：$-6\,mg/100\,cm^2$
植物B：$3\,mg/100\,cm^2$

したがって，この工程を繰り返すと，植物Aは二酸化炭素の吸収量よりも放出量の方が多いため生育しないが，植物Bは二酸化炭素の吸収量の方が放出量よりも多いため生育することがわかる。

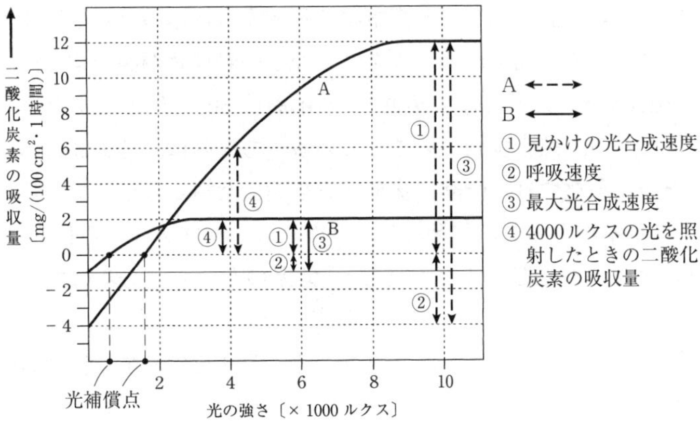

5　解答　問1．②　問2．(1)―①　(2)―④　問3．⑥　問4．⑥

解説

《植生の遷移とバイオーム》

問1． Ⅲ．誤り。二次遷移は，山火事や森林の伐採跡地など，すでに土壌が存在している状態から始まる遷移であるため，一次遷移よりも極相に達するまでの時間が短い。

問2．(1)　階層構造の発達した森林では，光の強さは高木層を通過する間に急激に減少するため，亜高木層では林冠の 10%，林床ではわずか数%になる。そのため，低木層や林床には，弱い光でも生育できる陰樹の幼木や陰生植物が多くみられる。

(2)　台風や寿命などにより樹木が倒れたりすると，林内に光が差し込むようになる。このような場所をギャップという。ギャップの形成により，低木層の植物が強い光を受けるようになると，成長途中にあった高木や亜高木の陰樹の幼木が急速に成長する。よって，④が適当。林床にまで強い光が差し込むような大きなギャップの下では，埋土種子が発芽し，陽樹がギャップを埋める場合もある。

①・③誤り。強い光によって，陰樹の成長も促進される。

②誤り。ギャップができると，土壌中に存在している種子が発芽・成長を始める。

問3． Ⅰ．夏緑樹林の樹木は，冬に落葉することで，冬の寒さが厳しい環境に適応している。高木層，亜高木層を形成する樹木の葉が展開する前の春先には林床に光が届くため，カタクリなどの春植物が開花する。

Ⅱ.「多種類の植物」「常緑広葉樹」「高木層は 30～40 m にまで達する」とあることから，熱帯多雨林をさしている。ちなみに，選択肢にある雨緑樹林は雨季に葉をつけ，乾季に落葉する落葉広葉樹からなっている。

Ⅲ.「主に草本類からなる」とあることからステップも考えられるが，「地衣類やコケ植物が混じることもある」「低温のため」とあるので，ツンドラをさしている。

問4. 極相林の種類と分布する気候帯，それぞれを代表する植物名は以下のとおりである。

極相林	気候帯	代表する植物
照葉樹林	暖温帯	アラカシ，スダジイ，タブノキ
夏緑樹林	冷温帯	ブナ，ミズナラ
針葉樹林	亜寒帯	エゾマツ，トドマツ

問6　傍線部Dと同じ段落に「日本人は、色に寛容な文化をもって」おり、それは「季節の色を楽しむ文化を育ててきたからであり、四季折々の風物に恵まれた自然環境がそれを育んできたから」だとある。また、「日本人は色をものの色としてとらえる傾向が強い」ともある。よって、⑤が正解。

問7　傍線部Eに続く箇所に、「季節感に乏しい風土のせいばかりではない。キリスト教が自然を神の創造物と考えるとするなら、自然の色も同様に神の創造物であり、…その色をひとが身につけることは神への冒瀆になると感じたように思えるから」という理由表現が見つかる。よって、④が正解。③のケルト人は同段落より「キリスト教の文化ではない」。

問8　空欄Yの後続内容に注目。「二重の染めの工程が必要だったがゆえに手間のかかる作業だったことに理由があ」って、空欄Yになっており、それは同段落最終文の「充分に生産できなかった」ことを指す。一般に市場において、供給が少ないものは価格が高騰する傾向にある。よって、①が正解。

問9　「その名残」という指示語を含む表現に注目。具体的な指示内容は、傍線部Fと同じ最終段落から読み取れる。すなわち、「緑色はいずれ色が変わるから、ひとを欺く欺瞞の色であった」ため、「キリスト教の文化圏では警戒される」色で、「ゆえに自然の草木の色である緑を身につける」ということは「中世ではまれであった」ことの名残である。そのため、キリスト教圏では緑色の着用は、「悪魔」や「アウトロー」という歓迎されない存在のみであったとある。よって、⑤が正解。

問10　①第一段落最終文の「そして女性モード…もっとも重視する要素である」に反する。②「芸人や楽師や道化師」は、第三・四段落に登場するが、「後にはその技術が賞賛されるようになった」とする記述はない。③終わりから二つ目の段落の冒頭文に対応する。これが正解。④第五段落より「街の娼婦に、複数の色の縞柄を腕章のようにして付けさせることがあった」という記述はあるが、「中世に…人気を博した」とする記述はない。⑤最終段落の冒頭文の「染師は、…中世には蔑視の対象であった」とする記述と真逆の内容。

問5　③
問6　⑤
問7　④
問8　①
問9　⑤
問10　③

解説

問2　傍線部A直前の「このような」に注目する。第二段落より、「ヨーロッパの人びと」は、「色に感心があり、そうであればこそ色の使いかたに慎重であ」り、「色数を制限し、少ない色数で街並みでも服装でも統一する意識が、彼ら（＝ヨーロッパの人びと）にはきわめてはっきりしている」。よって、②が正解。

問3　傍線部Bの冒頭の「結果として」に注目。その前の原因事態をとらえると、同じ第四段落より、「遊興の任務を負う彼ら（＝芸人や道化など）は、社会の秩序からも排除され疎外された人びと」で、彼らに与えられた「ユニフォーム」的な「このような色使い（＝多彩な色使い）」の「道化服」は、同段落最終文より「避け」られた。よって、⑤が正解。

問4　空欄Xを含む文の「これ」とは「マグダラのマリアを描く際に、それまでの彼女の淫蕩な暮らしを暗示するかのように多色の縞柄を装いのどこかに描き入れるアトリビュート」のこと。それが、「売春と多色の縞柄が結びつく中世以来の色の観念」を元にしてあらわれたという文脈である。よって、④が正解。

問5　傍線部Cの「このような性格」に注目する。第五段落の最後の二文から、女神とは「運命女神」のことで、「このような性格」の指示内容は、「いたずらに運命を分かち与える、彼女の気まぐれな性格や脈絡のなさ」である。よって、③が正解。

問8　「ここからは」とあることから、「第一段階突破」の後に起きることについて述べた、傍線部Eの後の部分に着目すればよい。よって、⑤が正解。

問9　傍線部Fの直前の段落に「世界中の文献・標本情報の収集を経て、やっと一人前の鑑定眼を持つにいたる」とある。また、傍線部Fの直後に「ある生物を観察して、『これは新種だ』とはじめて思えたときは、自分が『専門性』を持ったと確信できる」ともある。この〈新種と断定する〉から〈専門性を持ったと確信する〉という流れが説明できているのは⑤である。

問10　①「クモヒトデ綱全体の種数」は第十段落より「約二一〇〇種」で、第十二段落によれば、「テヅルモヅルを含むツルクモヒトデ目の種数」は「約二〇〇種」なので、十分の一未満である。②第十二段落より「コウチュウ目は、全動物種の四分の一に相当する三七万種以上」とあるので、「全ての動物の種数」は約一四八万種とわかる。③「クモヒトデ綱の種数」は「約二一〇〇種」、「コウチュウ目の種数」は「三七万種以上」なので、前者の一〇〇倍の約二一万種を超える。これが正解。④傍線部Cやその直前の段落から、入門者に限った話で、「最も好都合」という類のことは明記されていない。⑤リンネの『自然の体系』は第二段落に登場するが、「動物の分類をするうえで必須の書物」という記述はない。

二

出典　徳井淑子『黒の服飾史』〈第1章　多色使いの忌避〉（河出書房新社）

解答

問1　(ア)—①　(イ)—②　(ウ)—①　(エ)—④　(オ)—③

問2　②

問3　⑤

問4　④

る」ことにも言及した④が正解。③は「とくに新種を」以下が本文になく、「整理」についても触れていない。

問3 生物を分類するために使われる「検索表」は、「研究が進んでいる分類群」では存在するものの（第六段落）、「全ての種が網羅されていない」ため、「検索表も完全とは言えない」（第七段落）。そのため、「まだ手付かずの分類群」を「相手にする場合は、もはや自分で検索表…を作る、少なくとも作れるだけの情報を整理するしかない」とある（第七・八段落）。さらに、「文献情報の整理は避けて通れない」（第九段落）とある。よって、④が正解。

問4 傍線部C直前の接続詞「したがって」に注目。それ以前の文脈を整理する。分類学では、文献調査に関して、「さしあたってある程度小規模な分類群にターゲットを絞って文献を集めていくのが得策」（第十段落）で、それは「種数」の規模が肝要だという（第十一段落）。そのため、傍線部Cのように十数種から数十種くらいの適度な規模から、順に研究範囲を拡張することが適当だとする。よって、対象とする分類群を次第に拡大していくことに重きを置いた③が正解。

問5 直前の「文字だけではどうしても理解できなかった形が、標本を見れば一発で理解できた」に注目すると、〝他人から何度も聞くよりも、一度自身の目で実際に確かめることが確実だ〟ということを意味する③「百聞は一見に如かず」が正解。

問6 傍線部Dの末尾に「初心者にとって極めて重要」とあることから、「専門家となる第一歩」とある②が候補となる。②は二文前の「身近で採れる種というのは、各地で色彩や形態の変異、並びに種を見分けるポイントがよく研究されているため、図鑑にそのような情報が掲載されていることが多い」を含み、「分類の基準にできる」ということを適切に説明している。

問7 直前の逆接の接続詞「しかし」に注目。「しかし」の前の「やっと一種が正確に同定できた」という喜ばしい出来事と対比して、「これからが本番」と表現される「解決できない問題にぶち当たったりする」という否定的な出来事の発生が常だと紹介される。よって、空欄Yには前者の喜ばしい出来事と対応する③「喜びもつかの間」が適当。

国語

一

出典 岡西政典『新種の発見――見つけ、名づけ、系統づける動物分類学』〈第四章　命名――学問の世界への位置付け〉（中公新書）

解答

問1　(ア)―②　(イ)―⑤　(ウ)―④　(エ)―①　(オ)―③
問2　④
問3　④
問4　③
問5　③
問6　②
問7　③
問8　⑤
問9　⑤
問10　③

解説

問2　「しかるべき文献」とは、「リンネが『自然の体系』を著した一七五八年一月一日以降に発刊された」（第二段落）、「学会などの機関が発刊している科学雑誌や本など」（第三段落）であり、「採集情報を書き記したラベル…、ウェブ上での記事や、また、学会発表で配られる発表の要旨集など」での「新種発見」は除く（第四段落）。「情報を整理す

//////////////////// · memo · ////////////////////

//////////////////// · memo · ///////////////////

//////////////////// · memo · ////////////////////

////////////////// · memo · //////////////////

/////////////////// · memo · ///////////////////

2023年度

問題と解答

■一般選抜（前期Ａ方式）

問題編

▶試験科目・配点

教　科	科　　　　目	配　点
外国語	コミュニケーション英語Ⅰ・Ⅱ，英語表現Ⅰ	100点
地歴・公民・理科	日本史Ｂ，世界史Ｂ，政治・経済，「物理基礎・物理」，「化学基礎・化学」，「生物基礎・生物」から１科目選択	100点
数　学	「数学Ⅰ・Ａ」，「数学Ⅰ・Ａ・Ⅱ・Ｂ」，「数学Ⅰ・Ａ・Ⅱ・Ｂ・Ⅲ」から１科目選択	100点
国　語	国語総合（古文・漢文を除く）	100点

▶備　考

- 上記４教科から３教科以上を受験し，高偏差値３教科（各教科の得点を偏差値換算）の総偏差値で合否判定する。
- 以下の学部・学環は指定の科目を必ず受験すること。
  データサイエンス学環：「数学Ⅰ・Ａ」または「数学Ⅰ・Ａ・Ⅱ・Ｂ」または「数学Ⅰ・Ａ・Ⅱ・Ｂ・Ⅲ」
  理工学部：「数学Ⅰ・Ａ・Ⅱ・Ｂ」または「数学Ⅰ・Ａ・Ⅱ・Ｂ・Ⅲ」
  情報学部：「数学Ⅰ・Ａ」または「数学Ⅰ・Ａ・Ⅱ・Ｂ」または「数学Ⅰ・Ａ・Ⅱ・Ｂ・Ⅲ」

英語

（60分）

I 次の英文を読み，各問の答え又は空所に入るものとして，最も適切なものはどれか，それぞれ①～④から選んで答えよ。なお＊の付いた語には註がある。

If it is problematic to identify the roots of the word "Carnival," it becomes even more difficult to determine the historical origins of the celebration itself. However, the Roman feasts of Saturn, the Saturnalias, are generally recognized as the ancient forerunner of Carnival festivities. They embodied the essential carnival spirit, strongly characterized by the breaking of daily conventions and excesses of behavior. In these feasts, which took place in the midst of great lustfulness*, slaves banqueted together with their masters, whom they insulted and admonished. From among them was elected a King of Chaos who, for the period of Saturnalia only, enjoyed full rights to his master's concubines**, and gave ridiculous orders that had to be obeyed by everyone. At the end of the festivities, however, he was unthroned and, in the earliest form of the rite, sacrificed to signal a return to order.

Although far in meaning from the Christian Carnival, these Roman rituals contained some elements that would come to define the later and more universal concept of the feast. The opposite of prevailing norms — as when servants rule masters — is of particular importance; the caricatural parodies of power and order and the element of exaggeration, both in terms of libidinous*** excesses and in the inordinate consumption of food and drink, have also become prominent characteristics of Carnival. This unruliness that temporarily suspends the recognized world order has the effect of introducing a contrast to the parameters of daily life. In other words, these cyclical rituals of disorder and rebellion show themselves incapable of administering real life because they foster the confusion of roles, lustfulness, and the parody of power; they thus serve as a reminder of the necessity for order, which is reestablished at their conclusion.

In *Rabelais and His World* (Cambridge, Mass., 1968) the Russian essayist Mikhail Bakhtin presents an interesting interpretation of the meaning of Carnival in the context of the Middle Ages and the Renaissance. He treats Carnival as the most evident expression of a joking popular culture with its roots in the Roman Saturnalias, which reflected the playful, irreverent side of human nature and the indestructible festive element in all human civilizations. During the whole of the Middle Ages and the Renaissance, this culture of laughter resisted the official, serious culture. In opposition to the mysticism and dogmatism of the church culture and rigidity of the prevailing political structures, the joking popular culture revealed a world in which a playful changeability was possible and provided an experience of the suspension of social barriers. By dramatizing the comic and relative side of absolute truths and supreme authorities, it highlighted the ambivalence of reality, coming to represent the power of both absolute liberty and farce.

Adapted from: Goldwasser, M.J. (1987). Carnival. *Encyclopedia.com*.

註：lustfulness*貪欲さ
concubine**愛人
libidinous***好色な

問1 According to the article, from among whom was a King of Chaos elected at the Saturnalia? 【1】

① From among masters who took care of their slaves, giving them luxurious dinner parties.

② From among masters who were smart enough to govern their territories and their neighboring areas.

③ From among slaves who had dinner parties together with their masters while offending and scolding them.

④ From among slaves who were on guard when their masters enjoyed dinner with their families.

出典追記：The Encyclopedia of Religion Vol.3 by Mircea Eliade, Macmillan Publishing Company

問2 What is one of the main features of Carnival? 【2】

① Caricatural parodies of power and order.

② Numerous regulations for conducting its rituals.

③ Strict belief in Christianity.

④ Strong protection of the ruling class.

問3 What kind of role do the periodic rituals of disorder and rebellion of Carnival play? 【3】

① They help establish military strategies which are useful for beating enemies.

② They increase the amount of crops which is needed for the masters' meals.

③ They make people abandon their faith in Christianity.

④ They remind people of the necessity of behaving according to rules.

問4 How does Mikhail Bakhtin regard Carnival in his *Rabelais and His World*? 【4】

① He considers that Carnival expresses the aesthetic side of human culture.

② He considers that Carnival describes various legal regulations.

③ He considers that Carnival shows fragile aspects of a specific society.

④ He considers that Carnival represents a joking popular culture in the clearest way.

問5 It can be inferred that during the Middle Ages and the Renaissance, 【5】

① the conflicting aspects of reality remained in the dark.

② the existing political structures were too flexible to protect the supreme authorities.

③ the mystical and dogmatic church culture was not challenged by any other thoughts.

④ there was an opportunity to notice the social barriers temporarily removed.

Ⅱ 次の英文を読み，各問の答えとして，最も適切なものはどれか，それぞれ①～④から選んで答えよ。なお＊の付いた語には註がある。

Plastic pollution is the accumulation in the environment of plastics to the point that they create problems for wildlife and their habitats as well as for human populations. In 1907 the invention of Bakelite brought about a revolution in materials by introducing truly synthetic resins* into world commerce. Such man-made products were called "plastics". By the end of the 20th century, plastics had been found to be persistent polluters of many environmental niches, from Mount Everest to the bottom of the sea. Whether being mistaken for food by animals, flooding low-lying areas by clogging drainage systems, or simply causing significant aesthetic damages, plastics have attracted increasing attention as a large-scale pollutant.

A polymeric material is a material whose molecules are very large, often resembling long chains made up of a seemingly endless series of interconnected links. Natural polymers such as silk exist in abundance, but they have not been implicated in environmental pollution, because they do not persist in the environment. Today, however, the average consumer comes into daily contact with all kinds of plastic materials that have been developed specifically to defeat natural decay processes. Plastics, strictly speaking synthetic polymers, are derived mainly from petroleum. They can be molded, cast, spun, or applied as a coating.

Since plastics are largely nonbiodegradable, they tend to persist in natural environments. Moreover, many lightweight single-use plastic products and packaging materials, which account for approximately 50 percent of all plastics produced, are not deposited in containers for subsequent removal to landfills, recycling centres, or incinerators. Instead, they are improperly disposed of at or near the location where they end their usefulness to the consumer. Dropped on the ground, thrown out of a car window, heaped onto an already full trash bin, or inadvertently carried off by a gust of wind, they immediately begin to pollute the environment.

Indeed, landscapes littered by plastic packaging have become common in many parts of the world. (Illegal dumping of plastics and overflowing of containment structures also play a role.) Studies from around the world have not shown any particular country or demographic group to be most responsible, though population centres generate the most plastic litter. The causes and effects of plastic pollution are truly worldwide.

According to the trade association PlasticsEurope, worldwide plastic production grew from some 1.5 million metric tons per year in 1950 to an estimated 275 million metric tons by 2010 and 359 million metric tons by 2018; between 4.8 million and 12.7 million metric tons are discarded into the oceans annually by countries with ocean coastlines.

Adapted from: Moore, C. (2022). Plastic Pollution. *Encyclopaedia Britannica.*

註：resin＊樹脂

問1　What caused a drastic change in materials in the early 1900s? 【6】

① The invention of Bakelite, the first plastic material in the world.

② The invention of food for all the animals which live both in mountains and oceans.

③ The new materials created for the protection of the environment of the mountains in the world.

④ The plastic products which could be formed in nature.

問2　What is the difference between natural polymers and synthetic ones? 【7】

① Natural polymers are easy to produce while synthetic ones are difficult to produce.

② Natural polymers decay gradually while synthetic ones will decay in the environment quickly.

③ Natural polymers do not continue to exist in the environment while synthetic ones mostly won't decay naturally.

④ Natural polymers do not decay naturally while synthetic ones will decay in the environment.

問3 Which is the appropriate description of lightweight single-use plastic products and packaging materials? 【8】

① Just a small number of them are dumped instead of being recycled.

② Many of them are thrown away at or near the location where they aren't useful for the consumer anymore.

③ Most of them could be burned at incineration plants.

④ The majority of them are moved to recycling centres where they can be treated properly for second use.

問4 Which of the following is written about the problem of plastic in this article? 【9】

① Densely populated areas are responsible for producing the most plastic waste.

② Studies from around the world have already found the procedure to reduce waste in the environment.

③ Studies from around the world have already specified groups that are responsible for producing the most plastic packaging.

④ The particular country which has already invented the procedure to make plastic waste harmless is not responsible for the environmental pollution.

問5 How many metric tons are estimated to have increased between 1950 and 2010 in the worldwide plastic production per year? 【10】

① 1.5 million metric tons.

② 12.7 million metric tons.

③ 273.5 million metric tons.

④ 359 million metric tons.

III 次のEメールを読み，各問の答えとして，最も適切なのはどれか，それぞれ①～④から選んで答えよ。

Email 1

From: Ernest Scribbler
To: Gregory Gregson
Date: Wednesday, 6th January, 2021
Subject: Passport application for Miss Rachel Gregson
Reference Number: 4567662

Dear Gregory Gregson,

Thank you for submitting a passport application for Rachel Gregson. Unfortunately, you did not provide all the documents that we need in order to process your application.

Please send us your 10-year-old daughter's original birth certificate as issued in her country of birth at your earliest convenience. If this document is not in English, you must also send us an English translation. The translation should be attached to the original document and signed and dated by the translator. The translator must be an employee of a recognised translation company. Please note, also, that we do not accept photocopied documents.

Furthermore, you sent us a photograph of the applicant with only one signature, namely Miss Gregson's, on the back. Please enclose another photograph of the applicant signed on the back by yourself and somebody outside your family who has known Miss Gregson for at least two years. You should also provide us with the contact details of that person.

We are currently adopting a social distancing policy in order to keep our staff safe and to reduce the spread of COVID-19. Therefore, the published times necessary to process applications, stated in the attached document (see below), do not currently apply. For a standard passport application, such as in your case, please allow additional three weeks for the process to be completed. However, if you need to travel urgently, you should contact us

to discuss your options. Please see the website below for more information:
www.passport.application/information-and-enquiries
In any future correspondence, please include your reference number.

Yours sincerely,
Ernest Scribbler
Deputy Director, Passport Office

Document attached to Email 1

Passport Application Processing Times

	Standard	Fast Track
Child's Passport (under 18)	3 weeks	4 days
Adult Passport	2 weeks	4 days

** The "processing time" starts once we have all the required materials, and ends once the passport is ready for dispatch. It does not include postal delivery time.*

Email 2

From: Gregory Gregson
To: Ernest Scribbler
Date: Thursday, 7th January, 2021
Subject: Passport application for Miss Rachel Gregson
Reference Number: 4567662

Dear Mr. Scribbler,

Thank you for the additional information regarding the passport application. I have carefully checked your website for information, but I have been unable to find an answer to a question that I have: My daughter's birth certificate was issued in Japan and is written in Japanese. I am a freelance

translator and I have worked for several recognized companies in a freelance capacity. Would it be possible for me to provide a translation of the document? I feel that I am more than capable of translating this document myself and it would save me time and money to do so.
I look forward to receiving your prompt reply.

Best regards,
Gregory Gregson

問1　Which of the following statements about Gregory Gregson is true? 【11】

① He is a deputy director in the passport office.
② He is someone outside Rachel Gregson's family whom she has known for more than two years.
③ He is Rachel Gregson's father.
④ He is Rachel Gregson's son.

問2　Why is passport application processing taking longer than usual? 【12】

① Because it is the busy time of the year.
② Because of safety measures relating to the coronavirus pandemic.
③ Because of staff shortages due to illnesses.
④ Because the information on the website is causing confusion.

問3　What is Gregory Gregson's purpose in writing Email 2? 【13】

① To correct misinformation he found on the application's website.
② To offer his services as a translator to passport officials.
③ To seek information regarding one of the documents he must submit.
④ To translate the website information into his native language.

問4　How long will it take to process the passport application for Rachel Gregson (excluding postal delivery time) if Rachel doesn't need to travel urgently? 【14】

① 4 days

② 2 weeks

③ 3 weeks

④ 6 weeks

問5 Why must Gregory Gregson submit another photograph of Rachel Gregson? 【15】

① Because Gregory and Rachel signed on the back of the original photograph.

② Because Rachel signed on the front of the original photograph.

③ Because the original photograph lacked Gregory's signature and that of a person who satisfies specific conditions.

④ Because the original photograph was a photocopied one and bore a signature of one of Rachel's relatives.

Ⅳ 次の各英文の空所【16】～【20】に入る最も適切なものはどれか，それぞれ①～④から選んで答えよ。

問1 First class seats are, if available, usually 【16】 the aircraft.

① beside the front-end cabin area of

② beside the front of the cabin area of

③ in front of the cabin area of

④ in the front-most cabin area of

問2 The number of smokers in Japan 【17】 16.7% of the population in 2019.

① accounted for　　② consisted of

③ interfered with　　④ yielded to

問3 The unsolved problem had been the 【18】, but the mathematician proved it by using new techniques.

① Adam's apple　② Gordian knot
③ Pandora's box　④ Trojan horse

問4 The 【19】 organization received a donation of two million dollars for poor families.
① charitable　② plausible　③ sensible　④ vulnerable

問5 Owing to the bad weather, Flight LH907 changed its 【20】.
① addition　② destination
③ satisfaction　④ transportation

V 次の各問において，それぞれ下の1．から6．の語を並べ替えて空所を補い，英文を完成させよ。そして，空所の2番目と4番目にくる語の最も適切な組み合わせをそれぞれ①～④から選んで答えよ。

問1 Nobody ____ （2番目） ____ （4番目） ____ ____ her nationality at the international conference.
1．Ayako　2．lens　3．of
4．the　5．through　6．viewed
① 3－2　② 6－1　③ 3－5　④ 1－4　【21】

問2 Heinz ____ （2番目） ____ （4番目） ____ ____ about to depart.
1．bus　2．jumped　3．on
4．that　5．the　6．was
① 5－2　② 4－5　③ 3－1　④ 2－6　【22】

問3 Hiroshi ____ （2番目） ____ （4番目） ____ ____ falsely accused.
1．became　2．being　3．fear
4．for　5．of　6．silent

① 3－6 ② 2－5 ③ 4－2 ④ 6－3 【23】

問4 Olivia ＿＿＿ （2番目） ＿＿＿ （4番目） ＿＿＿ ＿＿＿ and passed.

1．debate 2．for 3．out
4．team 5．the 6．tried

① 1－4 ② 3－5 ③ 4－3 ④ 2－6 【24】

問5 The word "kaput" ＿＿＿ （2番目） ＿＿＿ （4番目） ＿＿＿ ＿＿＿ origin.

1．be 2．German 3．is
4．of 5．said 6．to

① 5－1 ② 6－4 ③ 1－3 ④ 2－6 【25】

VI 次の会話を読み，各問の答え又は空所に入る最も適切なものはどれか，それぞれ①～④から選んで答えよ。

Part 1

問1 A：Excuse me, but could you refrain from using flash?
B：Sorry. It was permitted in other places, so I thought it would be OK here, too.
A：Flash isn't allowed in this area only. This is a deep-sea zone, and flash may do harm to the creatures here.
B：Oh, I see. I won't take any pictures in this area.

Where is the conversation most likely taking place? 【26】

① In a cell phone store.
② In a fish farm.
③ In an aquarium.
④ In a toyshop.

問2 A：Is there some place to buy a cold drink on this floor?

B：No, but there's a cafe on the first floor. Or you could just use the vending machines.

A：Great. Where are they?

B：Some are next to the pool entrance on the third floor and some are on the fourth floor just past the changing room.

A：Thanks.

Where is the conversation most likely taking place? 【27】

① At a cathedral.

② At a department store.

③ At a fitness club.

④ At a warehouse.

Part 2

問3 A：Hello, Fairfield City Hall.

B：Hi. My children and I have just moved to Fairfield this spring, and I want to get some information about the daycare.

A：OK. You can take a look at the city website, and download the file.

B：【28】

A：Then, I'll send you some information by post.

B：Thank you very much. I really appreciate that.

① I didn't know that. I'll check and call you again.

② I think talking on the phone is the best way to communicate.

③ I thought the homepage was well-designed.

④ Oh, but it may take some time to set up an internet connection here.

問4 A：Good morning, sweetie. Do you remember it's your turn to make dinner tonight?

B：I know. You have to work overtime today. Shall I make beef stew because it's easy?

A : 【29】

B : All right. I'll stop by the supermarket after work and pick up the ingredients for spaghetti.

A : That sounds better.

① I do love your beef stew, but I'd prefer something else tonight.

② Thanks, but why don't we have beef stew right now?

③ That's good. I saw today's advertisement and found that beef was on sale.

④ Yes! Beef stew is my favorite. I'd love to eat it every day.

問5 A : Would you like to go to the mall with me next Sunday, Mika?

B : I'm afraid not, because I heard it's going to be really crowded. There will be a big event and a famous K-Pop group will have a live concert.

A : Really? What is the name of the group?

B : 【30】

A : I recently started listening to K-Pop. I'll text her to ask about that.

① I don't know. I'm not interested in K-Pop at all.

② I'm not familiar with K-Pop. Why don't you ask Yoko about that?

③ It was a group that starts with B. Just like a girl's name.

④ There's a famous actress in the commercial for the event.

日本史

（60分）

1　次の文章を読み，後の問い（問１～問10）に答えよ。

710（和銅３）年に，a元明天皇はb藤原京から平城京へ遷都した。遷都に尽力したc藤原不比等の娘宮子は文武天皇の夫人となっていて，聖武天皇を産み，藤原氏が外戚となる端緒となった。元明天皇の後は元正天皇が皇位を継承した。

不比等の死去後，724（神亀元）年に聖武天皇が即位し，皇族の［　1　］が左大臣となって実権を握った。危機感を持ったd不比等の子の４兄弟は，策謀によって［　1　］を自殺させた。しかし疫病により４兄弟は相次いで病死した。

藤原氏の勢力が弱まると，皇族出身の橘諸兄が政権を握り，吉備真備や［　2　］が政権に参画して活躍した。740（天平12）年にはe藤原広嗣が九州で大規模な反乱をおこしたが鎮圧された。こうした政治状況の中で，f聖武天皇は仏教の持つ鎮護国家の思想により国家の安定をはかった。

聖武天皇の娘である孝謙天皇の時代には，［　3　］が勢力を増した。橘諸兄の子奈良麻呂は［　3　］を打倒しようとするが，逆に滅ぼされた。［　3　］は恵美押勝の名を賜り大師（太政大臣）になった。しかし，gその後，孝謙太上天皇方の勢力と対立して挙兵するが結局滅ぼされた。

問１　下線部aに関連して，元明天皇の父は近江大津宮に遷都した人物であるが，その人物として最も適当なものを，次の①～④のうちから一つ選べ。【1】

①　天武天皇　　②　天智天皇　　③　孝徳天皇　　④　用明天皇

問２　下線部bに関連して，藤原京に遷都した年として最も適当なものを，次の①～④のうちから一つ選べ。【2】

①　689年　　②　690年　　③　694年　　④　701年

問3　下線部 c に関連して，藤原不比等について述べた次の文ア・イについて，その正誤の組み合せとして最も適当なものを次の①～④のうちから一つ選べ。【3】

ア　藤原（中臣）鎌足の孫である。また聖武天皇の皇后である光明子の父でもある。

イ　文武天皇の命で刑部親王らとともに大宝律令の編集にあたった。

①　ア－正　イ－正　　②　ア－正　イ－誤

③　ア－誤　イ－正　　④　ア－誤　イ－誤

問4　空欄 [1] に入る人物として最も適当なものを，次の①～④のうちから一つ選べ。【4】

①　山背大兄王　　②　大友皇子

③　長屋王　　④　草壁皇子

問5　下線部 d に関連して，この 4 兄弟とそれぞれがおこした藤原四家の組み合わせとして最も適当なものを，次の①～④のうちから一つ選べ。【5】

①　藤原武智麻呂－南家　藤原房前－式家
　　藤原宇合－京家　藤原麻呂－北家

②　藤原武智麻呂－式家　藤原房前－南家
　　藤原宇合－北家　藤原麻呂－京家

③　藤原武智麻呂－南家　藤原房前－北家
　　藤原宇合－式家　藤原麻呂－京家

④　藤原武智麻呂－北家　藤原房前－南家
　　藤原宇合－京家　藤原麻呂－式家

問6　空欄 [2] に入る人物として最も適当なものを，次の①～④のうちから一つ選べ。【6】

①　鑑真　　②　和気清麻呂

③　行基　　④　玄昉

問7　下線部 e に関連して，この乱について述べた次の文ア・イについて，その

正誤の組み合せとして最も適当なものを次の①～④のうちから一つ選べ。【7】

ア　藤原広嗣は藤原武智麻呂の子で，当時大宰少弐であった。

イ　橘諸兄の下で勢力を強めた吉備真備らの排除を目的とした。

①　ア－正　イ－正　　②　ア－正　イ－誤

③　ア－誤　イ－正　　④　ア－誤　イ－誤

問8　下線部fに関連して，聖武天皇は国分寺建立の詔を出したが，詔に示された国分寺におかれる僧と国分尼寺におかれる尼の数として最も適当なものを，次の①～④のうちから一つ選べ。【8】

①　僧－10人　尼－10人　　②　僧－20人　尼－10人

③　僧－30人　尼－10人　　④　僧－30人　尼－20人

問9　空欄 [3] に入る人物として最も適当なものを，次の①～④のうちから一つ選べ。【9】

①　藤原仲麻呂　　②　藤原冬嗣

③　藤原種継　　④　藤原百川

問10　下線部gに関連して，この乱が起きた年として最も適当なものを，次の①～④のうちから一つ選べ。【10】

①　741年　②　743年　③　757年　④　764年

2 次の文章を読み，後の問い（問１～問10）に答えよ。

aの応仁の乱以降，b下剋上の風潮などが顕著になり，全国は戦乱の渦に巻きこまれ，約１世紀にわたる戦国時代が到来した。歴史の世界では，c戦国大名の活躍が中心に語られているが，彼らを取り巻く女性の動きも忘れることは出来ない。

戦国大名家の結婚は，多くが政略結婚で，武将や大名同士の利害関係と直結していた。d武田信玄（晴信）の娘松姫もそんな時代に生きた女性の一人である。松姫は，７歳の時にe織田信長の嫡男である織田信忠と婚約をする。婚約後，大人になるまでは武田家で過ごし，婚約者の信忠とは手紙のやり取りをしていたと言われている。そんな中，父の武田信玄は，f徳川家康の領地へと侵攻していく。徳川家と同盟関係を結んでいた織田信長は，徳川軍に援軍を送り，実質上，武田軍と徳川・織田軍との戦いとなった。この時は，兵力・作戦ともに勝る武田軍が圧倒した。この戦いで，武田家と織田家の結びつきは決裂し，同時に松姫の婚約は，二人が一度も会うこと無く，破棄同然となった。

武田信玄が没した後，g徳川・織田軍は，鉄砲を使った戦術で信玄の息子武田勝頼を破り，本格的に武田の領地に侵攻する。その際に松姫は，甲斐国から武蔵国へと逃避した。敵となった元婚約者との関係は，完全に途切れたと思われたが，逃避先に織田信忠から便りが届く。幼い頃からの許婚からの誘いに喜び，松姫は信忠に会いに行こうと試みたと言う。しかし，本能寺の変が勃発し，信忠も命を落としてしまう。

傷心の松姫は武蔵国で出家し，「信松尼」と号した。この名称は，父武田信玄と婚約者の織田信忠を意識していたのかも知れない。その後，松姫は元武田家臣で徳川家康に仕えていたh大久保長安や，八王子千人同心の支援のもとで生活した。i関ヶ原の戦いを経て，j江戸幕府の幕藩体制が整いつつある頃，松姫は婚約者に一度も会うことも，故郷の地に帰ることも無く，生涯をとじた。

問１　下線部aに関連して，応仁の乱について説明した文として最も適当なものを，次の①～④のうちから一つ選べ。【11】

①　全国的な争乱であり，以後は荘園領主の力が強大となり，荘園制が確立した。

②　領地没収や家督介入などの守護圧迫を進める将軍家に対する反発が原因

にあった。

③　正長の徳政一揆（土一揆）および嘉吉の徳政一揆（土一揆）の要因になった。

④　将軍家だけでなく，管領家の家督相続争いも乱の背景にあった。

問2　下線部bに関連して，次の戦国大名（ア～エ）のうち，守護の家柄の出身ではなく，下剋上によって戦国大名になった人物の組み合せとして最も適当なものを，次の①～④のうちから一つ選べ。【12】

ア　北条早雲（伊勢宗瑞）　　イ　今川義元

ウ　斎藤道三（利政）　　エ　大友義鎮（宗麟）

①　ア・イ　　②　ア・ウ　　③　イ・ウ　　④　ウ・エ

問3　下線部cに関連して，戦国大名の施策を説明した文として**誤っているもの**を，次の①～④のうちから一つ選べ。【13】

①　家臣団を編成する際に，有力家臣を寄親とし，その下に下級武士を寄子として配属することもあった。

②　領国統治のために独自の施政方針や法令を示す場合もあった。

③　家臣への軍役および領民への課役の基準として，貫高を利用した。

④　領内に一定範囲の惣を作り，惣掟を示し，領民に入会地や用水の管理をさせた。

問4　下線部dに関連して，この人物と北信濃の領地などをめぐり5回にわたって，対戦した戦国大名として最も適切なものを，次の①～④のうちから一つ選べ。【14】

①　上杉謙信（長尾景虎）　　②　毛利元就

③　浅井長政　　④　伊達政宗

問5　下線部eに関連して，この人物が関係した出来事を述べた次の文（ア～ウ）について，古いものから年代順に並べた配列として最も適当なものを，次の①～④のうちから一つ選べ。【15】

ア　足利義昭を奉じて京都に入る。

イ　比叡山延暦寺を焼き打ちする。

ウ　近江の地に安土城を築城する。

① ア→イ→ウ　② ア→ウ→イ

③ イ→ア→ウ　④ ウ→ア→イ

問6　下線部fに関連して，この人物の当時の領地として最も適当なものを，次の①～④のうちから一つ選べ。【16】

① 尾張　② 三河　③ 上野　④ 相模

問7　下線部gに関連して，この戦いとして最も適当なものを，次の①～④のうちから一つ選べ。【17】

① 川中島の戦い　② 桶狭間の戦い

③ 長篠合戦　④ 三方ヶ原の戦い

問8　下線部hに関連して，この人物はのちに老中になるが，老中の説明として最も適当なものを，次の①～④のうちから一つ選べ。【18】

① 幕府の政務を統括する常置の職であり，将軍に直属している。

② 譜代大名から選任される幕府における最高職であり，非常時に置かれる。

③ 幕府では大名の監察にあたるだけでなく，道中奉行を兼務することもあった。

④ 将軍に直属した職であり，月番で旗本および御家人を監察する。

問9　下線部iに関連して，関ヶ原の戦いについて説明した文として最も適当なものを，次の①～④のうちから一つ選べ。【19】

① 天下分け目の戦いと称されるだけに，戦いは数ヶ月に及んだ。

② 豊臣秀吉の養子であった小早川秀秋の離反が戦局を大きく動かした。

③ 戦いに敗れた側の中心人物である石田三成と小西行長は，配流された。

④ 徳川家康は，敵対した東軍に属した諸大名の領地没収や領地削減を行った。

問10　下線部 j に関連して，江戸幕府の財政について説明した文（ア～エ）のうち，正しい内容の組み合せとして最も適当なものを，次の①～④のうちから一つ選べ。【20】

ア　年貢の徴収は，天領については目付，その他は勘定奉行が担当した。

イ　幕府には，佐渡・伊豆・但馬生野など鉱山からの収入もあった。

ウ　幕府は，オランダ・中国・朝鮮との交易による利益を独占した。

エ　幕府は，金座・銀座を設置し，貨幣の鋳造権をにぎった。

①　ア・イ　　②　ア・ウ　　③　イ・ウ　　④　イ・エ

3　次の文章を読み，後の問い（問１～問10）に答えよ。

日本で最初に海外との貿易の仲介を進めた商社の原型は，諸説はあるが，a坂本龍馬が関係した亀山社中（のちの海援隊）だと言われている。龍馬は，外国との貿易を足がかりに日本を新しい国へと生まれ変わらせようと考え，グラバー商会などから武器や軍艦を入手した。それらを倒幕勢力であるb長州藩やc薩摩藩に斡旋し，明治維新への後押しをした。

明治時代になると，政府は国を近代化し，欧米諸国に対抗するため，富国強兵をめざしてd殖産興業に力を注いだ。政府は，工業の発展をはかろうとe富岡製糸場などを設置し，輸出の中心となっていた生糸の生産拡大に力を入れた。f日清戦争およびg日露戦争の頃からは，軍事産業を中心に，機械・鉄鋼・電機・造船などの重工業にも力を入れた。これらの政策を進める過程では，政府から特権を与えられたh政商が，財閥へと発展し，コンツェルンを形成し始めた。

i第一次世界大戦が勃発すると軍需が起こる。連合国側への軍用品の提供が活発となり，欧州への輸出量が増加しただけでなく，アジア諸国への輸出も増えた。このような状況の下，日本経済は好景気となった。しかし，国内の物価高騰を招き，都市勤労者や農民の生活は苦しくなり，j米騒動などが全国に拡大した。

問１　下線部 a に関連して，この人物を説明した文として最も適当なものを，次の①～④のうちから一つ選べ。【21】

① 倒幕挙兵を伏見の寺田屋にて策していた最中に襲われ，仲間と共に殺害された。

② 尊王攘夷派の集会に出席中に，新撰組に襲われ，京都の池田屋にて惨殺された。

③ 大政奉還や公議政体などをとなえて活躍したが，中岡慎太郎と共に京都で暗殺された。

④ 政治的な弾圧の安政の大獄により捕らえられ，吉田松陰と共に刑死した。

問2　下線部bに関連して，19世紀後半の長州藩士の動向に関して述べた次の文ア・イについて，その正誤の組み合せとして最も適切なものを，次の①～④のうちから一つ選べ。【22】

ア　藩の急進派が，八月十八日の政変で京都を追われ，禁門の変（蛤御門の変）を起こした。

イ　安政の大獄に憤慨した藩士が桜田門外の変に加わり，井伊直弼を暗殺した。

① ア－正　イ－正　　② ア－正　イ－誤

③ ア－誤　イ－正　　④ ア－誤　イ－誤

問3　下線部cに関連して，19世紀後半の薩摩藩の動向に関して述べた次の文ア・イについて，その正誤の組み合せとして最も適切なものを，次の①～④のうちから一つ選べ。【23】

ア　生麦事件の報復のために鹿児島沖に来航したフランス艦隊と交戦した。

イ　西郷隆盛・大久保利通ら下級武士の革新派が藩政を掌握した。

① ア－正　イ－正　　② ア－正　イ－誤

③ ア－誤　イ－正　　④ ア－誤　イ－誤

問4　下線部dに関連して，殖産興業の政策を説明した文として**誤っているもの**を，次の①～④のうちから一つ選べ。【24】

① 国内の産業を活性化させるため，多くの工場や事業所を買い取り，官営とした。

② 関所や株仲間を廃止するなど経済・交易活動が自由に行われるようになった。

③ 工部省が主体となって，鉄道の敷設・鉱山の管理と運営などが進められた。

④ 国立銀行条例が公布され，いくつかの銀行が開業した。

問5　下線部eに関連して，富岡製糸場を設立した際，その仕組みや技術を参考にした国として最も適当なものを，次の①～④のうちから一つ選べ。【25】

① フランス　② ドイツ　③ イギリス　④ アメリカ

問6　下線部fに関連して，日清戦争の講和条約について説明した文として最も適当なものを，次の①～④のうちから一つ選べ。【26】

① 講和会議は，アメリカのポーツマスにて開催された。

② 清は朝鮮・台湾を独立国と認め，遼東半島を日本に割譲するとした。

③ 重慶・沙市・蘇州・杭州の4港開港と揚子江航行権を承認するとした。

④ 日本の全権は小村寿太郎であり，賠償金は2億両とした。

問7　下線部gに関連して，日露戦争について説明した文として最も適当なものを，次の①～④のうちから一つ選べ。【27】

① 豊島沖の海戦・黄海の海戦で勝利し，日本海でバルチック艦隊を迎え撃った。

② 講和を斡旋したのは，アメリカ大統領のアイゼンハワーである。

③ 講和条約で，旅順・大連の租借権，樺太南半分の領有権が認められた。

④ この戦争での賠償金により，九州に八幡製鉄所を設置した。

問8　下線部hに関連して，この時期に官営事業が政商および財閥に払い下げられているが，その払い下げ先の組み合せとして最も適当なものを，次の①～④のうちから一つ選べ。【28】

① 長崎造船所＝三井　富岡製糸場＝古河　院内銀山＝住友

② 長崎造船所＝古河　富岡製糸場＝住友　院内銀山＝川崎

③ 長崎造船所＝安田　富岡製糸場＝古河　院内銀山＝三井

④ 長崎造船所＝三菱 富岡製糸場＝三井 院内銀山＝古河

問9 下線部 i に関連して，次に示す第一次世界大戦の時期の日本外交事案ア～ウについて，古いものから年代順に並べた配列として最も適当なものを，次の①～④のうちから一つ選べ。【29】

ア 中国に二十一か条の要求を行う。

イ 石井・ランシング協定を結ぶ。

ウ シベリアに出兵する。

① ア→イ→ウ ② ア→ウ→イ

③ イ→ア→ウ ④ ウ→ア→イ

問10 下線部 j に関連して，この騒動が原因となり総辞職をした内閣として最も適当なものを，次の①～④のうちから一つ選べ。【30】

① 山本権兵衛内閣 ② 寺内正毅内閣

③ 原敬内閣 ④ 高橋是清内閣

4 次の文章を読み，後の問い（問1～問10）に答えよ。

昨年2月末に始まったロシアによるウクライナ侵攻（ロシア政府は「特別軍事作戦」と称している）は世界を震撼させたが，2014年，ロシアはすでにウクライナの［ 1 ］をロシアに併合したと宣言していて，その意味では一連の動きともいえる。ただ，今回はプーチン大統領が$_a$核兵器による威嚇とも取れる発言をしており，単なる20世紀型の侵略戦争とは次元を異にしている。

この地は日本から遠く離れてはいるが，実は日本とは浅からぬ因縁がある。［ 2 ］に［ 1 ］の南端の町にある帝政ロシアの冬の離宮，リバディア宮殿で，第二次世界大戦後の世界秩序に関する重要な$_b$会議が開かれた。この場で，$_c$ソ連の対日参戦と$_d$千島領有，$_e$南樺太領有が了承された。現在のいわゆる北方領土問題は，ここに由来する。

ソ連およびその継承国であるロシアと日本の間にはこのほかにも様々な問題があるが，そもそも，$_f$サンフランシスコ平和条約にソ連は調印しておらず，日本とロシアは現在も平和条約を結んでいない状態にある。長年にわたり，平和条約締結のための努力が続けられてきたが，今回のウクライナ侵攻により，その道はまた遠ざかってしまった。

問１ 空欄 [1] に入るものとして最も適当なものを，次の①～④のうちから一つ選べ。【31】

① バルカン半島 ② クリミア半島
③ シナイ半島 ④ ユトランド半島

問２ 下線部ａについて，世界で初めて原子爆弾が投下された日として最も適当なものを，次の①～④のうちから一つ選べ。【32】

① 1945年８月３日 ② 1945年８月６日
③ 1945年８月９日 ④ 1945年８月15日

問３ 空欄 [2] に入るものとして最も適当なものを，次の①～④のうちから一つ選べ。【33】

① 1942年 ② 1943年 ③ 1944年 ④ 1945年

問４ 下線部ｂについて，この会議に参加した連合国側の指導者の組み合わせとして最も適当なものを，次の①～④のうちから一つ選べ。【34】

① スターリン・蔣介石・トルーマン
② スターリン・毛沢東・チャーチル
③ スターリン・チャーチル・ローズヴェルト
④ スターリン・蔣介石・ローズヴェルト

問５ 下線部ｃについて，日本とソ連は，それぞれの戦争遂行の都合上，1941（昭和16）年に日ソ中立条約を結んでいたが，日本側でそれを推進した外務大臣として最も適当なものを，次の①～④のうちから一つ選べ。【35】

① 重光葵 ② 東郷茂徳 ③ 松岡洋右 ④ 吉田茂

問６ 下線部ｃについて，日ソ中立条約を破棄してソ連が対日参戦したのはいつ

か。最も適当なものを，次の①～④のうちから一つ選べ。【36】

①　1945年５月　　②　1945年６月

③　1945年７月　　④　1945年８月

問７　下線部ｄについて，日本とロシアの交渉により，千島列島が日本領とされたのはいつのことか。最も適当なものを，次の①～④のうちから一つ選べ。【37】

①　1756年　②　1875年　③　1894年　④　1905年

問８　下線部ｅについて，南樺太が日本領となったのはいつのことか。最も適当なものを，次の①～④のうちから一つ選べ。【38】

①　1756年　②　1875年　③　1894年　④　1905年

問９　下線部ｆについて，この条約が発効して日本が主権を回復した年として最も適当なものを，次の①～④のうちから一つ選べ。【39】

①　1947年　②　1950年　③　1952年　④　1954年

問10　下線部ｆについて，この条約締結のための講和会議に**招待されず**，したがって条約にも**調印していない**国として最も適当なものを，次の①～④のうちから一つ選べ。【40】

①　インド　　②　ポーランド

③　中華人民共和国　　④　ユーゴスラビア

5　狩野派に関する次の文章を読み，後の問い（問１～問10）に答えよ。

狩野派は，室町時代から明治時代に至るまで続いた絵画の流派である。その祖とされる$_a$狩野正信は，［　1　］の周文に学んだ小栗宗湛を師としたという。同じく周文に絵画を学んだとされる能阿弥は$_b$同朋衆として将軍に仕え，作画以外に将軍家の所有する絵画や座敷飾りの道具の管理や鑑定を行っていた。

狩野派は仏画や肖像画など多くの分野や，土佐派など他の流派の技術や表現を取り入れることに力を注いだが，この努力が報われるのが安土桃山時代である。正信のひ孫の狩野永徳は，若い頃は$_c$『上杉本洛中洛外図屛風』のような細密な絵を描いていたが，織田信長が築いた$_d$安土城天主（守）閣の障壁画を任されたことを皮切りに$_e$城郭や大寺院の障壁画の注文が相次ぎ，金地の大画面に原色で大きな鳥獣花木を描くようになった。絢爛豪華で相手を威圧するような$_f$この種の金地の障壁画は戦国大名たちに好まれ，この時代を象徴するものとなっている。

徳川氏が将軍の時代に変わっても狩野派の勢力は衰えず，永徳の孫の狩野探幽は16歳で幕府の御用絵師となって狩野派の存続に努め，$_g$「文武弓馬ノ道，専ラ相嗜ムベキ事」と質実剛健を旨とする幕府に沿うべく，極めて派手であった狩野派の画風を淡彩で落ち着いたものへと一変させている。

明治維新後，狩野派は仕える幕府や大名家を失い文明開化の中で廃絶の危機に瀕したが，フェノロサと［　2　］の尽力で日本画を教える学科を持つ［　3　］が設立され，開校寸前に病死した狩野芳崖の盟友，橋本雅邦が，狩野派の技法に西洋画の手法を加えた新たな日本画を教えることとなった。

問１　下線部ａに関連して，狩野正信や周文が描いたのは主にどのような種類の絵画であったか，その名称として最も適当なものを，次の①～④のうちから一つ選べ。【41】

①　文人画　　②　大和絵　　③　水墨画　　④　濃絵（だみえ）

問２　空欄［　1　］は，室町幕府の制定した五山のうちの一寺で，如拙など多くの画僧を輩出した寺である。その寺院名として最も適当なものを，次の①～④のうちから一つ選べ。【42】

①　相国寺　　②　建長寺　　③　天龍寺　　④　円覚寺

問３　下線部ｂに関連して，同朋衆とは将軍に芸能や技能を持って仕えた者をいうが，その**対象とならなかった分野**として最も適当なものを，次の①～④のうちから一つ選べ。【43】

①　作庭　　②　立花　　③　能　　④　歌舞伎

問４　下線部ｃに関連して，『上杉本洛中洛外図屏風』は，上杉謙信が1574年に織田信長から贈られたものとされる。その前年の1573年に織田信長が行ったこととして最も適当なものを，次の①～④のうちから一つ選べ。【44】

①　伊勢長島の一向一揆を滅ぼす。

②　石山本願寺を降伏させる。

③　足利義昭を将軍職につける。

④　足利義昭を京都から追放する。

問５　下線部ｄに関連して，安土城の様子は信長に拝謁したイエズス会宣教師によって『日本史』に記され，ヨーロッパに伝えられた。この宣教師の名として最も適当なものを，次の①～④のうちから一つ選べ。【45】

①　フランシスコ＝ザビエル　　②　ルイス＝フロイス

③　ヤン＝ヨーステン　　④　ウィリアム＝アダムズ

問６　下線部ｅに関連して，狩野永徳が障壁画を描いた建築として最も適当なものを，次の①～④のうちから一つ選べ。【46】

①　二条城　　②　桂離宮　　③　聚楽第　　④　日光東照宮

問７　下線部ｆに関連して，狩野派に倣って，当時は他の流派の絵師たちも金地で大画面の障壁画を描いている。以下のうち，このような金地の障壁画を**描かなかった人物**を次の①～④のうちから一つ選べ。【47】

①　俵屋宗達　　②　長谷川等伯

③　酒井田柿右衛門　　④　海北友松

問８　下線部ｇは1615年に出された『武家諸法度（元和令）』の一部であるが，この年の**出来事でないもの**を次の①～④のうちから一つ選べ。【48】

①　京都所司代が置かれる。　　②　一国一城令が出される。

③　大坂夏の陣が起こる。　　④　『禁中並公家諸法度』が出される。

問9　空欄 [2] の人物は空欄 [3] の初代校長も務めた。この人物として最も適当なものを，次の①～④のうちから一つ選べ。【49】

①　黒田清輝　②　岡倉天心　③　青木繁　④　横山大観

問10　空欄 [3] に入るものとして最も適当なものを，次の①～④のうちから一つ選べ。【50】

①　工部美術学校　　②　東京美術学校

③　日本美術院　　④　明治美術会

世界史

（60分）

1　主権と平和に関連する19世紀の黒海周辺の出来事について述べた次の文章を読み，下の問い（問１～問15）に答えよ。なお，設問中「ギリシア正教」はコンスタンティノープル総主教座の権威を認めているキリスト教会を表わすものとする。

「主権」という言葉はフランスの法学者①J・ボーダンが『国家論』(1576年）で初めて用いたと言われる。その場合の主権は国家の絶対的・永続的権力である。当時はまだ②古代からの権威に従うことが求められていたが，王室は一つの国家を法領域として確保しようと望むようになっていた。

三十年戦争が終わると，その講和条約の名をとって［ 1 ］体制と呼ばれる主権国家体制が生まれた。それまでのようにローマ教皇に配慮することなく，主権を有する多数の国々が互いに国際条約を結ぶことで，国家間の争いを調整するようになった。1493年の教皇子午線（植民地分界線）に満足できなかったポルトガルが，スペインと［ 2 ］条約を結んで，結果としてブラジルを獲得した国家間の調整手法と同じである。

君主（sovereign）がいれば主権（sovereignty）の発想が生まれるかもしれない（君主主権論）が，③ギリシア人のように君主がいない場合は，国としてまとまるのも，困難であった。コンスタンティノープル総主教はオスマン帝国に認められ，高位聖職者など有力なギリシア人もオスマン帝国に免税特権や警察権力を認められ，帝国内の上層の地位を得ていた。総主教がギリシア人の民事事件をローマ法で裁いていた。

ヨーロッパと交流のあるギリシア人の中には，④オスマン帝国からの独立を目指して，1821年，⑤ギリシアの独立戦争を始める者が現れた。イスタンブル出身のギリシア人でロシア皇帝の副官も務めたこともある軍人がモルドヴァで挙兵した。それに呼応して，各地で一斉に反乱が始まった。当初，ギリシア正教会は独立戦争に反対した。オスマン帝国が⑥エジプトに支援を求めると，1826年から，⑦ヨーロッパの列国がギリシアを支援して介入した。1829年にギリシアは独立を達成した。東ローマ帝国をギリシアという国の一つの姿であると認めるのでなければ，ギリシアは歴史上初めて国家としてまとまった。ドイツのバイエルン国王の次男オットーがギリシア国王に選ばれた。

19世紀半ば以降，領土・国民・政府を有するヨーロッパの主権国家はアジア諸国に対して，「開国」という表現で，キリスト教文明圏との協調を求めながら，国際法秩序を作り上げた。オスマン帝国の場合，1838年のイギリスとの通商条約で関税自主権が奪われ，1856年の［ 3 ］条約で，日本の日米和親条約（1854年）と同様に，不平等な開国が求められたと評価されることがある。この［ 3 ］条約は1853年から始まった⑧クリミア戦争の講和条約である。

戦後，ジュネーヴ公益協会が各国に呼びかけて⑨国際赤十字が創設された。その精神で締結されたのが，ジュネーヴ条約である。この条約は1864年以降，⑩ジュネーヴで結ばれた複数の条約や追加議定書の総称となっている。ジュネーヴ条約は赤十字条約ともよばれる。

問1 下線部①に関連して，ボーダンの時代の宗教的争いやフランスの内乱の説明として**誤っているもの**を，次の①～⑤のうちから一つ選べ。ただし，年代は正しい。【1】

① カトリックとプロテスタントの争いとも言える戦いとして，フランスでは1562年にユグノー戦争が，オランダでは1568年に独立戦争が始まっていた。

② ユグノーの首領であったブルボン家のアンリと，カトリックのフランス国王の妹が1572年に結婚した。その結婚式に集まったパリの新教徒が多数，殺害された。

③ ナヴァール王アンリは1589年，ブルボン家初代のフランス国王アンリ4世として即位した。

④ ユグノーのアンリ4世は1593年に，歴代のフランス国王が信仰していたカトリックに改宗した。

⑤ アンリ4世は1598年，ナントの王令（勅令）を廃止して，ユグノー戦争を終結させた。

問２　下線部②に関連して，古代からの権威であったローマ教皇やキリスト教の歴史にかかわる説明として**誤っているもの**を，次の①～⑤のうちから一つ選べ。ただし，年代は正しい。【２】

① イエスの十二使徒の一人ペテロはローマ皇帝ネロの迫害で殉教したと伝えられる。ペテロはのちに初代ローマ教皇とされ，その墓所とされる場所にサン＝ピエトロ大聖堂が建てられた。

② 325年，ニケーア公会議が開催され，アタナシウスの説が正統とされた。

③ カロリング朝を建てた行為を是認したローマ教皇のため，ピピンはのちにローマ教皇領となる土地を献上した。

④ 962年，ローマ教皇は西フランク王国の国王オットー１世にローマ皇帝の帝冠を授けた。

⑤ イギリスのジョン王はカンタベリ大司教任命問題で教皇インノケンティウス３世と争い，破門された。

問３　空欄［１］～空欄［３］に入れる条約名の組合せとして正しいものを，次の①～④のうちから一つ選べ。【３】

① ［１］：ウィーン　［２］：トルデシリャス
　［３］：パリ

② ［１］：アウクスブルク　［２］：パリ
　［３］：ウェストファリア

③ ［１］：パリ　［２］：アウクスブルク
　［３］：カトー＝カンブレジ

④ ［１］：ウェストファリア　［２］：トルデシリャス
　［３］：パリ

問４　下線部③に関連して，ギリシア人に君主がいない理由として，オスマン帝国の統治の仕方が考えられる。オスマン帝国での民族や宗教の違いに関連した制度の説明として**誤っているもの**を，次の①～⑤のうちから一つ選べ。ただし，年代は正しい。【４】

① オスマン帝国はラテン系住民が多く居住していたアナトリア半島に進出して，1366年にアドリアノープル（現エディルネ）を首都にした。

② オスマン帝国は帝国内に住むキリスト教徒やユダヤ教徒の共同体（ミッレト）に自治を認めた。

③ スルタンの軍隊の一つにイェニチェリ軍団があった。イェニチェリ軍団はイスラームへの改宗者によるスルタン直属の常備部隊として編成された。

④ バルカン半島のキリスト教徒の子弟はイスラームに改宗させられた後，オスマン帝国の官僚やイェニチェリとして登用された。このようにキリスト教徒の子弟を集める制度をデヴシルメという。

⑤ ハラージュとジズヤを支払ってイスラーム法で一定の自治が許された啓典の民はズィンミーと呼ばれた。

問5　下線部④に関連して，オスマン帝国はトルコ系民族が建国したが，トルコ系（テュルク系）民族に関する説明として**誤っているもの**を，次の①～⑤のうちから一つ選べ。【5】

① トルコ系の民族として，6～8世紀頃に中央アジアを席巻した突厥が考えられる。

② 玄宗皇帝の時代に始まった安史の乱の平定に助力したウイグルはトルコ系である。

③ 安禄山は，イラン系であるソグド人とトルコ系である突厥人の間に生まれたという説がある。

④ ドナウ川下流域にブルガリア帝国を形成したブルガール人はもとはトルコ系であった。

⑤ 9世紀以降，バルカン半島でブルガリアと抗争したセルビア人はトルコ系である。

問6　下線部⑤に関連して，ギリシアがオスマン帝国からの独立を考えるようになった理由はいくつかある。その一つとして啓蒙思想の影響が説かれるが，啓蒙思想に関する説明として**誤っているもの**を，次の①～⑤のうちから一つ選べ。【6】

① ロシア皇帝エカチェリーナ2世は啓蒙思想家の一人とされるヴォルテールと文通したことがある。

② 啓蒙思想家の一人とされるモンテスキューは『法の精神』を著して，フランスをモデルに三権分立を評価した。

③ 啓蒙思想の影響で，1789年にフランス人権宣言が発せられ，主権在民や所有権の不可侵などが規定された。

④ 啓蒙思想に基づく『百科全書』の執筆者として，ケネーやルソーらも名を連ねた。

⑤ 啓蒙思想の理性偏重に対して，18世紀末からロマン主義が始まり，個別の歴史や民族文化の伝統が重視された。

問7　下線部⑤に関連して，ロマン派詩人バイロンは詩の中でギリシアを高く評価していたので，ギリシア独立への助力が求められた。1824年に，彼は独立運動の拠点の一つであったメソロンギまで向かったが，嵐に遭い，若くして病で死亡した。その詩人が著した詩の名称として正しいものを，次の①～④のうちから一つ選べ。【7】

① 『チャイルド＝ハロルドの遍歴』

② 『悪の華』

③ 『戦争と平和』

④ 『赤と黒』

問8　下線部⑤に関連して，ギリシア独立を支援するため，オスマン帝国の恐ろしさを表現した「キオス島の虐殺」を描いた画家の名として正しいものを，次の①～④のうちから一つ選べ。【8】

① ゴヤ　　② ミレー

③ ドラクロワ　　④ クールベ

問9　下線部⑥に関連して，エジプトとオスマン帝国やヨーロッパ列強の関係の説明として**誤っているもの**を，次の①～⑤のうちから一つ選べ。ただし，年代は正しい。【9】

① 1798年にナポレオンがエジプトに進軍したが，オスマン帝国はイギリスの協力を得て，フランスの侵略を食い止めた。

② ナポレオン軍と戦うためにエジプトに派遣されたムハンマド＝アリー

は，功績が認められ，1805年にオスマン帝国からエジプト総督に任命された。

③　ムハンマド＝アリーが1831年にシリアの行政権をオスマン帝国に要求すると，オスマン帝国との戦いが始まった。

④　1839年に，オスマン帝国がエジプトを攻撃すると，列強が干渉し，1840年のベルリン会議でムハンマド＝アリーのシリア領有は阻止された。

⑤　エジプトはフランスの援助で軍備を強化し，綿花などの商品作物栽培を始め，スエズ運河の開通も実現した。

問10　下線部⑦に関連して，1826年からギリシア独立に協力し，翌27年に連合艦隊を派遣してオスマン軍に壊滅的打撃を与える国が3カ国あった。この3カ国には**属さない国**を，次の①～④のうちから一つ選べ。【10】

①　イギリス　　②　ロシア

③　ドイツ　　④　フランス

問11　下線部⑧に関連して，クリミア戦争と同様に，ロシアの南下政策に関連する黒海東方の領土問題がある。1825年までにロシアはグルジア（現ジョージア）など，カフカス（コーカサス）の一部を獲得していた。1820年代までその地域の領有権を争ったイランとロシアの歴史に関する説明として**誤っているもの**を，次の①～④のうちから一つ選べ。ただし，年代は正しい。【11】

①　イランでは，1796年にテヘランを首都とするサファヴィー朝がおこった。

②　ロシア皇帝は1825年にアレクサンドル1世からニコライ1世に替わった。

③　イランは1820年代のカフカス（コーカサス）をめぐるロシアとの戦いに敗れ，その地域の多くの領土を失った。

④　1828年のトルコマンチャーイ条約で，イランはロシアの治外法権を認め，関税自主権を失った。

問12　下線部⑧に関連して，黒海の北部に位置するクリミア半島には多くの民族が来住した。15～18世紀のクリミア半島史の説明として**誤っているもの**を，

次の①～④のうちから一つ選べ。ただし，年代は正しい。【12】

① 15世紀前半，クリミア半島ではクリム＝ハン国がモスクワ大公国から独立した。

② 1475年以降，クリム＝ハン国はオスマン帝国の宗主権の下に置かれた。

③ 第一次ロシア＝トルコ戦争（1768～74年）時のロシア皇帝はエカチェリーナ２世であった。

④ 1783年に，ロシアはクリム＝ハン国の併合を宣言し，クリミア半島をロシア領にした。

問13 下線部⑧に関連して，クリミア戦争に関連する説明として**誤っているもの**を，次の①～④のうちから一つ選べ。ただし，年代は正しい。【13】

① ロシアはオスマン帝国内のギリシア正教徒の保護を口実として，クリミア半島を主戦場とする戦争を始めた。

② この戦争でイギリスのナイチンゲールらの看護師が，イスタンブル近郊で傷病者の救護活動と野戦病院の改革に乗り出した。

③ クリミア戦争でロシアが勝利した。

④ クリミア戦争終戦時のロシア皇帝はアレクサンドル２世である。

問14 下線部⑨に関連して，国際赤十字を創始した人物の名として正しいものを，次の①～⑤のうちから一つ選べ。【14】

① ナイチンゲール　　② デュナン

③ レントゲン　　④ キュリー夫妻

⑤ パストゥール

問15 下線部⑩に関連して，主権は対外的にはローマやジュネーヴからの宗教的干渉を排除することであると理解する説がある。この場合，カトリックのローマとプロテスタントのジュネーヴが対照的に表現されているが，象徴的にジュネーヴが意味するものを，次の①～⑤のうちから一つ選べ。【15】

① 王権神授説　　② イエズス会（ジェズイット教団）

③ 中立主義　　④ ルター主義

⑤ カルヴァン主義

2　気候変動と歴史的な出来事との関係について述べた次の文章を読み，下の問い（問１～問15）に答えよ。

気候の変動は，植生に影響を及ぼし，さらには人間の生活にも影響を及ぼす。そして，①文明の発生など歴史上の様々な出来事は，気候の問題と密接に結びついている。例えば，②およそ紀元前7000年代には，気候は徐々に温暖化していったが，この時期にサハラ地域では乾燥化が進み砂漠が拡大した。その影響を受け，人々は豊富な水を求めて［ 1 ］周辺へと移動することになる。そこには，定期的な氾濫がもたらす肥沃な土壌があり，移動してきた人々は，この土と水を利用して農耕を行った。こうして［ 1 ］周辺には次々と人が集まり，村が誕生する。その後，村は都市へと発展し，そこで文明が育まれた。

紀元前1000年を過ぎたあたりから気温は徐々に寒冷化し始め，③小氷期を迎えることになる。その後，気候は徐々に温暖化し，およそ1000年頃から④中世温暖期（約1000年～1300年）と呼ばれる時期をむかえることになる。気候の温暖化は植生に影響を及ぼし，⑤アルプス地域における樹木限界は，2000メートルにまで達した。また，葡萄栽培の北限も，ドイツ北部やブリテン島にまで拡大した。［ 2 ］が積極的にアイスランドやグリーンランドに入植し，そこで農業や牧畜を行うようになるのもこの時期であった。中世温暖期は，ヨーロッパにおいては⑥大開墾時代でもあった。農地の拡大が進むとともに，⑦農法や農業技術の面でも進歩があり，農業における生産力が向上した。こうして中世温暖期に，ヨーロッパでは人口が飛躍的に増大した。

⑧14世紀以降，気候は徐々に寒冷化していった。こうして始まった小氷期は，およそ19世紀まで続くことになる。この時期には，テムズ川，ライン川，さらには⑨南フランスのローヌ川までもが，川底まで凍ったとされる。アルプス地域においては，氷河が拡大し樹木限界も下がった。その結果，牧草地が減り牧畜に大きなダメージを与えた。気候の寒冷化は，⑩農作物の生育に影響を与え，収穫量を減少させた。その結果，食糧は不足し，物価は高騰した。こうして人々の生活は苦しくなり，さらには栄養不足にも陥ることになる。14世紀にヨーロッパでは，人口のおよそ三分の一が失われたとされる［ 3 ］が大流行するが，感染者の死亡率が高い原因の一つには，人々の病に対する抵抗力の低下があったとされる。また，中世以降の小氷期には，⑪多くの戦争が起こり，様々な形で多くの

人々がその犠牲となった。飢饉，疫病，さらには戦禍が重なることで，この時期にヨーロッパにおける人口は，大幅に減少することとなった。また，こうした天候不順とそれにともなう飢饉の発生は，時に魔術と結び付けられ，⑫魔女狩りを引き起こす一つの要因にもなった。

問1　下線部①に関連して，世界各地で誕生した文明に関する説明として正しいものを，次の①～④のうちから一つ選べ。【16】

① アンデス高地で誕生したインカ文明では，キープ（結縄）で記録が残された。

② ユカタン半島で誕生したマヤ文明では，十進法が使用されていた。

③ インドで誕生したインダス文明では，楔形文字が使用された。

④ 江南で誕生した黄河文明では，仰韶文化がひらけた。

問2　下線部②に関連して，およそ紀元前7000年頃に西アジアで栽培が開始された穀物として正しいものを，次の①～④のうちから一つ選べ。【17】

① サツマイモ　　② 稲

③ アワ　　④ 麦

問3　空欄 1 に入る河川の流域における歴史として正しいものを，次の①～④のうちから一つ選べ。【18】

① シュメール人が，都市国家を築いた。

② アメンホテプ4世が，アマルナに都を移した。

③ 金や奴隷を交易の基盤とするガーナ王国が栄えた。

④ アーリヤ人が，定住農耕社会を形成した。

問4　下線部③に関連して，小氷期とされる紀元前800年から紀元後900年までの間の時期に起きた出来事の説明として正しいものを，次の①～④のうちから一つ選べ。【19】

① アケメネス朝ペルシアが，パルティアを滅ぼした。

② アッティラに率いられ，フン人の勢力が拡大した。

③ エフタルが，モンゴル高原方面に勢力を拡大させた。

④　西アジアに進出したトルコ人が，セルジューク朝を建てた。

問５　下線部④に関連して，中世温暖期に起きた出来事の説明として正しいものを，次の①～④のうちから一つ選べ。【20】

①　グレゴリウス７世が，聖職叙任権をめぐり皇帝と対立した。

②　第３回十字軍遠征によって，イェルサレム王国が建てられた。

③　フィリップ４世の治世に，百年戦争が終結した。

④　グラナダが陥落し，レコンキスタが完了した。

問６　下線部⑤に関連して，アルプス地域の歴史に関する説明として正しいものを，次の①～④のうちから一つ選べ。【21】

①　ヴァンダル人が，王国を建てた。

②　東方植民が行われ，ブランデンブルク辺境伯領が設置された。

③　ハプスブルク家の支配に対して抵抗運動が起きた。

④　リューベックを盟主とする，ハンザ同盟が結成された。

問７　空欄［　２　］に入る民族の説明として正しいものを，次の①～④のうちから一つ選べ。【22】

①　西ヨーロッパに進出したが，カール大帝（シャルルマーニュ）により，撃退された。

②　イタリアに進出したが，オットー１世によって撃退された。

③　ブリテン島に進出し，ラテン帝国を建てた。

④　地中海に進出し，シチリア王国を建設した。

問８　下線部⑥に関連して，12世紀に発展し，森林の開墾を積極的に行った修道会として正しいものを，次の①～④のうちから一つ選べ。【23】

①　ベネディクト修道会　　②　クリュニー修道会

③　シトー修道会　　④　フランチェスコ修道会

問９　下線部⑦に関連して，中世温暖期のヨーロッパの農業に関する説明として正しいものを，次の①～④のうちから一つ選べ。【24】

① 鉄製農具や重量有輪犂が普及した。

② 囲い込み（第１次囲い込み）が行われた。

③ 農場領主制（グーツヘルシャフト）が広まった。

④ 綿花などのプランテーションが盛んになった。

問10　下線部⑧に関連して，14世紀以降にはじまる小氷期において最も気温が低かった時期は17世紀であったとされる。17世紀に起きた出来事として正しいものを，次の①～④のうちから一つ選べ。【25】

① バーブルが，ムガル朝を建てた。

② 豊臣秀吉が，朝鮮侵略を行った。

③ イギリスが，ヴァージニア植民地を開いた。

④ 白蓮教徒が反乱を起こし，郷紳が鎮圧に加わった。

問11　下線部⑨に関連して，アナーニ事件後に起きた教会大分裂の際に，南フランスで教皇がもう一人立てられたが，その都市として正しいものを，次の①～④のうちから一つ選べ。【26】

① マルセイユ　　② アヴィニョン

③ ボルドー　　④ クレルモン

問12　下線部⑩に関連して，農作物に関する歴史の説明として正しいものを，次の①～④のうちから一つ選べ。【27】

① 大航海時代に，アメリカ原産のサトウキビがヨーロッパに運ばれた。

② 元の時代に，トウモロコシが中国で栽培されるようになり，人口が増大した。

③ 19世紀にイギリスは，ジャワ島で強制栽培制度を導入し，コーヒーなどの商品作物を住民に栽培させた。

④ 19世紀に，アイルランドでジャガイモ飢饉が発生し，多くの人々がアメリカに渡った。

問13　空欄 [3] に入る疫病が流行している時期の世相を風刺した作品として正しいものを，次の①～④のうちから一つ選べ。【28】

① 『ユートピア』　② 『愚神礼賛』
③ 『随想録』　④ 『デカメロン』

問14　下線部⑪に関連して，15世紀から19世紀の小氷期の時期に起きた戦争とその戦争の結果生じた出来事との組合せとして**誤っているもの**を，次の①～④のうちから一つ選べ。【29】

① 戦争：スペイン継承戦争
戦争の結果生じた出来事：イギリスが，ジブラルタルやミノルカ島を獲得した。

② 戦争：オーストリア継承戦争
戦争の結果生じた出来事：プロイセンが，シュレジエンを獲得した。

③ 戦争：フレンチ＝インディアン戦争
戦争の結果生じた出来事：イギリスが，カナダやフロリダを獲得した。

④ 戦争：北方戦争
戦争の結果生じた出来事：ロシアが，ブルガリアを保護下においた。

問15　下線部⑫に関連して，魔女狩りに関する説明として**誤っているもの**を，次の①～④のうちから一つ選べ。【30】

① 魔女狩りの犠牲者には，男性もいた。
② 魔女狩りは，18世紀に最も盛んに行われた。
③ 魔女は，悪魔の手先として魔術を行うものとされた。
④ 魔女狩りは，15世紀にも行われていた。

3 仏教の歴史について述べた次の文章を読み，下の問い（問1～問14）に答えよ。

前6世紀ころ，インドのガンジス川中下流域に都市国家が誕生しはじめる。そのなかで，①クシャトリヤやヴァイシャの支持を受けながら，②バラモン教に対抗する新たな宗教が興起した。その一つが仏教である。開祖ガウタマ＝シッダールタはインドとネパールの国境付近にあったシャーキヤ族の小国の王子として，前6世紀あるいは前5世紀ころに生まれたとされる。彼は人生の老・病・死の苦悩を知って出家し，35歳のころにブッダガヤーの菩提樹のもとで悟りを開いた。このときに悟った人すなわち「ブッダ」となり，布教活動を開始する。そして，バラモン教の難解な祭祀やヴァルナ制を否定し，人々に煩悩を捨てて輪廻転生の迷いの道から解脱すべきことを説いた。その活動はしだいに人々の支持を集めるようになり，仏教教団が成立するに至った。

ブッダが亡くなった後，教団は弟子たちによって引き継がれてゆくが，やがてブッダの教えの解釈をめぐって対立し，上座部や大衆部などの部派に分かれていった。そうしたなか，前3世紀にはインド最初の統一王朝［ 1 ］の最盛期を築いた［ 2 ］が仏教に帰依し，仏典の結集や各地への布教を進めた。スリランカに上座部仏教がもたらされたのもちょうどそのころであり，その教えは後に［ 3 ］へ伝播してゆく。一方，紀元前後になると，自分自身の救済を求める従来の部派仏教に対し，すべての人々の救済を目指す大乗仏教が興った。その教えは2世紀に南インドを中心に活動した竜樹（ナーガールジュナ）によって深められ，彼の説いた［ 4 ］の思想はその後のアジアの思想界に大きな影響を与えた。

西北インドでは，1世紀にバクトリアから移動してきた人々によって［ 5 ］が建てられ，2世紀なかば［ 6 ］の時代に最盛期を迎える。この王朝では，主に大乗仏教が保護された。バクトリアにはアレクサンドロス大王の遠征に本国から同伴した［ 7 ］勢力が残存していて，当時，彼らの文化の影響を受けた仏教美術が［ 8 ］を中心に花開き，はじめて仏像が作られるようになった。その後，大乗仏教は［ 8 ］の仏像とともに［ 9 ］や東アジアに広まってゆく。中国に仏教が伝わったのもほぼそのころであり，夢のなかで金色に輝く仏の姿を見た［ 10 ］の明帝（在位57年～75年）が，インドに使者を派遣した結果，中国に仏教がもたらされたという伝説がある。

しかし，中国で仏教が本格的に受容されはじめるのは4世紀以降，インドでいえば [11] の時代である。この王朝の最盛期，[12] の時代には，[13] の僧侶③法顕が仏教を学ぶためにシルクロードを通ってインドにやって来た。また，中国人の仏教受容にとりわけ大きな貢献をした人物として，中央アジア出身の僧侶 [14] が挙げられる。彼がサンスクリット語の主要な仏典を洗練された中国語に翻訳したことにより，中国人の仏教理解が飛躍的に進んだとされる。7世紀になると，インドでは [15] が [16] を興した。その時代にナーランダー僧院に留学にやって来たのが [17] の④玄奘であり，彼もまた大量の仏典を中国に持ち帰って翻訳した。そして，中国の仏教は [17] の皇帝や貴族の保護を受けて黄金時代を迎える。その時代の仏教は奈良時代の日本にも伝えられ，南都六宗として栄えた。

一方，インドの仏教は6世紀以降しだいに衰退してゆく。ただ，そのなかで神秘主義的な傾向をもつ大乗仏教，すなわち密教が最後の隆盛を見せた。その教えは中国とチベットに伝えられ，最澄と空海によって平安時代の日本にももたらされた。しかし，インドの密教はやがてヒンドゥー教に近づいてゆき，⑤最終的にイスラーム勢力の進出によって，仏教そのものとともに終焉を迎える。中国の仏教も唐末の弾圧やその後の戦乱を経て下火になるが，中国で独自の発展を遂げた [18] と [19] が主流となって宋代以降も生き延びてゆく。また，その時代の仏教も日本に伝えられて，鎌倉仏教として新たに展開した。

問1　下線部①に関連して，クシャトリヤ，ヴァイシャはヴァルナ制における身分を表わす。それぞれの説明の組合せとして正しいものを，次の①～④のうちから一つ選べ。【31】

① クシャトリヤ：王侯（武人）　ヴァイシャ：一般庶民（商人）
② クシャトリヤ：一般庶民（商人）　ヴァイシャ：隷属民
③ クシャトリヤ：司祭　ヴァイシャ：王侯（武人）
④ クシャトリヤ：隷属民　ヴァイシャ：司祭

問2　下線部②に関連して，バラモン教に関する説明として**誤っているもの**を，次の①～④のうちから一つ選べ。【32】

① 神々への讃歌集である『リグ＝ヴェーダ』などを根本聖典とした。

② 禁欲的な苦行と徹底的な不殺生によって霊魂を浄化できると説いた。

③ 後に民間信仰の神々が取り入れられ，そこからヒンドゥー教が派生した。

④ バラモンが執行する祭式を中心とした宗教である。

問3　空欄［1］，空欄［5］に入るインドの王朝名の組合せとして正しいものを，次の①～④のうちから一つ選べ。【33】

① ［1］：ウマイヤ朝　［5］：クシャーナ朝
② ［1］：マウリヤ朝　［5］：クシャーナ朝
③ ［1］：ウマイヤ朝　［5］：アッバース朝
④ ［1］：マウリヤ朝　［5］：アッバース朝

問4　空欄［2］，空欄［6］に入る人名の組合せとして正しいものを，次の①～④のうちから一つ選べ。【34】

① ［2］：カニシカ王　［6］：アショーカ王
② ［2］：アショーカ王　［6］：チャンドラグプタ
③ ［2］：アショーカ王　［6］：カニシカ王
④ ［2］：チャンドラグプタ　［6］：アショーカ王

問5　空欄［3］，空欄［9］に入る地域名の組合せとして正しいものを，次の①～④のうちから一つ選べ。【35】

① ［3］：東南アジア　［9］：中央アジア
② ［3］：東南アジア　［9］：西アジア
③ ［3］：西アジア　［9］：中央アジア
④ ［3］：西アジア　［9］：東南アジア

問6　空欄［4］に入る語として正しいものを，次の①～④のうちから一つ選べ。【36】

① 無　② 禅
③ 空　④ 唯識

問7　空欄［7］，空欄［8］に入る語句の組合せとして正しいものを，次の①～④のうちから一つ選べ。【37】

① ［7］：ペルシア人　［8］：ガンダーラ
② ［7］：ギリシア人　［8］：マトゥラー
③ ［7］：ペルシア人　［8］：マトゥラー
④ ［7］：ギリシア人　［8］：ガンダーラ

問8　空欄［10］，空欄［13］，空欄［17］に入る中国の王朝名の組合せとして正しいものを，次の①～④のうちから一つ選べ。【38】

① ［10］：前漢　［13］：東晋　［17］：唐
② ［10］：後漢　［13］：西晋　［17］：隋
③ ［10］：前漢　［13］：西晋　［17］：隋
④ ［10］：後漢　［13］：東晋　［17］：唐

問9　空欄［11］，空欄［16］に入るインドの王朝名の組合せとして正しいものを，次の①～④のうちから一つ選べ。【39】

① ［11］：グプタ朝　［16］：サータヴァーハナ朝
② ［11］：ヴァルダナ朝　［16］：サータヴァーハナ朝
③ ［11］：グプタ朝　［16］：ヴァルダナ朝
④ ［11］：ヴァルダナ朝　［16］：グプタ朝

問10　空欄［12］，空欄［15］に入る人名の組合せとして正しいものを，次の①～④のうちから一つ選べ。【40】

① ［12］：チャンドラグプタ1世
　［15］：ハルシャ王
② ［12］：ハルシャ王
　［15］：チャンドラグプタ2世
③ ［12］：チャンドラグプタ2世
　［15］：ハルシャ王
④ ［12］：ハルシャ王
　［15］：チャンドラグプタ1世

問11　下線部③および下線部④に関連して，法顕と玄奘が著した旅行記の組合せとして正しいものを，次の①～④のうちから一つ選べ。【41】

①　法顕：『南海寄帰内法伝』　玄奘：『大唐西域記』

②　法顕：『仏国記』　玄奘：『南海寄帰内法伝』

③　法顕：『仏国記』　玄奘：『大唐西域記』

④　法顕：『南海寄帰内法伝』　玄奘：『仏国記』

問12　空欄 [14] に入る人名として正しいものを，次の①～④のうちから一つ選べ。【42】

①　鳩摩羅什　　②　義浄

③　顧愷之　　④　寇謙之

問13　下線部⑤に関連して，イスラーム勢力がインドに進出しはじめたころの状況として正しいものを，次の①～④のうちから一つ選べ。【43】

①　10世紀末以降，デリー＝スルタン朝と総称されるイスラーム政権がインドの富を求めて侵攻を繰り返した。

②　13世紀はじめに奴隷出身のアイバクが奴隷王朝を建て，それがインド最初のイスラーム政権となった。

③　イスラームとヒンドゥー教が融合し，マニ教が生まれた。

④　イスラーム勢力の進出がはじまると，ラージプートと総称される仏教諸勢力が一致団結して抵抗した。

問14　空欄 [18]，空欄 [19] に入る語の組合せとして正しいものを，次の①～④のうちから一つ選べ。【44】

①　[18]：華厳宗　[19]：浄土宗

②　[18]：華厳宗　[19]：法相宗

③　[18]：禅宗　[19]：浄土宗

④　[18]：禅宗　[19]：法相宗

政治・経済

（60分）

1　次の文章を読み、後の問いに答えなさい。

国際社会における核兵器の規制は、多方面より進められてきた。核実験の禁止に関して、部分的核実験禁止条約および包括的核実験禁止条約が存在する。しかし、部分的核実験禁止条約は、【1】を禁止しておらず、また【2】と中国の調印が行われなかった。包括的核実験禁止条約については、発効要件を満たしておらず、2022年1月現在効力を生じていない。

1970年、核兵器の拡散防止のため、(ア)核兵器不拡散条約が発効した。この条約において、核兵器国は、核兵器を移譲しない義務を負っている。一方、非核兵器国は、核兵器を受領・製造・取得しない義務に加え、原子力の平和利用を確認するために【3】との間で交渉しかつ締結する協定に定められる保障措置を受諾する義務を負っている。

核兵器の軍縮および軍備管理について、米ソ間において、(イ)戦略兵器制限交渉や戦略兵器削減交渉が行われてきた。その過程で、中距離核戦力全廃条約が締結された。また、米ロ間において、戦略攻撃力削減条約、(ウ)新戦略兵器削減条約が締結されるなどの核軍縮の進展が見られた。

核兵器の使用について、【4】は、核兵器の威嚇・使用の合法性に関する勧告的意見において、核兵器による威嚇または使用が人道法の原則及び規則に一般的に反することを表明した。【5】年に採択された(エ)核兵器禁止条約は、核兵器の使用および使用の威嚇のみならず、核兵器の開発・実験・生産・配置等の包括的禁止を定めている。

その他、特定の空間における核兵器の配備を制限する条約や(オ)特定の地域を非核兵器地帯とする地域条約の締結も行われてきた。

問1　空欄【1】～【5】に入る最も適当な語句または数字を、それぞれ次の①～④のうちから一つずつ選びなさい。

【1】 ① 大気圏内核実験　② 宇宙空間核実験　③ 地下核実験　④ 水中核実験

【2】 ① アメリカ　② フランス　③ ソ連　④ イギリス

【3】 ① 国連合同監視団　② 国際原子力機関　③ 国連軍縮委員会　④ 赤十字国際委員会

【4】 ① 国際司法裁判所　② 常設国際司法裁判所　③ 国際刑事裁判所　④ 常設仲裁裁判所

【5】 ① 1987　② 1997　③ 2007　④ 2017

問2　下線部(ア)に関する記述として最も適当なものを、次の①～④のうちから一つ選びなさい。【6】

① この条約において、各締約国は、核軍縮に関する条約について誠実に交渉を行うことを約束している。

② この条約には、2022年1月現在、イスラエルやパキスタンなどの潜在的核兵器国を含め190以上の国が批准している。

③ この条約の有効期間は25年と定められており、1995年と2020年に期限が延長されたものの、2045年には終了することが決定されている。

④ 日本は、この条約に1970年に署名したが、国会承認を得ることができず、2022年1月現在批准していない。

問3　下線部(イ)に関して、一連の交渉における戦略兵器制限条約および戦略兵器削減条約についての記述として最も適当なものを、次の①～④のうちから一つ選びなさい。【7】

① 第一次戦略兵器制限条約は核兵器の数量制限を定めたが、ソ連のアフガニスタン侵攻により調印が行われなかった。

② 第二次戦略兵器制限条約は運搬手段の数量制限を定めたが、アメリカ議会の批准拒否により発効しなかった。

③ 第一次戦略兵器削減条約は、運搬手段の総数削減を定めて発効したが、米ソ間の関係悪化により核兵器の削減が実現されることはなかった。

④　第二次戦略兵器削減条約は、戦略核弾頭数の削減を定めて発効したが、米ソ間の関係悪化により破棄され、失効した。

問4　下線部(ウ)に関する記述として最も適当なものを、次の①～④のうちから一つ選びなさい。【8】

①　この条約は、戦略核弾頭数および運搬手段数の双方を削減・制限することを定めている。

②　この条約は、核兵器禁止条約への加入に向けた交渉実施義務を定めている。

③　この条約は、失効した中距離核戦力全廃条約を引き継ぐ形で作成された。

④　この条約は、2021年に有効期間を満了したが、無期限延長されることとなった。

問5　下線部(エ)に関する記述として**適当でないもの**を、次の①～④のうちから一つ選びなさい。【9】

①　この条約は、発効要件である50か国以上の批准が達成され、2021年に発効した。

②　いずれの核兵器国もこの条約に署名・批准していない。

③　この条約の有効期間は、無期限である。

④　日本は、この条約に署名したものの、批准するには至っていない。

問6　下線部(オ)に関して、2022年1月現在で既存の条約により設定された非核兵器地帯に**含まれない**地域を、次の①～④のうちから一つ選びなさい。【10】

①　アフリカ　　②　中東

③　東南アジア　　④　南太平洋

2　次の文章を読み、後の問いに答えなさい。

1．総説

資本主義の進展によって、19世紀後半、社会的経済的な不平等が深刻となった。労働運動の高まりを受けて、実質的な自由と平等を理念として、国家による積極的な支えを通じて人間らしい生存の実現を図ることが目指された。人間に値する生存を権利として位置づけ、この権利を国家の積極的な関与によって保障する点に、【11】の特徴が認められる。現代国家は、【11】を保障するために様々の施策を採っており、社会福祉型の積極国家となっている。【11】は、人間の尊厳性にもとづいて人間らしく生きる自由を表現するために、とりわけ社会的経済的弱者の自立を支えて、その自立性を確保し、実質的な自由の実現に資する。(後略)

2．生存権

(前略) 日本国憲法も、「すべて国民は、健康で文化的な最低限度の生活を営む権利を有する。」と宣言し〔憲法第25条第1項〕、その保障の責務を国に課すことにより〔同条第2項〕、国家による人間に値する生存の保障を明記した。(中略)

国は、憲法第25条第2項にもとづいて、1946年施行、1950年全面改定された【12】法をはじめとして、「児童福祉法」「老人福祉法」「身体障害者福祉法」などの社会福祉関連法、「国民健康保険法」「国民年金法」「介護保険法」などの社会保障関連法、「地域保健法」「食品衛生法」などの公衆衛生に関する諸法を制定して、(ア)生存権の保障を図っている。

当初、憲法第25条は国の政策目標ないし政治的義務を規定したものに過ぎないと解する見解（いわゆる【13】説）が主張された。しかし、これでは、憲法が「権利」と規定した意味を没却しかねない。そこで、学説上、法的権利であることを肯定する見解が通説となっている。もっとも、生存権をはじめとする【11】は、国の立法措置を通じて具体的な内容が定まることを予定しており、抽象的な性質を帯びた権利であることも否定できない。このため、これに対応する国における義務の内容も抽象的なものであることを免れず、具体的な法律によってはじめてその内容が明確化されると解さざるを得ない。したがって、国民には、第25条にもとづいて国に対して積極的な配慮を要求する権利が認められ、国は立法および予算措置を講じるべき法的義務を負うものの、国民が第25条を根拠として具体的な生活扶助を請求する権利まで保障するものではないと解されている。

3．教育を受ける権利

（前略）教育は、人格的存在として個人がその人生を切り拓き、歩むうえで、重要な役割を果たす。この意味で、教育は、自律的な生を支える要素といえよう。教育を欠くことによって、豊かな生の可能性を狭めてしまいかねないのである。ここに、教育を【11】として保障すべき必要性と根拠を認めることができる。

(イ)教育を受ける権利の保障は、自力で学習することができない子ども達にとってとくに重要な意味をもつから、子どもの【14】の保障が中心的課題となる。

4．労働者の権利

労働者は、労働の場が提供されなければ、収入を得られないので、使用者との関係において弱い立場に立たされる。憲法は、こうした非対等の関係を是正するために、労働者がお互いに団結し（団結権）、団体として使用者と対等な立場で交渉し、労働協約を締結でき（【15】）、さらに使用者の譲歩を迫る手段として団体行動をとること（団体行動権）を認めている。これを(ウ)労働基本権（労働三権）という。

5．参政権・国務請求権

人権を確保する上で不可欠な権利には、政治に参加する権利を意味する(エ)参政権や、人権が侵害された場合に、その救済を求めることができる(オ)国務請求権などが含まれる。

※問題文の１～４までは、以下の文献より引用し、作問用に加筆修正した。
上野幸彦「Ⅰ国家の基本法 B 人権」上野幸彦・古屋等著『国家と社会の基本法』第４版、2018年、成文堂、pp. 20－21、66－74.

問1 空欄 【11】 ～ 【15】 に入る最も適当な語句を、それぞれ次の①～④のうちから一つ選びなさい。

【11】 ① 自由権 ② 社会権
③ 平等権 ④ 受益権

【12】 ① 生活保護 ② 人権保護
③ 社会福祉 ④ 生活福祉

【13】 ① プログラム規定 ② プロビジョン規定
③ 抽象的権利 ④ 具体的権利

【14】 ① 教育権 ② 基本的人権
③ 生存権 ④ 学習権

【15】 ① 団体交渉権 ② 争議権
③ 勤労権 ④ ストライキ権

問2 下線部(ア)に関して、国の生活保護基準や憲法第25条に違反するとして1957年に提訴され、「人間裁判」とも呼ばれた訴訟の名称として最も適当なものを、次の①～④のうちから一つ選びなさい。【16】

① 堀木訴訟 ② 中嶋訴訟
③ 朝日訴訟 ④ 柳園訴訟

問3 下線部(イ)に関して、就学を支援する国の政策に関連する記述として<u>適当でないもの</u>を、次の①～④のうちから一つ選びなさい。【17】

① 2010年度から公立高等学校授業料無償制・高等学校等就学支援金制度が始まった。
② 2022年1月現在、高等学校等就学支援金制度では、朝鮮学校は対象となっていない。
③ 高等学校等就学支援金制度では、2014年度から世帯の所得による支給の制限が設けられた。
④ 大学や専門学校などの授業料減免の制度はまだない。

問4 下線部(ウ)に関して、労働基本権に基づいて制定されている労働三法の中に<u>含まれない</u>法律を、次の①～④のうちから一つ選びなさい。【18】

① 最低賃金法　② 労働基準法

③ 労働組合法　④ 労働関係調整法

問5　下線部(エ)に関して、参政権に関する記述として**適当でないもの**を、次の①～④のうちから一つ選びなさい。【19】

① 日本国憲法は、参政権の一つとして、政治的平等を確保するため、第15条第3項において普通選挙を保障している。

② 日本国憲法は、参政権の一つとして、公務員を選定・罷免する国民固有の権利を保障している。

③ 女性の参政権は太平洋戦争以前に既に日本で認められていた。

④ 2015年に公布された改正公職選挙法により、選挙権年齢は満20歳以上から満18歳以上に引き下げられた。

問6　下線部(オ)と関連して、憲法第16条で規定されている、国や地方公共団体に施策などに関して希望を述べる権利の名称として最も適当なものを、次の①～④のうちから一つ選びなさい。【20】

① 損害賠償権　② 請願権

③ 受益権　④ 救済権

3 次の会話文や資料を読み、後の問いに答えなさい。

先生：さあ、今日のゼミのテーマは、国債についてです。報告者は佐木さんでしたね。調べてきたことを発表してください。

佐木：はい。私は、国債について調べてきました。税収が不足するとき、国や地方公共団体は公債を発行して財源を調達します。公債には種類があって、国債と地方債があります。財務省のＨＰによると、国債とは国の発行する債券です。(ア)国債の発行は、法律で定められた発行根拠に基づいて行われており、大別すると普通国債と財政投融資特別会計国債（財投債）に区分されます。【21】という法律によって、原則として国債の発行は禁止されているんですが、公共事業費、出資金及び貸し付け金の財源に用いる場合にかぎって国債の発行が認められています。これを【22】国債といいます。

相馬：質問してもいいですか。国債って、国の財源が足りなくなった時の借金というイメージなんですが、公共事業費等以外の目的では発行されていないということなんですか。

佐木：【22】国債を発行しても、なお歳入が不足すると見込まれる場合には、政府は公共事業費等以外の歳出に充てる資金を調達することを目的として、特別の法律によって国債を発行することがあります。通常、これらの国債は「【23】国債」と呼ばれますが、その性質から「赤字国債」と呼ばれることもあります。

先生：そうですね。つまり、公共事業費等以外の歳出に充てる資金を調達することを目的とする場合は、別に特別の法律を制定することで発行することができます。令和４年度予算を例に取れば、「財政運営に必要な財源の確保を図るための公債の発行の特例に関する法律」に基づいて国債が発行されます。

佐木：その他にも、「東日本大震災からの復興のための施策を実施するために必要な財源の確保に関する特別措置法」に基づき、平成23年度から令和７年度までに実施する東日本大震災からの復旧・復興事業に必要な財源を確保するために復興債が発行されます。これらの普通国債の残高は非常に大きくなっています。次の 資料１ の新聞記事を見てください。

資料１

財務省は10日、国の借金にあたる普通国債の残高が2021年度末時点で991兆円で、前年度末より44兆円増えたと発表した。予算いっぱいまで国債を発行すれば、初めて１千兆円の大台を突破する見通しだったが、実際の発行はそれよりも抑えられた。

普通国債は将来の税収で返済する赤字国債や【22】国債などをあわせたもの。一部は市場の状況に応じ発行するかどうか調整するため、実際の発行額は予算で決まった上限を下回る。

ただ、１千兆円超えは時間の問題だ。新たに発行される国債は例年30兆～40兆円程度だったが、コロナ禍を受けた経済対策で急増。20年度は過去最大の108兆円、21年度も65兆円（予算ベース）を発行し、残高は膨らんでいる。22年度予算では36兆円を見込む。

経済規模に対する債務の大きさでみると、日本は先進国の中で最悪の水準。一時的な資金不足を補うための「政府短期証券」や「借入金」などをあわせた広い意味での国の借金は、13年度にすでに１千兆円を突破している。(イ)財政健全化への取り組みは後回しになっているのが実情だ。

（朝日新聞2022年05月11日朝刊）

相馬：１千兆円って、想像できないくらい巨額ですね。国債は国の借金だから、こんなに多額の国債残高があったら日本は(ウ)財政破綻してしまうんじゃないかと心配になるんですが・・・

佐木：そうですよね。資料２ 日本の普通国債残高と対ＧＤＰ比の推移のグラフを見てください。ＧＤＰというのは、国内総生産といって、その国の経済規模を表す数値で、これが大きければ大きいほど経済規模が大きく、借金をしても返済能力が高い国と言えます。国の借金の総額がＧＤＰの何％なのか計算したものが対ＧＤＰ比です。この数値が大きいということは、国の経済規模に対して多くの借金をしてしまっているということです。資料３ は、主要先進国の債務残高の対ＧＤＰ比を比較したものです。このグラフの【24】が日本の推移を示しています。

資料２

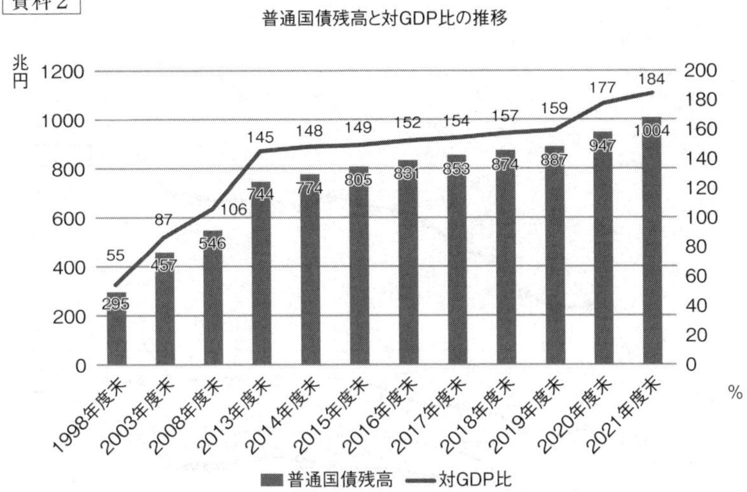

出典：財務省主計局『我が国の財政事情（令和４年度予算政府案）』（５）国及び地方の長期債務残高より作成

資料３

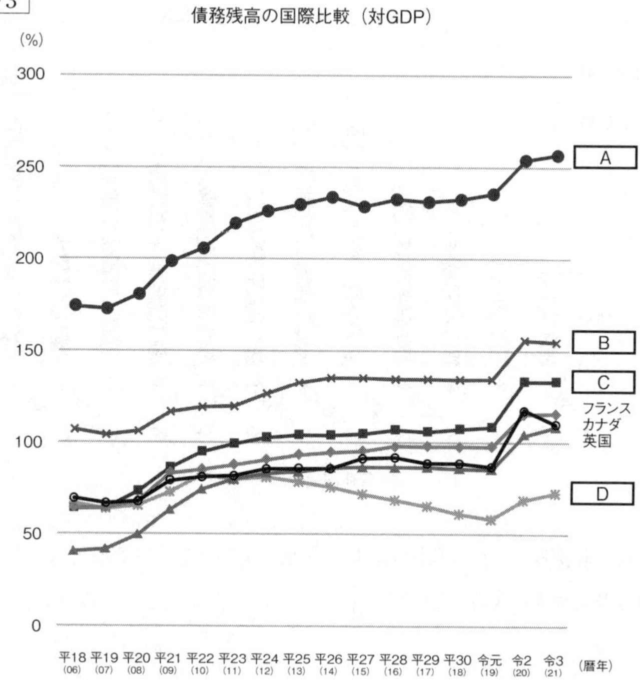

出典：財務省主計局『我が国の財政事情（令和４年度予算政府案）』(参考２）債務残高の国際比較（対ＧＤＰ比）

相馬：うーん、これを見ると益々心配になりますね。国債の発行額が増大してくるとどんな影響がありますか。

佐木：(エ)固定金利の国債が大量に発行されると、民間から資金が吸い上げられ、債券市場では国債の価格が［　Ⅰ　］がり、国債価格に対する利益額の割合すなわち利回りが［　Ⅱ　］がります。さらに、市場金利が［　Ⅱ　］がると、一般的に国債の利払い負担が重くなります。また、民間企業の設備などへの［　Ⅲ　］する可能性もあります。相手国の国内金利と比べて日本の国内金利が［　Ⅱ　］がれば、外国為替市場では［　Ⅳ　］になるかもしれません。そうすると、輸出企業の［　Ⅴ　］ということになるかもしれません。

佐木：経済には影響があると考えられますが、日本国債がデフォルトつまり債務不履行になる可能性は考えられないとされています。その理由は、日本人は世界でも稀に見る貯蓄の多さで、多額の預金資産を持っています。国民の預金は金融機関、保険会社、年金基金等を通じ国債に投資されているため、多額の預金資産を持つ日本では国債は大部分を我々国民が間接的に保有していることになります。その結果、(オ)日本国債は極めて低金利でありながらも安定的に買われています。さらに、貿易・サービス収支、第一次所得収支、第二次所得収支の合計である【25】は年間では1981年から2021年まで黒字続きとなって、その結果、外国に対して保有する資産と負債の差額は日本円で400兆円以上もの黒字であり、世界最大の債権国となっているからです。

相馬：なるほど。日本国債のデフォルトの可能性は低いということなんですね。

・・・ゼミの議論はまだまだ続く。

問１　空欄【21】～【25】に入る最も適当な語句又は記号を、それぞれ次の①～④のうちから一つずつ選びなさい。

【21】①　日本国憲法　②　地方自治法　③　財政法　④　会計法

【22】①　工事　②　公共　③　事業　④　建設

【23】①　特例　②　特別　③　例外　④　特殊

【24】①　A　②　B　③　C　④　D

【25】①　貿易収支　②　経常収支　③　資本収支　④　金融収支

問２　下線部(ア)に関する記述として**誤っているもの**を、次の①～④のうちから一つ選びなさい。【26】

①　原則として、公債の発行については、日本銀行にこれを引き受けさせてはならず、又、借入金の借入については、日本銀行からこれを借り入れてはならない。

②　日本銀行が保有する長期国債の残高は、銀行券発行残高を上限とするというルールは、2013年４月に一時適用停止とされた。

③　日本銀行がいったん国債の引受けによって政府への資金供与を始めると、日本の政府の財政節度を失わせ、ひいては日本銀行による通貨の増発

に歯止めが掛からなくなり、悪性のデフレーションを引き起こすおそれがある。

④　日本銀行は、金融調節の結果として保有している国債のうち、償還期限が到来したものについては、国会の議決を経た金額の範囲内に限って、国による借換えに応じることができる。

問３　下線部(イ)に関して、政府は「経済再生なくして財政健全化なし」を基本方針とし、３本柱の改革を一体として推進し、経済と財政の一体的な再生を『経済財政運営と改革の基本方針2015』において目標に掲げた。ここでいう３本柱に**含まれないもの**を、次の①～④のうちから一つ選びなさい。【27】

①　デフレ脱却・経済再生　　②　国庫補助金の廃止・縮減

③　歳出改革　　④　歳入改革

問４　下線部(ウ)に関して、第二次世界大戦後から2021年12月までに国債のデフォルトを起こした国として**誤っているもの**を、次の①～④のうちから一つ選びなさい。【28】

①　イタリア　　②　ギリシャ

③　アルゼンチン　　④　レバノン

問５　下線部(エ)に関して、［Ⅰ］～［Ⅴ］に入る言葉の組み合わせとして最も適当なものを、次の①～④のうちから一つ選びなさい。【29】

①	Ⅰ 上	Ⅱ 下	Ⅲ 投資意欲が増進
	Ⅳ 円安	Ⅴ 収益が増える	
②	Ⅰ 上	Ⅱ 下	Ⅲ 投資意欲が減退
	Ⅳ 円高	Ⅴ 収益が減る	
③	Ⅰ 下	Ⅱ 上	Ⅲ 投資意欲が増進
	Ⅳ 円安	Ⅴ 収益が増える	
④	Ⅰ 下	Ⅱ 上	Ⅲ 投資意欲が減退
	Ⅳ 円高	Ⅴ 収益が減る	

問６　下線部(オ)に関する記述として最も適当なものを、次の①～④のうちから一

つ選びなさい。ただし、ここでの国債・債券は固定金利であるとする。【30】

① 金融資産としての国債の最大の特徴は、信用リスク・フリーすなわち、信用力が極めて低いことである。

② 投資家は、債券の発行体の信用力に応じた対価を求めることから、一般的に信用リスクが大きいほど債券等の金利は相対的に低くなる傾向にある。

③ 財務状況がよくない債券の発行体は、状況のよい発行体よりも景気等の影響を受けやすい。そのため、信用リスクが大きい債券等からは景気の悪化時に資金が逃避しやすいことで、信用リスクの小さい債券等に比べて金利が下落しやすい傾向がある。

④ 信用力が日本と同程度、またはそれ以上の国の国債であっても、国債の金利が日本よりも高い国がある。

4 次の文章を読み、後の問いに答えなさい。

物価とは市場で売り買いされている多数の財・サービスの価格を平均的にあらわしたものである。消費者がスーパーマーケットなどの【31】段階で購入する商品の価格を平均したものを消費者物価という。家計でよく消費され、長期にわたって調査が可能な数百品目の財・サービスについて算出される。一方、企業間で取引される段階にある商品の価格を平均したものを企業物価という。いずれも基準となる年の平均価格を100とした指数、すなわち(ア)物価指数の形をとる。

物価が持続的に上昇を続けることをインフレーション（インフレ）という。(イ)企業にとって生産や販売にかかわる費用が上昇した場合に、企業が費用の上昇分を製品価格に転嫁することで生じる現象を【32】という。中央銀行が市場に過大な通貨供給を行う場合もインフレが起こる。(ウ)高度経済成長期の日本が基本的にそうであったように、総需要が総供給を上回り、消費者物価が上昇を続ける現象を【33】という。

インフレが続くと、貨幣の【34】が低下するため、預貯金や年金の実質的な価値が下がる。教育ローンや住宅ローンなど資金を借り入れている人にとっては、実質的な返済の負担は軽減される。

物価が持続的に低下を続けることをデフレーション（デフレ）という。一国全体の需要が供給を下回ると、物価が下落を始め、企業の売り上げは減って業績が悪化する。それゆえ企業は人件費を抑制し、雇用を減らす。その結果、所得が減少した労働者が消費を減らすことで物価はさらに低下し、不況が深刻化する場合がある。このプロセスを【35】という。

デフレのもとでは同じ収入でもより多くの商品を購入できるようになる。資金を借りる立場にとっては実質的な金利負担が増すため、消費者の住宅購入や企業の投資意欲は減退する。

(エ)物価の著しい変動は、将来の不確実性を高め、消費者と企業が望ましい消費や投資、生産を実行することを妨げる。それゆえ、政府と中央銀行には(オ)物価を安定させる政策を適切に実行することが求められる。

問1　空欄【31】～【35】に入る最も適当な語句を、それぞれ次の①～④のうちから一つずつ選びなさい。

【31】①　卸売　②　小売　③　貯蓄　④　生産

【32】①　インフレ・ターゲット
②　貨幣インフレーション
③　インフレ・スパイラル
④　コスト・プッシュ・インフレーション

【33】①　金融インフレーション
②　ハイパー・インフレーション
③　ディマンド・プル・インフレーション
④　コア・インフレーション

【34】①　供給力　②　購買力　③　調整力　④　流通速度

【35】①　デフレ・スパイラル　②　スタグフレーション
③　イノベーション　④　リフレーション

問2　下線部(ア)について、日本銀行が公表している企業物価指数の例として**適当でないもの**を、次の①～④のうちから一つ選びなさい。【36】

①　国内企業物価指数　②　輸出物価指数
③　輸入物価指数　④　鉱工業生産物価指数

問３　下線部(イ)の原因の例として**適当でないもの**を、次の①～④のうちから一つ選びなさい。【37】

①　人手不足による賃金の上昇

②　輸入原材料の現地価格の上昇

③　原材料をドル建てで輸入している日本の企業にとっての円高

④　テナントとして入居している事業所の賃料の値上げ

問４　下線部(ウ)の語句の記述として**適当でないもの**を、次の①～④のうちから一つ選びなさい。【38】

①　この間、インフレが生じていたものの、賃金も上昇していたため、労働者の生活水準は向上した。

②　1964年の東京オリンピックに向けて新幹線や高速道路の建設が行われ、関連産業を中心に好景気が生じた。

③　1960年代後半はいざなぎ景気とよばれる長期の好況を経験した。

④　1950年代半ばから1970年代初めまでの期間に、年平均で約10％超の実質経済成長を実現し、ＧＤＰは西側諸国で第１位となった。

問５　下線部(エ)に関連する記述として**適当でないもの**を、次の①～④のうちから一つ選びなさい。【39】

①　第一次大戦後のドイツでは、あまりの物価高騰のため支払いが不便になり、100兆マルク紙幣が発行された。

②　1929年のロンドン株式市場の大暴落をきっかけとして、イギリスは深刻なデフレ不況に突入した。対英輸出が減少した日本を含む諸外国にも不況が伝播し、世界大恐慌が起きた。

③　1970年代の石油危機の直後には、日本経済は狂乱物価ともよばれる事態に直面した。

④　1980年代後半の日本はバブル経済のもとで株価や地価など資産価格の高騰が問題となった。

問６　下線部(オ)について、その例として**適当でないもの**を、次の①～④のうちから一つ選びなさい。【40】

① 中央銀行が金融市場において公開市場操作を実施し、通貨量や金利を調節する。

② 中央銀行が一定期間内の物価上昇率について目標値を設定し、穏やかなインフレーションの実現を目指す。

③ 中央銀行が短期的な政策金利をあらかじめ設定し、市場に資金を出し入れすることで市場の金利が政策金利に近づくように誘導する。

④ 中央銀行が株式や社債を発行して公共事業などを実施し、景気や物価を支える。

数学

解答上の注意

1．問題の文中の 【1】【2】，【3】 などには，特に指示がないかぎり数字（0～9）が入ります。【1】，【2】，【3】，【4】，…の一つ一つは，数字の一つに対応します。それらを解答用紙の【1】，【2】，【3】，【4】，…で示された解答欄にマークして答えなさい。

（例） 【1】【2】 に 83 と答えたいとき

解答番号	解答欄									
	1	2	3	4	5	6	7	8	9	0
【1】	①	②	③	④	⑤	⑥	⑦	●	⑨	⓪
【2】	①	②	●	④	⑤	⑥	⑦	⑧	⑨	⓪

2．同一の問題中に 【1】，【2】【3】 などが2度以上現れる場合，2度目以降は，【1】，【2】【3】 のように細字で表記します。

3．問題の文中に網かけされた 【1】 などには，選択肢から一つを選んで答えなさい。

4．【1】 x^2＋ 【2】 x＋ 【3】 に，例えば，x^2+3 と解答する場合は，【1】 に1，【2】 に0，【3】 に3と答えなさい。

5．比を解答する場合，最も簡単な整数比で答えなさい。例えば，2：3と答えるところを，4：6や6：9のように答えてはいけません。

6．分数形で解答する場合はそれ以上約分できない形で答えなさい。例えば，$\frac{3}{4}$ と答えるところを，$\frac{6}{8}$ のように答えてはいけません。

7．根号を含む形で解答する場合，根号の中に現れる自然数が最小となる形で答えなさい。
例えば，$\square\sqrt{\square}$ に $4\sqrt{2}$ と答えるところを，$2\sqrt{8}$ のように答えてはいけません。

8．指数を含む形で解答する場合，底（a^b の形における a）が最小の自然数となる形で答えなさい。例えば，2^6 と答えるところを，4^3 のように答えてはいけません。

◀数学Ⅰ・A▶

（60分）

1 次の問いに答えなさい。

問1．次の等式の空欄に適切な数を入れなさい。

(1)　$12x^2-5x-3=($ 【1】 $x-$ 【2】 $)($ 【3】 $x+$ 【4】 $)$

(2)　$3x^2-4xy-4y^2+11x+2y+6$

$=(x-$ 【5】 $y+$ 【6】 $)(3x+$ 【7】 $y+$ 【8】 $)$

問2．$\dfrac{\sqrt{5}+\sqrt{3}}{\sqrt{5}-\sqrt{3}}$ を計算した値の整数部分を a，小数部分を b とすると，

$a=$ 【9】

$b=\sqrt{\text{【10】【11】}}-$ 【12】

となる。

問3．38437と14161の最大公約数は

【13】【14】【15】【16】

である。

問4．△ABCにおいて，$BC=2\sqrt{5}$，$CA=2\sqrt{6}$，$\angle ABC=60°$のとき，辺ABの長さは

$\sqrt{\text{【17】}}+$ 【18】

である。

問5．6個の整数13，8，11，7，a，b からなるデータの平均値と中央値はいずれも，8.5であった。$a>b$ とすると，

$$a = \boxed{【19】}$$
$$b = \boxed{【20】}$$

である。

2

$$y = x^2 - (m - 3)x - 3m \quad \cdots\cdots ①$$

について，次の問いに答えなさい。ただし，m は実数の定数とする。

(1) 花子さんと太郎さんは，m に値を代入したときや，グラフが与えられた点を通るときの，2次関数①について調べてみることにした。

$m = -2$ のとき，①は次の2次関数になる。

$$y = x^2 + \boxed{【21】}x + \boxed{【22】} \quad \cdots\cdots ②$$

$m = -1$ のとき，①は次の2次関数になる。

$$y = x^2 + \boxed{【23】}x + \boxed{【24】} \quad \cdots\cdots ③$$

ここで，②と③のグラフの共有点をAとするとき，
点Aの座標は（$-\boxed{【25】}$，$\boxed{【26】}$）である。

また，①のグラフが点（-1，-4）を通るとき，①は次の2次関数になる。

$$y = x^2 + \boxed{【27】}x - \boxed{【28】} \quad \cdots\cdots ④$$

このとき，④のグラフは，$y = x^2$ のグラフを
x 軸方向に$-\boxed{【29】}$，y 軸方向に$-\boxed{【30】}$だけ平行移動したものである。

そこで，花子さんと太郎さんは，2次関数①のグラフについて次の**予想**を立てた。これらの**予想**のうち，任意の m について成り立つものは $\boxed{【31】}$ といえる。

予想1：2次関数①のグラフは $y = x^2$ のグラフを平行移動したものである。

予想2：2次関数①のグラフは点Aを通る。

予想3：2次関数①のグラフと x 軸は異なる2点を共有する。

【31】 に適するものを，次の選択肢から一つ選びなさい。

<選択肢>

① **予想1**だけである　② **予想2**だけである
③ **予想3**だけである　④ **予想1**と**予想2**である
⑤ **予想1**と**予想3**である　⑥ **予想2**と**予想3**である
⑦ **予想1**と**予想2**と**予想3**である
⑧ ない

(2) 次の空欄に最も適するものを，それぞれの選択肢から一つ選びなさい。

花子さんと太郎さんは，任意の m について，放物線①の頂点と軸を求めてみることにした。2次関数①のグラフの頂点は点 【32】 である。

<選択肢>

① $\left(\dfrac{m+3}{2},\ \left(\dfrac{m+3}{2}\right)^2\right)$　② $\left(\dfrac{m+3}{2},\ -\left(\dfrac{m+3}{2}\right)^2\right)$

③ $\left(\dfrac{m+3}{2},\ \left(\dfrac{m-3}{2}\right)^2\right)$　④ $\left(\dfrac{m+3}{2},\ -\left(\dfrac{m-3}{2}\right)^2\right)$

⑤ $\left(\dfrac{m-3}{2},\ \left(\dfrac{m+3}{2}\right)^2\right)$　⑥ $\left(\dfrac{m-3}{2},\ -\left(\dfrac{m+3}{2}\right)^2\right)$

⑦ $\left(\dfrac{m-3}{2},\ \left(\dfrac{m-3}{2}\right)^2\right)$　⑧ $\left(\dfrac{m-3}{2},\ -\left(\dfrac{m-3}{2}\right)^2\right)$

また，放物線①の軸は直線 【33】 である。

<選択肢>

① $x=\dfrac{m+3}{2}$　② $x=-\dfrac{m+3}{2}$

③ $x=\dfrac{m-3}{2}$　④ $x=-\dfrac{m-3}{2}$

⑤ $x=\left(\dfrac{m+3}{2}\right)^2$　⑥ $x=-\left(\dfrac{m+3}{2}\right)^2$

⑦　$x = \left(\frac{m-3}{2}\right)^2$　　⑧　$x = -\left(\frac{m-3}{2}\right)^2$

そこで，花子さんと太郎さんは，2次関数①のグラフの頂点や軸について次の**予想**を立てた。これらの**予想**のうち，任意のmについて成り立つものは【34】といえる。

予想4：グラフの軸の方程式を$x = s$とすると，$s \leqq 0$である。

予想5：グラフの頂点のx座標をt，y座標をuとすると，$u = -t^2$である。

予想6：グラフの頂点のy座標をuとすると，$u \leqq 0$である。

＜選択肢＞

①　**予想4**だけである　　②　**予想5**だけである

③　**予想6**だけである　　④　**予想4**と**予想5**である

⑤　**予想4**と**予想6**である　　⑥　**予想5**と**予想6**である

⑦　**予想4**と**予想5**と**予想6**である

⑧　ない

3 次の問いに答えなさい。

箱に5個のボールが入っており，それぞれのボールには1～5の数字のうちの1つが書かれている。同じ数字が書かれたボールはない。はじめにサイコロを1回振り，6の目が出たら6という数字が書かれたボールを1個箱に入れ，1～5の目が出た場合は何もしない。次に，その箱から無作為に3回ボールを取り出し，取り出した順に数字を並べて3桁の整数を作る。なお，取り出したボールは箱に戻さないこととする。

(1) はじめに振ったサイコロの目が1～5であった場合を考える。

作ることのできる3桁の整数は【35】【36】通りあり，そのうち偶数となるのは【37】【38】通りである。また，3の倍数になるのは【39】【40】通りである。

このとき，作られた整数が偶数か，3の倍数の少なくとも一方になる確率は$\dfrac{【41】}{【42】}$である。

(2) はじめに振ったサイコロの目が6であった場合を考える。

作ることのできる3桁の整数は【43】【44】【45】通りあり，そのうち偶数となるのは【46】【47】通りである。

(3) サイコロを振ってから3桁の整数を作ったとき，偶数となる確率は$\dfrac{【48】}{【49】【50】}$である。

◀数学Ⅰ・A・Ⅱ・B▶

（60 分）

1　◀数学Ⅰ・A▶の 1 に同じ。

2　次の問いに答えなさい。

(1)　ある複素数 $z = x + yi$（x, y は実数）の共役な複素数を $\bar{z}$ で表すとする。$z^2 = -\bar{z}$ かつ $y > 0$ のとき，

$$x = \frac{【21】}{【22】},\quad y = \frac{\sqrt{【23】}}{【24】}$$

であり，$x^2 + y^2 =$ 【25】 である。

(2)　ある細菌が 100 個となったところを時間 0 として培養し，経過時間ごとの細菌数を計測する実験を複数回行い，平均をとった。その結果を横軸 x に経過時間（単位は時間），縦軸 y に細菌数の常用対数をとってグラフ化したところ，直線

$$y = \frac{36}{35}x + 【26】$$

を当てはめることができた。3.5時間後の細菌数は，次々ページにある常用対数表から求めると，およそ 【27】.【28】【29】 $\times 10^5$ 個となる。

(3)　xy 平面に描かれた傾きが $-\frac{1}{2}$，y 切片が 7 の直線 ℓ のグラフが y 軸と交わる点を A，x 軸と交わる点を B とする。この線分 AB 上に，線分 AC と線分 BC の長さの比が 2：5 となるように点 C をとる。この点 C を通り，直線 ℓ に垂直な直線 m を媒介変数 t を用いて，媒介変数表示することを考える。

直線 m の大きさ 1 の方向ベクトルは x 成分を正の値とすると

$$\left(\frac{\sqrt{【30】}}{【31】},\ \frac{【32】\sqrt{【30】}}{【31】}\right)$$

であり，C の座標が

(【33】, 【34】) であることから，直線 m は媒介変数 t を用いて

$$x = t + 【33】$$
$$y = 【32】 t + 【34】$$

と表すことができる。

(4) 以下の空欄について 【35】 〜 【36】，【41】 〜 【43】 には当てはまる数字を，【37】 〜 【40】 には選択肢Aから適切なものを選んで答えなさい。

$f(x) = (x+1)^3$ とする。

x が 1 から 3 まで変化するときの $f(x)$ の平均変化率は 【35】【36】 である。

$f(x)$ の導関数は

$$\frac{d}{dx}f(x) = \lim_{【37】} \frac{【38】 - 【39】}{【40】}$$

で定義される。

$x = 6$ のときの $f(x)$ の微分係数は 【41】【42】【43】 である。

選択肢A

① $h \to 0$　② $h \to \infty$　③ $(x+1)$

④ $(x+h)$　⑤ $(x+h+1)$　⑥ $(x+1)^3$

⑦ $(x+h)^3$　⑧ $(x+h+1)^3$　⑨ $-h$

⓪ h

常用対数表

	0	1	2	3	4	5	6	7	8	9
1.0	.0000	.0043	.0086	.0128	.0170	.0212	.0253	.0294	.0334	.0374
1.1	.0414	.0453	.0492	.0531	.0569	.0607	.0645	.0682	.0719	.0755
1.2	.0792	.0828	.0864	.0899	.0934	.0969	.1004	.1038	.1072	.1106
1.3	.1139	.1173	.1206	.1239	.1271	.1303	.1335	.1367	.1399	.1430
1.4	.1461	.1492	.1523	.1553	.1584	.1614	.1644	.1673	.1703	.1732
1.5	.1761	.1790	.1818	.1847	.1875	.1903	.1931	.1959	.1987	.2014
1.6	.2041	.2068	.2095	.2122	.2148	.2175	.2201	.2227	.2253	.2279
1.7	.2304	.2330	.2355	.2380	.2405	.2430	.2455	.2480	.2504	.2529
1.8	.2553	.2577	.2601	.2625	.2648	.2672	.2695	.2718	.2742	.2765
1.9	.2788	.2810	.2833	.2856	.2878	.2900	.2923	.2945	.2967	.2989
2.0	.3010	.3032	.3054	.3075	.3096	.3118	.3139	.3160	.3181	.3201
2.1	.3222	.3243	.3263	.3284	.3304	.3324	.3345	.3365	.3385	.3404
2.2	.3424	.3444	.3464	.3483	.3502	.3522	.3541	.3560	.3579	.3598
2.3	.3617	.3636	.3655	.3674	.3692	.3711	.3729	.3747	.3766	.3784
2.4	.3802	.3820	.3838	.3856	.3874	.3892	.3909	.3927	.3945	.3962
2.5	.3979	.3997	.4014	.4031	.4048	.4065	.4082	.4099	.4116	.4133
2.6	.4150	.4166	.4183	.4200	.4216	.4232	.4249	.4265	.4281	.4298
2.7	.4314	.4330	.4346	.4362	.4378	.4393	.4409	.4425	.4440	.4456
2.8	.4472	.4487	.4502	.4518	.4533	.4548	.4564	.4579	.4594	.4609
2.9	.4624	.4639	.4654	.4669	.4683	.4698	.4713	.4728	.4742	.4757
3.0	.4771	.4786	.4800	.4814	.4829	.4843	.4857	.4871	.4886	.4900
3.1	.4914	.4928	.4942	.4955	.4969	.4983	.4997	.5011	.5024	.5038
3.2	.5051	.5065	.5079	.5092	.5105	.5119	.5132	.5145	.5159	.5172
3.3	.5185	.6198	.5211	.5224	.5237	.5250	.5263	.5276	.5289	.5302
3.4	.5315	.5328	.5340	.5353	.5366	.5378	.5391	.5403	.5416	.5428
3.5	.5441	.5453	.5465	.5478	.5490	.5502	.5514	.5527	.5539	.5551
3.6	.5563	.5575	.5587	.5599	.5611	.5623	.5635	.5647	.5658	.5670
3.7	.5682	.5694	.5705	.5717	.5729	.5740	.5752	.5763	.5775	.5786
3.8	.5798	.5809	.5821	.5832	.5843	.5855	.5866	.5877	.5888	.5899
3.9	.5911	.5922	.5933	.5944	.5955	.5966	.5977	.5988	.5999	.6010
4.1	.6128	.6138	.6149	.6160	.6170	.6180	.6191	.6201	.6212	.6222
4.3	.6335	.6345	.6355	.6365	.6375	.6385	.6395	.6405	.6415	.6425
4.5	.6532	.6542	.6551	.6561	.6571	.6580	.6590	.6599	.6609	.6618
4.7	.6721	.6730	.6739	.6749	.6758	.6767	.6776	.6785	.6794	.6803
4.9	.6902	.6911	.6920	.6928	.6937	.6946	.6955	.6964	.6972	.6981
5.1	.7076	.7084	.7093	.7101	.7110	.7118	.7126	.7135	.7143	.7152
5.3	.7243	.7251	.7259	.7267	.7275	.7284	.7292	.7300	.7308	.7316
5.5	.7404	.7412	.7419	.7427	.7435	.7443	.7451	.7459	.7466	.7474
5.7	.7559	.7566	.7574	.7582	.7589	.7597	.7604	.7612	.7619	.7627
5.9	.7709	.7716	.7723	.7731	.7738	.7745	.7752	.7760	.7767	.7774
6.1	.7853	.7860	.7868	.7875	.7882	.7889	.7896	.7903	.7910	.7917
6.3	.7993	.8000	.8007	.8014	.8021	.8028	.8035	.8041	.8048	.8055
6.5	.8129	.8136	.8142	.8149	.8156	.8162	.8169	.8176	.8182	.8189
6.7	.8261	.8267	.8274	.8280	.8287	.8293	.8299	.8306	.8312	.8319
6.9	.8388	.8395	.8401	.8407	.8414	.8420	.8426	.8432	.8439	.8445
7.1	.8513	.8519	.8525	.8531	.8537	.8543	.8549	.8555	.8561	.8567
7.3	.8633	.8639	.8645	.8651	.8657	.8663	.8669	.8675	.8681	.8686
7.5	.8751	.8756	.8762	.8768	.8774	.8779	.8785	.8791	.8797	.8802
7.7	.8865	.8871	.8876	.8882	.8887	.8893	.8899	.8904	.8910	.8915
7.9	.8976	.8982	.8987	.8993	.8998	.9004	.9009	.9015	.9020	.8025
8.1	.9085	.9090	.9096	.9101	.9106	.9112	.9117	.9122	.9128	.9133
8.3	.9191	.9196	.9201	.9206	.9212	.9217	.9222	.9227	.9232	.9238
8.5	.9294	.9299	.9304	.9309	.9315	.9320	.9325	.9330	.9335	.9340
8.7	.9395	.9400	.9405	.9410	.9415	.9420	.9425	.9430	.9435	.9440
8.9	.9494	.9499	.9504	.9509	.9513	.9518	.9523	.9528	.9533	.9538
9.1	.9590	.9595	.9600	.9605	.9609	.9614	.9619	.9624	.9628	.9633
9.3	.9685	.9689	.9694	.9699	.9703	.9708	.9713	.9717	.9722	.9727
9.5	.9777	.9782	.9786	.9791	.9795	.9800	.9805	.9809	.9814	.9818
9.7	.9868	.9872	.9877	.9881	.9886	.9890	.9894	.9899	.9903	.9908
9.9	.9956	.9961	.9965	.9969	.9974	.9978	.9983	.9987	.9991	.9996

3 以下の空欄について，【44】〜【46】，【48】，【54】は選択肢Bから，【51】，【55】，【57】は選択肢Cから，【58】〜【61】は選択肢Dから適切なものを選んで答えなさい。ただし，同じものを複数回選んでもよい。また，【47】，【49】〜【50】，【52】〜【53】，【56】，【62】〜【66】には当てはまる数字を答えなさい。

n は自然数とする。数列 $\{a_n\}$ がある。数列 $\{b_n\}$ を

$$b_n = a_{n+1} - a_n$$

と定義する。このとき数列 $\{b_n\}$ は数列 $\{a_n\}$ の【44】である。

次に，数列 $\{s_n\}$ を

$$s_n = \sum_{k=1}^{n} a_k$$

と定義する。このとき，数列 $\{a_{n+1}\}$ は数列 $\{s_n\}$ の【45】である。

今，$b_n = 2$，$a_1 = 1$ という条件を定めるならば，数列 $\{a_n\}$ は【46】が【47】の【48】であり，$a_7 =$【49】【50】である。また，数列 $\{s_n\}$ の一般項が【51】と定まり，$s_7 =$【52】【53】である。

数列 $\{s_n\}$ の，前の項からその次の項をただ1通りに定める規則を示す等式である【54】は，次のようになる。

$$s_{n+1} = s_n + \text{【55】}$$

さらに，数列 $\{s_n\}$ の一般項から $s_n \leqq m < s_{n+1}$ である m の $\dfrac{1}{\text{【56】}}$ 乗の整数部分は【57】であることが分かる。

次に，$b_n = 2n$，$a_1 = 0$ という条件を定めるならば，

$$\sum_{k=1}^{n} b_k = \text{【58】}$$

となり，数列 $\{b_n\}$ は数列 $\{a_n\}$ の【44】であることから，

$$\sum_{k=1}^{n} b_k = \text{【59】} - \text{【60】}$$

である。これより，数列 $\{a_n\}$ の一般項は

$$a_n = \text{【61】}$$

となり，$a_7 =$【62】【63】である。また，$s_{11} =$【64】【65】【66】である。

選択肢 B

① 等差数列　② 等比数列　③ 階差数列
④ 公差　⑤ 公比　⑥ 漸化式

選択肢 C

① n　② $n+1$　③ $n-1$　④ $2n$　⑤ $2n+1$
⑥ $2n-1$　⑦ n^2　⑧ n^3　⑨ $\frac{n}{2}$　⓪ $\frac{n}{6}$

選択肢 D

① a_0　② a_1　③ a_{n-1}　④ a_n
⑤ a_{n+1}　⑥ n^2　⑦ $n(n-1)$　⑧ $(n+1)n$
⑨ $(n+2)n$　⓪ $(n+2)(n+1)$

◀数学Ⅰ・A・Ⅱ・B・Ⅲ▶

（60 分）

1　◀数学Ⅰ・A▶の1に同じ。

2　◀数学Ⅰ・A・Ⅱ・B▶の2に同じ。

3　次の問いに答えなさい。

(1)　定積分 $\int_0^{\sqrt{3}} \frac{dx}{1+x^2}$ を置換積分を使って求めてみよう。ただし，【44】，【45】は，それぞれ選択肢①～⑥から選択しなさい。

$x = \tan\theta$ と置くと，$\frac{1}{1+x^2} =$ 【44】 である。一方，$\frac{dx}{d\theta} =$ 【45】 であるから

$$\int_0^{\sqrt{3}} \frac{dx}{1+x^2} = \int_{【46】}^{\frac{\pi}{【47】}} 【44】 \times 【45】 \, d\theta = \frac{\pi}{【48】}$$

となる。

<選択肢>

①　$\sin\theta$　　②　$\cos\theta$　　③　$\sin^2\theta$

④　$\cos^2\theta$　　⑤　$\frac{1}{\sin^2\theta}$　　⑥　$\frac{1}{\cos^2\theta}$

(2)　定積分 $\int_0^{\frac{\pi}{2}} e^{\frac{1}{2}x} \sin x \, dx$ を部分積分を2回使うなどして求めてみよう。ただし，e は自然対数の底とする。

$$\int_0^{\frac{\pi}{2}} e^{\frac{1}{2}x} \sin x \, dx = \frac{【49】}{【50】}\left(e^{\frac{\pi}{【51】}} + 【52】\right)$$

となる。

(3)　xy 平面上にある，中心を（0，2）とする半径2の円が，x 軸上を滑るこ

となく正の方向に1回転するとき，最初の位置が（0，1）である円内部の点が円と共に移動して描く曲線は，回転角θ（$0 \leqq \theta \leqq 2\pi$）を媒介変数として

$$x = 2\theta - \sin\theta,\ y = 2 - \cos\theta$$

と表される。このとき，この曲線と直線$x = 4\pi$とx軸とy軸により囲まれる部分の面積を求めると

$$\int_0^{4\pi} y dx = \int_0^{\boxed{【53】}\pi} \left(\boxed{【54】} - \boxed{【55】} \cos\theta + \cos^2\theta \right) d\theta = \boxed{【56】}\pi$$

となる。

(4) xy平面上にある，中心の座標が（x，y）=（3，0），半径2の円および内部をy軸の周りに1回転させてできる立体の体積を求めてみよう。$-2 \leqq y \leqq 2$において，この円の方程式$(x-3)^2 + y^2 = 4$をxについて解くと，$x = \boxed{【57】} \pm \sqrt{\boxed{【58】} - y^2}$である。したがって，この立体の体積は

$$\int_{-2}^{2} \left\{ \pi \left(\boxed{【57】} + \sqrt{\boxed{【58】} - y^2} \right)^2 - \pi \left(\boxed{【57】} - \sqrt{\boxed{【58】} - y^2} \right)^2 \right\} dy$$

$$= \boxed{【59】【60】}\pi \int_{-2}^{2} \sqrt{\boxed{【58】} - y^2}\, dy$$

となる。ここで，$\int_{-2}^{2} \sqrt{\boxed{【58】} - y^2}\, dy$を置換積分を使うなどして計算すると，求める体積は$\boxed{【61】【62】}\pi^2$となる。

物理

（60分）

1　図のように，なめらかな水平面上を x 軸に沿って速さ v [m/s] で運動してきた質量 m [kg] の小球Aが，面上に静止している質量 M [kg] の小球Bと衝突した。この衝突は完全に弾性的に起こった。衝突後，Aは運動方向を時計回りに角度 θ だけ変えてその速さは v' [m/s] となり，またBは x 軸から反時計回りに角度 φ の方向に速さ V [m/s] で弾き飛ばされた。このとき，以下の設問に最も適する答えをそれぞれの解答群①〜④から一つ選べ。ただし，必要に応じて

$\sin(\theta+\varphi)=\sin\theta\cos\varphi+\cos\theta\sin\varphi$，$\cos(\theta+\varphi)=\cos\theta\cos\varphi-\sin\theta\sin\varphi$

を用いなさい。

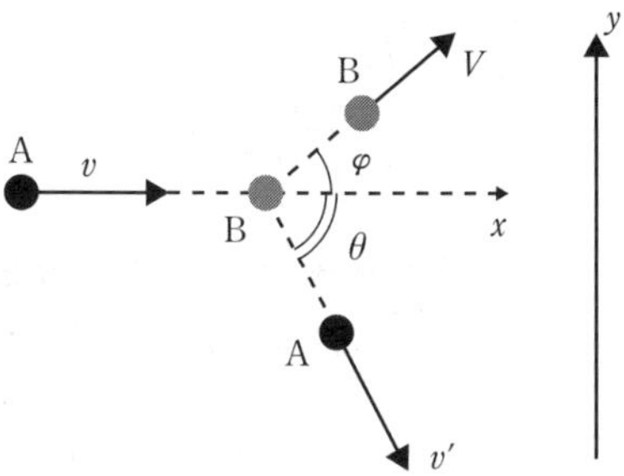

問1　x 軸方向の運動量保存を表す式として正しいものはどれか。【1】

① $mv=mv'+MV$

② $mv=mv'\sin\theta+MV\sin\varphi$

③ $mv=mv'\cos\theta+MV\cos\varphi$

④ $mv=mv'\sin^2\theta+MV\sin^2\varphi$

問2　y 軸方向の運動量保存を表す式として正しいものはどれか。【2】

① $0=-mv'+MV$

② $0=-mv'\sin\theta+MV\sin\varphi$

③ $0=-mv'\cos\theta+MV\cos\varphi$

④ $0=mv'\sin^2\theta+MV\sin^2\varphi$

問3　$\dfrac{v'}{v}$ を求めよ。【3】

① $\dfrac{\sin\theta}{\sin(\theta+\varphi)}$　② $\dfrac{\sin\varphi}{\sin(\theta+\varphi)}$

③ $\dfrac{\sin(\theta+\varphi)}{\sin\theta}$　④ $\dfrac{\sin(\theta+\varphi)}{\sin\varphi}$

問 4　$\dfrac{V}{v}$ と等しいものはどれか。【 4 】

① $\dfrac{m}{M}$　② $\dfrac{m\sin\theta}{M\sin(\theta+\varphi)}$

③ $\dfrac{m\cos\theta}{M\cos(\theta+\varphi)}$　④ $\dfrac{m\cos^2\theta}{M\cos^2(\theta+\varphi)}$

問 5　衝突前後のエネルギー保存を表す式として正しいものはどれか。【 5 】

① $\dfrac{1}{2}mv^2=\dfrac{1}{2}mv'^2+\dfrac{1}{2}MV^2$

② $\dfrac{1}{2}mv^2=\dfrac{1}{2}mv'^2\sin^2\theta+\dfrac{1}{2}MV^2\sin^2\varphi$

③ $\dfrac{1}{2}mv^2=\dfrac{1}{2}mv'^2\cos^2\theta+\dfrac{1}{2}MV^2\cos^2\varphi$

④ $\dfrac{1}{2}mv^2=\dfrac{1}{2}mv'^2\tan^2\theta+\dfrac{1}{2}MV^2\tan^2\varphi$

問 6　小球 A と B の質量比 $\dfrac{m}{M}$ を求めよ。【 6 】

① $\dfrac{\sin^2\theta-\sin^2\varphi}{\sin^2(\theta+\varphi)}$　② $\dfrac{\cos^2\theta-\cos^2\varphi}{\cos^2(\theta+\varphi)}$

③ $\dfrac{\sin^2(\theta+\varphi)-\sin^2\varphi}{\sin^2\theta}$　④ $\dfrac{\cos^2(\theta+\varphi)-\cos^2\varphi}{\cos^2\theta}$

問 7　角度 θ，φ を測定したところ，$\theta=30°$，$\varphi=60°$ であった。このとき $\dfrac{m}{M}$ の値を求めよ。【 7 】

① $\dfrac{1}{2}$　② $\dfrac{\sqrt{3}}{2}$　③ 1　④ $\sqrt{3}$

2 図は，地球の赤道上空を等速で円運動しながら周回する人工衛星Sの運動の様子を北極点上空から捉えたものである。Sの質量は m［kg］であり，地球の質量は M［kg］であるとする。地球は半径 R［m］の球体であるとし，Sは地球表面に対し r［m］の一定の高度を保ち円運動しているものとする。また，Sの角速度は ω［rad/s］であり，地球の自転の角速度は ω'［rad/s］であるとする。万有引力定数は G［N・m²/kg²］と表されるものとする。

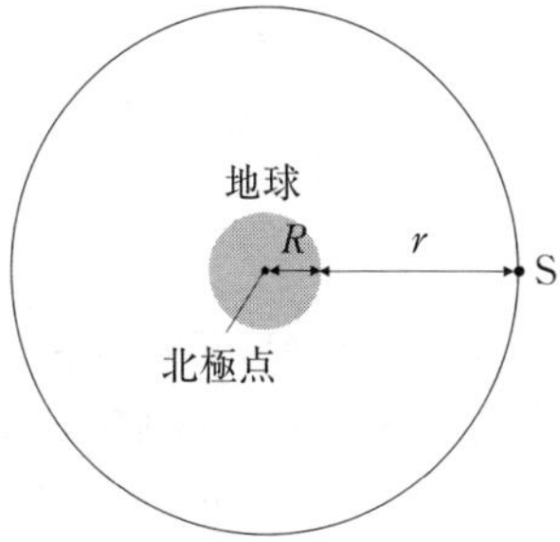

以上のSの運動について，以下の設問に最も適する答えをそれぞれの解答群①～④から一つ選べ。ただし，地球の大気がSの運動に及ぼす影響は無視でき，Sの大きさは R や r と比べ無視できるほど小さいものとする。

問1　Sの加速度の大きさを a［m/s²］とするとき，a を表す正しい式はどれか。【8】

① $r\omega^2$　② $(R+r)\omega^2$　③ $\dfrac{\omega^2}{r}$　④ $\dfrac{\omega^2}{R+r}$

問2　Sと地球の間にはたらく万有引力の大きさを F［N］とするとき，F を表す正しい式はどれか。【9】

① $G\dfrac{mM}{r}$　② $G\dfrac{mM}{R+r}$

③ $G\dfrac{mM}{r^2}$　④ $G\dfrac{mM}{(R+r)^2}$

問3　Sの運動方程式として正しい式はどれか。【10】

① $mr\omega^2 = G\dfrac{mM}{r^2}$　② $m(R+r)\omega^2 = G\dfrac{mM}{(R+r)^2}$

③ $m\dfrac{\omega^2}{R+r} = G\dfrac{mM}{R+r}$　④ $m\dfrac{\omega^2}{r} = G\dfrac{mM}{r}$

問4　Sの等速円運動の速さを v［m/s］とするとき，v を表す正しい式はどれか。【11】

① $r\sqrt{GM}$　　② $(R+r)\sqrt{GM}$

③ $\sqrt{\dfrac{GM}{r}}$　　④ $\sqrt{\dfrac{GM}{R+r}}$

問5　ω' の値に最も近い数値を以下から選べ。ただし，地球の自転周期は24時間であり，円周率は3.14であるとする。【12】

① 7×10^{-5}　② 4×10^{-5}　③ 4×10^{-3}　④ 2×10^{-3}

問6　Sについて $\omega=\omega'$ の関係が成り立つとき，そのような人工衛星は地上から静止して見え，静止衛星と呼ばれる。Sが静止衛星である場合の r を表す正しい式はどれか。【13】

① $\dfrac{GM}{\omega'^2}$　　② $\left(\dfrac{GM}{\omega'^2}\right)^{\frac{1}{3}}$

③ $\dfrac{GM}{\omega'^2}-R$　　④ $\left(\dfrac{GM}{\omega'^2}\right)^{\frac{1}{3}}-R$

3　図のような二等辺三角形の頂点B，Cに電気量 q［C］（$q>0$）の点電荷が置かれているとき，以下の設問に最も適する答えをそれぞれの解答群①～④から一つ選べ。なお，クーロンの法則の比例定数を k［N・m²/C²］，線分BD，AD，CDの長さは全て r［m］とする。また，無限遠方を電位の基準点とする。

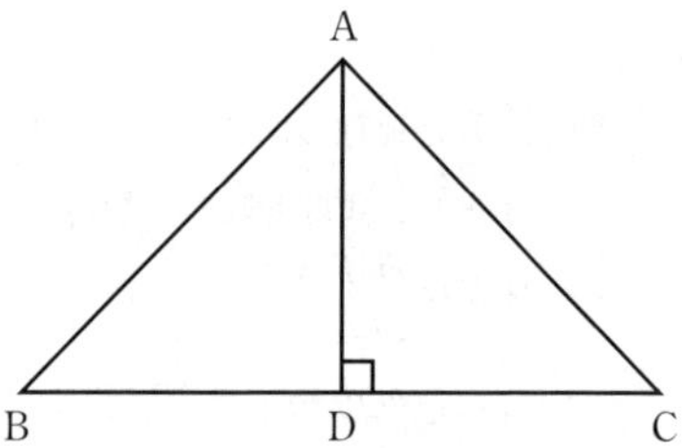

問1　頂点Bにある点電荷が頂点Aに作る電界の強さ E_1［N/C］と向きの，正しい組み合わせはどれか。【14】

① $\dfrac{kq}{r^2}$，$\overrightarrow{\mathrm{AB}}$ の向き

② $\dfrac{kq}{2r^2}$，$\overrightarrow{\mathrm{AB}}$ の向き

③ $\dfrac{kq}{r^2}$，$\overrightarrow{BA}$の向き

④ $\dfrac{kq}{2r^2}$，$\overrightarrow{BA}$の向き

問2 頂点BとCにある点電荷が頂点Aに作る合成電界の強さE［N/C］と向きの，正しい組み合わせはどれか。【15】

① $\dfrac{kq}{2r^2}$，$\overrightarrow{AD}$の向き

② $\dfrac{\sqrt{2}kq}{2r^2}$，$\overrightarrow{AD}$の向き

③ $\dfrac{kq}{2r^2}$，$\overrightarrow{DA}$の向き

④ $\dfrac{\sqrt{2}kq}{2r^2}$，$\overrightarrow{DA}$の向き

次に，頂点BとCに置かれた電荷をそのままにして，頂点Aに電気量q_0［C］（$q_0>0$）の点電荷を置いた。

問3 頂点Aに置かれた点電荷にはたらく力の大きさと方向として，正しい組み合わせはどれか。【16】

① $\dfrac{\sqrt{2}kq_0q}{2r^2}$，$\overrightarrow{AD}$の向き

② $\dfrac{kq_0q}{r^2}$，$\overrightarrow{AD}$の向き

③ $\dfrac{\sqrt{2}kq_0q}{2r^2}$，$\overrightarrow{DA}$の向き

④ $\dfrac{kq_0q}{r^2}$，$\overrightarrow{DA}$の向き

問4 頂点Bにある点電荷が頂点Aに作る電位V_1［V］を求めよ。【17】

① $\dfrac{kq}{2r^2}$　② $\dfrac{\sqrt{2}kq}{2r^2}$　③ $\dfrac{kq}{2r}$　④ $\dfrac{\sqrt{2}kq}{2r}$

問5 頂点BとCにある点電荷が頂点Aに作る電位V_A［V］を求めよ。【18】

① $\dfrac{\sqrt{2}kq}{r^2}$　② $\dfrac{kq}{r^2}$　③ $\dfrac{\sqrt{2}kq}{r}$　④ $\dfrac{kq}{r}$

問6　頂点BとCにある点電荷が点Dに作る電位 V_D [V] を求めよ。【19】

① $\dfrac{kq}{r^2}$　② $\dfrac{2kq}{r^2}$　③ $\dfrac{2kq}{r}$　④ $\dfrac{kq}{r}$

問7　頂点Aにある点電荷を点Dまで移動させるのに必要な仕事 W [J] を求めよ。【20】

① $\dfrac{kq_0q}{r}$　② $\dfrac{(2-\sqrt{2})kq_0q}{r}$

③ $\dfrac{2kq_0q}{r}$　④ $\dfrac{(2+\sqrt{2})kq_0q}{r}$

4　図のような横幅 L_x [m]，奥行き L_y [m]，高さ L_z [m] の直方体容器に，質量 m [kg] の分子 N 個からなる温度 T [K] の単原子分子理想気体を入れる。気体分子は容器の内壁と弾性衝突をしており，気体分子の運動に対する重力の影響は無視でき，気体分子どうしの衝突はないものとする。また，L_x と L_y と L_z はそれぞれ異なる値であるとし，アボガドロ定数は N_A（$= 6.02 \times 10^{23}$/mol)，気体定数は R（$= 8.31$ J/(mol・K)）と表されるとする。容器の横幅，奥行き，高さの各方向は，図のように，x，y，z 軸の各方向に一致しているものとする。

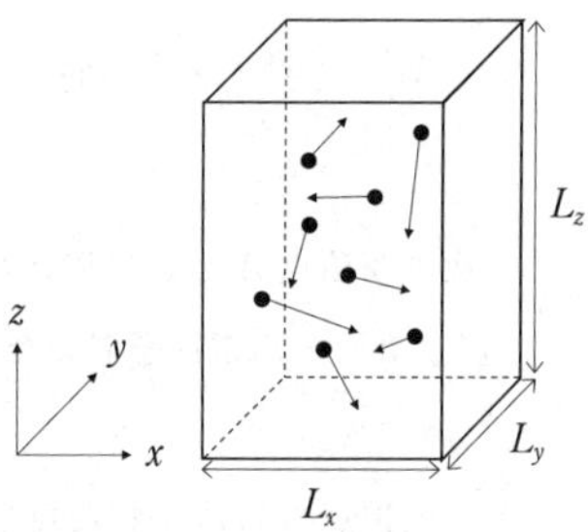

以上の直方体容器内の気体について，以下の設問に最も適する答えをそれぞれの解答群①～④から一つ選べ。

問1　容器の上面と衝突する直前のある1個の気体分子の速度が $\vec{v} = (v_x,\ v_y,\ v_z)$ であるとき，その分子が1回の衝突で上面に及ぼす力積の大きさをN・sの単位で求めると，どのような式で表されるか。正しい式を選べ。ただし，v_x，v_y，v_z の単位はいずれもm/sであるとする。【21】

① $\dfrac{1}{2}mv_z$　② mv_z　③ $2mv_z$　④ $\dfrac{1}{2}mv_z{}^2$

問2　問1の分子は単位時間（1秒間）あたりに何回上面に衝突するか。衝突回数を表す正しい式を選べ。【22】

① $\dfrac{L_z}{v_z}$　　② $\dfrac{2L_z}{v_z}$　　③ $\dfrac{v_z}{L_z}$　　④ $\dfrac{v_z}{2L_z}$

問 3　上面が問 1 の分子から受ける力の大きさの平均値が $\overline{f_z}$ [N] と表されるとき，$\overline{f_z}$ は単位時間（1 秒間）あたりに問 1 の分子が上面に及ぼす力積の大きさに等しい。この考え方にもとづき，$\overline{f_z}$ を表す正しい式を選べ。【23】

① $\dfrac{mv_z^2}{4L_z}$　　② $\dfrac{mv_z^2}{2L_z}$　　③ $\dfrac{mv_z^2}{L_z}$　　④ $\dfrac{mv_zL_z}{2}$

問 4　容器内の気体分子の z 軸方向の速さ v_z [m/s] とその二乗値 v_z^2 [m^2/s^2] について，N 個の全分子についての平均値が $\overline{v_z}$ と $\overline{v_z^2}$ と表されるとき，上面が N 個の全分子から受ける圧力の大きさを示す P_z [Pa] を求めるとどのような式で表されるか。正しい式を選べ。【24】

① $\dfrac{Nm\overline{v_z}L_z}{2L_xL_y}$　　② $\dfrac{Nm\overline{v_z^2}}{2L_xL_yL_z}$　　③ $\dfrac{Nm\overline{v_z^2}}{L_xL_yL_z}$　　④ $\dfrac{Nm\overline{v_z^2}}{L_z}$

以上の問 1 ～問 4 の考え方を底面に衝突する気体分子に当てはめると，底面に作用する圧力の大きさが上面での P_z [Pa] と等しい事を証明できる。同様の考え方を直方体容器の側面にも当てはめ，以下の問に答えよ。ただし，容器中を運動する任意の分子のある瞬間における速度は問 1 と同様，$\vec{v} = (v_x,\ v_y,\ v_z)$ であり，$\vec{v}$ の大きさは v [m/s] と表されるとする。また，問 4 の $\overline{v_z}$ と $\overline{v_z^2}$ と同様，容器内の全分子について v [m/s]，v_x [m/s]，v_y [m/s]，v^2 [m^2/s^2]，v_x^2 [m^2/s^2]，v_y^2 [m^2/s^2] の平均値は，それぞれ $\overline{v}$，$\overline{v_x}$，$\overline{v_y}$，$\overline{v^2}$，$\overline{v_x^2}$，$\overline{v_y^2}$ と表されるとする。

問 5　容器の 4 つの側面のうち，x 軸に対して垂直な 2 つの側面に作用する圧力の大きさが共に等しく P_x [Pa]，y 軸に対して垂直な 2 つの側面に作用する圧力の大きさも共に等しく P_y [Pa] と表されるとする。このとき，P_x と P_y を表す正しい式の組み合わせを以下から選べ。【25】

① $P_x = \dfrac{Nm\overline{v_x^2}}{L_x}$，$P_y = \dfrac{Nm\overline{v_y^2}}{L_y}$　　② $P_x = \dfrac{Nm\overline{v_x}L_x}{2L_yL_z}$，$P_y = \dfrac{Nm\overline{v_y}L_y}{2L_xL_z}$

③ $P_x = \dfrac{Nm\overline{v_x^2}}{2L_xL_yL_z}$，$P_y = \dfrac{Nm\overline{v_y^2}}{2L_xL_yL_z}$　　④ $P_x = \dfrac{Nm\overline{v_x^2}}{L_xL_yL_z}$，$P_y = \dfrac{Nm\overline{v_y^2}}{L_xL_yL_z}$

問6　分子の個数 N が大きく，多数の分子が特定の方向に偏ることなく乱雑に運動している場合，$\overline{v_x} = \overline{v_y} = \overline{v_z}$，$\overline{v_x^2} = \overline{v_y^2} = \overline{v_z^2}$ の関係が成り立つ。このとき，直方体容器の内面に対し作用する圧力の大きさは全ての面で等しくなり，$P_x = P_y = P_z$ となる。この等しい圧力の大きさが P［Pa］と表されるとき，P を表す正しい式を選べ。【26】

①　$\dfrac{Nm\overline{v^2}}{3L_z}$　②　$\dfrac{Nm\overline{v^2}}{3L_xL_yL_z}$　③　$\dfrac{Nm\overline{v}L_z}{6L_xL_y}$　④　$\dfrac{Nm\overline{v^2}}{6L_xL_yL_z}$

問7　N 個の全分子の運動エネルギーの平均値を，T を用いて表す場合の正しい式を選べ。【27】

①　$\dfrac{1}{2}m\overline{v^2} = \dfrac{3R}{N_A}T$　②　$\dfrac{1}{2}m\overline{v^2} = \dfrac{3R}{2N_AL_xL_y}T$

③　$\dfrac{1}{2}m\overline{v^2} = \dfrac{3R}{2N_A}T$　④　$\dfrac{1}{2}m\overline{v^2} = \dfrac{18R^2}{mN_A^2L_z^4}T^2$

化学

（60分）

1 以下の問い（問１，２）に答えよ。

問１　中和滴定に関する次の記述について，問(1)～(3)に答えよ。

濃度不明の希硫酸 H_2SO_4 をホールピペットで 10.0 mL 正確に量り，これを 200 mL 用のメスフラスコに加えた後，純水を用いて正確に 200 mL にした。この溶液 30.0 mL を別のホールピペットで量りとったものを器具Ａに入れ，指示薬を２滴加えた。次に，滴定に使用する器具Ｂに 0.200 mol/L の水酸化ナトリウム NaOH 水溶液を入れた。このとき，器具Ｂの液面は図１の数値を示していた。希釈した希硫酸の入った器具Ａに，器具ＢからNaOH 水溶液を滴下したところ，器具Ｂの液面が図２の数値を示したとき，水溶液が淡赤色になった。

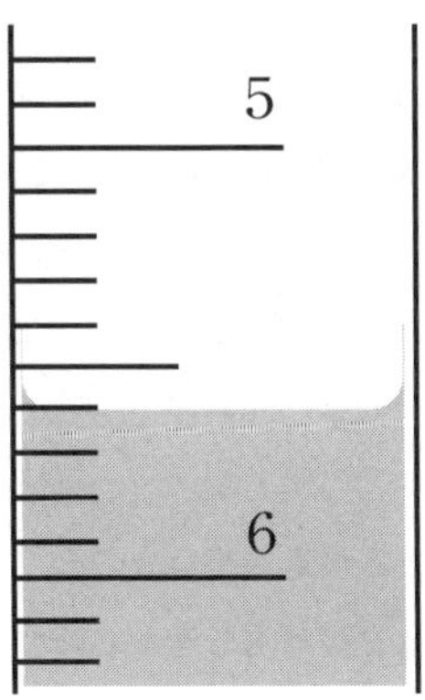

図１

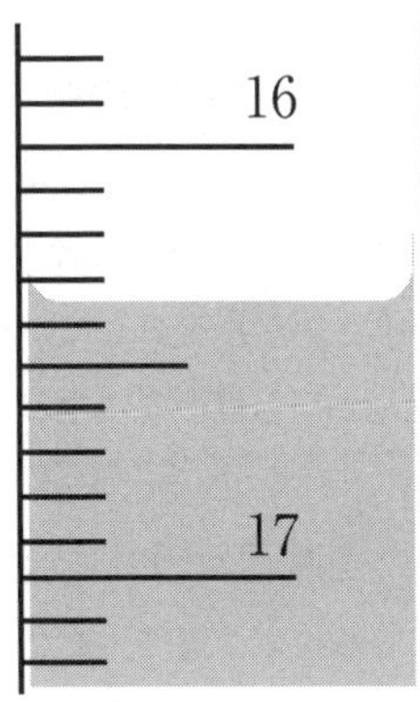

図２

⑴　器具AおよびBとして最も適当なものを，①～⑥の中から一つずつ選べ。ただし，同じ選択肢を繰り返し選んではならない。
器具A【1】　器具B【2】

①　駒込ピペット　②　メスピペット　③　安全ピペッター
④　コニカルビーカー　⑤　メスシリンダー　⑥　ビュレット

⑵　滴下したNaOH水溶液の体積は何mLか。図1および図2から読み取れる最も適当な値を，①～⑧の中から一つ選べ。ただし，器具Bの最小目盛りの10分の1まで読み取り，有効数字を考慮したものとする。【3】
①　10.7　②　10.70　③　10.75　④　10.8
⑤　10.80　⑥　10.85　⑦　10.9　⑧　10.90

⑶　もとの希硫酸のモル濃度（mol/L）として最も適当な値を，①～⑤の中から一つ選べ。ただし，H_2SO_4 とNaOHは水溶液中で完全に電離するものとする。【4】
①　0.0358　②　0.0717　③　0.215　④　0.358　⑤　0.717

問2　次の記述について，問⑴，⑵に答えよ。

「元素」は物質を構成する［ア］を指しており，「単体」は実際に存在する［イ］そのものを指している。例えば，「水を分解すると水素と酸素が発生する」という場合の「水素」および「酸素」は，「元素」と「単体」のうち［ウ］を表している。元素の［エ］律に基づいて，性質の類似した元素が同じ縦の列に並ぶように配列した表を，元素の［エ］表という。

⑴　空欄［ア］～［エ］にあてはまる最も適当なものを，①～⓪の中から一つずつ選べ。ただし，同じ選択肢を繰り返し選んではならない。
ア【5】　イ【6】　ウ【7】　エ【8】

①　物質　②　気体　③　原子核　④　周期

⑤　化合物　⑥　成分　⑦　元素　⑧　単体
⑨　電子　⓪　同素体

(2)　元素の［　エ　］表において，左下に位置する元素ほど，どのような性質があるか。最も適当なものを，①～⑥の中から一つ選べ。【9】

①　電気や熱を導きにくい　②　最外殻電子が多い
③　陽性が強い　④　陰性が強い
⑤　そのイオン化エネルギーが大きい
⑥　そのイオンの価数が大きい

2　以下の問い（問1，2）に答えよ。

問1　弱酸である硫化水素 H_2S は，次のように2段階で電離する。

$H_2S \rightleftarrows H^+ + HS^-$　（電離定数 K_1）　a式

$HS^- \rightleftarrows H^+ + S^{2-}$　（電離定数 K_2）　b式

a，b式を合わせると

$H_2S \rightleftarrows 2H^+ + S^{2-}$　（電離定数 K_3）　c式

となる。問(1)，(2)に答えよ。

(1)　K_1，K_2，K_3 として最も適当なものを，①～⑧の中から一つずつ選べ。
K_1【10】　K_2【11】　K_3【12】

①　$\dfrac{2[H^+][S^{2-}]}{[HS^-]}$　②　$\dfrac{[H^+][S^{2-}]^2}{[HS^-]}$　③　$\dfrac{[H^+][S^{2-}]}{[HS^-]}$

④　$\dfrac{[H^+]^2[S^{2-}]}{[HS^-]}$　⑤　$\dfrac{[H^+][HS^-]}{[H_2S]}$　⑥　$\dfrac{[H^+]^2[HS^-]}{[H_2S]}$

⑦　$\dfrac{2[H^+][S^{2-}]}{[H_2S]}$　⑧　$\dfrac{[H^+]^2[S^{2-}]}{[H_2S]}$

(2)　硫化水素が溶解した水溶液中で，$[H_2S] = 0.050$ mol/L，$[H^+] = 0.0050$ mol/L となった場合，$[S^{2-}]$ は何 mol/L か。最も適当な値を，①～④の中から一つ選べ。ただし，$K_1 = 9.6 \times 10^{-8}$(mol/L)，

$K_2 = 1.3 \times 10^{-14}$(mol/L) とする。【13】

①　6.2×10^{-21}　　②　1.3×10^{-20}

③　1.3×10^{-19}　　④　2.5×10^{-18}

問2　過酸化水素 H_2O_2 水に鉄(Ⅲ)イオン Fe^{3+} を加えると，次の反応が生じ，水 H_2O と酸素 O_2 に分解する。

$$2H_2O_2 \longrightarrow 2H_2O + O_2$$

温度一定で H_2O_2 が分解するときの H_2O_2 の濃度変化を表に示す。時間0～60秒間と，300～360秒間の H_2O_2 の分解速度（mol/(L・s)）はそれぞれいくらか。最も適当な値を，①～④の中から一つずつ選べ。

0～60秒間【14】　300～360秒間【15】

時間 t〔s〕	濃度[H_2O_2]〔mol/L〕
0	1.08
60	1.00
120	0.91
180	0.84
240	0.77
300	0.71
360	0.65

①　1.0×10^{-3}　　②　1.1×10^{-3}　　③　1.2×10^{-3}　　④　1.3×10^{-3}

3　以下の問い（問1，2）に答えよ。

問1　次のグラフは，塩化ナトリウム NaCl 水溶液の冷却曲線の模式図である。問(1)〜(5)に答えよ。

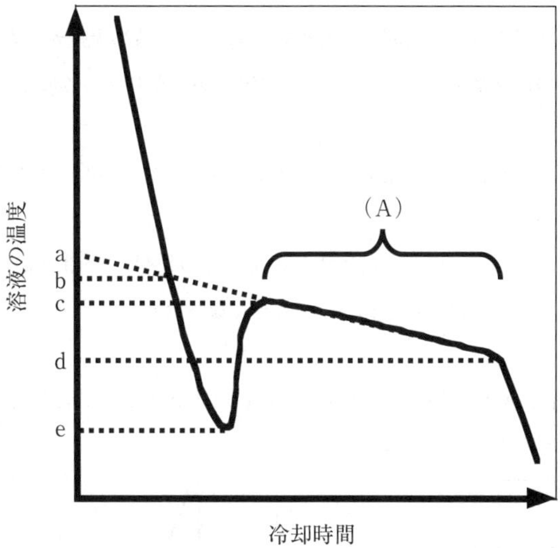

(1)　この NaCl 水溶液の凝固点として最も適当なものを，①〜⑤の中から一つ選べ。【16】

①　a　　②　b　　③　c　　④　d　　⑤　e

(2)　この NaCl 水溶液が凝固し始めた温度として最も適当なものを，①〜⑤の中から一つ選べ。【17】

①　a　　②　b　　③　c　　④　d　　⑤　e

(3)　この NaCl 水溶液が完全に凝固した温度として最も適当なものを，①〜⑤の中から一つ選べ。【18】

①　a　　②　b　　③　c　　④　d　　⑤　e

(4)　NaCl 水溶液の冷却曲線が（A）の領域で傾きをもつ理由として最も適

当なものを，①～⑥の中から一つ選べ。【19】

① NaCl 水溶液に含まれるイオンが熱伝導を阻害し，温度がゆっくりとしか下がらないため。

② 温度の低下とともに溶けきれなくなった NaCl が析出し，より純水に近づくため。

③ 水が凝固する時に周囲の熱を奪い，NaCl 水溶液の温度が下がるため。

④ 装置の冷却能力の限界で，NaCl 水溶液がかなりゆっくりとしか冷えないため。

⑤ 水の凝固が進むほど熱をよく伝えるようになり，温度が下がりやすくなるため。

⑥ 冷却に伴い，水のみが凝固するので，その結果，NaCl 水溶液の濃度が上昇して，凝固点降下がさらに大きくなるため。

(5) NaCl 水溶液と純水の冷却曲線を比較したグラフとして最も適当なものを，①～⑥の中から一つ選べ。【20】

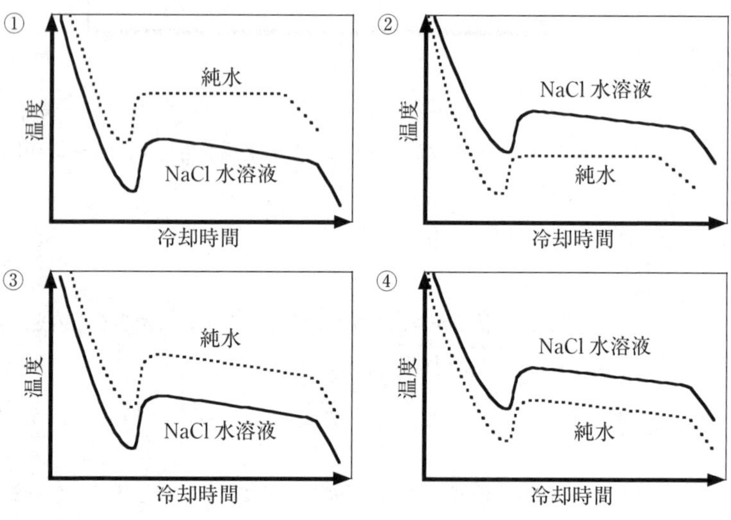

⑤
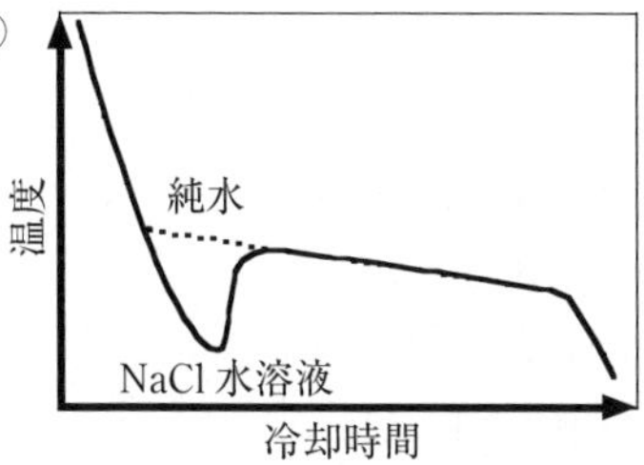

⑥
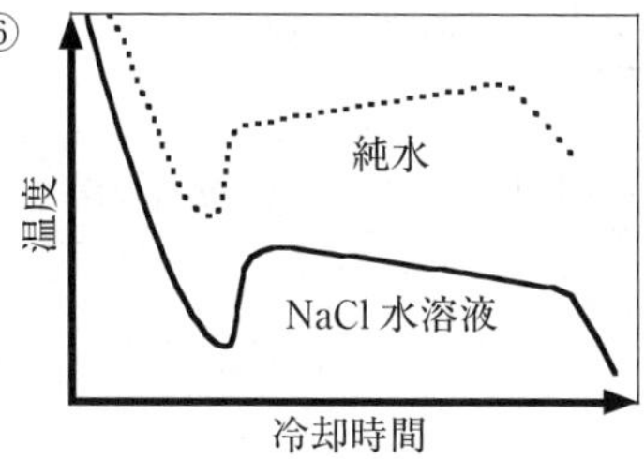

問２　炭酸水素ナトリウム $NaHCO_3$，炭酸ナトリウム Na_2CO_3，硫酸ナトリウム Na_2SO_4 の粉末がある比率で混ざった試料Ｘがある。5.0 g の試料Ｘを約 300 ℃で十分に加熱したところ，含まれる $NaHCO_3$ がすべて分解して二酸化炭素 CO_2 が 0.53 g 発生した。また，5.0 g の試料Ｘを少量の水に溶かし，十分な量の濃硫酸を加えたところ，CO_2 が 1.6 g 発生した。5.0 g の試料Ｘに含まれる $NaHCO_3$，Na_2CO_3，Na_2SO_4 の物質量は，それぞれ何 mol か。最も適当な値を，①～⑧の中から一つずつ選べ。ただし，原子量は H = 1.0，C = 12，O = 16，Na = 23，S = 32 とし，同じ選択肢を繰り返し選んでもよい。

$NaHCO_3$【21】　Na_2CO_3【22】　Na_2SO_4【23】

① 6.0×10^{-3}　② 8.0×10^{-3}　③ 1.0×10^{-2}　④ 1.2×10^{-2}
⑤ 1.5×10^{-2}　⑥ 2.0×10^{-2}　⑦ 2.4×10^{-2}　⑧ 3.6×10^{-2}

4　以下の問い（問１～３）に答えよ。

問１　次に示す化合物Ａに関する記述について，問(1)～(3)に答えよ。

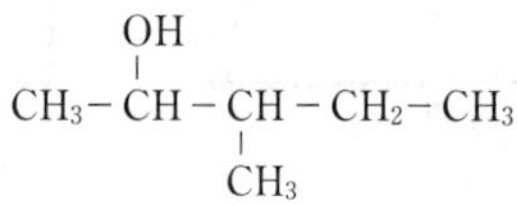

化合物Ａ

化合物Ａは単体のナトリウムと反応して水素を発生し，（ア）ナトリウムアルコキシドを生成する。（イ）また，化合物Ａを硫酸酸性条件下で二クロム酸カリウム水溶液と加熱すると，酸化されて化合物Ｂとなる。化合物Ｂはフェーリング液を還元する。（ウ）化合物Ｂは不斉炭素原子を１個もっており，（エ）光学異性体が存在する。

(1)　下線（ア）～（エ）のうち，**間違っているもの**はどれか。最も適当なものを，①～④の中から一つ選べ。【24】

①　ア　　②　イ　　③　ウ　　④　エ

(2)　25.5 g の化合物Ａを，上述の方法で反応させて，化合物Ｂを得たい。反応が完全に進んだとき，化合物Ｂは何 g できるか。最も適当な値を，①～⑤の中から一つ選べ。ただし，原子量は H = 1.00，C = 12.0，O = 16.0 とする。【25】

①　24.7　　②　25.0　　③　25.3　　④　25.5　　⑤　25.8

(3)　化合物Ｂと同じ官能基をもち，酸化されにくい性質をもつ化合物Ｂの異性体は何個あるか。最も適当なものを，①～⓪の中から一つ選べ。ただし，光学異性体は別々に数えることとし，化合物Ｂ自体も含めて数えることとする。【26】

①　1　　②　2　　③　3　　④　4　　⑤　5
⑥　6　　⑦　7　　⑧　8　　⑨　9　　⓪　0

問２　示性式 $C_{17}H_{29}COOH$ で表される不飽和脂肪酸について，問(1)，(2)に答えよ。

(1)　この不飽和脂肪酸１分子中に含まれる炭素原子間の二重結合の数は何個か。最も適当なものを，①～④の中から一つ選べ。ただし，この不飽和脂肪酸は三重結合や環状構造を含まないものとする。【27】

①　1　　②　2　　③　3　　④　4

(2)　この不飽和脂肪酸のみを構成脂肪酸にもつ油脂 0.100 mol は何 g か。最も適当な値を，①～⑤の中から一つ選べ。ただし，原子量は H = 1.00，C = 12.0，O = 16.0 とする。【28】

①　86.8　　②　87.0　　③　87.2　　④　87.4　　⑤　87.6

問３　次の記述（ア）～（オ）にあてはまる合成繊維の名称として最も適当なものを，①～⑥の中から一つずつ選べ。ただし，同じ選択肢を繰り返し選んではならない。

（ア）　肌ざわりが羊毛に似ていて，衣料・ぬいぐるみ・毛布などに用いられる。

（イ）　プロペン（プロピレン）を単量体として付加重合させて生成した重合体である。

（ウ）　分子中には親水基がないので吸湿性はほとんどないが，ベンゼン環を含むため比較的強度もある。

（エ）　多数のヒドロキシ基を含むため適度な吸湿性を示し，耐薬品性・耐摩耗性に優れている。

（オ）　ヘキサメチレンジアミンとアジピン酸を縮合重合することで得られる。

ア【29】　イ【30】　ウ【31】　エ【32】　オ【33】

①　ポリアクリロニトリル　　②　ビニロン
③　ポリプロピレン　　④　ポリエチレンテレフタラート
⑤　ナイロン66　　⑥　ナイロン6

生物

（60分）

1　顕微鏡に関する以下の問い（問１～５）に答えよ。

問１　反射鏡付きの光学顕微鏡の操作方法について述べた，次の文章ア～オの正しい操作順序として，下の①～⑧から最も適当なものを１つ選べ。【１】

ア．接眼レンズをのぞきながら調節ねじを回し，対物レンズと試料を遠ざけながらピントを合わせる。

イ．レボルバーを回して最低倍率の対物レンズにした後で，接眼レンズをのぞきながら反射鏡の角度を調整し，しぼりを開いて視野が明るくなるように調節する。

ウ．プレパラートをステージに載せ，試料が視野の中央にくるようにする。

エ．低倍率でピントが合ったまま，レボルバーを回転させて高倍率の対物レンズに切り換えて再びピントを微調整する。

オ．顕微鏡を真横から見て，対物レンズと試料をできるだけ近づける。

① ア→イ→ウ→オ→エ　　② ア→エ→イ→ウ→オ
③ イ→ウ→オ→ア→エ　　④ イ→オ→ア→エ→ウ
⑤ ウ→イ→オ→ア→エ　　⑥ ウ→オ→ア→エ→イ
⑦ エ→イ→ウ→オ→ア　　⑧ エ→ウ→オ→イ→ア

問２　上下左右が反対に見える光学顕微鏡で試料を観察したところ，プレパラートの中心にある試料が視野の左下に位置していた。試料を視野の中心に位置するようにするためには，プレパラートをどの方向に移動させればよいか。下図の①～⑧から最も適当なものを１つ選べ。【２】

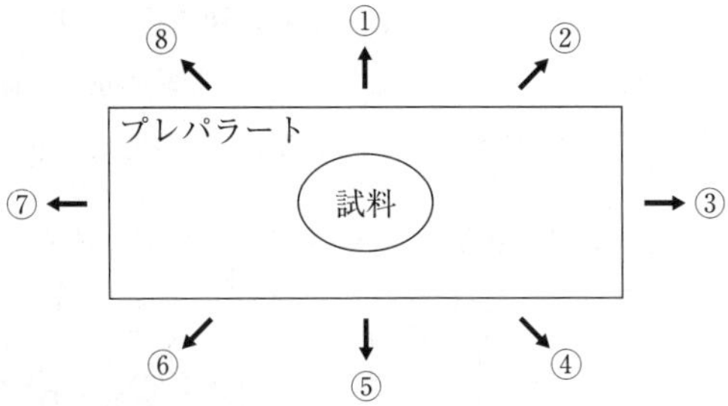

問3　次のA～Eの細胞や構造物のうち，肉眼ではその存在を確認できないが，光学顕微鏡を用いれば，その存在を確認できるものをすべて含んだ組み合わせとして，下の①～⑥から最も適当なものを1つ選べ。【3】

A．ヒトの卵　　B．カエルの卵　　C．大腸菌
D．ミトコンドリア　　E．ゾウリムシ

①　A，B，C　　②　A，C，D　　③　C，D
④　C，D，E　　⑤　D，E　　⑥　A，E

問4　顕微鏡で細胞などの大きさを測るとき，道具a，bの2つを用いる。道具aは円形のガラス板に目盛りが刻んであり，道具bは長方形のガラスの中央に1mmを100等分した目盛りが刻んである。a，bに入る語の組み合わせとして，次の①～⑧から最も適当なものを1つ選べ。【4】

	a	b
①	接眼ナノメーター	対物ミクロメーター
②	接眼ミクロメーター	対物ナノメーター
③	接眼ナノメーター	対物ナノメーター
④	接眼ミクロメーター	対物ミクロメーター
⑤	対物ナノメーター	接眼ミクロメーター
⑥	対物ミクロメーター	接眼ナノメーター
⑦	対物ナノメーター	接眼ナノメーター
⑧	対物ミクロメーター	接眼ミクロメーター

問５　接眼レンズが一定の倍率で固定された顕微鏡で，対物レンズの倍率を10倍にして接眼レンズをのぞいたところ，顕微鏡の正しい位置に付けられた問４の道具ａ，ｂの目盛りが次の図１のように見えた。下の(1)〜(3)に答えよ。

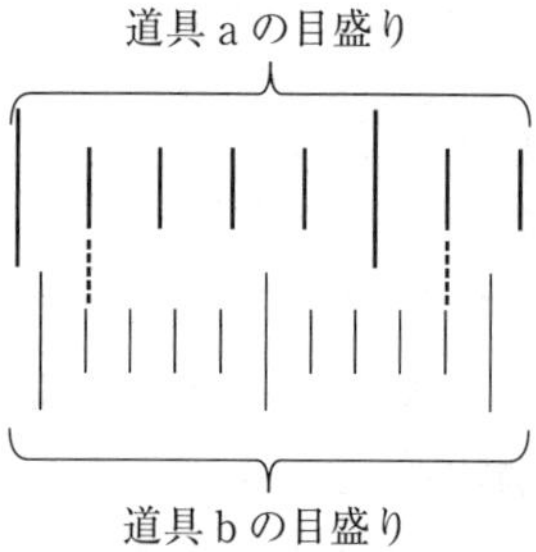

図１

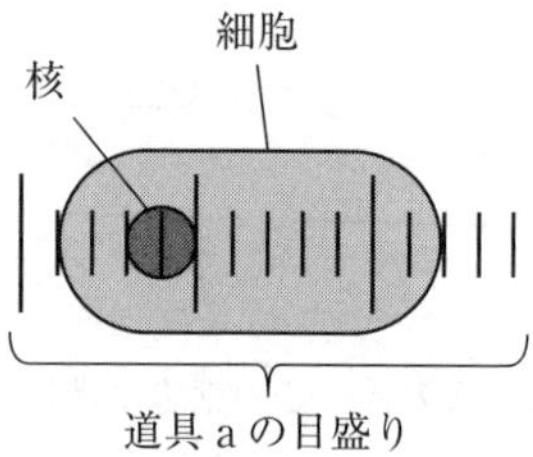

図２

(1)　このとき，道具ａの１目盛りの長さ（μm）として，次の①〜⑥から最も適当なものを１つ選べ。【５】

①　1.5　②　1.6　③　6.3　④　15　⑤　16　⑥　63

(2)　このとき，対物レンズの倍率を10倍にしたままで，ある細胞を観察したところ，図２のように見えた。細胞の長径の長さ（μm）として，次の①〜⑧から最も適当なものを１つ選べ。【６】

①　16.5　②　17.6　③　30　④　32
⑤　69.3　⑥　165　⑦　176　⑧　693

(3)　対物レンズの倍率を40倍にして図２の細胞を観察したところ，細胞内を顆粒が移動しており，道具ａの６目盛りを移動するのに３秒かかった。この顆粒の大体の移動速度（μm/秒）として，次の①〜⑥から最も適当なものを１つ選べ。【７】

①　2　②　4　③　8　④　16　⑤　32　⑥　64

2　酵素のはたらきに関する次の文章を読み，以下の問い（問１～６）に答えよ。

酵素はタンパク質を主成分としており，生体内で起こるさまざまな化学反応の触媒としてはたらく。酵素の活性は温度やpHなどの外的条件の影響を受ける。a酵素反応と無機触媒がはたらく反応の大きな違いとして，温度がそれらの反応速度に与える影響が異なることが挙げられる。また，さまざまな消化酵素の最適pHは，それぞれがはたらく環境のpHとほぼ一致する。

酵素反応は温度やpHのほかに，基質と類似した構造をもつ物質の影響を受ける場合がある。このような物質が酵素に結合すると，酵素の活性は変化することがある。例えば，コハク酸をフマル酸に変換するコハク酸脱水素酵素に，コハク酸に類似した構造をもつマロン酸が結合すると酵素の機能は停止する。コハク酸脱水素酵素を含む一部の酵素の活性には，bある種の有機物と酵素の結合が必要になることがある。一方，酵素の中には，活性部位とは別に基質以外の物質と結合する部位をもつものがある。cこの部位に適合する物質が酵素に結合すると，酵素の活性部位の構造が変化し，活性が制御される。

問１　下線部aの温度と反応速度の関係を示すグラフの組み合わせとして，次の①～⑥から最も適当なものを１つ選べ。【8】

①

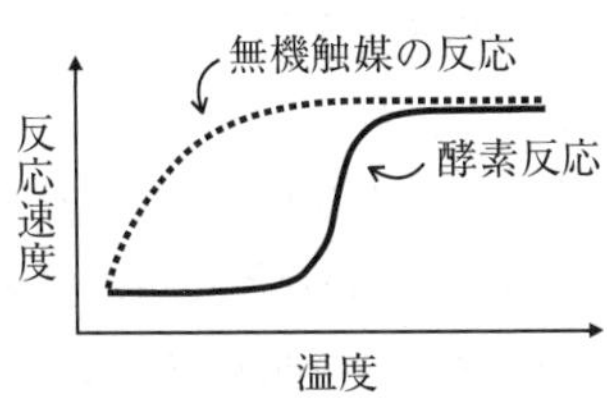

②

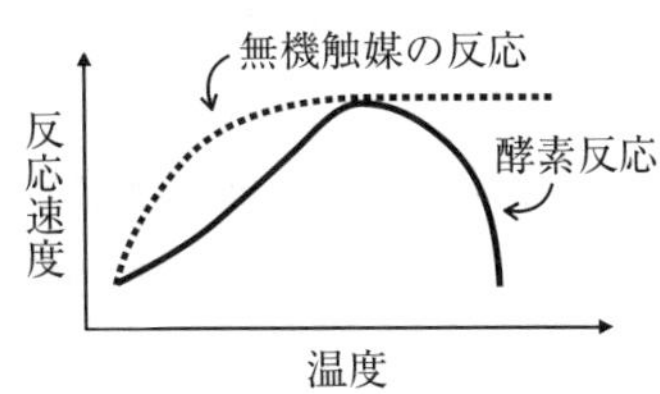

③

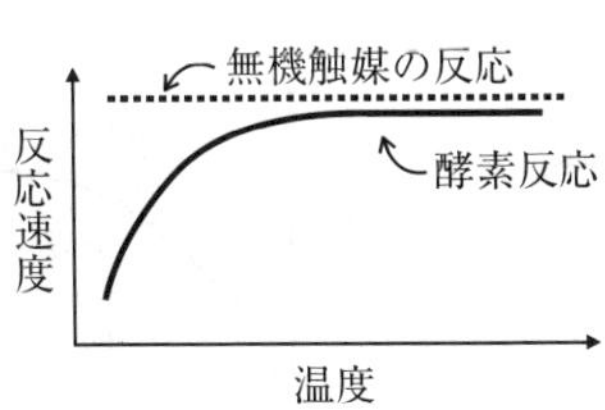

④

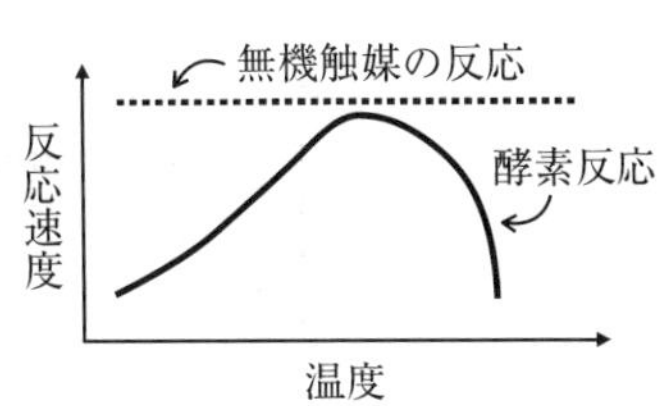

⑤
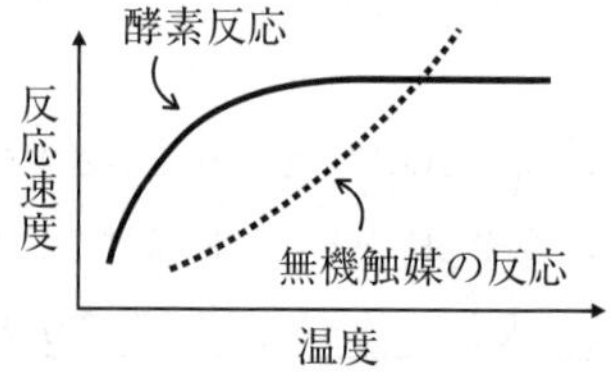

⑥
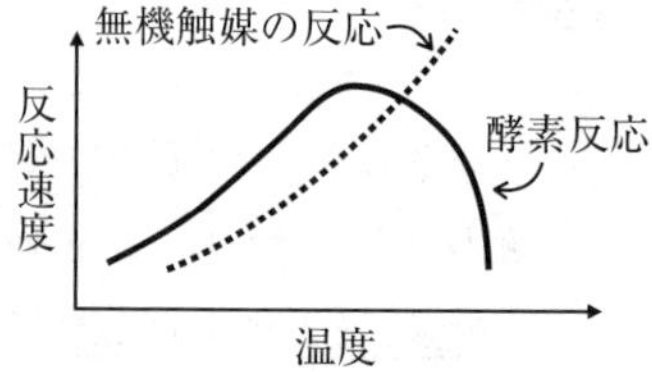

問２　下線部ｂの有機物は何とよばれるか。次の①～⑥から最も適当なものを１つ選べ。【９】

①　基質　　②　補酵素　　③　色素体
④　アクチベーター　　⑤　プロモーター　　⑥　阻害物質

問３　酵素に関する**誤った記述**として，次の①～⑤から最も適当なものを１つ選べ。【10】

①　酵素のはたらきが失われた状態を失活という。
②　基質の濃度が高くなると，競争的阻害の影響はほとんど見られなくなる。
③　多くの補酵素は酵素と比べると熱に対して強い。
④　精子の先体にはタンパク質分解酵素が含まれている。
⑤　DNA リガーゼは DNA を切断する酵素である。

問４　反応開始時の基質の濃度が同じであり，反応の温度が一定の条件で酵素の濃度が［E］から［E_1］に増加したときに，時間と生成物の量のグラフはどのように変化するか。それぞれの場合のグラフの組み合わせとして，次の①～⑤から最も適当なものを１つ選べ。【11】

①
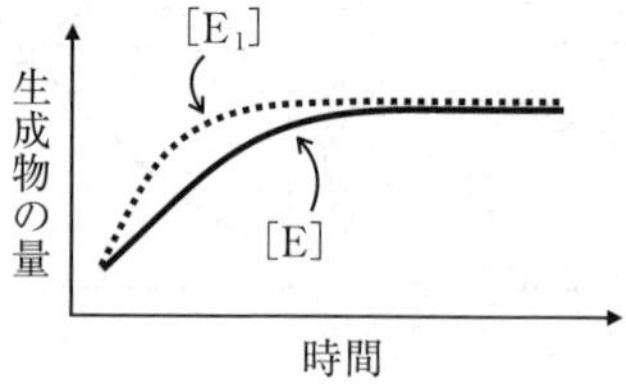

②
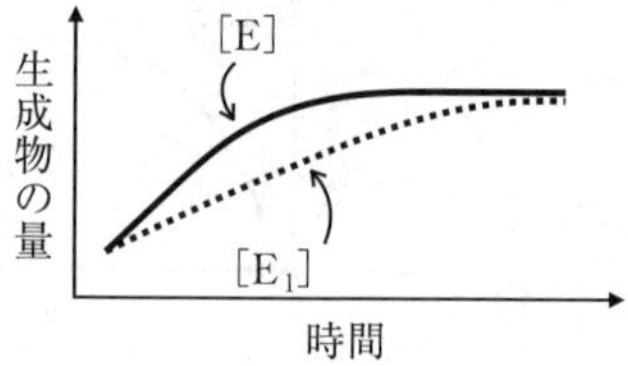

③

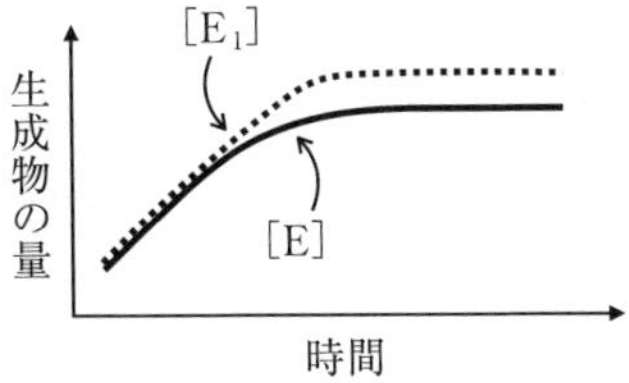

④

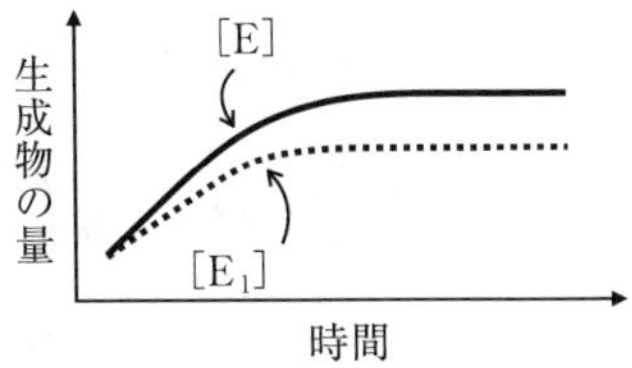

⑤

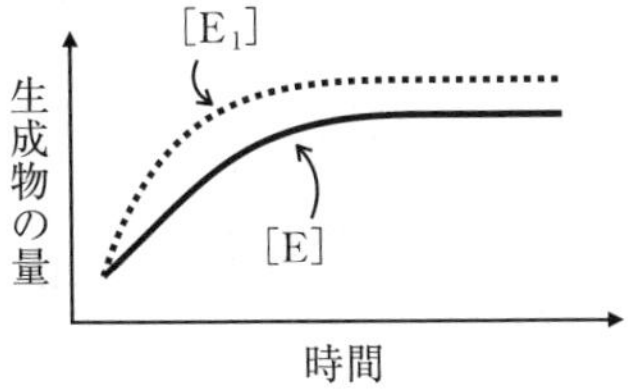

問5　マウスのコハク酸脱水素酵素を単離し，その酵素を試験管内で一定量のコハク酸と混合して，温度以外の条件は最適な状態にしてから，25℃または37℃で反応させた。それぞれの場合の時間と生成物の量のグラフの組み合わせとして，次の①～⑤から最も適当なものを1つ選べ。【12】

①

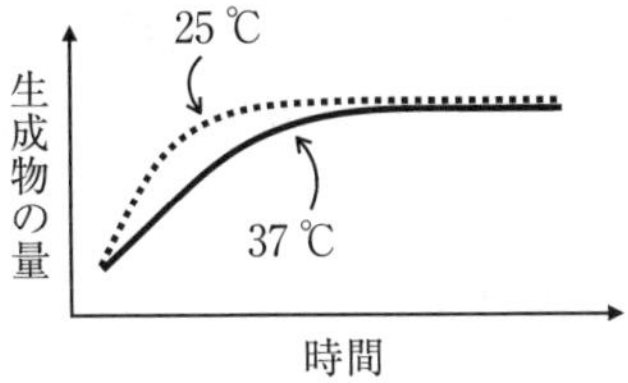

②

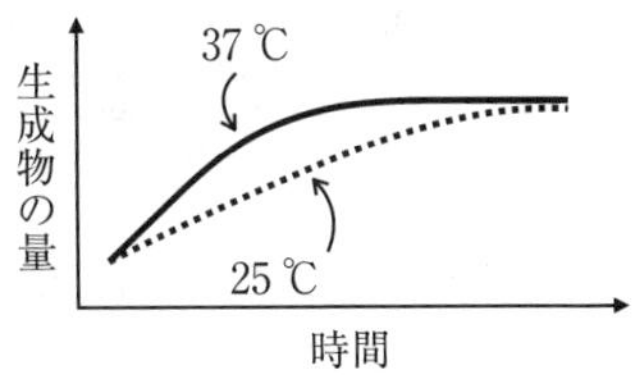

③

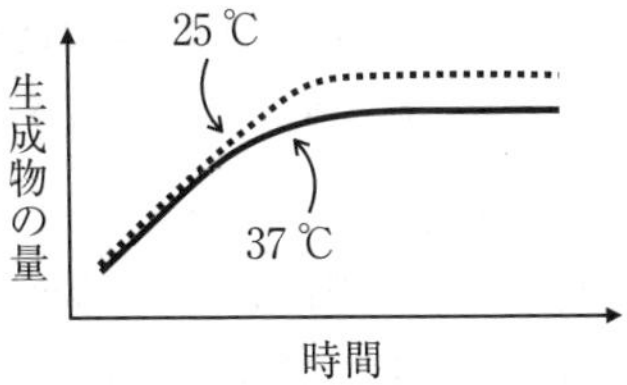

④

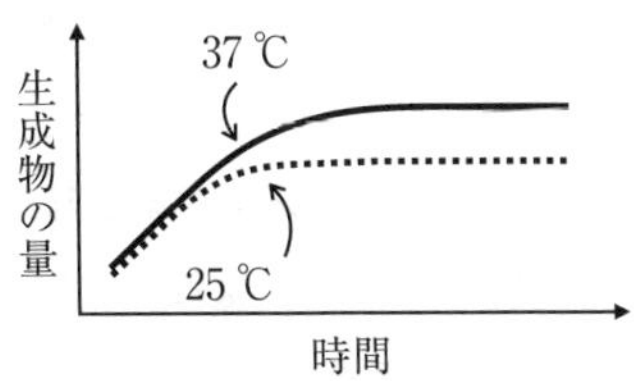

⑤

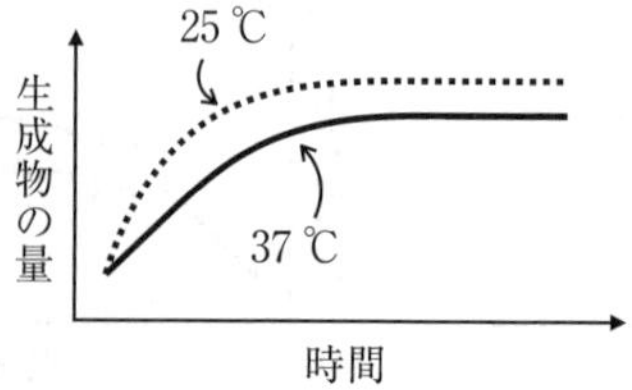

問6　下線部cのようなしくみを何とよぶか。次の①～⑤から最も適当なものを1つ選べ。【13】

①　フィードバック調節　　②　競争的阻害

③　アロステリック効果　　④　基質特異性

⑤　活性化エネルギー

3　生物の生殖と配偶子の形成について，以下の問い（問1～3）に答えよ。

問1　次の生殖のうち，親と子が同一の遺伝情報をもつものとして，次の①～④から最も適当なものを1つ選べ。【14】

①　クラミドモナスの接合　　②　ジャガイモの塊茎

③　バッタの受精　　④　カエルの受精

問2　次の文章を読み，以下の(1)と(2)に答えよ。

染色体には（　ア　）が何重にも折り畳まれて入っている。（　ア　）には生物のもつ遺伝情報が含まれている。体細胞分裂の中期には赤道面で観察される同じ形・大きさの対になる2本の染色体を（　イ　）染色体という。ある遺伝子が染色体の中で占める位置を（　ウ　）という。ある一対の（　イ　）染色体上の同じ（　ウ　）にある遺伝子が同一の塩基配列である個体を（　エ　）接合体，異なる塩基配列である個体を（　オ　）接合体という。

(1)（ア）と（イ）に入る語の組合せとして，次の①～④から最も適当なも

のを１つ選べ。【15】

	（ア）	（イ）
①	RNA	相同
②	RNA	常
③	DNA	相同
④	DNA	常

(2)（ウ）～（オ）に入る語の組合せとして，次の①～⑥から最も適当なものを１つ選べ。【16】

	（ウ）	（エ）	（オ）
①	遺伝子座	ホモ	ヘテロ
②	遺伝子座	ホモ	ユー
③	遺伝子座	ヘテロ	ホモ
④	配偶子	ヘテロ	ユー
⑤	配偶子	ユー	ホモ
⑥	配偶子	ユー	ヘテロ

問３　次の図は，ある植物の花粉形成における減数分裂の過程の模式図である。ただし，ＡからＥの並びは分裂過程の順序と一致していない。以下の(1)と(2)に答えよ。

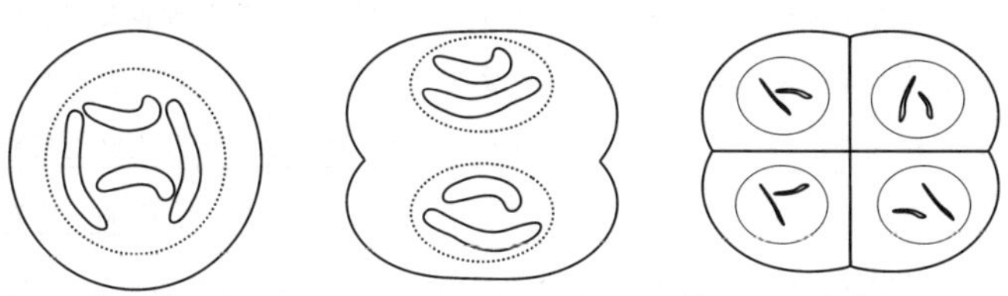

A　　B　　C

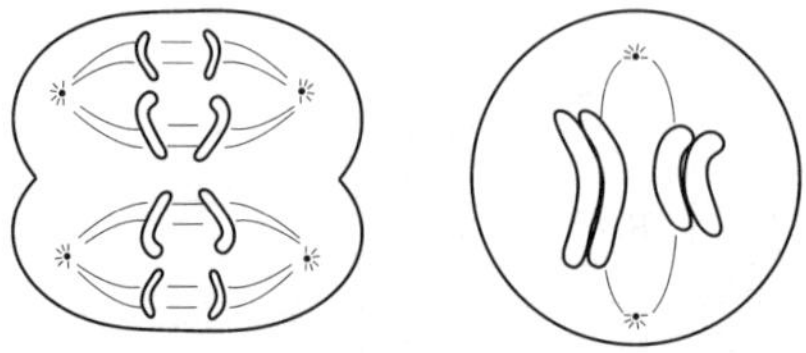

D　　　　　　E

⑴　二価染色体が見られるものとして，次の①～⑤から最も適当なものを１つ選べ。【17】

①　A　　②　B　　③　C　　④　D　　⑤　E

⑵　A～Eを減数分裂の過程の順序に並べたものとして，次の①～⑤から最も適当なものを１つ選べ。【18】

①　D→C→B→E→A　　②　B→A→E→D→C

③　A→E→B→D→C　　④　C→D→B→E→A

⑤　E→A→B→D→C

4　ヒトの血液成分に関する次の文章を読み，以下の問い（問１～５）に答えよ。

私たちの血液は，液体成分である血しょうと，有形成分である血球（赤血球，白血球，血小板）とからなる。これらの血球は（ア）の造血幹細胞からつくられる。血液が赤く見えるのは赤血球には（イ）を含んだタンパク質であるヘモグロビンが存在するからである。(a)ヘモグロビンは，肺で取り入れた酸素を各組織に運搬する役割を担っている。一方，(b)白血球には，好中球，マクロファージ，樹状細胞，リンパ球などがあり，これらは免疫担当細胞とよばれる。また，(c)血小板は血液凝固に関わる。

問１　文章中の（ア）と（イ）に入る語の組み合わせとして最も適当なものを，次の①～⑨から１つ選べ。【19】

	(ア)	(イ)
①	骨髄	鉄
②	骨髄	銅
③	骨髄	マグネシウム
④	ひ臓	鉄
⑤	ひ臓	銅
⑥	ひ臓	マグネシウム
⑦	肝臓	鉄
⑧	肝臓	銅
⑨	肝臓	マグネシウム

問２　下線部（ａ）に関する次の文章を読み，以下の(1)，(2)に答えよ。

ヘモグロビンは酸素と結合して酸素ヘモグロビンとなる。酸素濃度と酸素ヘモグロビンの割合との関係を示す曲線は酸素解離曲線とよばれる（図１）。酸素解離曲線は，二酸化炭素濃度の影響を受け，図１において二酸化炭素濃度が高いときと低いときの曲線は，それぞれ（ウ）と（エ）である。肺胞では酸素濃度が（オ），二酸化炭素濃度が（カ）ので，酸素ヘモグロビンの割合が高くなるが，各組織では酸素濃度が（キ），二酸化炭素濃度が（ク）ので，酸素ヘモグロビンは酸素を放出する。この性質によって，各組織に酸素が供給される。

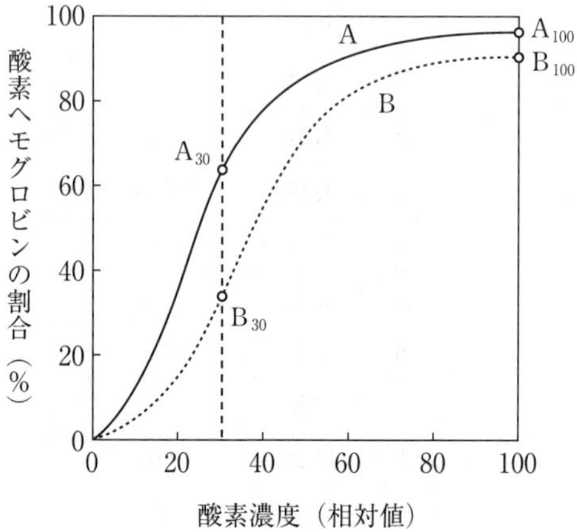

図1　ヘモグロビンの酸素解離曲線

(1)（ウ）～（ク）に入る記号・語の組み合わせとして最も適当なものを，次の①～⑧から1つ選べ。【20】

	（ウ）	（エ）	（オ）	（カ）	（キ）	（ク）
①	A	B	高く	低い	高く	低い
②	A	B	低く	高い	高く	低い
③	A	B	高く	低い	低く	高い
④	A	B	低く	高い	低く	高い
⑤	B	A	高く	低い	高く	低い
⑥	B	A	低く	高い	高く	低い
⑦	B	A	高く	低い	低く	高い
⑧	B	A	低く	高い	低く	高い

(2) 肺と組織における酸素濃度（相対値）はそれぞれ100と30である。図1の酸素解離曲線において，酸素濃度100と30のときのA曲線上の酸素ヘモグロビンの割合をそれぞれA_{100}とA_{30}，B曲線上の酸素ヘモグロビンの割合をそれぞれB_{100}とB_{30}で示す。肺においてヘモグロビンに結合した酸素のうち，組織で放出される酸素（%）を表すものとして最も適当なものを，次の①～⑥から1つ選べ。【21】

① $\dfrac{A_{100} - A_{30}}{A_{100}} \times 100$　　② $\dfrac{A_{100} - A_{30}}{B_{100}} \times 100$

③ $\dfrac{B_{100} - B_{30}}{A_{100}} \times 100$　　④ $\dfrac{B_{100} - B_{30}}{B_{100}} \times 100$

⑤ $\dfrac{A_{100} - B_{30}}{A_{100}} \times 100$　　⑥ $\dfrac{A_{100} - B_{30}}{B_{100}} \times 100$

問３　ヘモグロビンはα鎖２本とβ鎖２本のポリペプチドから構成される。健康な人のヘモグロビンβ鎖のアミノ酸配列の一部とそれに対応するコドンを図２に示す。

	1	2	3	4	5	6	7
N 末端	バリン	ヒスチジン	ロイシン	トレオニン	プロリン	グルタミン酸	グルタミン酸
	GUG	CAU	CUG	ACU	CCU	GAG	GAG

図２

かま状赤血球貧血症の人では，６番目のグルタミン酸（コドン：GAG）がバリン（コドン：GUG）に変わり，ヘモグロビンの立体構造が変化して赤血球の形が変化する。かま状赤血球貧血症の人のヘモグロビンβ鎖の１～７番目のアミノ酸配列に対するDNAの塩基配列として最も適当なものを，次の①～⑥から１つ選べ。【22】

① 5’－GUG CAU CUG ACU CCU GAG GAG－3’
　 3’－CAC GUA GAC UGA GGA CUC CUC－5’

② 5’－GUG CAU CUG ACU CCU GUG GAG－3’
　 3’－CAC GUA GAC UGA GGA CAC CUC－5’

③ 5’－GTG CAT CTG ACT CCT GAG GAG－3’
　 3’－CAC GTA GAC TGA GGA CTC CTC－5’

④ 5’－GTG CAT CTG ACT CCT GTG GAG－3’
　 3’－CAC GTA GAC TGA GGA CAC CTC－5’

⑤ 5’－CAC GTA GAC TGA GGA CTC CTG－3’
　 3’－GTC CAT CTG ACT CCT GAG GAG－5’

⑥ 5’－CAC GTA GAC TGA GGA CAC CTG－3’
　 3’－GTC CAT CTG ACT CCT GTG GAG－5’

問4　下線部（b）に関する次の①～⑥のうち**誤っているもの**を1つ選べ。【23】

①　好中球は，通常は血管内に存在し，白血球の中で最も数が多い。

②　血液中の単球は毛細血管から組織に移動すると，大型の食細胞であるマクロファージに分化する。

③　リンパ球にはT細胞とB細胞があり，造血幹細胞から分化した後，ともに胸腺で成熟する。

④　NK（ナチュラルキラー）細胞はリンパ球の一種で，ウイルスに感染した細胞やがん細胞を殺す。

⑤　好中球やマクロファージとNK（ナチュラルキラー）細胞は自然免疫ではたらき，T細胞とB細胞は獲得（適応）免疫ではたらく。

⑥　樹状細胞は自然免疫ではたらくとともに，自然免疫から獲得（適応）免疫への橋渡しの役割を担う。

問5　下線部（c）のしくみに関する次の文章において，（ケ）～（ス）に入る記号・語の組み合わせとして最も適当なものを，下の①～⑧から1つ選べ。【24】

血管の傷口に血小板が集まって傷口をふさぎ，血小板から血液凝固因子（血小板因子）が放出される。血しょう中の血液凝固因子と（ケ）が協同して作用し，（コ）から（サ）が生成される。（サ）は血しょう中の（シ）を繊維状の（ス）に変化させる。（ス）が血球にからみついて血ぺいをつくり傷口をふさぐ。

	(ケ)	(コ)	(サ)	(シ)	(ス)
①	Fe^{2+}	フィブリン	フィブリノーゲン	プロトロンビン	トロンビン
②	Fe^{2+}	フィブリノーゲン	フィブリン	プロトロンビン	トロンビン
③	Fe^{2+}	プロトロンビン	トロンビン	フィブリン	フィブリノーゲン
④	Fe^{2+}	プロトロンビン	トロンビン	フィブリノーゲン	フィブリン
⑤	Ca^{2+}	フィブリン	フィブリノーゲン	プロトロンビン	トロンビン
⑥	Ca^{2+}	フィブリノーゲン	フィブリン	プロトロンビン	トロンビン
⑦	Ca^{2+}	プロトロンビン	トロンビン	フィブリン	フィブリノーゲン
⑧	Ca^{2+}	プロトロンビン	トロンビン	フィブリノーゲン	フィブリン

5 次の文章を読み，以下の問い（問１～５）に答えよ。

図は，ある清流河川の川上で下水口から汚水（生活排水）が流入したときに見られる河川のそれぞれの場所での各物質の濃度と各生物の個体数の模式図である。上の図では有機物，アンモニウムイオン，溶存酸素の濃度が，下の図では細菌，原生動物，藻類の個体数が示されている。ただし，河川の流速および下水口から河川へ流入する物質の量は一定とみなす。

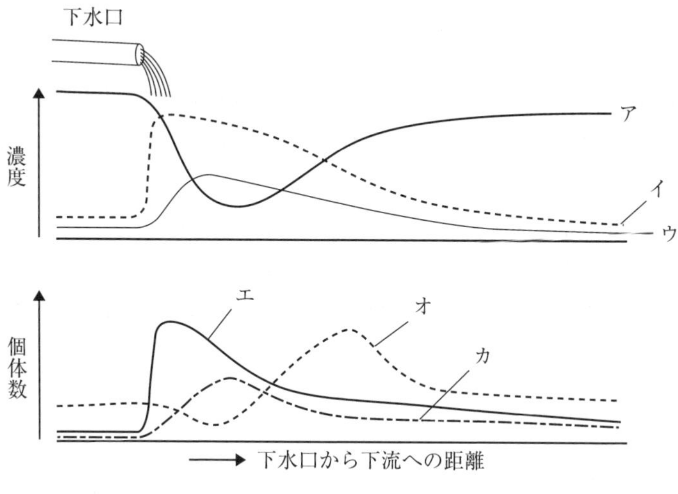

図

問１　図のア～ウのうちアンモニウムイオンと溶存酸素の河川のそれぞれの場所での濃度を示すグラフの組み合わせとして最も適当なものを，次の①～⑥から１つ選べ。【25】

	アンモニウムイオン	溶存酸素
①	ア	イ
②	ア	ウ
③	イ	ア
④	イ	ウ
⑤	ウ	ア
⑥	ウ	イ

問２　図のエ～カのうち細菌と藻類の河川のそれぞれの場所での個体数を示すグラフの組み合わせとして最も適当なものを，次の①～⑥から１つ選べ。【26】

	細菌	藻類
①	エ	オ
②	エ	カ
③	オ	エ
④	オ	カ
⑤	カ	エ
⑥	カ	オ

問３　図に関する次の記述Ⅰ～Ⅲについて，その正誤の組み合わせとして最も適当なものを，下の①～⑧から１つ選べ。【27】

Ⅰ　酸素の増加が，藻類の増加の主な要因となる。

Ⅱ　細菌の増殖が，酸素の減少の主な要因である。

Ⅲ　流入する汚水中の有機物を分解する主な担い手は，原生動物である。

	Ⅰ	Ⅱ	Ⅲ
①	正	正	正
②	正	正	誤
③	正	誤	正
④	正	誤	誤
⑤	誤	正	正
⑥	誤	正	誤
⑦	誤	誤	正
⑧	誤	誤	誤

問4　河川水中のアンモニウムイオンは，ある種の細菌の作用により別の物質へと変換される。その細菌と物質の組み合わせとして最も適当なものを，次の①～⑥から1つ選べ。【28】

	細菌	物質
①	脱窒菌	窒素（N_2）
②	脱窒菌	硝酸イオン
③	硝化菌	窒素（N_2）
④	硝化菌	硝酸イオン
⑤	根粒菌	窒素（N_2）
⑥	根粒菌	硝酸イオン

問5　次の文章中の空欄（　A　）～（　C　）に入る語の組み合わせとして最も適当なものを，下の①～⑧から1つ選べ。【29】

河川や湖沼などに流入した汚水に含まれる物質は，通常，自然浄化のはたらきにより減少する。しかし，流入する物質量が多いと，（　A　）により特定のプランクトンが異常発生し，海域では赤潮が，淡水域ではアオコが発生することがある。一方，農薬など生物によって分解または排出されにくい物質が汚水中に含まれていた場合，その物質が河川から海洋沿岸域等まで運ばれる過程で，（　B　）を通じて高次消費者の体内に高濃度で蓄積するものがある。この現象を（　C　）とよぶ。

	(A)	(B)	(C)
①	富栄養化	環境形成作用	生物濃縮
②	富栄養化	環境形成作用	炭素同化
③	富栄養化	食物連鎖	生物濃縮
④	富栄養化	食物連鎖	炭素同化
⑤	窒素固定	環境形成作用	生物濃縮
⑥	窒素固定	環境形成作用	炭素同化
⑦	窒素固定	食物連鎖	生物濃縮
⑧	窒素固定	食物連鎖	炭素同化

たりするなど、労働市場の観点からは損が多いのに対し、消費者の観点からは歓迎すべき点が多い。

③　移民の増加による貿易の促進が私たちの生活に与える影響の善し悪しは、業種による外国人労働者の受け入れ状況や世界経済の状況にも左右されるため、得する人と損する人の立場が目まぐるしく入れ替わっている。

④　移民の増加による貿易拡大が私たちの生活にどのような影響があるかという点については、労働者の立場にいるか消費者の立場にいるかによって大きく異なるが、最終的には総合的に評価を下さなければならない。

⑤　外国人の増加による貿易拡大は、労働者の側からすれば一定の傾向はあるものの誰が恩恵を受けるかはかなり複雑である一方で、消費者の立場からはいろいろな財やサービスをより安く消費できるようになるために歓迎される。

問10　本文の内容と合致するものを、次の①～⑤のうちから一つ選びなさい。解答番号は【28】。

①　貿易が盛んになれば国家は停滞しても地域の経済は活性化すると期待されている。

②　移民の存在は、出身国のコミュニティーや企業についての情報をもたらしてくれるが、政策までは見通すことができない。

③　移民の増加によって増える輸入品は、食品に限らず、耐久消費財にもおよぶ。

④　輸入よりも輸出が拡大すると、国内産業が打撃を受けるという見解がある。

⑤　移民による貿易拡大は、労働市場にあまねく恩恵を与える。

問7　空欄 X に入る語句として最も適切なものを、次の①～⑤のうちから一つ選びなさい。解答番号は【25】。

① 割れる
② 偏る
③ 行き詰まる
④ 広まる
⑤ 凝り固まる

問8　空欄 Y に入る語句として最も適切なものを、次の①～⑤のうちから一つ選びなさい。解答番号は【26】。

① 柔軟な思考
② 詳細な情報
③ 多様な人材
④ 公平な思想
⑤ 独自な発想

問9　傍線部F「自分がどの立場にいるかによって、総合的な評価は変わってくる」とあるが、その説明として最も適切なものを、次の①～⑤のうちから一つ選びなさい。解答番号は【27】。

① 外国人増加による貿易拡大が個々の生活にどう影響するかという点については、成長産業はより成長し、衰退産業はより衰退することから生じる貧富の差が懸念されるものの、消費者の側からはおおむね歓迎されている。
② 移民の増加は、輸出が増える産業では賃金が上がって経営が苦しくなり、輸入が増える産業では仕事が減ったり失業し

ノが消費されるまでに時間がかかることが理由である。

③　移民と貿易との関係においては、生産のための財よりも直接消費する財に大きな影響が認められ、また、時の経過とともに輸入は弱くなるのに対し、輸出は拡大していく。

④　消費財と生産財は対になる概念として考えられ、輸出と輸入どちらへの影響が大きいかについては、論文によって意見が違う。

⑤　おおむね輸入よりも輸出に大きな影響が表れ、その対象は直接消費するモノのみに影響が認められる。

問6　傍線部E「これらの研究では、輸出への影響より、輸入への影響の方が大きいとするのだ」とあるが、その説明として最も適切なものを、次の①～⑤のうちから一つ選びなさい。解答番号は【24】。

①　１９８０年代ごろのカナダに関する研究によれば移民出身国からの輸出量よりも輸入量の方が大きく、１９８０年代～90年代のアメリカに関する研究でも、低所得国からの輸入量が輸出量を上回っていた。

②　輸出と輸入どちらへの影響が大きいかについてはさまざまな意見があり、一概に決めることはできないが、どちらが大きいかによって、カナダやアメリカの経済が日本へ与える影響も変わってくる。

③　ヘッドとリーズによるカナダの移民についての研究やグールドによるアメリカの移民についての研究によれば、移民が増えるとその出身国への輸出よりも、その国からの輸入の方が増加する。

④　アメリカについての研究とカナダについての研究では結果が異なっており、アメリカでは輸入よりも移民出身国への輸出の増加が顕著だったのに対し、カナダでは輸出よりも輸入の増加率が高かった。

⑤　カナダでは移民が増えると出身国からの輸入増加率は輸出増加率を上回るという研究や、アメリカでも典型的な低所得国からの輸出入に限って言えば輸入増加率が輸出増加率を上回るという研究がある。

問4　傍線部C「移民の民族ネットワークは社会関係資本を形成する。そして、形成された社会関係資本は、前述のようにいろいろな経路を通じて、貿易を促進させるのだ」とあるが、その理由として最も適切なものを、次の①～⑤のうちから一つ選びなさい。解答番号は【22】。

① 移民の民族ネットワークは食品や自動車や家電のような社会に関する資本を増やし、それが取引を円滑にしたり出身国の商品に対する需要を喚起したりして貿易を促進するから。

② 移民の民族ネットワークはグループ内やグループ間の協力を促進する価値観のあるつながりを形成し、その上で、アメリカと47カ国それぞれとの経路を通じて貿易を促す役割を果たすから。

③ 移民の集団が資本を形成して豊かになるにつれて、信頼できる取引関係が構築されたり、出身国の商品を欲しがるなどして輸入を増やしたりして、貿易をより一層促進させる役割を果たすことになるから。

④ 移民の民族ネットワークは協力的な価値観を持つ連帯を形成し、そこでは移民が出身国の商品をほしがったり、その食文化が市民に広まったり、取引の信頼性を高めたりといった効果によって貿易が促進されるから。

⑤ 海外で暮らして日本食が恋しくなった経験がある人には分かる通り、移民社会がエスニックフードを求め、またそれが市民に浸透するという相互の働きこそが貿易を促進させる社会資本の典型的な例であるから。

問5　傍線部D「グールドは、1970年から86年までのアメリカと47ヵ国の間の貿易データを使って研究している」とあるが、このグールドの研究で述べられていることの説明として最も適切なものを、次の①～⑤のうちから一つ選びなさい。解答番号は【23】。

① 移民たちはしばらくするとアメリカでの生活になじんでくるため、輸入したモノよりも、アメリカという外国のモノをより消費する傾向が出てくる。

② 移民の数と貿易の多さには浅からぬ関係があるものの、貿易への効果が移民後すぐに表れる訳ではないのは、外国でモ

③ 国際貿易を進める際に立ちはだかる情報という見えない壁に立ち向かうためには、先方のブローカーとこちらの移民とをマッチングすることで、市場開拓の情報や機会を得る必要がある。

④ 情報を得るためにかなりの費用がかかってしまう国際貿易のためには移民の力が助けとなり、今後の政策の見通しを知ることまでは期待できないものの、商慣行の情報や二国間のマッチングなどの役割などが期待される。

⑤ 国際貿易には地域ならではの習わしや法律などといった見えない障害があり、これを乗りこえるためには、移民が持っているさまざまな情報や知識、ネットワークが有用である。

問3 傍線部B「移民の民族ネットワークは、取引の不履行も抑制する」とあるが、その説明として最も適切なものを、次の①～⑤のうちから一つ選びなさい。解答番号は【21】。

① 移民の中には自己中心的でズルをしようとする輩（やから）が多いが、移民ネットワークは彼らを締め出すため、取引のリスクが低くなる。貿易の契約が制度化されていない発展途上国ではとくにそうした輩が多いためより重要度が増す。

② 発展途上国では移民ネットワークが保証機関としての役割を果たせないことが多いので、移民がズルをするとその民族を移住先の国家が締め出す。その結果、信頼できる民族だけが残って不履行の少ない取引がなされることになる。

③ 移民は民族全体の評判を下げないために、取引を確実に行うよう自主的に心がけるので、移民の存在は取引リスクを下げ、貿易を促進する。ただし法制度が確立されていないことも多い発展途上国の場合はその限りではない。

④ 移民コミュニティーは同胞の評判を下げないために、取引のリスクを軽減するよう自ら心がけるので、貿易の活性化と大きな関わりがある。その点、社会関係資本が豊かな発展途上国では取引の信頼度が高い。

⑤ 移民のネットワークは不当に利益を得るような人物を自主的に排除するので、取引の信頼度が高まる。また法的な整備が確立していない発展途上国との取引では保証機関のような役割を果たして交渉や執行の信頼度が増す。

傍線部(エ)「セマられる」解答番号【18】

① 真実をハクジツの下にさらす。
② ハクライの万年筆を買う。
③ 壁画の塗料がハクラクする。
④ ハクシンの演技でごまかす。
⑤ ハクガクな彼に尋ねてみよう。

傍線部(オ)「カンアン」解答番号【19】

① バンカンの思いを込めて手紙を書く。
② カンレイに従って行動する。
③ 怒った父親からカンドウされた。
④ この間違いはカンカできない。
⑤ カンキュウのある動きに翻弄される。

問2　傍線部A「移民は、こうした情報問題を緩和する役割を果たしてくれる」とあるが、その説明として最も適切なものを、次の①〜⑤のうちから一つ選びなさい。解答番号は【20】。

① 輸送費用や関税といった障壁を情報の力で乗りこえるためには、二国間の売り手と買い手をマッチングしたり、市場開拓の費用を抑えたりできる移民の力が必要である。
② 情報を制限する政策を取った国と貿易を行う際には、その土地特有の商業の習わしや法律などといった情報を得るために、出身国の市場についていろいろな知識を持った移民の存在が不可欠である。

番号は【15】～【19】。

傍線部(ア)「シンコウ」解答番号【15】

① 平安時代には仏教がコウリュウした。
② 水筒で飲み物をケイコウする。
③ ゲームの終盤でついにキンコウを破る。
④ 風邪のチョウコウがあるようだ。
⑤ これまでの記録をコウシンする。

傍線部(イ)「ジジョウ」解答番号【16】

① カジョウな演出にうんざりする。
② 西方ジョウドへ思いをはせる。
③ 常勝チームのガジョウを崩した。
④ ジョウミャクに注射をする。
⑤ 会社のジョウムに就任する。

傍線部(ウ)「ケンショウ」解答番号【17】

① 気になる言葉をケンサクする。
② お年寄りをジャケンに扱うな。
③ 人種差別をケンオする。
④ 会議でシケンを述べる。
⑤ ケンアンの難題を解決する。

されることも十分にありうる。分析が［X］理由については、引き続き研究が行われている。また、輸出と輸入への影響の程度については意見が分かれるが、移民が貿易を拡大させるという結論はおおむね同意を得ている。

さらに、同質的な財よりも、差別化された財の方が、貿易拡大の効果が大きい。差別化された財の取引ほど、情報に関連した貿易障壁を緩和させる移民の機能が発揮されるからではないかとされている。どれを買っても同じような（同質的）財よりも、それぞれ独自の特徴がある（差別化されている）財ほど、［Y］が必要になるからだ。

このように、移民の民族ネットワークは社会関係資本を形成し、貿易を促進させると考えられている。国際貿易の障壁となる情報問題を緩和したり、取引の不履行を抑制して、取引リスクを減らしたりするからだ。

では、外国人増加による貿易拡大は、私たちの生活にどのような影響があるだろうか。

労働市場の観点から見ると、輸出が増える国内の成長産業では、人手が不足して賃金が上がる一方、輸入が増えて衰退する国内産業では、仕事が減って賃金が下がったり、失業したりする可能性もある。

しかし、実際に誰が恩恵を受けるかはかなり複雑で、外国人労働者の受け入れ状況（業種や人数）だけでなく、世界経済の状況（景気）にも左右される。ただ、すべての人に恩恵があるというわけではなく、得する人と損する人がいるのは確かだ。

一方、消費者の観点からは、いろいろな財やサービスをより安く消費できるようになる。労働者の視点と消費者の視点を(オ)カンアンしないといけない。F自分がどの立場にいるかによって、総合的な評価は変わってくる。

（友原章典『移民の経済学』）

＊問題作成上の都合で、原文の一部に手を加えてあります。

問1　傍線部(ア)～(オ)を漢字にしたとき、それと同じ漢字になるものを、次の①～⑤のうちからそれぞれ一つずつ選びなさい。解答

れている。

また、移民による貿易拡大効果は、財の種類によっても違う。生産のために使われる財（生産財）よりも、私たちが直接消費する財（消費財）の方に、より大きな影響が認められている。消費財と生産財は対になる概念で、消費財の生産に使われる投入物が生産財となる。なかでも、消費財の輸出に、その影響が強く表れるとする。つまり、外国で消費されるモノの輸出が増えるわけだ。

しかし、輸出と輸入どちらへの影響が大きいかについては、違った意見もある。たとえば、ブリティッシュ・コロンビア大学のヘッドとリーズによる研究は、カナダにいる移民数が10％増えると、カナダから移民出身国への輸出が1％程度、移民出身国からカナダへの輸入が3％から4％程度増えるとする。1980年から92年までのカナダと136ヵ国の関係を分析した結果だ。同様に、1980年から2001年までのアメリカと73ヵ国との間の貿易関係を分析した研究でも、アメリカにいる移民数が10％増えると、典型的な低所得国からの輸入が4・7％増え、低所得国への輸出が1・5％増えるとされている。

つまり、E これらの研究では、輸出への影響より、輸入への影響の方が大きいとするのだ（専門的には、移民の輸入弾力性は、輸出弾力性よりも高いという）。どちらが大きいかによって、私たちの生活への影響も変わってくる。輸出を凌駕（りょうが）して輸入が拡大すると、地域経済を活性化するどころか、逆に輸入品と競合する国内産業が縮小を(エ)セマられるかもしれない。

このトピックは研究者の注目を集め、いくつもの論文が発表されている。そこで、これまでの研究をまとめると、次のような傾向が見られる。まず、分析対象となる国によって結果はまちまちだが、輸出への影響より、輸入への影響の方が大きいとする国が多くなっている。輸入の場合には、移民の民族ネットワークによって貿易障壁が緩和されるだけでなく、出身国の商品に対する需要という二つの経路が働くため、その効果が大きくなるのではないかと考えられている。ただ、グールドのように違う研究結果もある。分析の対象となる国の違いだけでなく、同じ国の分析でも、データの期間や分析方法によって、結果が違うのが現状だ。たとえば、時間の経過とともに、主要な移民の出身国（つまり、移民の性質）が変わったりすることを考えれば、相反する結果が示

ワークを通じた取引が保証され、取引リスクが低くなる。そのため、貿易が促進するとされているのだ。

信頼できる取引関係の構築は、特に発展途上国との取引において、その重要度が増す。先進国に比べると、発展途上国では貿易の契約が制度化されていないことも多くある。このため、契約交渉やその執行を担保する移民ネットワークが、保証機関のような役割を果たす。

移民の民族ネットワークのように、グループ内やグループ間の協力を促進する価値観を持つつながりを「社会関係資本」と呼ぶ。

さらに、移民は輸入を増やすともいわれる。移民が出身国の商品を欲しがるため、輸入が増えるからだ。海外で暮らし、日本食が恋しくなった経験がある読者は、こうした意見にも納得がいくかもしれない。また、移民コミュニティーの食文化（エスニックフード）が市民に浸透すると、輸入がさらに増えることになる。ここでは分かりやすく食品の例を使ったが、輸入されるものは食品に限らない。自動車や家電だったりもする。

要約すると、C移民の民族ネットワークは社会関係資本を形成する。そして、形成された社会関係資本は、前述のようにいろいろな経路を通じて、貿易を促進させるのだ。

移民と貿易の関係に関するこうした考えは、いくつかの研究によって(ウ)ケンショウされている。ダラス連邦準備銀行のDグールドは、1970年から86年までのアメリカと47ヵ国の間の貿易データを使って研究している。彼の分析では、アメリカにいる移民数は、彼らの出身国との貿易（輸出・輸入のいずれとも）と正の相関があることを示している。また、移民による貿易拡大は、輸入への影響よりも、輸出への影響の方が大きくなっている。

ただ、こうした効果はすぐに表れるわけではない。輸出拡大が見られるのは、移民して3・8年後あたりからだ。アメリカで得た知識を出身国についての知識と結びつけて、成果が出るまでに時間がかかるためと考えられている。一方、輸入は移民当初から増えるが、その効果は時間の経過とともに弱くなる。移住してから長くなると、アメリカの生活になじむからではないかと推測さ

二

次の文章を読んで、後の問い（問1～10）に答えなさい。

移民受け入れは、労働力不足の解消だけでなく、貿易のシンコウ(ア)にも役立つので、経済を活性化させるという見解がある。国際貿易は、地域の経済成長や雇用創出を後押しする重要な要素だと考えられているからだ。このため、貿易が盛んになれば地域経済が活性化すると期待されている。もちろん、こうした作用は地域経済にとどまらず、国家全体の経済にも期待できる。つまり、移民の受け入れは、貿易の促進を通じて経済を活性化する恩恵があるのだ。

では、どうして移民が増えると、貿易が盛んになるのだろう。

その理由は、国際貿易の特殊性にある。外国と取引する貿易には、国内取引とは違った難しさがある。国際ビジネスを円滑に進めるには、地域特有の商慣行や法律などの情報が必要だ。しかし、部外者である外国人は、そうした情報を容易に入手できない。部外者が有用な情報を集めようとすると、かなりの費用がかかってしまう。つまり、国際貿易には、輸送費用や関税のように目に見える障壁だけではなく、情報のように目に見えない障壁もあるのだ。

A移民は、こうした情報問題を緩和する役割を果たしてくれる。彼らは、出身国の市場についていろいろな知識を持っている。地元消費者の嗜好（しこう）だけでなく、企業慣行や商慣行、政策の予見性（将来、政策がどう変わるかなど）などだ。たとえば、ブローカーとして貿易を仲介する移民は、二国間の売り手と買い手をマッチングして、情報に関連した貿易障壁を緩和してくれる。

その結果、貿易が拡大する。移民が二つの国を橋渡しすることで、市場開拓の情報や機会が低い費用で得られるからだ。また、移民の民族ネットワークや語学・文化風習の知識なども、取引を円滑にして貿易を促進すると考えられている。コミュニケーションの障害に関する貿易費用が低下するためだ。

B移民の民族ネットワークは、取引の不履行も抑制する。自己中心的な移民がズルをすると、同胞の評判を下げてしまう。そこで、見せしめとして、ズルをした移民は同胞のコミュニティーから締め出される。こうしたジジョウ(イ)作用のおかげで、移民ネット

どまり赤さの規準そのものに違いがない以上、「赤い」の意味内容は相対的というよりも、むしろ絶対的であると考えられるから。

③　二つの地域の人たちが異なる対象を「赤い」と認識することから分かるように、「赤さ」の認識が両地域の文化的背景のもとに育まれるものである以上、一方が虚偽として否定されるようなことがあってはならず、むしろそれぞれが真として尊重されるべきだから。

④　二つの地域の人たちが同じ「赤い」という文字を用いていてもその意味がわずかに異なっているように、ある対象を「赤い」と見なすかどうかを最終的に決めるのは主体の態度であると考えられる以上、それぞれの主体にとっての「赤さ」は常に真であるから。

⑤　二つの地域で「赤い」の意味する色の範囲がずれていたとしても、主体の態度という共通性が見出せない「赤さ」という対象主導型の言葉については、何を「赤い」とするかという合意を形成する方策がなく、よって「赤さ」の真偽を問うことが不可能であるから。

問10　本文の内容と合致するものを、次の①～⑤のうちから一つ選びなさい。解答番号は【14】。

①　真理の相対主義が成り立たないとは必ずしも言えない。

②　美の相対主義はいかなる場合であっても成り立たない。

③　未知の言語の翻訳は、推理の働かせ方で容易になる。

④　「美しい」という言葉の意味はその外延によって規定される。

⑤　赤さの規準が共同体によって異なる場合もある。

って「ブー」と「美しい」とが同一の意味内容を持つことが確定することで、初めて文化による美の規準の違いについて言えるようになる。

⑤「美しい」という言葉は、「おいしい」と同様に表情や行動といった外延以外のものによってその意味が規定されるが、そうした表情や行動は人類共通であるから、「ブー」の規準は文化や共同体の差異を超えて「美しい」の規準とおおむね一致することになる。

問8　空欄 **Y** に入る語句として最も適切なものを、次の①～⑤のうちから一つ選びなさい。解答番号は【12】。

① 感覚先行型
② 相対主義型
③ 述語中心型
④ 統一規準型
⑤ 主体主導型

問9　傍線部F「「赤さ」について真理の相対主義は不可能なのである」とあるが、その理由として最も適切なものを、次の①～⑤のうちから一つ選びなさい。解答番号は【13】。

① 二つの地域の者が同じ「赤い」という言葉で異なる対象を指したとしても、それは同一の意味内容を持つ「赤い」という言葉の真偽が地域によって異なるということではなく、「赤い」の意味自体が両地域で異なっていると見るべきであるから。

② 二つの地域で「赤い」という言葉が指し示す色の範囲が多少異なっていたとしても、それはあくまでも誤差の範囲にと

③　もし「ブー」を「美しい」と翻訳できるのかという問題を考えるならば、「ブー」と「美しい」の規準が一致しない以上、美の相対主義は成り立ちえなくなる。
④　もし「ブー」を「美しい」と訳すのであれば、両者の規準を一致させる操作が必要であるが、その人為性によって美の相対主義は成り立ちえなくなる。
⑤　もし「ブー」の規準と「美しい」の規準とが一致しているのならば、文化による美の規準の違いがないということになり、美の相対主義は成り立ちえなくなる。

問7　傍線部E「美の相対主義が成立しうるには、「美しい」もまたある程度「おいしい」のようなタイプの語でなければならない」とあるが、その説明として最も適切なものを、次の①〜⑤のうちから一つ選びなさい。解答番号は【11】。
①　「美しい」という言葉は、「おいしい」と同様に感覚を表現するタイプの語であり、そうした人類共通の身体感覚にもとづいた言葉同士を文化ごとに比較検討することを通じて、初めて「ブー」と「美しい」との美の規準の違いといったものが浮き彫りになる。
②　「美しい」という言葉は、「おいしい」と同様に外延にその意味の重みをかけるような語であり、その指し示す対象や範囲が「ブー」と異なることが確かめられることで、初めて文化や共同体によって美の規準が異なっているということが主張できるようになる。
③　「美しい」という言葉は、「おいしい」と同様に主体の態度やふるまいにその意味の重みがかかっている言葉にほかならないため、美の規準が著しく異なる文化における「ブー」を「美しい」と翻訳することはできず、そこに美の相対主義が成り立つ余地が生じる。
④　「美しい」という言葉は、「おいしい」と同様にその言葉を用いる主体の態度によって規定され、その態度の共通性によ

問5　傍線部C「いやあ、美の規準は文化によってずいぶん違いますな、……なんてことが、どうして言えるのだろう」とあるが、その説明として最も適切なものを、次の①～⑤のうちから一つ選びなさい。解答番号は【9】。

① たとえ、さしあたり「ブー」を「美しい」と翻訳することができないとしても、「ブー」の規準と「美しい」の規準とが最終的に一致することは疑いない。

② 「ブー」と「美しい」とがその意味内容を異にしているということは、美の規準が文化によって大きく違うことを端的に物語っていると考えてよい。

③ 「ブー」と「美しい」とで適用される対象が異なるのは、文化による美の規準の違いではなく、むしろ両者の意味内容の違いを示している可能性が考えられる。

④ 未知の言語を翻訳することが根元的に不可能である以上、美の規準が文化によって違うなどという相対主義も究極的には成り立ちえないと言うほかない。

⑤ 異なる言語において異なる美的感覚が見られることは、文化による美の規準の表面的な違いの深奥にある、絶対的な美の存在をかえって暗示している。

問6　傍線部D「だが、そうだとすると、美の相対主義は成り立ちえないことになる」とあるが、その説明として最も適切なものを、次の①～⑤のうちから一つ選びなさい。解答番号は【10】。

① もし「ブー」の規準を「美しい」の規準と一致させるならば、もはや両者を異なる言語と見ることはできなくなるから、美の相対主義は成り立ちえなくなる。

② もし「ブー」を「美しい」と訳せないならば、両者はそもそも異なる意味の言葉であると考えられ、比較すること自体不可能であるから、美の相対主義は成り立ちえなくなる。

問3　空欄 X に入る語句として最も適切なものを、次の①〜⑤のうちから一つ選びなさい。解答番号は【7】。

① 朱に交わる
② 一を聞いて十を知る
③ 郷に従う
④ 敬して遠ざける
⑤ 低きに流れる

問4　傍線部B「これがなかなかに難しいのである」とあるが、その理由として最も適切なものを、次の①〜⑤のうちから一つ選びなさい。解答番号は【8】。

① 何を美しいと見るかは、文化による違いというよりもむしろ一人一人の違いである以上、結局のところ個人の好みの問題に過ぎないと考えられるから。
② ある概念の相対主義が成立するかどうかは、その概念の意味がどのように規定されるかによって異なるため、美についても慎重に考えなければならないから。
③ 日本語の「美しい」に正しく翻訳できる言葉が他の言語には存在しないため、「美の規準は文化によって異なる」という主張の真偽も判定不能であるから。
④ 美とされる対象が文化によって大きく異なり、比較すらできないほどであるため、比較にもとづく美の相対主義が成立するのは不可能であるから。
⑤「美の規準は文化によって異なる」という主張は比較的受け入れられやすいものの、実際のところ美も真理同様に時代や文化を超越して絶対的であるから。

② 高名な学者のコウギに出席する。
③ 不用意な発言がブツギをかもす。
④ 利用者のベンギを図る。
⑤ 相手にギネンを抱く。

問2　傍線部A「「真理」という言葉は、それを共有しない者は教育せねばならぬ、教育もできない蒙昧の輩は排除せねばならぬといった、きわめて権力的な臭いを発散させているように、私には思われる」とあるが、その説明として最も適切なものを、次の①～⑤のうちから一つ選びなさい。解答番号は【6】。

① 世俗性を捨象した概念であり、知性によってはじめて理解しうるという含みを持つ「真理」という言葉からは、それを理解する力に乏しい者に対する差別意識がおのずからにじみ出ているということ。
② 絶対的な「真理」という言葉をことさらに使用するのは、時の為政者や教育者のように、既成の通念を他者に強要することで現行の秩序を保とうとする権力者側の人間が多いように見えるということ。
③ 文化や共同体によって変わることのない正しさを意味する「真理」という言葉からは、それを他の文化や共同体に対しても一方的に強いようとする押しつけがましさが感じられるということ。
④ 絶対的な「真理」を追求することは、マナーに代表される世の中の相対主義を否定することにつながり、異質な文化の存在を許容しない偏狭で独善的な思考に陥ってゆく可能性が高いということ。
⑤ 「真理」という言葉を金科玉条のごとく振りかざす背景には、国民に一定の思考を強制し、また異端者に対する苛烈な攻撃性をあらわにしてきた強権的な専制国家の歴史がかいま見えるということ。

①　世にもカイイな事件が起きる。
②　ヤッカイな問題に巻き込まれる。
③　犯した過ちをカイゴする。
④　部下をカイジュウする。
⑤　病気がゼンカイする。

傍線部(ウ)「イキョ」解答番号【3】
①　現状をイジする。
②　原稿の執筆をイライする。
③　故人のイシを継ぐ。
④　警官が犯人をホウイする。
⑤　重要なチイに就く。

傍線部(エ)「キミョウ」解答番号【4】
①　一国のアンキに関わる。
②　人情のキビに触れる。
③　休息してエイキを養う。
④　スウキな運命をたどる。
⑤　親戚の家にキシュクする。

傍線部(オ)「イギ」解答番号【5】
①　ギョウギよく正座する。

ないとされる。

もし、地域Aと地域Bの人がお互いに「赤いａ」と「赤いｂ」の意味を正確に理解しえたならば、両者はお互いの発言に同意を示したに違いない。「そうだな。これは赤いａだけど、赤いｂではないね。」地域Aの人も地域Bの人も、ブラッドオレンジを前にしてそう言うだろう。つまり、地域Aにおける「この果実は赤い（赤いａ）」という主張は、地域Bでもやはり、真なのである。

かくして、「赤さの規準は共同体によって違う」という主張は成立しえない。F「赤さ」について真理の相対主義は不可能なのである。では、このことは、より一般的に、真理の相対主義がありえないことを示しているのだろうか。

（野矢茂樹『語りえぬものを語る』）

＊問題作成上の都合で、原文の一部に手を加えてあります。

問１　傍線部(ア)〜(オ)を漢字にしたとき、それと同じ漢字になるものを、次の①〜⑤のうちからそれぞれ一つずつ選びなさい。解答番号は【１】〜【５】。

傍線部(ア)「トウゼン」解答番号【１】

① 住民の要望をトウカンに付す。
② シトウな見解を述べる。
③ 新勢力がタイトウする。
④ 恩師のクントウを受ける。
⑤ やかんの湯がフットウする。

傍線部(イ)「カイ」解答番号【２】

ば、美の規準が著しく異なる文化における「ブー」を「美しい」と翻訳することはできず、それゆえ「美しさの規準がずいぶん違う」とも言えないことになる。

逆に言えば、「おいしい」のような、いわば「 Y 」の言葉ではなく、むしろ外延（対象の側）にその意味の重みをかけるような「対象主導型」の言葉の場合には、相対主義の成立は難しいということである。例えば、そのような対象主導型の言葉として「赤い」を考えてみよう。

「赤さの規準は共同体によって違う」と言えるだろうか。もし言えるならば、「この果実は赤い」といった主張の真偽が共同体によって異なるということになり、それは「赤い」に関して真理の相対主義が成り立つことを意味している。だが、冷静に考えると、それは不可能である。いま、「レドン」の翻訳として「赤い」が検討されているとしよう。ところが、われわれが「赤い」と言うものの多くに対して彼らは「レドン」とは言わない。さらにはまったく赤くないものに対してしばしば「レドン」と言いもする。この状況で、どうして「レドン」を「赤い」と翻訳できるだろう。無理である。

混乱しそうなところであるから、ゆっくり考えよう。「赤い」の意味はそれが表（あら）わす色の範囲によって定まる。その範囲が異なれば、それはその分意味が異なっている。そこでいま、日本のある地域Aと地域Bで、「赤い」が表わす色の範囲が少しだけ異なっていたと想像してみよう。両者はおおむね一致しているのだが、ある種のオレンジ色に対して、例えばブラッドオレンジの果実の色に対して、地域Aの人たちはそれを「赤い」と言うが、地域Bの人たちは「赤くない」と言うのである。そのとき、「この果実は赤い」という主張の真偽は地域に相対的だ、ということになるのだろうか。つまり、これは真理の相対性の一例なのだろうか。

そうではないことに注意しなければいけない。地域Aと地域Bでは「赤い」が意味する色の範囲がずれている。つまり、両者は同じ「赤い」という文字を用いてはいるが、その意味はわずかに異なっているのである。強く言えば、同音(オ)イギと言ってもよいだろう。そこで、両者を「赤いa」と「赤いb」のように区別しよう。ブラッドオレンジは「赤いa」とされるが、「赤いb」ではなくなる。それゆえ、美の相対主義が成立しうるためには、「美しい」の意味は外延以外のものによって規定されるのでなければならない。では、それは何か。

「美しい」の意味についてここで十分に議論することはできないが、ひとつのヒントは、「美しい」の意味は、何が美しいとされるのかだけではなく、美しいものに対してどういう態度がとられるかにもよる、という点にある。例えば、あるものを前にして「ブー」と発言するとき、彼らはブーなるものに接することに喜びと(イ)カイを見出すだろうし、それを肯定的に捉え、求め、だいじにしようとするだろう。もちろん、こんなぞんざいな言い方では美しいものに対する態度の特徴をまだぜんぜん取り出せてはいないが、ともあれ、このような態度の内にこそ、「ブー」と「美しい」の共通性が見出されるに違いない。

単純にすぎることを恐れずに言えば、ある述語の翻訳をするとき、考慮すべきことがらは二つに区分される。ひとつはその述語の外延（対象）であり、もうひとつはその言葉を用いる主体の態度・ふるまいである。美に関して相対主義が成り立つのであれば、「ブー」を「美しい」と翻訳するときには、主体の態度・ふるまいに(ウ)イキョしてその翻訳が決定されるのでなければならない。

分かりやすい例として「おいしい」を考えてみよう。そしてどうも彼らの「デリ」という語が「おいしい」に対応するのではないかと当たりがつけられる。ここで、イメージしやすくするために、ちょっと(エ)キミョウな想像をしてみたい。翻訳を試みている研究者は現地の人たちの映像を見せられている。ただし、なぜか彼らが食べているものにはモザイクがかかっているのである。彼らは、モザイクのかかった何ものかを口にして、あるときには「デリ！」と言い、あるときには否定の「ネ」をつけて「ネデリ……」と言う。「デリ」のときにはうれしそうな顔をして、食も進んでいる。「ネデリ」のときには逆に、嫌そうな表情で、手も出ない。そんな映像を大量に見せられることによって、何を食べているのかは分からなくとも「デリ」が「おいしい」と翻訳できるということは確定されていくと考えられる。「おいしい」は、おいしいものという外延よりも、むしろ主体の態度の方に、その意味の重みがかかっている言葉にほかならない。

E<u>美の相対主義が成立しうるには、「美しい」もまたある程度「おいしい」のようなタイプの語でなければならない。</u>さもなけれ

う主張は比較的受け入れられやすいと思われる。だが、考えてみると、どうしてそんなことが言えるのか。いや、これがなかなかに難しいのである。

まったく未知の言語を翻訳することを考えよう。（このような状況は「根元的翻訳」の場面と呼ばれる。）そんな翻訳のある段階で、「ブー」という言葉の翻訳が問題になってきた。どうも「ブー」は「美しい」に対応する言葉のようだ。しかし、実に興味深いことに、われわれが美しいと言いたくなるものに対して、しばしば彼らは「ブー」を適用しない。それどころか否定の言葉（「ネ」としよう）をつけて「ネブー」とさえ言う。秋の紅葉に彩られたトウゼンとするような風景を見る。「ネブー」。これぞというような美人。「ペネブー」（「ペ」は「とても」を意味する）。逆にわれわれにはぜんぜん美しいと思えないものに対して「ブー」とか「ペブー」と言う。いやあ、美の規準は文化によってずいぶん違いますな、……なんてことが、どうして言えるのだろう。

問題は、そのような状況でなお「ブー」を「美しい」と翻訳できるのか、ということである。われわれが「美しい」と言う多くのものに対して「ブー」は否定される。逆にわれわれが美しくないと感じる多くのものに対して「ブー」と言われる。ならば「ブー」は「美しい」とは訳せないと考えるべきではあるまいか。つまり、「ブー」を「美しい」と訳すためには、「ブー」の規準は「美しい」の規準とおおむね一致していなければならないのではないか。だが、そうだとすると、美の相対主義は成り立ちえないことになる。

しかし、それでも、美の規準は文化によって確かに違うと、多くの人は考えるだろう。

用語をひとつ導入しよう。ある述語に対して、その述語が正しく適用される対象の全体をその述語の「外延」と呼ぶ。例えば「猫である」という述語の外延はそれが正しく適用される対象の全体、つまり、タマやクロやビーやグーグーといった猫たちであり、「赤い」の外延はさまざまなものや場所において見られる赤い色の全体である。

いま、「ブー」と「美しい」の外延（何がブーとされ、何が美しいとされるか）はずいぶん異なっていると想定されている。そこで、もし「美しい」の意味がその外延によって完全に規定されているのであれば、「ブー」を「美しい」と翻訳することはでき

国語

（六〇分）

一

次の文章を読んで、後の問い（問1〜10）に答えなさい。

食後にげっぷをするのは正しいマナーなのか。「文化による」というのが、冷静な答えだろう。欧米は日本よりもげっぷに対してより厳しい態度をとる（おならより下品）というし、あるいはアラブ諸国ではむしろ食後のげっぷが礼儀だなんてことも（ほんとかな）聞く。

マナーは、だから、おそらく誰もが相対主義を認める一方の極だろう。逆に、相対主義が認められがたい反対側の極は何かと言えば、「真理」である。A「真理」という言葉は、それを共有しない者は教育せねばならぬ、教育もできない蒙昧（もうまい）の輩（やから）は排除せねばならぬといった、きわめて権力的な臭いを発散させているように、私には思われる。

そこで、真理に対してはむしろ絶対主義的立場をとる人の方が多数派となるだろう。だがそれでも、真理に対して相対主義に立ちたいと考える人たちもいる（私はその一人だ）。では、真理もまた、マナーと同様に、「　X　」べきものなのだろうか。例えば、「人間には非物質的な霊魂が宿っている」という主張は、現代のわれわれには虚偽とされるだろうが、絶対的に虚偽なのか、それとも、ある文化にとっては真理でありうるのか。

真理の相対主義の問題をあぶりだすために、美の相対主義について少し考えてみよう。「美の規準は文化によって異なる」とい

解答編

英語

I **解答**　問1．③　問2．①　問3．④　問4．④　問5．④

解説　≪カーニバル≫

問1．「サトゥルヌス祭で，だれの中からカオスの王は選ばれたのか」 第1段第5文（From among them …）の主語は a King of Chaos で，From among them の them は前文（In these feasts, …）の their，they とともに slaves を受けていると考えられる。「主人の愛人に対する完全な権利を享受し，すべての者が従わなければならない馬鹿げた命令を下すカオスの王は奴隷たちの中から選ばれた」から③が適切。

問2．第2段第2文（The opposite of prevailing …）「召使が主人を支配する時のように，一般的な規範と正反対のものが特に重要である。権力と秩序の風刺的なパロディーや誇張の要素がまた，好色な行き過ぎと法外な飲食物の消費の点から見て，カーニバルの顕著な特徴となった」から①が適切。

問3．「周期的なカーニバルの無秩序と反逆の儀式はどんな役割を果たすか」 第2段最終文（In other words, …）「言い換えると，無秩序と反逆のこれらの周期的な儀式は，それら自体が実生活を治めることができないということを露呈している。というのも，それらは役割の混乱や不道徳や権力の愚弄を助長するからである。だから，この祭典は秩序が必要であることを思い出させるものとして役割を果たし，最後に秩序が回復されるのである」より④が適切。

問4．第3段第2文（He treats Carnival …）「彼はカーニバルを，そのルーツをローマのサトゥルヌス祭に持つ，ふざけた大衆文化の最も明白な表現と見なしている」より④が適切。

問5．第3段第4文（In opposition to …）「教会文化の神秘主義や独断主義と支配的な政治構造の硬直性に対して，このふざけた大衆文化は陽気な変わりやすさが可能で，社会の障壁の一時停止の経験が与えられる世界を示した」より④が適切。

Ⅱ　解答　問1．①　問2．③　問3．②　問4．①　問5．③

解説　≪プラスチックによる汚染≫

問1．第1段第2文（In 1907 the invention …）「1907年にベークライトの発明が，世界の商業に合成樹脂を実際に導入することによって素材の革命をもたらした」より①が適切。

問2．第2段第2文（Natural polymers …）より，絹のような天然のポリマーは環境の中に存在し続けないので，環境汚染に関与しない。第3段第1文（Since plastics are …）より，（合成されたポリマーである）プラスチックは自然環境に残り続ける傾向がある。これより③が適切。

問3．第3段第3文（Instead, they are …）「多くの軽量の単一用途のプラスチック製品は消費者にとっての有用性が終わった場所やその近くで不適切に処分される」より②が適切。

問4．第4段第3文（Studies from around …）後半の「人口の集中した地域が最もプラスチックのごみを生むが」より①が適切。

問5．最終段第1文（According to …）によれば，1950年から2010年までに，一年当たり150万トンから2億7,500万トンに増大した。これより③が適切。

Ⅲ　解答　問1．③　問2．②　問3．③　問4．④　問5．③

解説　≪日本生まれの外国人のパスポート申請≫

問1．Email 1のSubject（件名）が「Miss Rachel Gregsonのパスポート申請」で，本文の4行目（Please send us …）に「あなたの10歳の娘の生まれた国で発行された出生証明書を送ってください」とあるので，宛先のGregory GregsonはRachel Gregsonの父親だと考えられる。③が適切。

問2．Email 1の本文15行目から20行目（We are currently … to be

completed.）に「コロナウイルス対策をとっていて添付書類に掲載された時間は現在適用されず，追加の3週間の猶予をください」とあるので②が適切。

問3．Email 1の本文5行目から9行目（If this document … a recognised translation company.）に「出生証明書が英語で書かれていなければ，公認された翻訳会社の従業員による英訳が必要だ」とあるが，Email 2の本文4行目から7行目（I am a … of the document?）で娘の父親は自分がフリーランスの翻訳者なので，自分で翻訳することが可能か尋ねている。その可否を問うために送ったメールなので③が適切。

問4．添付の表には子供の標準の時間は3週間となっているが，コロナ対策の追加の3週間を加えて6週間かかる。（表の時間は配達の時間を含まないが，問いにも含めないでとある）よって④が正しい。

問5．Email 1本文10行目から13行目（Furthermore, you sent … least two years.）に，「前に送られてきた写真には娘自身のサインしかなかったが，父親と家族外で彼女を少なくとも2年知っている者のサインが必要だ」と書かれている。よって③が正しい。

Ⅳ　解答　問1．④　問2．①　問3．②　問4．①　問5．②

解説　問1．「もし利用できるならファーストクラスの座席はふつう，飛行機の最前列のキャビンエリアにある」「キャビンエリア内の最も前方の席」という場所を表す④が正しい。③は「キャビンエリアの前」となり，エリアの外になる。

問2．「日本の喫煙者の数は2019年では人口の16.7%を占めていた」account for ～「（割合）を占める，～を説明する」が文意に合う。よって①が正しい。②「～から成る」　③「～を妨害する」　④「～に屈する」

問3．「その未解決の問題は難問題であった。しかし，その数学者が新しい技術を使って証明した」　①「神との約束を破ってアダムが食べた禁断の実（のどぼとけ）」　②「ゴルディアスの結び目（難問題の象徴）」　③「パンドラの箱（約束を破って開けると災いが広がる）」　④「トロイの木馬（トロイ戦争でギリシャ軍兵士が中に隠れた巨大な木馬）」　よって難問題を表す②が正しい。

問4．「その慈善団体は貧しい家族のための200万ドルの寄付を受け取った」 寄付を受け取る団体として最も適切なのは①。②「もっともらしい」③「分別のある」④「もろい，壊れやすい」
問5．「悪天候のために，LH907便は目的地を変更した」
②の destination「目的地」が適切。①「追加」③「満足」④「輸送機関」

V　解答　問1．④　問2．③　問3．④　問4．②　問5．①

解説　問1．(Nobody) viewed Ayako through the lens of (her nationality at the international conference.)「だれもその国際会議では，アヤコを国籍というレンズを通して見ていなかった」
問2．(Heinz) jumped on the bus that was (about to depart.)「ハインツは出発しようとしていたバスに跳び乗った」 be about to *do*「今にも～しようとしている」
問3．(Hiroshi) became silent for fear of being (falsely accused.)「ヒロシは冤罪を恐れて黙った」 for fear of *doing*「～することにならないように」
問4．(Olivia) tried out for the debate team (and passed.)「オリビアは討論会のチームに志願して受かった」 try out for～「(テストやオーディション) を受ける」
問5．(The word "kaput") is said to be of German (origin.)「kaput という言葉はドイツ語由来だと言われている」 be of + 抽象名詞「～の性質がある」

VI　解答　問1．③　問2．③　問3．④　問4．①　問5．②

解説　問1．A「申し訳ありませんが，フラッシュのご利用はご遠慮願えますか」 B「すみません。他の場所では許可されていたのでここでも大丈夫だと思いました」 A「この場所だけはフラッシュは許可されていません。こちらは深海ゾーンで，ここにいる生物にはフラッシュが有害になるかもしれません」 B「わかりました。この場所では写真は撮りません」 2つめのAのセリフ (This is a…) に「こちらは深海ゾーンで」

とあるので③「水族館で」が最適。②「養殖場で」

問2．A「この階に冷たい飲み物を買える場所はありますか？」 B「いいえ，でも1階に喫茶店があります。あるいは，自動販売機も使えますよ」 A「それはよかった。どこにありますか？」 B「3階のプールの入り口の隣と，4階の更衣室のすぐ先にあります」 A「ありがとう」 更衣室やプールがあることから③「フィットネスクラブで」が適切。①「大聖堂で」④「倉庫で」

問3．A「もしもし，フェアフィールド市役所です」 B「こんにちは。子供と私はこの春フェアフィールドに引っ越してきたばかりなんです。それで，保育の情報が欲しいんです」 A「わかりました。市のウェブサイトを見てファイルをダウンロードできますよ」 B「ああ，でもここでインターネットの接続をセットアップするのに少し時間がかかるかもしれません」 A「それなら郵便で情報を送ってあげますよ」 B「どうもありがとう。感謝します」「郵便で送ってあげる」とAが言っていることから，インターネットがすぐ使えないとBは言っていそうである。したがって④が正しい。

問4．A「おはよう，君。今晩，晩ご飯を作るのは君の番だって覚えてる？」 B「わかってる。今日はあなたは残業しないといけないんでしょ。簡単だからビーフシチューを作りましょうか？」 A「君のビーフシチューは大好きだけど，今晩は他のもののほうがいいな」 B「わかった。仕事の後スーパーによってスパゲッティーの材料を買いましょう」 A「そのほうがいいな」 Bのビーフシチューの提案をやんわりと断わっているものを選ぶ。したがって①が正しい。

問5．A「ミカ，今度の日曜，いっしょにショッピングモールに行かない？」 B「やめておく。本当に混むそうだし。大きなイベントがあって，有名なKポップのグループがライブコンサートをやるの」 A「本当に？そのグループの名前は何？」 B「私はKポップはよく知らないの。それはヨウコに聞いたら？」 A「最近，Kポップを聴き始めたんだ。それを尋ねるために彼女にメールを送るよ」 text「～にメールを送る」 Aが彼女にメールを送ると言っているので，そのきっかけになる選択肢②を選ぶ。

日本史

1 解答

問1．②　問2．③　問3．③　問4．③　問5．③
問6．④　問7．③　問8．②　問9．①　問10．④

解説 ≪奈良時代の政治≫

問3．ア．誤文。藤原不比等は藤原（中臣）鎌足の子である。

問5．藤原四家のうち，後に勢力をのばす北家の祖が藤原房前であることをおさえておきたい。

問7．ア．誤文。藤原広嗣は式家出身で藤原宇合の子である。

問8．やや難。国分寺建立の詔には，「僧寺には必ず廿（二十）僧有らしめ，（中略）尼寺には一十尼ありて…」と記載されている。

2 解答

問1．④　問2．②　問3．④　問4．①　問5．①
問6．②　問7．③　問8．①　問9．②　問10．④

解説 ≪松姫の生涯≫

問1．①誤文。応仁の乱後は荘園制の解体が進んだ。②誤文。応仁の乱の原因は将軍家や管領家の家督争いに有力守護が介入したことにある。③誤文。正長の徳政一揆（1428年）も嘉吉の徳政一揆（1441年）もいずれも応仁の乱以前の出来事である。

問3．④誤文。惣は村落の自治的結合組織のことで，戦国大名によって作られたのではない。

問5．ア．織田信長が足利義昭を奉じて入京したのは1568年。イ．比叡山の焼打ちは1571年。ウ．安土城の築城は長篠合戦の翌年の1576年である。

問8．②誤文。幕府における最高職で，非常時に置かれるのは大老である。③誤文。大名の監察をし，道中奉行を兼務することがあったのは大目付である。④誤文。旗本および御家人の監察は若年寄の役割である。

問9．①誤文。関ヶ原の戦いは1日で終わった。③誤文。石田三成と小西行長は関ヶ原の戦いに敗れて処刑された。④誤文。徳川家康と敵対したのは西軍である。

問10. ア．誤文。天領（幕領）の年貢の徴収は勘定奉行が担った。ウ．誤文。朝鮮との交易の利益は幕府ではなく対馬藩が独占した。

3 解答

問1．③ 問2．② 問3．③ 問4．① 問5．①
問6．③ 問7．③ 問8．④ 問9．① 問10. ②

解説 ≪近代の経済≫

問1．①誤文。坂本龍馬は寺田屋で殺害はされていない。②誤文。池田屋事件で襲われた中に坂本龍馬はいない。④誤文。坂本龍馬は安政の大獄で捕らえられていない。

問2．イ．誤文。桜田門外の変は水戸浪士が中心となって起こした事件であり，加わったのは薩摩藩士である。

問3．ア．誤文。生麦事件の報復で薩摩藩と交戦したのはイギリスである。

問4．①誤文。殖産興業政策では，官営の事業の民間への払い下げも行われた。

問6．①誤文。日清戦争の講和会議は日本の下関で開催された。②誤文。清は台湾と遼東半島を日本に割譲した。台湾の独立を認めたわけではない。④誤文。日清戦争の講和条約の全権は伊藤博文と陸奥宗光である。

問7．①誤文。豊島沖の海戦・黄海の海戦は日清戦争での戦いである。②誤文。日露戦争の講和を斡旋したのはアメリカのセオドア＝ローズヴェルト大統領である。④誤文。日露戦争では賠償金を獲得できていない。2億両の賠償金を獲得したのは日清戦争である。

問8．三菱が海運に力を入れていたことから，長崎造船所が三菱に払い下げられたことを想起したい。

問9．ア．中国に二十一か条の要求を行ったのは1915年。イ．石井・ランシング協定は日本の中国に対する特殊権益を認めたものであり，1917年に成立した。ウ．シベリア出兵はロシア革命を受けて1918年から行われた。

4 解答

問1．② 問2．② 問3．④ 問4．③ 問5．③
問6．④ 問7．② 問8．④ 問9．③ 問10. ③

解説 ≪近現代の日露関係≫

問1・問3・問4．「ソ連の対日参戦」が了承された会議として，1945年の2月に米・英・ソの首脳が集まりクリミア半島のヤルタで行われたヤルタ会談を想起したい。
問7．日本とロシアの交渉で千島列島が日本領とされたのは，1875年の樺太・千島交換条約による。
問8．南樺太が日本領となったのは，1905年のポーツマス条約による。
問10．サンフランシスコ講和会議に対し，①インドと④ユーゴスラビアは出席せず，②ポーランドは出席したが調印を拒否し，③中華人民共和国と中華民国はともに招かれなかった。

5 **解答**　問1．③　問2．①　問3．④　問4．④　問5．②
問6．③　問7．③　問8．①　問9．②　問10．②

解説　≪狩野派の歴史≫
問2．やや難。周文も如拙も，①相国寺の画僧である。
問3．④歌舞伎は桃山文化で出雲阿国が始めたものであり，室町時代の同朋衆の対象ではない。
問4．①伊勢長島の一向一揆を滅ぼしたのは1574年。②石山本願寺を降伏させたのは1580年。③足利義昭を将軍職につけたのは1568年。④足利義昭を京都から追放したのが1573年である。
問6．①二条城，②桂離宮，④日光東照宮はいずれも17世紀の建築であり，狩野永徳が活躍した時代の建築は③聚楽第のみである。
問8．②一国一城令の発令，③大坂夏の陣，④『禁中並公家諸法度』の制定がいずれも1615年なので消去法で解答を導きたい。
問10．②東京美術学校と③日本美術院はいずれも岡倉天心らが創設したものだが，「日本画を教える学科を持つ」から東京美術学校と判断したい。

世界史

1 解答

問1．⑤　問2．④　問3．④　問4．①　問5．⑤
問6．②　問7．①　問8．③　問9．④　問10．③
問11．①　問12．①　問13．③　問14．②　問15．⑤

解説　≪黒海周辺の歴史≫

問1．⑤誤文。ブルボン家のアンリ4世はナントの王令を発布して，ユグノー戦争を終結させた。ナントの王令を廃止した（1685年）のは，のちのルイ14世である。

問2．④誤文。962年，教皇ヨハネス12世は東フランク王国の国王オットー1世にローマ皇帝の帝冠を授けた。

問4．①誤文。オスマン帝国はバルカン半島のアドリアノープルを攻略し，エディルネに改名して新首都とした。その後，アナトリアに進出することになるが，セルジューク朝以来，アナトリアには多数のトルコ人が流入していた。

問5．⑤誤文。セルビア人はトルコ系ではなく，南スラヴ人の代表的民族である。

問6．②誤文。モンテスキューはフランスの啓蒙思想家で，イギリスをモデルに三権分立を説き，『法の精神』を出版した。三権分立の仕組みはアメリカ合衆国憲法に定められた。

問9．④誤文。第2次エジプト＝トルコ戦争でエジプトが優勢になると，イギリスなどの列強はロンドン会議を開き（1840年），ムハンマド＝アリーのシリア領有を阻止した。

問11．①誤文。テヘランを首都としたのはカージャール朝。サファヴィー朝は当初タブリーズに都をおいたが，のちに新首都イスファハーンを建設した。

問12．①誤文。クリム＝ハン国は15世紀前半，キプチャク＝ハン国の分国としてクリミア半島に成立したムスリム国家である。

問13．③誤文。クリミア戦争は聖地管理権問題を背景に，オスマン帝国内の正教徒保護を名目にロシアがオスマン帝国と開戦したもの。ロシアの南下を阻止するためにイギリスとフランスがオスマン帝国を支援したため，ロシアは敗北した。

2 解答

問1．① 問2．④ 問3．② 問4．② 問5．①
問6．③ 問7．④ 問8．③ 問9．① 問10．③
問11．② 問12．④ 問13．④ 問14．④ 問15．②

解説 ≪古代から中世の政治・文化史≫

問1．②誤文。十進法ではなく二十進法。③誤文。楔形文字ではなくインダス文字。④誤文。江南ではなく華北。

問3．②正解。空欄に入る河川はナイル川なので①・③・④は誤り。①シュメール人はティグリス川・ユーフラテス川流域（メソポタミア）南部に初めて都市文明を築いた。③ガーナ王国はニジェール川上流域で栄えた。④アーリヤ人はガンジス川流域に移動し，定住農耕社会を形成した。

問4．①誤文。アケメネス朝ペルシア滅亡後，パルティアはイラン北東部から興り，セレウコス朝を一部排除してイラン・メソポタミアを支配した。③誤文。エフタルは中央アジアから西北インドにかけて活動した騎馬遊牧民である。④誤り。セルジューク朝の建国は小氷期後の11世紀である。

問5．②誤文。イェルサレム王国は第1回十字軍によってパレスチナに建設された。③誤文。百年戦争終結時（1453年）のフランス国王はシャルル7世である。④誤り。ナスル朝の都グラナダが陥落し，レコンキスタが完了したのは中世温暖期以後の1492年である。

問6．③正解。スイスでハプスブルク家支配に対する抵抗運動が起きた。①・②・④はアルプス地域以外の説明文なので誤り。①ヴァンダル王国は北アフリカに建国された。②東方植民によってドイツ東北部に設置されたのがブランデンブルク辺境伯領である。④ハンザ同盟の盟主であるリューベックは北ドイツの港湾都市である。

問7．④正解。空欄に入るのはノルマン人なので①～③は誤り。①カール大帝（シャルルマーニュ）が撃退したのは，中部ヨーロッパに進出してきたアルタイ語系のアヴァール人である。②オットー1世が撃退したのはウラル語系のマジャール人である。③ブリテン島に進出したのはアングロ＝サクソン人。ラテン帝国は，第4回十字軍がコンスタンティノープルを占領して建国したもの。

問9．①正解。②～④は中世温暖期以降のものなので誤り。②第1次囲い込み（エンクロージャー）は，イギリスのジェントリー（地主）らが牧羊地確保のために農民から農地を取り上げて塀や生垣で囲い込んだ動き。15世紀末～17世紀半ばに行われた。③農場領主制（グーツヘルシャフト）は，16世紀以降，エルベ川以東の東ヨーロッパで西ヨーロッパ向けの輸出用穀物栽培を目的に行われたもの。④綿花などのプランテーション（大農場制度）は，17～18世紀以降，ヨーロッパ列国によってアメリカ大陸や西インド諸島で行われた。

問10．③正解。イギリス人がジェームズタウンに入植し（1607年），ヴァージニア植民地を開いた。①・②・④は17世紀以外の出来事なので誤り。①バーブルは1526年にムガル帝国を建国した。②豊臣秀吉による朝鮮出兵は，文禄・慶長の役（壬辰・丁酉倭乱）（1592～93年・1597～98年）の2回行われた。④郷勇（郷紳が組織したもの）は白蓮教徒の反乱（1796～1804年）を鎮定するのに活躍した。

問12．①誤文。ヨーロッパ諸国がサトウキビをラテンアメリカに持ち込んだ。②誤文。18世紀の清朝の時代に山間部でもトウモロコシ栽培が可能になり，人口が増大した。③誤文。ジャワ島でコーヒーなどの商品作物の強制栽培を行ったのはオランダである。

問14．④誤り。北方戦争（1700～21年）は，ロシアがスウェーデンを破り，バルト海の制海権を獲得したもの。ロシアがブルガリアを保護下においたのは，ロシア＝トルコ戦争後のサン＝ステファノ講和条約による。

3　解答

問1．①　問2．②　問3．②　問4．③　問5．①
問6．③　問7．④　問8．④　問9．③　問10．③
問11．③　問12．①　問13．②　問14．③

解説　≪インド・中国の仏教史≫

問2．②誤文。禁欲的な苦行と徹底的な不殺生によって霊魂を浄化できるとしたのはヴァルダマーナ（マハーヴィーラ）が始めたジャイナ教である。

問13．①誤文。インド初のイスラーム王朝は1206年に建国された奴隷王朝。そこから始まる5つのイスラーム王朝をデリー＝スルタン朝という。③誤文。16世紀，ナーナクがイスラームとヒンドゥー教を融合してシク教を創始した。マニ教は，ゾロアスター教・キリスト教・仏教を融合したもの。④誤文。ラージプートとは北インドに形成されたヒンドゥー教クシャトリア階層の戦士勢力である。

問 14. ③正解。東晋の慧遠を開祖とする浄土宗や北魏時代のインド僧達磨を開祖とする禅宗は，ともに中国仏教の主流を形成していく。法相宗や華厳宗も中国仏教の宗派で日本に伝えられるが，鎌倉仏教に数えられるものではない。

政治・経済

1 解答

問1．【1】―③ 【2】―② 【3】―② 【4】―① 【5】―④

問2．① 問3．② 問4．① 問5．④ 問6．②

解説 ≪核兵器と軍縮問題≫

問2．②誤文。イスラエルやパキスタンは批准していない。③誤文。1995年にNPT再検討会議において無期限に延長されることが決定しており2045年に終了とするのが誤り。④誤文。日本は1976年に核兵器不拡散条約を批准している。

問3．①誤文。SALT Iは1972年からの5年間の暫定協定であるためソ連のアフガニスタン侵攻の影響により調印が行われなかったとするのは誤り。③誤文。ソ連の解体に伴い条約上の義務はロシアが引き継ぎSTART Iに基づく義務を2001年に実施完了した。④誤文。START IIは米ロ間で批准書の交換がなされず未発行のまま無効化した。

問4．②誤文。核兵器禁止条約への加入は義務付けていない。③誤文。INFではなくSTART Iの後継である。④誤文。2018年に米ロ両国は目標達成を発表し，2021年に5年間の延長が合意されたが無期限ではない。

問5．④誤文。アメリカの核の傘の下にある日本は核兵器禁止条約に署名・批准ともに行っていない。

問6．②適切。非核兵器地帯条約が発効されているのはアフリカ，南太平洋，東南アジア，ラテンアメリカおよびカリブである。中東は含まれない。

2 解答

問1．【11】―② 【12】―① 【13】―① 【14】―④ 【15】―①

問2．③ 問3．④ 問4．① 問5．③ 問6．②

解説 ≪日本国憲法≫

問3．④誤文。大学や専門学校においても授業料減免制度はある。

問4．①労働基準法，労働組合法，労働関係調整法が労働三法である。最低賃金法は含まれない。

問5．③誤文。日本で女性が初めて参政権を行使したのは1946年4月10日，第二次世界大戦後初めての衆議院議員選挙においてであった。約1,380万人の女性が投票し，39名の女性国会議員が誕生した。
問6．②適切。日本国憲法第16条に規定されているのは請願権である。

3 解答

問1．【21】―③　【22】―④　【23】―①　【24】―①　【25】―②
問2．③　問3．②　問4．①　問5．④　問6．④

解説　≪日本の財政問題≫

問2．③誤文。中央銀行の通貨の増発は，悪性のデフレーションではなく悪性のインフレーションを引き起こす可能性がある。
問3．②国庫補助金の廃止・縮減は三本柱に含まれない。
問4．ギリシャ，アルゼンチン，レバノンはデフォルト（債務不履行）を起こしたことがある。レバノンのデフォルトは2020年である。
問5．④適切。大量に発行された国債の価格が下がると利回りは上がる。市場金利が上がると民間企業の設備投資意欲は減退する可能性がある。日本国内の金利が上がると外国為替市場では円高になる可能性があり，輸出企業にとっては収益が減ることにつながる。
問6．①誤文。国債は株式等と比べて，金融資産としての信用力は高い。②誤文。信用リスクが大きいほど金利は高くなる傾向がある。③誤文。信用リスクの大きい債券等が売られて値下がりすると，金利は上昇する傾向にある。

4 解答

問1．【31】―②　【32】―④　【33】―③　【34】―②　【35】―①
問2．④　問3．③　問4．④　問5．②　問6．④

解説　≪物価変動と金融政策≫

問2．企業物価指数は国内企業物価指数，輸出物価指数，輸入物価指数の3つから構成されている。④鉱工業生産物価指数は含まれない。
問3．①賃金上昇，②原材料価格上昇，④テナント賃料の値上げはコスト・プッシュ・インフレーションの原因にあてはまる。
問4．④誤文。高度経済成長期を経てGDPは西側諸国第2位となった。

問5．②誤文。ロンドンの株式市場ではなく，1929年にアメリカのニューヨーク・ウォール街の株価大暴落をきっかけとして世界大恐慌が起きた。ウォール街とは銀行や証券会社等が集中している地域であり，金融市場の通称でもある。

問6．④誤文。中央銀行は株式会社でなく，公共事業を行うのも中央銀行ではない。

数学

◀数学Ⅰ・A▶

1

解答　問1．(1)【1】4　【2】3　【3】3　【4】1
(2)【5】2　【6】3　【7】2　【8】2

問2．【9】7　【10】【11】15　【12】3

問3．【13】【14】【15】【16】2023

問4．【17】5　【18】3

問5．【19】9　【20】3

解説　≪小問5問≫

問1．(1)　$12x^2-5x-3=(4x-3)(3x+1)$　(→【1】～【4】)

(2)
$$3x^2-4xy-4y^2+11x+2y+6$$
$$=3x^2-(4y-11)x-2(2y^2-y-3)$$
$$=3x^2-(4y-11)x-2(y+1)(2y-3)$$
$$=\{x-(2y-3)\}\{3x+2(y+1)\}$$
$$=(x-2y+3)(3x+2y+2)$$
(→【5】～【8】)

問2．
$$\frac{\sqrt{5}+\sqrt{3}}{\sqrt{5}-\sqrt{3}}=\frac{(\sqrt{5}+\sqrt{3})^2}{(\sqrt{5}-\sqrt{3})(\sqrt{5}+\sqrt{3})}$$
$$=\frac{5+2\sqrt{15}+3}{5-3}$$
$$=4+\sqrt{15}$$

ここで，$3=\sqrt{9}<\sqrt{15}<\sqrt{16}=4$ なので

$$7<4+\sqrt{15}<8$$

よって

$a=7$　(→【9】)

$b=4+\sqrt{15}-7=\sqrt{15}-3$　(→【10】～【12】)

問3．38437と14161についてユークリッドの互除法より

$38437=14161\times 2+10115$

$14161=10115\times 1+4046$

$10115=4046\times 2+2023$

$4046=2023\times 2$

したがって，38437 と 14161 の最大公約数は

2023　(→【13】～【16】)

問4．余弦定理より

$AC^2=AB^2+BC^2-2\cdot AB\cdot BC\cdot\cos 60°$

$(2\sqrt{6})^2=AB^2+(2\sqrt{5})^2-2\cdot AB\cdot 2\sqrt{5}\cdot\frac{1}{2}$

$24=AB^2+20-2\sqrt{5}AB$

$AB^2-2\sqrt{5}AB-4=0$

$AB=\sqrt{5}\pm 3$

$AB>0$ より　　$AB=\sqrt{5}+3$　(→【17】・【18】)

問5．データの平均値が 8.5 より

$13+8+11+7+a+b=8.5\times 6=51$

$a+b=12$

また，中央値が 8.5 なので，a，b の少なくとも一方が 9。

したがって，$a>b$ を考えると

$a=9$　(→【19】)

$b=3$　(→【20】)

2 解答

(1)【21】5　【22】6　【23】4　【24】3　【25】3　【26】0　【27】2　【28】3　【29】1　【30】4　【31】④

(2)【32】⑥　【33】③　【34】③

解説　≪2次関数の決定，2次関数のグラフ≫

$y=x^2-(m-3)x-3m$　……①

(1)　①に $m=-2$ を代入すると

$y=x^2+5x+6$　……②　(→【21】・【22】)

①に $m=-1$ を代入すると

$y=x^2+4x+3$　……③　(→【23】・【24】)

②と③をともに満たす $(x,\ y)$ が，②と③のグラフの共有点 A の座標であるので

$$x^2+5x+6=x^2+4x+3$$

$$x=-3$$

②に代入して

$$y=9-15+6=0$$

よって，点 A の座標は　$(-3,\ 0)$　(→【25】・【26】)

また，①に $x=-1$，$y=-4$ を代入して

$$-4=(-1)^2-(m-3)\cdot(-1)-3m$$

$$-4=1+m-3-3m$$

$$2m=2$$

$$m=1$$

よって，求める 2 次関数は

$$y=x^2+2x-3 \quad \cdots\cdots ④$$ (→【27】・【28】)

④を平方完成すると

$$y=x^2+2x-3$$
$$=(x+1)^2-4$$

頂点の座標は，$(-1,\ -4)$ なので，④のグラフは $y=x^2$ のグラフを x 軸方向に -1，y 軸方向に -4 だけ平行移動したものである。

(→【29】・【30】)

予想 1 について

2 次関数①と 2 次関数 $y=x^2$ は x^2 の係数がともに 1 なので，この命題は真。

予想 2 について

$$y=x^2-(m-3)x-3m$$
$$=(x-m)(x+3) \quad \cdots\cdots ①'$$

となるので，2 次関数①のグラフは常に点 $A(-3,\ 0)$ を通る。

よって，この命題は真。

予想 3 について

①′より，2 次関数①のグラフと x 軸は，2 点 $(m,\ 0)$，$(-3,\ 0)$ を共有する。

したがって，$m=-3$ のとき，2次関数①のグラフは x 軸との共有点が1つなので，この命題は偽。

以上より，任意の m について成り立つのは，予想1と予想2である。

(→【31】)

(2) ①を平方完成すると

$$
\begin{aligned}
y&=x^2-(m-3)x-3m\\
&=\left(x-\frac{m-3}{2}\right)^2-\frac{(m-3)^2}{4}-3m\\
&=\left(x-\frac{m-3}{2}\right)^2-\frac{m^2-6m+9+12m}{4}\\
&=\left(x-\frac{m-3}{2}\right)^2-\frac{m^2+6m+9}{4}\\
&=\left(x-\frac{m-3}{2}\right)^2-\left(\frac{m+3}{2}\right)^2
\end{aligned}
$$

したがって，2次関数①のグラフの頂点は

点 $\left(\frac{m-3}{2},\ -\left(\frac{m+3}{2}\right)^2\right)$ (→【32】)

放物線①の軸は　直線 $x=\frac{m-3}{2}$ (→【33】)

予想4について

$$s=\frac{m-3}{2}$$

なので，この命題は偽。

予想5について

$$t=\frac{m-3}{2},\quad u=-\left(\frac{m+3}{2}\right)^2$$

なので，この命題は偽。

予想6について

$$u=-\left(\frac{m+3}{2}\right)^2\leqq 0$$

なので，この命題は真。

以上より，任意の m について成り立つのは，予想6だけである。

(→【34】)

3 **解答**　(1)【35】【36】60　【37】【38】24　【39】【40】24
【41】2　【42】3

(2)【43】【44】【45】120　【46】【47】60

(3)【48】5　【49】【50】12

解説　≪数字の順列，確率≫

(1)　作ることのできる3桁の整数の個数は，1から5までの5つの数字から3つを選んで並べる順列の総数なので

$5\times4\times3=60$ 通り　(→【35】【36】)

このうち偶数となるのは，一の位の数が2または4の整数である。
したがって

$2\times4\times3=24$ 通り　(→【37】【38】)

また，3の倍数は各位の数の和が3の倍数となる整数である。
和が3の倍数となる数の組合せは

(1, 2, 3), (1, 5, 3), (4, 2, 3), (4, 5, 3)

の4通りあり，それぞれの順列の総数を考えると

$4\times3\times2\times1=24$ 通り　(→【39】【40】)

作られた整数が偶数かつ3の倍数となるのは

312, 132, 432, 342, 234, 324, 354, 534

の8通りである。
よって，作られた整数が偶数または3の倍数となる確率は

$$\frac{24}{60}+\frac{24}{60}-\frac{8}{60}=\frac{40}{60}=\frac{2}{3}$$　(→【41】・【42】)

(2)　作ることのできる3桁の整数の個数は，1から6までの6つの数字から3つを選んで並べる順列の総数なので

$6\times5\times4=120$ 通り　(→【43】～【45】)

このうち偶数となるのは，一の位の数が2または4または6の整数である。
したがって

$3\times5\times4=60$ 通り　(→【46】【47】)

(3)　サイコロを振ってから3桁の整数を作り，その整数が偶数となるのは
(i)サイコロで6の目以外が出て，偶数が作られる場合
(ii)サイコロで6の目が出て，偶数が作られる場合
の2通りである。

(ⅰ)の事象が起こる確率は

$$\frac{5}{6}\times\frac{24}{60}=\frac{4}{12}$$

(ⅱ)の事象が起こる確率は

$$\frac{1}{6}\times\frac{60}{120}=\frac{1}{12}$$

(ⅰ)(ⅱ)は互いに排反なので

$$\frac{4}{12}+\frac{1}{12}=\frac{5}{12}$$ （→【48】～【50】）

◀数学Ⅰ・A・Ⅱ・B▶

1

◀数学Ⅰ・A▶の1に同じ。

2

解答　(1)【21】1　【22】2　【23】3　【24】2　【25】1

(2)【26】2　【27】3　【28】【29】98

(3)【30】5　【31】5　【32】2　【33】4　【34】5

(4)【35】【36】28　【37】①　【38】⑧　【39】⑥　【40】⓪

【41】【42】【43】147

解 説　≪小問 4 問≫

(1)
$$z^2=(x+yi)^2$$
$$=(x^2-y^2)+2xyi$$
$$-\bar{z}=-(x-yi)$$
$$=-x+yi$$

x, y は実数なので, $z^2=-\bar{z}$ のとき

$$\begin{cases} x^2-y^2=-x & \cdots\cdots① \\ 2xy=y & \cdots\cdots② \end{cases}$$

$y>0$ なので, ②より

$$2x=1 \qquad x=\frac{1}{2}$$

①に代入すると

$$\frac{1}{4}-y^2=-\frac{1}{2}$$

$$y^2=\frac{3}{4}$$

$y>0$ より　$y=\dfrac{\sqrt{3}}{2}$

したがって

$$x=\frac{1}{2},\ y=\frac{\sqrt{3}}{2}$$ (→【21】～【24】)

また

$$x^2+y^2=\left(\frac{1}{2}\right)^2+\left(\frac{\sqrt{3}}{2}\right)^2=1 \quad (\to【25】)$$

(2) 細菌数を n とすると

$$y=\log_{10}n$$

$x=0$ のとき，$n=100$ なので

$$y=\log_{10}100=2$$

したがって　　$y=\dfrac{36}{35}x+2$　(→【26】)

3.5 時間後の細菌数は，$x=3.5$ を代入して

$$y=\frac{36}{35}\cdot 3.5+2=5.6$$

よって

$$\begin{aligned} n&=10^y \\ &=10^{5.6} \\ &=10^{0.6}\times 10^5 \end{aligned}$$

常用対数表より

$$10^{0.6}\fallingdotseq 3.98$$

したがって，求める細菌数は　　3.98×10^5 個　(→【27】〜【29】)

(3) 直線 l は傾きが $-\dfrac{1}{2}$，y 切片が 7 の直線なので

$$y=-\frac{1}{2}x+7$$

$$x+2y-14=0 \quad \cdots\cdots ③$$

よって，直線 l の法線ベクトルの 1 つを $\vec{n}$ とおくと

$$\vec{n}=(1,\ 2)$$

$l\perp m$ なので，直線 m の方向ベクトルは $\vec{n}$ と平行である。

よって，大きさ 1 で x 成分が正の値である直線 m の方向ベクトルは

$$\begin{aligned} \frac{1}{\sqrt{1^2+2^2}}(1,\ 2)&=\left(\frac{1}{\sqrt{5}},\ \frac{2}{\sqrt{5}}\right) \\ &=\left(\frac{\sqrt{5}}{5},\ \frac{2\sqrt{5}}{5}\right) \quad (\to【30】〜【32】) \end{aligned}$$

③より点 A の座標は (0, 7)，点 B の座標は (14, 0)。

点 C は線分 AB を 2：5 に内分する点なので，点 C の座標を $(X,\ Y)$ とおくと

$$X=\frac{5\cdot 0+2\cdot 14}{7}=4$$

$$Y=\frac{5\cdot 7+2\cdot 0}{7}=5$$

よって，点 C の座標は　(4, 5)　(→【33】・【34】)

以上より直線 m は媒介変数 t を用いて

$$x=t+4,\ y=2t+5$$

と表すことができる。

(4)　$f(x)=(x+1)^3$

x が 1 から 3 まで変化するときの $f(x)$ の平均変化率は

$$\frac{f(3)-f(1)}{3-1}=\frac{4^3-2^3}{2}$$
$$=\frac{64-8}{2}$$
$$=28\quad(\to【35】【36】)$$

$f(x)$ の導関数の定義は

$$\frac{d}{dx}f(x)=\lim_{h\to 0}\frac{f(x+h)-f(x)}{h}$$
$$=\lim_{h\to 0}\frac{(x+h+1)^3-(x+1)^3}{h}\quad(\to【37】\sim【40】)$$

$x=6$ の微分係数を定義にしたがって求めると

$$\lim_{h\to 0}\frac{f(6+h)-f(6)}{h}=\lim_{h\to 0}\frac{(7+h)^3-7^3}{h}$$
$$=\lim_{h\to 0}\frac{7^3+3\cdot 7^2h+3\cdot 7h^2+h^3-7^3}{h}$$
$$=\lim_{h\to 0}(3\cdot 7^2+3\cdot 7h+h^2)$$
$$=3\cdot 7^2=147\quad(\to【41】\sim【43】)$$

別解　$f(x)=(x+1)^3$

$$=x^3+3x^2+3x+1$$

なので　$f'(x)=3x^2+6x+3$

よって

$$f'(6)=3\cdot 6^2+6\cdot 6+3$$
$$=108+36+3$$
$$=147$$

3 解答

【44】③　【45】③　【46】④　【47】2　【48】①
【49】【50】13　【51】⑦　【52】【53】49　【54】⑥
【55】⑤　【56】2　【57】①　【58】⑧　【59】⑤　【60】②
【61】⑦　【62】【63】42　【64】【65】【66】440

解説　≪等差数列，階差数列，数列の和，漸化式≫

$b_n=a_{n+1}-a_n$ なので，数列 $\{b_n\}$ は数列 $\{a_n\}$ の階差数列である。

（→【44】）

$s_n=\sum_{k=1}^{n} a_k$ より

$$a_{n+1}=s_{n+1}-s_n$$

なので，数列 $\{a_{n+1}\}$ は数列 $\{s_n\}$ の階差数列である。（→【45】）

$b_n=2$，$a_1=1$ のとき

$$a_{n+1}-a_n=2$$

よって，数列 $\{a_n\}$ は初項 1，公差 2 の等差数列である。（→【46】～【48】）

一般項は

$$a_n=1+2(n-1)=2n-1$$

よって

$$a_7=2\cdot 7-1=13 \quad (\to【49】【50】)$$

また

$$s_n=\sum_{k=1}^{n} a_n$$
$$=\sum_{k=1}^{n}(2k-1)$$
$$=2\cdot\frac{1}{2}n(n+1)-n$$
$$=n^2 \quad (\to【51】)$$

よって　$s_7=7^2=49$　（→【52】【53】）

数列 $\{s_n\}$ の漸化式は　（→【54】）

$$s_{n+1}=s_n+a_{n+1}$$
$$=s_n+2(n+1)-1$$
$$=s_n+2n+1 \quad (\to【55】)$$

さらに

$$s_n \leqq m < s_{n+1}$$
$$n^2 \leqq m < (n+1)^2$$
$$n \leqq m^{\frac{1}{2}} < n+1$$

よって，m の $\dfrac{1}{2}$ 乗の整数部分は n である。（→【56】・【57】）

次に，$b_n=2n$，$a_1=0$ のとき

$$\sum_{k=1}^{n} b_k=\sum_{k=1}^{n} 2k$$
$$=2\cdot\frac{1}{2}n(n+1)$$
$$=n(n+1) \quad (\to【58】)$$

となり，数列 $\{b_n\}$ は数列 $\{a_n\}$ の階差数列であることから

$$\sum_{k=1}^{n} b_k=\sum_{k=1}^{n}(a_{k+1}-a_k)$$
$$=(a_2-a_1)+(a_3-a_2)+\cdots+(a_n-a_{n-1})+(a_{n+1}-a_n)$$
$$=a_{n+1}-a_1 \quad (\to【59】・【60】)$$

よって，$n \geqq 1$ で

$$a_{n+1}=n(n+1)+a_1$$
$$=n(n+1)$$

なので，$n \geqq 2$ で

$$a_n=(n-1)n$$

これは，$n=1$ のときも成り立つので

$$a_n=n(n-1) \quad (\to【61】)$$

したがって

$$a_7=7\cdot 6=42 \quad (\to【62】【63】)$$

また

$$s_{11}=\sum_{k=1}^{11} a_k=\sum_{k=1}^{11} k(k-1)=\sum_{k=1}^{11}(k^2-k)$$

$$=\frac{1}{6}\cdot 11\cdot 12\cdot 23-\frac{1}{2}\cdot 11\cdot 12$$

$$=\frac{1}{6}\cdot 11\cdot 12\cdot (23-3)$$

$$=\frac{1}{6}\cdot 11\cdot 12\cdot 20$$

$=440$　（→【64】～【66】）

◀数学Ⅰ・A・Ⅱ・B・Ⅲ▶

1

◀数学Ⅰ・A▶の1に同じ。

2

◀数学Ⅰ・A・Ⅱ・B▶の2に同じ。

3

解答　(1)【44】④　【45】⑥　【46】0　【47】3　【48】3

(2)【49】2　【50】5　【51】4　【52】2

(3)【53】2　【54】4　【55】4　【56】9

(4)【57】3　【58】4　【59】【60】12　【61】【62】24

解説　≪置換積分，部分積分，面積，体積≫

(1)　$x=\tan\theta$ とおくと

$$\frac{1}{1+x^2}=\frac{1}{1+\tan^2\theta}=\frac{1}{1+\dfrac{\sin^2\theta}{\cos^2\theta}}$$

$$=\frac{\cos^2\theta}{\cos^2\theta+\sin^2\theta}=\cos^2\theta \quad (\to【44】)$$

$$\frac{dx}{d\theta}=\frac{1}{\cos^2\theta} \quad (\to【45】)$$

積分区間は

x	$0 \to \sqrt{3}$
θ	$0 \to \dfrac{\pi}{3}$

したがって

$$\int_0^{\sqrt{3}}\frac{dx}{1+x^2}=\int_0^{\frac{\pi}{3}}\cos^2\theta\times\frac{1}{\cos^2\theta}d\theta \quad (\to【46】\cdot【47】)$$

$$=\int_0^{\frac{\pi}{3}}d\theta=\Big[\theta\Big]_0^{\frac{\pi}{3}}=\frac{\pi}{3} \quad (\to【48】)$$

(2)　$$\int_0^{\frac{\pi}{2}}e^{\frac{1}{2}x}\sin x\,dx=\Big[2e^{\frac{1}{2}x}\sin x\Big]_0^{\frac{\pi}{2}}-\int_0^{\frac{\pi}{2}}2e^{\frac{1}{2}x}\cos x\,dx$$

$$=2e^{\frac{\pi}{4}}-2\int_0^{\frac{\pi}{2}}e^{\frac{1}{2}x}\cos x dx$$

$$=2e^{\frac{\pi}{4}}-2\left\{\left[2e^{\frac{1}{2}x}\cos x\right]_0^{\frac{\pi}{2}}-\int_0^{\frac{\pi}{2}}2e^{\frac{1}{2}x}(-\sin x)dx\right\}$$

$$=2e^{\frac{\pi}{4}}-2\cdot(-2)-4\int_0^{\frac{\pi}{2}}e^{\frac{1}{2}x}\sin x dx$$

したがって

$$5\int_0^{\frac{\pi}{2}}e^{\frac{1}{2}x}\sin x dx=2(e^{\frac{\pi}{4}}+2)$$

$$\int_0^{\frac{\pi}{2}}e^{\frac{1}{2}x}\sin x dx=\frac{2}{5}(e^{\frac{\pi}{4}}+2)$$ （→【49】～【52】）

別解
$$\int_0^{\frac{\pi}{2}}e^{\frac{1}{2}x}\sin x dx=\left[e^{\frac{1}{2}x}(-\cos x)\right]_0^{\frac{\pi}{2}}-\int_0^{\frac{\pi}{2}}\frac{1}{2}e^{\frac{1}{2}x}(-\cos x)dx$$

$$=1+\frac{1}{2}\int_0^{\frac{\pi}{2}}e^{\frac{1}{2}x}\cos x dx$$

$$=1+\frac{1}{2}\left\{\left[e^{\frac{1}{2}x}\sin x\right]_0^{\frac{\pi}{2}}-\int_0^{\frac{\pi}{2}}\frac{1}{2}e^{\frac{1}{2}x}\sin x dx\right\}$$

$$=1+\frac{1}{2}\left(e^{\frac{\pi}{4}}-\frac{1}{2}\int_0^{\frac{\pi}{2}}e^{\frac{1}{2}x}\sin x dx\right)$$

$$=1+\frac{1}{2}e^{\frac{\pi}{4}}-\frac{1}{4}\int_0^{\frac{\pi}{2}}e^{\frac{1}{2}x}\sin x dx$$

よって

$$\frac{5}{4}\int_0^{\frac{\pi}{2}}e^{\frac{1}{2}x}\sin x dx=1+\frac{1}{2}e^{\frac{\pi}{4}}$$

$$\int_0^{\frac{\pi}{2}}e^{\frac{1}{2}x}\sin x dx=\frac{4}{5}\left(1+\frac{1}{2}e^{\frac{\pi}{4}}\right)$$

$$=\frac{2}{5}(e^{\frac{\pi}{4}}+2)$$

(3)　$x=2\theta-\sin\theta,\ y=2-\cos\theta$

$$\frac{dx}{d\theta}=2-\cos\theta$$

積分区間は

x	$0\ \to\ 4\pi$
θ	$0\ \to\ 2\pi$

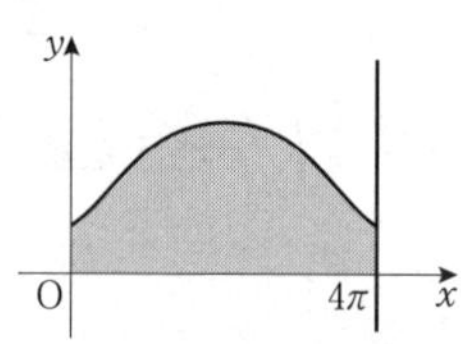

よって

$$\int_0^{4\pi} y\,dx = \int_0^{2\pi} (2-\cos\theta)(2-\cos\theta)\,d\theta$$

$$= \int_0^{2\pi} (4-4\cos\theta+\cos^2\theta)\,d\theta \quad (\to【53】\sim【55】)$$

$$= \int_0^{2\pi} \left(4-4\cos\theta+\frac{\cos 2\theta+1}{2}\right)d\theta$$

$$= \int_0^{2\pi} \left(\frac{9}{2}-4\cos\theta+\frac{1}{2}\cos 2\theta\right)d\theta$$

$$= \left[\frac{9}{2}\theta-4\sin\theta+\frac{1}{4}\sin 2\theta\right]_0^{2\pi}$$

$$= \frac{9}{2}\cdot 2\pi$$

$$= 9\pi \quad (\to【56】)$$

(4)　$(x-3)^2+y^2=4$

$(x-3)^2=4-y^2$

$x=3\pm\sqrt{4-y^2}$　(→【57】・【58】)

したがって，求める立体の体積は

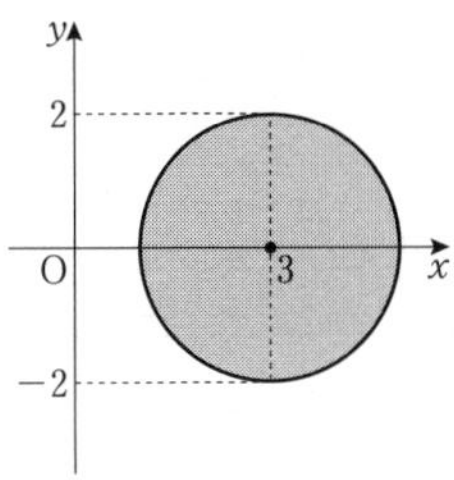

$$\int_{-2}^{2} \{\pi(3+\sqrt{4-y^2})^2-\pi(3-\sqrt{4-y^2})^2\}\,dy$$

$$= \int_{-2}^{2} \{6\pi\sqrt{4-y^2}-(-6\pi\sqrt{4-y^2})\}\,dy$$

$$= 12\pi\int_{-2}^{2} \sqrt{4-y^2}\,dy \quad (\to【59】【60】)$$

$y=2\cos\theta$ とおくと

$$\frac{dy}{d\theta} = -2\sin\theta$$

積分区間は

y	$-2 \to 2$
θ	$\pi \to 0$

よって

$$\int_{-2}^{2} \sqrt{4-y^2}\,dy = \int_{\pi}^{0} \sqrt{4-4\cos^2\theta}\,(-2\sin\theta)\,d\theta$$

$$= \int_0^{\pi} 2\sin\theta\cdot 2\sin\theta\,d\theta$$

$$= 4\int_0^{\pi} \sin^2\theta\,d\theta$$

$$= 4\int_0^{\pi} \frac{1-\cos 2\theta}{2}\,d\theta$$

$$=2\left[\theta-\frac{1}{2}\sin2\theta\right]_0^{\pi}$$

$$=2\pi$$

したがって，求める体積は

$12\pi\times2\pi=24\pi^2$　(→【61】【62】)

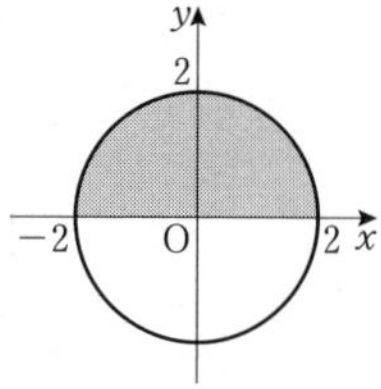

参考　$\int_{-2}^{2}\sqrt{4-y^2}\,dy$ について，この定積分は半径 2 の半円の面積を表す。したがって

$$\int_{-2}^{2}\sqrt{4-y^2}\,dy=\pi\cdot2^2\cdot\frac{1}{2}=2\pi$$

物理

1

解答 問1．③ 問2．② 問3．② 問4．② 問5．①
問6．③ 問7．③

解説 ≪小球の2次元衝突≫

問1．x 軸方向の運動量保存則より

$$mv = mv'\cos\theta + MV\cos\varphi \quad \cdots\cdots(\text{i})$$

問2．y 軸方向の運動量保存則より

$$0 = -mv'\sin\theta + MV\sin\varphi \quad \cdots\cdots(\text{ii})$$

問3．(i)×$\sin\varphi$－(ii)×$\cos\varphi$ より

$$mv\sin\varphi = mv'(\sin\theta\cos\varphi + \cos\theta\sin\varphi)$$
$$= mv'\sin(\theta+\varphi)$$

$$\therefore \quad \frac{v'}{v} = \frac{\sin\varphi}{\sin(\theta+\varphi)}$$

問4．(i)×$\sin\theta$＋(ii)×$\cos\theta$ より

$$mv\sin\theta = MV(\sin\theta\cos\varphi + \cos\theta\sin\varphi)$$
$$= MV\sin(\theta+\varphi)$$

$$\therefore \quad \frac{V}{v} = \frac{m\sin\theta}{M\sin(\theta+\varphi)}$$

問5．力学的エネルギー保存則より

$$\frac{1}{2}mv^2 = \frac{1}{2}mv'^2 + \frac{1}{2}MV^2 \quad \cdots\cdots(\text{iii})$$

問6．(iii)式より

$$1 = \left(\frac{v'}{v}\right)^2 + \frac{M}{m}\left(\frac{V}{v}\right)^2$$

問3・問4の結果を代入して

$$1 - \frac{\sin^2\varphi}{\sin^2(\theta+\varphi)} = \frac{M}{m}\cdot\frac{m^2\sin^2\theta}{M^2\sin^2(\theta+\varphi)}$$

$$\therefore \quad \frac{m}{M} = \frac{\sin^2(\theta+\varphi) - \sin^2\varphi}{\sin^2\theta}$$

問7．問6の結果に，$\theta=30°$，$\varphi=60°$ を代入して

$$\frac{m}{M}=\frac{1^2-\left(\frac{\sqrt{3}}{2}\right)^2}{\left(\frac{1}{2}\right)^2}=1$$

2　解答

問1．②　問2．④　問3．②　問4．④　問5．①
問6．④

解説　≪万有引力の法則と静止衛星軌道≫

問1．向心方向の加速度の公式より

$$a=(R+r)\omega^2$$

問2．万有引力の法則より

$$F=G\frac{mM}{(R+r)^2}$$

問3．Sの運動方程式より

$$m(R+r)\omega^2=G\frac{mM}{(R+r)^2}$$

問4．$a=(R+r)\omega^2=\dfrac{v^2}{R+r}$ と表せるので，問3より

$$m\frac{v^2}{R+r}=G\frac{mM}{(R+r)^2}$$

$$\therefore\quad v=\sqrt{\frac{GM}{R+r}}$$

問5．地球の自転周期の式より

$$T=\frac{2\pi}{\omega'}$$

$$\therefore\quad \omega'=\frac{2\pi}{T}=\frac{2\times3.14}{24\times60\times60}=7.26\cdots\times10^{-5}\fallingdotseq7\times10^{-5}\,[\mathrm{rad/s}]$$

問6．$\omega=\omega'$ のとき，問3より

$$m(R+r)\omega'^2=G\frac{mM}{(R+r)^2}$$

$$\therefore\quad r=\left(\frac{GM}{\omega'^2}\right)^{\frac{1}{3}}-R$$

3 解答

問1．④　問2．④　問3．③　問4．④　問5．③
問6．③　問7．②

解説　≪点電荷による電場と電位≫

問1．頂点Bにある点電荷が頂点Aに作る電界の強さ E_1〔N/C〕は，クーロンの法則より

$$E_1=k\frac{q}{(\sqrt{2}r)^2}=\frac{kq}{2r^2}\text{〔N/C〕},\ \overrightarrow{\mathrm{BA}}\text{ の向き}$$

問2．頂点BとCにある点電荷が頂点Aに作る合成電界の強さ E〔N/C〕は

$$E=\sqrt{2}E_1=\frac{\sqrt{2}kq}{2r^2}\text{〔N/C〕},\ \overrightarrow{\mathrm{DA}}\text{ の向き}$$

問3．頂点Aに置かれた点電荷にはたらく力の大きさ F〔N〕は

$$F=q_0E=\frac{\sqrt{2}kq_0q}{2r^2}\text{〔N〕},\ \overrightarrow{\mathrm{DA}}\text{ の向き}$$

問4．頂点Bにある点電荷が頂点Aに作る電位 V_1〔V〕は

$$V_1=\frac{\sqrt{2}kq}{2r}\text{〔V〕}$$

問5．頂点BとCにある点電荷が頂点Aに作る電位 V_A〔V〕は

$$V_\mathrm{A}=\frac{kq}{\sqrt{2}r}+\frac{kq}{\sqrt{2}r}=\frac{\sqrt{2}kq}{r}\text{〔V〕}$$

問6．頂点BとCにある点電荷が点Dに作る電位 V_D〔V〕は

$$V_\mathrm{D}=\frac{kq}{r}+\frac{kq}{r}=\frac{2kq}{r}\text{〔V〕}$$

問7．頂点Aにある点電荷を点Dまで移動させるために必要な仕事 W〔J〕は

$$W=q_0(V_\mathrm{D}-V_\mathrm{A})=\frac{(2-\sqrt{2})kq_0q}{r}\text{〔J〕}$$

4 解答

問1．③　問2．④　問3．③　問4．③　問5．④
問6．②　問7．③

解説　≪気体の分子運動論≫

問1．1個の気体分子が1回の衝突で上面に及ぼす力積の大きさは，気体分子の運動量変化の大きさと等しいので

$$|m(-v_z)-mv_z|=2mv_z\text{〔N·s〕}$$

問2．１個の分子は上面と下面の間を１往復毎に１回上面と衝突するので，上面と単位時間あたりに衝突する回数は

$$\frac{v_z}{2L_z}\text{〔回/s〕}$$

問3．上面が１個の分子から受ける力の大きさの平均値 $\overline{f_z}$〔N〕は，分子が上面に及ぼす単位時間あたりの力積の大きさと等しいので

$$\overline{f_z}=2mv_z\cdot\frac{v_z}{2L_z}=\frac{m{v_z}^2}{L_z}\text{〔N〕}$$

問4．上面が N 個の全分子から受ける力の大きさの平均値 $\overline{F_z}$〔N〕は

$$\overline{F_z}=N\cdot\frac{m\overline{{v_z}^2}}{L_z}=\frac{Nm\overline{{v_z}^2}}{L_z}$$

上面が受ける圧力の大きさ P_z〔Pa〕は

$$P_z=\frac{\overline{F_z}}{L_xL_y}=\frac{Nm\overline{{v_z}^2}}{L_xL_yL_z}\text{〔Pa〕}$$

問5．問4と同様に

$$P_x=\frac{Nm\overline{{v_x}^2}}{L_xL_yL_z}\text{〔Pa〕},\quad P_y=\frac{Nm\overline{{v_y}^2}}{L_xL_yL_z}\text{〔Pa〕}$$

問6．$\overline{{v_x}^2}=\overline{{v_y}^2}=\overline{{v_z}^2}$ と $\overline{v^2}=\overline{{v_x}^2}+\overline{{v_y}^2}+\overline{{v_z}^2}$ より

$$\overline{{v_x}^2}=\overline{{v_y}^2}=\overline{{v_z}^2}=\frac{1}{3}\overline{v^2}$$

と表せるので，圧力の大きさ P〔Pa〕は

$$P=\frac{Nm\overline{v^2}}{3L_xL_yL_z}\text{〔Pa〕}$$

問7．理想気体の状態方程式より

$$\frac{Nm\overline{v^2}}{3L_xL_yL_z}\cdot L_xL_yL_z=\frac{N}{N_\mathrm{A}}RT$$

$$\therefore\quad \frac{1}{2}m\overline{v^2}=\frac{3R}{2N_\mathrm{A}}T$$

化学

1 解答

問 1．(1)器具 A：④　器具 B：⑥　(2)―③　(3)―⑤

問 2．(1)ア―⑥　イ―①　ウ―⑧　エ―④　(2)―③

解説　≪中和滴定，物質の種類と元素の周期律≫

問 1．(2)　滴下前の数値は 5.60，滴下後の数値は 16.35 であるため，滴下した NaOH 水溶液の体積は

$$16.35-5.60=10.75\,[\mathrm{mL}]$$

(3)　求める希硫酸のモル濃度を c[mol/L] とすると

$$2\times c\times\frac{10.0}{200}\times\frac{30.0}{1000}=1\times0.200\times\frac{10.75}{1000}$$

$$\therefore\quad c=0.7166\fallingdotseq0.717\,[\mathrm{mol/L}]$$

2 解答

問 1．(1)K_1：⑤　K_2：③　K_3：⑧　(2)―④

問 2．0～60 秒間：④　300～360 秒間：①

解説　≪電離平衡，反応速度≫

問 1．(2)　$K_3=K_1\times K_2=\dfrac{[\mathrm{H^+}]^2[\mathrm{S^{2-}}]}{[\mathrm{H_2S}]}$

となるため

$$9.6\times10^{-8}\times1.3\times10^{-14}=\frac{0.0050^2\times[\mathrm{S^{2-}}]}{0.050}$$

$$\therefore\quad[\mathrm{S^{2-}}]=2.496\times10^{-18}\fallingdotseq2.5\times10^{-18}\,[\mathrm{mol/L}]$$

問 2．0～60 秒間の H_2O_2 の分解速度は

$$-\frac{1.00-1.08}{60-0}=1.33\times10^{-3}\fallingdotseq1.3\times10^{-3}\,[\mathrm{mol/(L\cdot s)}]$$

300～360 秒間の H_2O_2 の分解速度は

$$-\frac{0.65-0.71}{360-300}=1.0\times10^{-3}\,[\mathrm{mol/(L\cdot s)}]$$

3　解答

問 1．(1)―②　(2)―⑤　(3)―④　(4)―⑥　(5)―①

問 2．$NaHCO_3$：⑦　Na_2CO_3：④　Na_2SO_4：④

解説　≪凝固点降下，化学反応とその量的関係≫

問 1．(5)　純水は，過冷却後に結晶が析出し始めるとすべてが凝固するまで温度は一定になる。一方，NaCl 水溶液は，凝固が進むにつれて濃度が上昇し凝固点が低くなる。

問 2．$NaHCO_3$ の分解反応は

$$2NaHCO_3 \longrightarrow Na_2CO_3 + H_2O + CO_2$$

であるため，試料 **X** に含まれていた $NaHCO_3$ の物質量は

$$\frac{0.53}{12+16\times2}\times2 = 2.40\times10^{-2} \fallingdotseq 2.4\times10^{-2}\,[\mathrm{mol}]$$

また，試料 **X** に濃硫酸を加えると起こる反応は

$$2NaHCO_3 + H_2SO_4 \longrightarrow Na_2SO_4 + 2H_2O + 2CO_2$$

$$Na_2CO_3 + H_2SO_4 \longrightarrow Na_2SO_4 + H_2O + CO_2$$

であるため，試料 **X** に含まれていた Na_2CO_3 の物質量は

$$\frac{1.6}{12+16\times2} - 2.40\times10^{-2} = 1.23\times10^{-2} \fallingdotseq 1.2\times10^{-2}\,[\mathrm{mol}]$$

さらに，試料 **X** に含まれる Na_2SO_4 の物質量は

$$\{5.0-(23+1.0+12+16\times3)\times2.40\times10^{-2} - (23\times2+12+16\times3)\times1.23\times10^{-2}\} \times \frac{1}{23\times2+32+16\times4}$$

$$= 1.18\times10^{-2} \fallingdotseq 1.2\times10^{-2}\,[\mathrm{mol}]$$

4　解答

問 1．(1)―③　(2)―②　(3)―⑦

問 2．(1)―③　(2)―③

問 3．(ア)―①　(イ)―③　(ウ)―④　(エ)―②　(オ)―⑤

解説　≪有機化合物の構造と性質≫

問 1．(1)　化合物 **A** を酸化して得られる化合物 **B** は

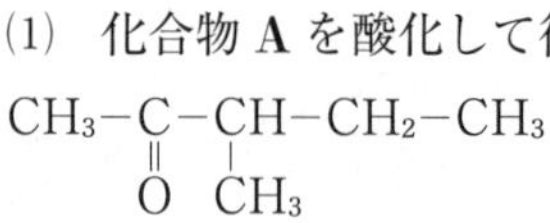

と表されるケトンであり，フェーリング液の還元反応は示さない。

(2)　$\dfrac{25.5}{12.0\times6+16.0+1.00\times14}\times(12.0\times6+16.0+1.00\times12)=25.0\,[\mathrm{g}]$

(3)　考えられる化合物の構造式は，次の通りとなる。（＊は不斉炭素原子）

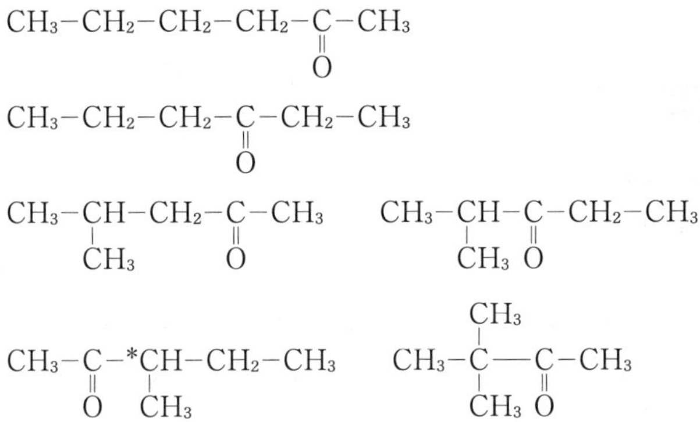

問２．(2)　この油脂の構造式は

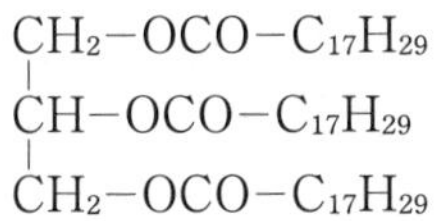

となるため，求める質量は

$0.100\times(12.0\times57+1.00\times92+16.0\times6)$

$=87.2\,[\mathrm{g}]$

生物

1 解答

問1．③　問2．⑥　問3．③　問4．④
問5．(1)—⑤　(2)—⑦　(3)—③

解説　≪顕微鏡≫

問2．問題文中に「上下左右が反対に見える光学顕微鏡で試料を観察した」とあるので，この顕微鏡で見える像の位置と実際の試料の位置は上下左右反対である。したがって，像を動かしたい向きと反対の向きにプレパラートを動かせばよいので，視野の左下に見える試料を視野の中心に移動させるには，プレパラートを左下に動かす。

問3．肉眼の分解能は約 0.1mm（100μm），光学顕微鏡の分解能は約 0.2μm である。A～Eの細胞や構造物の大きさは，A．約 140μm，B．約 3mm，C．約 3μm，D．約 2μm，E．約 200μm であり，A・B・Eは肉眼でも確認できるため，不適である。

問4．顕微鏡で細胞などの大きさを測るときに用いる道具をミクロメーターという。接眼レンズに取り付ける円形のものを接眼ミクロメーターといい（道具a），ステージ上にのせる長方形のものを対物ミクロメーターという（道具b）。対物ミクロメーターの1目盛りは，1mm を 100 等分したもの，すなわち 10μm となっている。

問5．(1)　図1では，接眼ミクロメーター5目盛りと対物ミクロメーター8目盛りが一致している。対物ミクロメーターの1目盛りは 10μm なので，接眼ミクロメーター1目盛りの長さは

$$10\times8\div5=16〔\mu m〕$$

(2)　図2の細胞の長径は，接眼ミクロメーター 11 目盛り分である。接眼ミクロメーター1目盛りの長さは，倍率の同じ(1)と等しいので，細胞の長径の長さは

$$16\times11=176〔\mu m〕$$

(3)　接眼ミクロメーター1目盛りの長さは，顕微鏡の倍率に反比例する。対物レンズの倍率を 40 倍にすると，顕微鏡の倍率は対物レンズの倍率が 10 倍のときのさらに4倍となるため，接眼ミクロメーター1目盛りの長

さは(1)の $\frac{1}{4}$ 倍，すなわち 4μm となる。細胞内の顆粒は，6目盛りを移動するのに3秒かかったので，この顆粒の移動速度は

$4\times6\div3=8$〔μm/秒〕

2 解答

問1．⑥　問2．②　問3．⑤　問4．①　問5．②
問6．③

解説　≪酵素のはたらき≫

問1．無機触媒の反応では，温度が高くなるにつれて反応速度が大きくなる。酵素反応でも温度上昇に伴って反応速度が大きくなるが，30～40°C（最適温度）をピークとして，一定の温度（通常は60°C程度）を超えると急激に反応速度が低下する。これは，高温によって酵素のタンパク質が変性し，失活するためである。

問2．酵素の中には，補因子（補助因子）とよばれる非タンパク質と結合して，初めて活性を示すものがある。補因子のうち，低分子の有機物を補酵素という。コハク酸脱水素酵素の補酵素は，FADである。

問3．⑤誤り。DNAリガーゼは，DNA鎖の末端同士をつなぐ酵素である。

問4．反応開始時の基質の濃度が同じであれば，最終的な生成物の量も同じになる。よって③・④・⑤は不適。基質が十分にある場合，反応の温度が一定の条件では，反応速度（単位時間あたりに生じる生成物の量）は，酵素の濃度に比例する。反応速度はグラフの傾きで示されるので，酵素の濃度が高い［E_1］の方が，グラフの傾きが大きくなる。

問5．問題文では，「マウスのコハク酸脱水素酵素」と限定しているが，一般的な酵素の温度による影響を考えればよい。25°Cと37°Cでは，最適温度付近である37°Cの反応の方が反応速度（グラフの傾き）が大きくなるが，最終的な生成物の量は，基質量に依存するため，等しくなる。

問6．活性部位とは別の部位（アロステリック部位）に基質以外の物質が結合することで，活性が変化する酵素をアロステリック酵素といい，このようにして酵素の活性が変化することをアロステリック効果という。

3　解答

問1．②　問2．(1)—③　(2)—①
問3．(1)—⑤　(2)—③

解説　≪染色体と遺伝子，遺伝情報の分配と減数分裂≫

問1．生殖には，無性生殖と有性生殖があり，親と子が同一の遺伝情報をもつのは無性生殖である。無性生殖には，分裂，出芽，栄養生殖などがあり，ジャガイモの塊茎は栄養生殖の一例である。接合と受精は有性生殖であるので，他の選択肢は不適。

問3．(1)　相同染色体同士が対合したものを二価染色体という。図中のA～Eのうち，同形同大の相同染色体同士が接着した状態が見られるのは，Eだけである。二価染色体は，減数分裂第一分裂前期に形成される。

(2)　図中のEでは，二価染色体が2つ見られることから，この植物の細胞の染色体数は4（$2n=4$）である。減数分裂は，連続した2回の分裂からなり，第一分裂で染色体数が半減することから，図中のAからEの各時期は以下のように推測される。

A．第一分裂前期
B．第一分裂終期～第二分裂前期
C．第二分裂終了後
D．第二分裂後期
E．第一分裂中期

4　解答

問1．①　問2．(1)—⑦　(2)—⑤　問3．④　問4．③
問5．⑧

解説　≪血液の成分とはたらき，遺伝情報の変化≫

問2．(1)　酸素ヘモグロビンの割合は，同じ酸素濃度のもとでは，二酸化炭素濃度が高くなるほど低下する。よって，図1では，酸素ヘモグロビンの割合が常に低いBの曲線が，二酸化炭素濃度が高いときの曲線である。

(2)　肺では二酸化炭素濃度が低いためA曲線上の値となり，組織では二酸化炭素濃度が高いためB曲線上の値となる。また，問題文中に「肺と組織における酸素濃度（相対値）はそれぞれ100と30」とあるので，肺と組織における酸素ヘモグロビンの割合はそれぞれA_{100}とB_{30}であるとわかる。

問題文中の「肺においてヘモグロビンに結合した酸素（%）」とは肺にお

ける酸素ヘモグロビンの割合，すなわち A_{100}。「組織で放出される酸素(%)」とは，肺と組織における酸素ヘモグロビンの割合の差，すなわち $A_{100}-B_{30}$ であるから，求める割合は

$$\frac{A_{100}-B_{30}}{A_{100}}\times 100\,[\%]$$

問３．健康な人のヘモグロビン β 鎖のアミノ酸配列に対する mRNA の塩基配列を以下に示す。翻訳は，N 末端（アミノ基末端）側のアミノ酸に対応するコドンから順に，5' 末端から 3' 末端の方向に行われる。

5'-GUG CAU CUG ACU CCU <u>GAG</u> GAG-3'

かま状赤血球貧血症の人では，６番目のグルタミン酸（コドン：GAG）がバリン（コドン：GUG）に変わっているので，mRNA の配列は以下のようになる。

5'-GUG CAU CUG ACU CCU <u>GUG</u> GAG-3'

よって，この mRNA に対する DNA の塩基配列は

5'-GTG CAT CTG ACT CCT GTG GAG-3'

3'-CAC GTA GAC TGA GGA CAC CTC-5'（鋳型鎖）

問４．③誤り。T 細胞と B 細胞はどちらもリンパ球であり，骨髄にある造血幹細胞から分化するが，その後に胸腺で成熟するのは T 細胞だけであり，B 細胞はそのまま骨髄で成熟する。

5 解答　問１．⑤　問２．①　問３．⑥　問４．④　問５．③

解説　≪自然浄化，水質汚染≫

問１・問２．川や海に有機物などを含む汚水が流入すると，その量が一定の範囲内であれば，大量の水による希釈や泥や岩などへの吸着，沈殿，微生物による分解などによって，汚濁物が減少する。この現象を自然浄化という。図は，川上にある下水口から下流に向けて自然浄化が進んでいくときの物質の変化（上の図）と生物の変化（下の図）を示している。

まず，下水口付近では汚水の流入により有機物(イ)が増加し，有機物を養分とする細菌(エ)が増殖して，大量の酸素が消費されるため，溶存酸素(ア)の濃度が減少する。次いで，細菌を捕食する原生動物(カ)が増加し，細菌による有機物の分解によって生じるアンモニウムイオン(ウ)が増加す

る。中流では，アンモニウムイオンなどの無機塩類を利用する藻類(オ)が増加し，その光合成が活発になることで溶存酸素(ア)の濃度が再び増加する。

問3．Ⅰ．誤り。無機塩類の増加と水の透明度の上昇による水中に届く光量の増加が，藻類の増加の主な原因となる。酸素の増加は藻類の増加によって起こる。

Ⅲ．誤り。流入する汚水中の有機物を分解する主な担い手は，細菌である。

問4．河川水中のアンモニウムイオンは，亜硝酸菌によって亜硝酸イオンになり，亜硝酸イオンは硝酸菌によって硝酸イオンとなる。この一連の過程を硝化といい，亜硝酸菌と硝酸菌をまとめて硝化菌という。

要かが空欄の答えとなる。前文に、「情報に関連した貿易障壁」とあることから、「情報」という言葉の入った②が答えとなる。

問9　前段落に「実際に誰が恩恵を受けるかはかなり複雑」「得する人と損する人がいるのは確か」、直前に「消費者の観点からは、いろいろな財やサービスをより安く消費できるようになる」とあり⑤が合致している。①は「貧富の差が懸念される」、②は「労働市場の観点からは損が多い」、③は「目まぐるしく入れ替わっている」、④は「総合的に評価を下さなければならない」がそれぞれ不適。

問10　①第一段落に「国家全体の経済にも期待できる」とある。②第四段落に移民の果たす役割として「政策の予見性」が挙げられている。④後ろから三段落目で述べられているように、「国内産業が打撃を受ける」のは「輸入が増える場合である。⑤後ろから二段落目にあるように「得する人と損する人がいるのは確か」なので「あまねく恩恵を与える」は不適。

あるのが「こうした情報問題」の内容である。また、傍線部直後には「役割」について「企業慣行や商慣行、政策の予見性……情報に関連した貿易障壁を緩和してくれる」とある。この内容と合致している選択肢は⑤である。

問3　直後に「自己中心的な移民がズルをする……ズルをした移民は同胞のコミュニティーから締め出される……取引リスクが低くなる」「信頼できる取引関係の構築……発展途上国との取引において……保証機関のような役割を果たす」とあり、選択肢⑤が合致している。

問4　傍線部までで、貿易が促進される要素としてどのようなものが挙げられているのか、一つずつ押さえていくこと。第六段落に「移民の民族ネットワークは……取引リスクが低く……そのため、貿易が促進する」、第九段落に「移民が出身国の商品を欲しがるため、輸入が増える」「移民コミュニティーの食文化……市民に浸透する……輸入がさらに増える」とある。これらの要素がすべて含まれている選択肢は④である。

問5　①「アメリカという外国のモノをより消費する」とは書かれていない。②次の段落に「輸入は移民当初から増える」とある。また、輸出拡大に時間がかかるのは「アメリカで得た知識を出身国についての知識と結びつけて、成果が出る」のに時間がかかるからである。④「論文によって意見が違う」のはグールド以外の論文である。⑤「直接消費するモノのみ」が不適。

問6　①輸出量より輸入量の方が大きいといった読み取りはできない。本文で示されているのは輸出・輸入それぞれの増加率である。②「日本へ与える影響」については言及されていない。③グールドは「輸出への影響の方が大きくなっている」（傍線部Dの段落）としているし、そもそも「これらの研究」にグールドの研究は含まれていない。④アメリカとカナダとの研究結果は異なっていない。

問7　空欄の前に「データの期間や分析方法によって、結果が違う」「相反する結果が示されることも十分にありうる」とある。そのことを表す言葉を選ぶ。

問8　空欄を含む一文は、直前の二文の理由を示していることから考える。「（差別化されている）財」であれば、何が必

問9　第十四段落以降の内容を押さえる。地域によって「『赤い』が意味する色の範囲がずれている」としても、どちらの地域でもその「赤い」は「真」だとしている。以上を「『赤い』という言葉の真偽」は変わらないとまとめた①が正解。

問10　②「美の相対主義」が成り立たないとは言っていない。③「未知の言語の翻訳」を「推理」ですするとは言っていない。④「外延」ではなく「主体の態度・ふるまい」である。⑤第十六段落に「『赤さの規準は共同体によって違う』と言えるだろうか……それは不可能である」とある。

二

出典　友原章典『移民の経済学――雇用、経済成長から治安まで、日本は変わるか』〈第2章　経済成長の救世主なのか　2　貿易振興で経済が活性化するのか〉（中公新書）

解答

問1　(ア)―①　(イ)―②　(ウ)―①　(エ)―④　(オ)―③
問2　⑤
問3　⑤
問4　④
問5　③
問6　⑤
問7　①
問8　②
問9　⑤
問10　③

解説　問2　「こうした」の具体的内容を正確に押さえること。第三段落に「地域特有の商慣行や法律などの情報」と

る。

問3　マナーに関して、「欧米は日本よりも……」「アラブ諸国ではむしろ……」と「文化による」相対的なものであると述べていることに着目する。

問4　次段落以降で説明されているが、傍線部C・Dも含まれるため、問5・問6と関連させて考えるとよい。次段落以降で「未知の言語の翻訳」ということに置き換えて説明している。「おいしい」という「主体の態度・ふるまい」によって意味が規定される言葉と、「赤い」のように「外延（対象の側）」に意味の重みのある言葉とである。「美しい」がどちらに属するのか見分ける必要があると述べている。

問5　傍線部E以降で「美の相対主義が成立しうるには、『美しい』も……『おいしい』のようなタイプの語でなければならない。さもなければ、……とも言えないことになる」としている。「『おいしい』のようなタイプの語」とは「主体の態度の方に、その意味の重みがかかっている言葉」であり、そうではなく、傍線部C直前にあるように規準が対象によって規定されているのであれば、そもそも「美しさの規準がずいぶん違う」と言えないのである。

問6　「そうだとすると」の「そう」は直前の「『ブー』の規準は『美しい』の規準とおおむね一致していなければならない」を指している。この箇所に合致している選択肢は⑤だけである。

問7　傍線部直後の内容を押さえること。その箇所を逆に言うと、「ブー」を「美しい」と翻訳できるから「美しさの規準がずいぶん違う」と言えるということになる。④が合致している。①と⑤は「身体感覚」や「表情や行動」を「人類共通」としているので不適。②の「外延にその意味の重みをかけるような語」は逆。③は「翻訳することはできず」が不適。

問8　「おいしい」という言葉については、二つ前の段落に、「『おいしい』は、おいしいものという外延よりも、むしろ主体の態度の方に、その意味の重みがかかっている言葉にほかならない」とある。また、空欄Yの直後にある「対象主導型」と対になることから考えてもよい。

国語

一

出典 野矢茂樹『語りえぬものを語る』〈4　真理の相対主義は可能か〉（講談社学術文庫）

解答

問1　(ア)―④　(イ)―⑤　(ウ)―②　(エ)―④　(オ)―②
問2　③
問3　③
問4　②
問5　③
問6　⑤
問7　④
問8　⑤
問9　①
問10　①

解説

問2　傍線部の「教育」「排除」「権力的な臭い」から考える。「せねばならぬ」という強制的な表現に合うのは③の「一方的に強いようとする押しつけがましさ」である。①「差別意識」につながるわけではない。②「真理」は「既成の通念」ではない。④「マナーに代表される世の中の相対主義を否定することにつながり」が不適切。マナーと真理は両極端であって、互いに否定しているわけではない。⑤「異端者に対する」以下の内容が傍線部とずれてい

//////////////////// · memo · ////////////////////

2022年度

問題と解答

■一般選抜（前期Ａ方式）

問題編

▶試験科目・配点

教　科	科　　　　目	配　点
外 国 語	コミュニケーション英語Ⅰ・Ⅱ，英語表現Ⅰ	100 点
地歴・公民・理科	日本史Ｂ，世界史Ｂ，政治・経済，「物理基礎・物理」，「化学基礎・化学」，「生物基礎・生物」から１科目選択	100 点
数　　学	「数学Ⅰ・Ａ」，「数学Ⅰ・Ａ・Ⅱ・Ｂ」から１科目選択	100 点
国　　語	国語総合（古文・漢文を除く）	100 点

▶備　考

- 上記４教科から３教科以上を受験し，高偏差値３教科（各教科の得点を偏差値換算）の総偏差値で合否判定する。
- 以下の学部は指定の科目を必ず受験すること。
  理工学部：「数学Ⅰ・Ａ・Ⅱ・Ｂ」
  情報学部：「数学Ⅰ・Ａ」もしくは「数学Ⅰ・Ａ・Ⅱ・Ｂ」のいずれか１科目

英語

（60分）

Ⅰ　次の英文を読み，各問の答え又は空所に入るものとして，最も適切なものはどれか，それぞれ①～④から選んで答えよ。

Puffer coats are a mainstay of winter. They're warm, cozy and practical. And it's what's inside the lining that makes all the difference. Traditionally, down feathers from waterbirds have been used for insulation, but alternatives are growing more popular among consumers concerned about animal welfare and environmental sustainability.

Italian brand Save The Duck, has led the way. As its name suggests, the company does not use any waterbird feathers to make its signature jackets and vests. Save The Duck was founded in the Italian fashion capital of Milan in 2012. CEO Nicolas Bargi has been a nature lover his whole life. He says he has always been skeptical about the use of actual waterbird feathers in jackets. After seeing many companies collapse as a result of the 2008 financial crisis and credit uncertainty in Europe, Bargi decided it was time for the fashion industry to change tack. "I thought that there would have to be a big cultural and social change for people in the future, and sustainability would become a very strong factor for the new generation," he says.

Bargi devised a way to recycle plastic bottles as an alternative to feathers. The bottles are broken down and mixed with polyester fibers. One jacket uses 20 bottles, instead of six to eight waterbirds. And Save The Duck has quickly found there's an international demand for its products. It has expanded to 33 countries and territories, including Japan where it has launched a slew of pop-up stores nationwide.

In Japan, an entrepreneur from Osaka has turned to a tropical tree as another feather alternative. Fukai Kishow, the founder of KAPOK KNOT, started producing coats in 2019 that use material derived from kapok, a tree that grows in Southeast Asia, Central and South America, and Africa. The fluffy fibers taken from its seeds have historically been used as stuffing for life jackets and soft toys. But it has not been widely used in clothing as its fibers are difficult to process.

Fukai, 29, visited Indonesia two years ago to choose fiber suitable for jackets. He worked with farmers and researchers to pick out the perfect material and signed sales contracts. He says kapok fiber's excellent moisture absorption and thermal retention capacity make it warmer than other natural materials. Kapok Knot coats come with a message in the packaging highlighting the low environmental impact of the production process. Fukai says he wants customers to appreciate the social value of his products. "Enjoying fashion and thinking about the future are compatible," he says. "I want to pursue both business and social responsibility."

Vice-President of Japan Ethical Initiative, Ikoma Yoshiko, says ethical brands are set to become main players in the fashion industry. "Investors have become increasingly critical of companies that do not consider environmental issues since the Sustainable Development Goals were adopted by the United Nations in 2015," she says. "I suppose fashion brands that are not environment-friendly will not be able to survive." Ikoma has been tracking trends among younger consumers, particularly members of what is known as Generation Z. She says growing up with knowledge of climate change and other environmental issues has made them more sensitive of the effects of their spending decisions. "I believe that similar to the 'digital transformation' in the business world, which makes use of the latest technology, the fashion industry will undergo an 'ethical transformation'."

Adapted from: Tamura, G.（March 8, 2021）. Ethical fashion gains a foothold in Japan, *NHK World-Japan*.

問 1　According to the passage, puffer coats are 【1】

① lined, and what's stuffed inside the lining is significant.

② made in ways that act against the protection of the health and well-being of animals.

③ mainly used to allow heat to pass through the lining.

④ popular among consumers who lack interest in the sustainable production.

問 2　Which of the following can NOT be said of Save The Duck? 【2】

① It has led the way in promoting consumers' appreciation of sustainability.

② It has led the way in promoting consumers' concern for animal welfare.

③ It has led the way in replacing natural materials with artificial ones.

④ It has led the way in the production of puffer coats with down feathers.

問 3　Why did Bargi decide that it was time for the fashion industry to change tack? 【3】

① Because he had devised a way to recycle plastic bottles as an alternative to feathers.

② Because he suspected that many companies are hiding the fact that they use real feathers.

③ Because he thought that there would have to be a big cultural and social change for people in the future.

④ Because his fashion company went bankrupt due to the 2008 financial crisis.

問 4　According to Fukai, 【4】

① excessive packaging leads to a low environmental impact from the production process.

② he wants to make his company pursue both business and social responsibility.

③ he worked with farmers and researchers in Osaka to pick out the perfect material that has excellent moisture retention capacity.

④ the fluffy fibers taken from kapok have historically been used as stuffing for life jackets and soft toys because they are easy to process.

問5 According to Ikoma, what are members of Generation Z interested in? 【5】

① They are interested in companies that do not consider environmental issues.

② They are interested in fashion brands that will be able to survive.

③ They are interested in the effects caused by what they buy.

④ They are interested in the latest technology used for ethical fashion.

Ⅱ 次の英文を読み，各問の答え又は空所に入るものとして，最も適切なものはどれか，それぞれ①～④から選んで答えよ。＊の付いた語には註がある。

One hundred years ago, on the 2nd of May, 1908, the United States Copyright Office received two copies of a new song titled "Take Me Out to the Ball Game," submitted by composer Albert von Tilzer and lyricist Jack Norworth. This musical work, affectionately referred to over the century as the "other" national anthem, baseball's national anthem, has become the grand-slam of all baseball songs. It has been ranked in survey polls as one of the top ten songs of the twentieth century and is second only to "Happy Birthday" and "The Star Spangled Banner" as the most easily recognized songs in America.

Few musical creations embody such significance in American musical culture as "Take Me Out to the Ball Game." Just why the song has enjoyed such lasting popularity has been the topic of sports commentators, journalists, and popular music historians for decades. After all, one author says, ""Stardust" it ain't." Critics have described the lyrics as crude, but singable, and puzzle over the chartbuster's instant success. Fans of the song, however, insist that it is the sheer simplicity and straightforwardness of the words, gender-neutral and shrewdly crafted so as not to name or favor any one team, coupled with von Tilzer's luring waltz-like rhythms and unforgettable melody that sealed the baseball ditty's success.

Only a handful of fans realize that the two verses of the song are about Katie Casey (later changed to Nelly Kelly), a girl who was mad with baseball fever as she asked her young boyfriend to take her to a ballgame rather than a show. This faint scent of romance added to the song's success on vaudeville*, where singers (including Norworth's wife and star, Nora Bayes), actors, even acrobats, incorporated the hit into their acts. Also adding to its immense popularity, the song was featured during intermissions at the early twentieth-century nickelodeons** where it was accompanied by "lantern slides," photos touched up with paint that provided the audience with a visual component to the song as the lyrics scrolled across the bottom of the screen. This way, when Katie Casey made the pitch to her date, everyone in the audience could respond in song: "Take me out to the ball game..."

Like no other American sport, baseball has been glorified and preserved in musical form by inspired songwriters and poets since its beginnings. In 1858, the year when amateur baseball teams in the northeast established the first league, the National Association of Base Ball Players, one player from the Base Ball Club of Buffalo published the first piece of baseball music — The Baseball Polka. Since then hundreds of songs have followed, some composed by the players themselves, some by their sponsors, several by well-known musicians, others by unknown fans. And, it cannot be mere coincidence that all of their baseball songs generally avoided baseball issues: integration, free agency, players' strikes, drug use, salaries, etc., never appear in the lyrics; rather, they instinctively focus on the glory, the heroes, or the past traditions of the game. Back in 1951, radio broadcaster and journalist Walter Winchell asserted that "Take Me Out to the Ball Game" epitomized that focus, that it embodied baseball's lure and essence, where the ballpark becomes an "island of innocent excitement in a world of wild despair."

For over fifty years, there has been a quasi-official history of baseball's anthem, much of it gleaned from an interview with the lyricist, Jack Norworth (1879-1959), who claimed that he scribbled the words on an envelope after seeing a sign on the subway that read: "Baseball Today — Polo Grounds." Today, this scrap of paper is included in the permanent collection of baseball memorabilia at the National Baseball Hall of Fame. Norworth also maintained that he had never attended a professional baseball game before penning those sixteen lines, which were set to music by songwriter and publisher Albert von Tilzer (1878-1956), who also had never seen a baseball game.

This anniversary year, as this classic song enjoys a guaranteed resurgence, new research on its origins and one-hundred year history will undoubtedly emerge in the books, articles, and radio commentary appearing throughout the 2008 baseball season. It will even be honored this summer with its own first-class stamp! The song's success has also benefited future generations of American songwriters as the royalties from all of Norworth's hits (including his second most famous song "Shine on Harvest Moon") were donated to the ASCAP Foundation. In every sense, "Take Me Out to the Ball Game" is, in the words of Chicago Cubs Hall of Fame broadcaster Harry Caray, "a song that reflects the charisma of baseball," a song that makes the game even more magical and allows you, the young or the old observer, to raise up your voice and become part of it.

Adapted from: Library of Congress (eds.). (2021). Take Me Out to the Ball Game, *Performing Arts Encyclopedia*.

註：vaudeville*パントマイムや踊りを組み合わせた軽喜劇
nickelodeon**20世紀初頭の5セント映画劇場

問1 According to the passage, "Happy Birthday" and "The Star Spangled Banner" 【6】

① have been authorized as national anthems of the U.S.A. as well as "Take Me Out to the Ball Game."

② have been included among the top ten songs as the easiest songs to sing in America.

③ have been ranked higher in the top ten well-known songs in America than "Take Me Out to the Ball Game."

出典追記：https://loc.gov/item/ihas.200153239/

④ have been recognized as more famous baseball songs than "Take Me Out to the Ball Game."

問2　Choose the characteristic which is NOT insisted by fans of "Take Me Out to the Ball Game". 【7】

① Avoiding favoring a particular team.

② Denying the benefits of gender neutrality.

③ The simplicity and straightforwardness of the lyrics.

④ Waltz-like rhythms and unforgettable melody.

問3　According to the passage, baseball songs 【8】

① focused on the old traditional rules of the baseball game.

② generally tried not to describe negative news about professional baseball.

③ supported creating a wonderful island of innocent world of nature.

④ were written by radio broadcaster and journalist Walter Winchell.

問4　According to the passage, Norworth insisted that 【9】

① he created "Take Me Out to the Ball Game" because he had been a big fan of professional baseball games.

② he had never paid a visit to a professional baseball game before writing "Take Me Out to the Ball Game."

③ he wrote a letter to the ASCAP Foundation after seeing a sign on the subway station.

④ the royalties of his second most famous song "Shine on Harvest Moon" should not be donated to the ASCAP Foundation.

問5　According to the passage, Harry Caray said that 【10】

① both the young and old observers had been more excited with the game in the old days.

② "Take Me Out to the Ball Game" demonstrates the strong attraction of baseball.

③ "Take Me Out to the Ball Game" has been a magical song for young and old professional singers.

④ the young observers can be broadcasters of the Chicago Cubs Hall of Fame.

Ⅲ 次のＥメールと表を読み，各問の答えとして，最も適切なものはどれか，それぞれ①～④から選んで答えよ。

Email 1

From: Yui Tunney

To: Uniclassmates@ml.vmail.com

Date: Wednesday, May 15, 2019, 09:00

Subject: Reunion

Hi Everyone,

I hope you are all well.

I think I have already contacted most of you about this, but next Thursday, May 23, I am flying back to London to attend a wedding. I thought this would be a great chance to have a little reunion. It's hard to believe that it's already been nearly four years since we all graduated. It's also hard to believe that we have been graduates now for longer than we were students. Time seems to fly by so quickly these days!

Anyway, the wedding is on Sunday in Peckham, which is in South London. My aunt lives near there, so I plan to stay with her until Monday morning and then I will travel upcountry to Derby to visit some other relatives until Friday, May 31. I'll be back in London by the early afternoon (if the trains run on time, that is!) on that day. My flight back to Tokyo is on Sunday morning, June 2, so we could also meet sometime during the following weekends in London if that works any better for everyone. I know you are all so busy and some of you have small children to look after these days, so if you'd like to meet up, you can click on the link below to tell me the dates which are most convenient:

https://SurveyMajik.com/

The next question is of course, what should we do? Thinking about where everyone lives, I think the best place to meet would be Camden perhaps. Since we used to go there a lot when we were students it will be fun to see how the old place has changed. There are lots of great restaurants and bars to visit there, so we shouldn't get bored! Let me know though, if you have any other ideas.

Anyway, I look forward to hopefully seeing you all again soon.

Best,

Yui

SurveyMajik.com

(Results as of May 22 at 08:32)

Schedule	√	?	×	Cheryl	Sei	Kai	Fiona	Pam	Kana
May 24 (Fri) 19:00 ~	4	1	1	×	?	√	√	√	√
May 25 (Sat) 19:00 ~	5	0	1	√	√	×	√	√	√
May 31 (Fri) 19:00 ~	4	1	1	√	?	√	√	×	√
June 1 (Sat) 19:00 ~	5	0	1	√	√	√	√	×	√
Comments:				I'm happy to go wherever you choose, Yui.	I may be late if it's on a Friday because of work.	Camden's great. There's a great Thai restaurant there I know of.	Anywhere's great for me.	Sorry, but I'm away on the second weekend.	I vote for Camden!

Email 2

From: Mari Hata

To: Yui Tunney

Date: Friday, May 17, 2019, 11:00

Subject: Reunion

Hi Yui,

How are you? Thanks for organizing the reunion and sorry that I have taken so long to reply. I don't know what the problem is, but I can't seem to open the link to the SurveyMajik survey that you sent. Let me, instead, tell you my preferences in this email. I'm available on any of those days except possibly the second Saturday. My husband's away then and it's often difficult for me to find a babysitter. Anyway, it'll be great to see you and everyone again. I'm already really looking forward to it.

By the way, if you want me to book anything, please let me know. It's probably easier for me to do it from here in London than for you to do it from far away in Japan.

Best regards,
Mari

問1 How many nights will Yui spend outside London while in the U.K.? 【11】

① 3 nights
② 4 nights
③ 5 nights
④ 6 nights

問2 For how long were Yui and her classmates likely to have been students of the same school? 【12】

① 3 years
② 4 years
③ 5 years
④ 6 years

問3 What is the best date for Yui Tunney to hold the reunion in terms of the number of people who can attend on time? 【13】

① May 24
② May 25
③ May 31
④ June 1

問4 Where is the reunion likely to take place? 【14】

① In Camden

② In Derby

③ In Peckham

④ In Tokyo

問5 What will Yui Tunney NOT be doing while she is in the U.K.? 【15】

① Getting married

② Going to Peckham

③ Meeting friends

④ Visiting relatives

Ⅳ 次の各英文の空所 【16】 ～ 【25】 に入る最も適切なものはどれか，それぞれ①～④から選んで答えよ。

問1 School announcements are usually 【16】 on the online noticeboard.

① arrested ② dismissed ③ healed ④ posted

問2 Had it not been for the emergency treatment, more people 【17】 of the disease.

① will die ② will have died

③ would die ④ would have died

問3 The scientists 【18】 a new result through the experiments.

① contained ② detained

③ obtained ④ stained

問4 David was as poor as a 【19】 and couldn't afford to pay his rent.

① church mouse ② gift horse

③ night owl ④ stray sheep

問5　The art foundation had such 【20】 that it was able to purchase a billion-dollar painting.

① broad horizons　② deep pockets
③ fierce dogfights　④ long faces

問6　They 【21】 to enter the restricted areas and were caught by the guards.

① attempted　② exempted　③ prompted　④ tempted

問7　The engineers proposed more 【22】 methods of measurement.

① furious　② jealous　③ rigorous　④ unconscious

問8　This festival has been observed by the 【23】 followers of Buddhism.

① faithful　② harmful　③ scornful　④ wasteful

問9　Why don't you 【24】 this room into two spaces?

① audition　② caution　③ mention　④ partition

問10　Our company policy is to respect the ethnic 【25】 of our employees.

① diversity　② facility　③ humidity　④ quantity

V　次の各問において，それぞれ下の1．から6．の語を並べ替えて空所を補い，英文を完成させよ。そして，空所の2番目と4番目に来る語の最も適切な組み合わせをそれぞれ①～④から選んで答えよ。ただし，文頭に来る語も小文字で示してある。

問1　The ____ （2番目） ____ （4番目） ____ ____ have very different skills.

1．comprised　　2．engineers　　3．is
4．of　　5．team　　6．who

①　1－2　　②　6－4　　③　3－5　　④　3－4　　【26】

問2　Some ____ （2番目） ____ （4番目） ____ ____ our project.

1．in　　2．obstacles　　3．of
4．stood　　5．the　　6．way

①　6－1　　②　4－5　　③　3－4　　④　2－6　　【27】

問3　Helmut ____ （2番目） ____ （4番目） ____ ____ traffic.

1．caught　　2．got　　3．have
4．heavy　　5．in　　6．must

①　3－1　　②　6－4　　③　2－5　　④　2－3　　【28】

問4　Gretchen ____ （2番目） ____ （4番目） ____ ____ the election.

1．and　　2．gained　　3．hand
4．the　　5．upper　　6．won

①　2－1　　②　3－6　　③　4－3　　④　2－5　　【29】

問5　I ____ （2番目） ____ （4番目） ____ ____ to psychology.

1．brought　　2．had　　3．me
4．on　　5．reflected　　6．what

①　2－3　　②　6－4　　③　3－1　　④　4－2　　【30】

問6 Nobody ＿＿＿ （2番目） ＿＿＿ （4番目） ＿＿＿ ＿＿＿ yesterday.

1．blackout 2．blame 3．for
4．the 5．to 6．was

① 5－1 ② 6－2 ③ 4－6 ④ 5－3 【31】

問7 ＿＿＿ （2番目） ＿＿＿ （4番目） ＿＿＿ ＿＿＿ for public health.

1．be 2．guidelines 3．more
4．need 5．there 6．to

① 4－1 ② 2－5 ③ 1－3 ④ 6－4 【32】

問8 Why ＿＿＿ （2番目） ＿＿＿ （4番目） ＿＿＿ ＿＿＿ a new employer?

1．Anna 2．do 3．started
4．think 5．with 6．you

① 2－6 ② 3－5 ③ 6－1 ④ 4－2 【33】

問9 Please ＿＿＿ （2番目） ＿＿＿ （4番目） ＿＿＿ ＿＿＿ inquiries by email only.

1．accepting 2．advised 3．are
4．be 5．that 6．we

① 2－6 ② 5－1 ③ 3－4 ④ 5－2 【34】

問10 The ＿＿＿ （2番目） ＿＿＿ （4番目） ＿＿＿ ＿＿＿ fundraising.

1．after 2．picked 3．research
4．steam 5．the 6．up

① 3－6 ② 2－4 ③ 4－1 ④ 6－5 【35】

VI 次の会話を読み，各問の答え又は空所に入るものとして，最も適切なものはどれか，それぞれ①～④から選んで答えよ。

Part 1

問1 A：Excuse me, ma'am. Those guys over there are being quite noisy. Could you please ask them to be quiet?

B：Certainly. I'll warn them, or ask them to leave.

A：Thanks. One more thing? I want to take out this book. Where should I go?

B：You should go to the checkout desk over there.

Where is the conversation most likely taking place? 【36】

① At a bookstore.

② At a hotel.

③ At a library.

④ At a museum.

問2 A：Hi, Monica. How are you doing?

B：Fine, but I was made to wait before I was examined.

A：Can I see your prescription from the doctor, please?

B：Here you are. I asked to change my medication because the side effects were too strong.

Where is the conversation most likely taking place? 【37】

① At a gym.

② At a laboratory.

③ At a pharmacy.

④ At a school.

Part 2

問3 A：Mika, where is that Korean restaurant you recommended? I'm going on a business trip to Seoul next week.

B：It was in Gangnam. ＿【38】＿

A：That's too bad. I told my colleague about it, and he is really looking forward to going there.

B：Well, I think there are other good restaurants in that area. I'll check them and let you know.

① Also the branches are in every part of Seoul.

② And I am not feeling well these days.

③ But the owner has retired and it's no longer in business.

④ I think the restaurant in Gangnam Hotel is much better.

問4 A：I'm sorry, sir, but I can't let you in. Last orders have already been taken.

B：Oh, ＿【39】＿

A：Well, all right. Could you tell me where your seat was?

B：I think it's at a table by the window in the corner.

A：OK. I'll look for it.

① but I left my cardigan here so I just came back to get it.

② but it's my first time to have Japanese food.

③ but I used to work here as a chef.

④ I haven't decided what to order.

問5 A：Ryoko, I'm going camping this weekend. I found a nice place near the beach.

B：Wow! Who are you going with? How big is your tent?

A：＿【40】＿

B：What? I've never heard of that before. I don't think it's going to be fun.

A：It won't be for long. I'll enjoy it.

① I can take my dogs there.

② I invited some of my friends from high school.

③ I've just bought a big brand-new tent.

④ Well, actually, I'll be camping solo.

日本史

（60分）

1　次の史料A～Cを読み，後の問い（問1～問10）に答えよ。
※史料は，一部省略したり，書き改めたりしたところもある。

史料A

上天の眷命せる a大蒙古国皇帝，書を日本国王に奉る。朕惟ふに，古より小国の君は境土相接すれば，尚ほ講信修睦に努む，……相に通好せざるは，豈に一家の理ならんや，兵を用ふるに至りては，夫れたれか好む所ならん。王其れこれを図れ。不宣。……

『東大寺尊勝院文書』

史料B

b日本准三后某，書を c大明皇帝陛下に上る。日本国開闢以来，聘問を上邦に通ぜざること無し。某，幸いにも国鈞をとり，海内に虞れ無し，特に往古の規法に遵ひて，肥富をして祖阿に相副へしめ，好を通じて方物を献ず。……

『　1　』

史料C

一　日本ハ神国たる処，dきりしたん国より邪法を授け候儀，太以て然るべからず候事。

一　……e伴天連儀，日本の地ニハおかせられ間敷候間，今日より　2　の間ニ用意仕り帰国すべく候。……

『松浦文書』

問1　下線部aに関連して，この人物について述べた次の文ア・イについて，その正誤の組合せとして最も適当なものを次の①～④のうちから一つ選べ。
【1】
ア　チンギス＝ハンの息子であるこの人物は，中国を支配するために都を大

都（北京）に移した。

イ　当時朝鮮半島にあった李成桂が建国した高麗を服属させ，日本に朝貢を要求した。

①　ア－正　イ－正　　②　ア－正　イ－誤
③　ア－誤　イ－正　　④　ア－誤　イ－誤

問2　史料Aに関連して，この国書が日本に届いた後，鎌倉幕府執権に就任した人物が北条時宗だが，その在職中の出来事として，正しいものの組合せとして最も適当なものを，次の①～④のうちから一つ選べ。【2】

ア　引付の設置
イ　無学祖元を招いて円覚寺の建立
ウ　異国警固番役の創設
エ　鎮西探題の創設

①　ア・イ　②　ア・エ　③　イ・ウ　④　イ・エ

問3　史料Aに関連して，鎌倉時代の出来事の説明として述べた文のうち，正しいものの組合せを，次の①～④のうちから一つ選べ。【3】

ア　日蓮が『正法眼蔵』を執筆した。
イ　北条時頼が金沢文庫を設けた。
ウ　一遍が踊念仏で布教した。
エ　霜月騒動が勃発した。

①　ア・イ　②　ア・ウ　③　イ・ウ　④　ウ・エ

問4　下線部bの人物に関することとして最も適当なものを，次の①～④のうちから一つ選べ。【4】

①　守護に年貢の半分を徴発する権利を認める観応の半済令を出した。
②　1399年の応永の乱で大内義弘を討伐した。
③　京都の東山に東山山荘と呼ばれる壮麗な邸宅をつくり政治を行った。
④　1392年の南北朝合体により天皇は後亀山天皇一人となった。

問5　下線部cの人物として最も適当なものを，次の①～④のうちから一つ選

べ。【5】

①　洪武帝　②　永楽帝　③　建文帝　④　煬帝

問6　空欄 [1] に入るものとして最も適当なものを，次の①～④のうちから一つ選べ。【6】

①　『愚管抄』　②　『善隣国宝記』

③　『元亨釈書』　④　『梅花無尽蔵』

問7　下線部dはキリスト教の国のことだが，日本にキリスト教を伝えたフランシスコ＝ザビエルについて述べた次の文ア・イについて，その正誤の組合せとして最も適当なものを次の①～④のうちから一つ選べ。【7】

ア　イエズス会の宣教師であり，1547年に鹿児島に到着した。

イ　大内義隆や大友義鎮（宗麟）の保護を受けて布教を進めた。

①　アー正　イー正　②　アー正　イー誤

③　アー誤　イー正　④　アー誤　イー誤

問8　下線部eは宣教師のことだが，天正遣欧使節の派遣を発案した宣教師として最も適当なものを次の①～④のうちから一つ選べ。【8】

①　カブラル　②　ガスパル＝ヴィレラ

③　ソテーロ　④　ヴァリニャーニ（ヴァリニャーノ）

問9　空欄 [2] に入るものとして最も適当なものを，次の①～④のうちから一つ選べ。【9】

①　十日　②　十五日

③　廿（二十）日　④　卅（三十）日

問10　史料Cの法令が発せられた年の出来事として最も適当なものを，次の①～④のうちから一つ選べ。【10】

①　豊臣秀吉が関白となった。

②　後陽成天皇が聚楽第に行幸した。

③　北野で豊臣秀吉が主催する大茶会が催された。

④　刀狩令が発布された。

2 次の年表と史料A・Bに目を通し，後の問い（問１～問10）に答えよ。

※史料は，一部省略したり，書き改めたりしたところもある。

年　代	江戸時代の歴史的事項
1641（寛永18）年頃	a寛永の飢饉，西日本の干ばつと東日本の冷害による飢饉。
1657（明暦３）年	b明暦の大火，江戸城本丸などが焼失。
1707（宝永４）年	富士山大噴火，駿河・相模などで降灰による被害。
1720（享保５）年	江戸にc町火消の設置。
1732（享保17）年	d享保の飢饉，長雨やイナゴの大量発生による大凶作。
1772（明和９）年	明和の大火（目黒行人坂火事），多くの武家屋敷が焼失。
1782（天明２）年～87年頃	e天明の飢饉，長雨・冷害・水害などによる全国的な飢饉。
1783（天明３）年	浅間山の噴火，天明の飢饉の一因，江戸でも降灰。
1788（天明８）年	天明の大火（京都大火），f御所・二条城などが焼失。
1792（寛政４）年	島原大変肥後迷惑，普賢岳の噴火，地震と噴火の被害。
1833（天保４）年～34年頃	g天保の飢饉，天候不順・冷害・暴風などによる全国的な飢饉。
1854（安政元）年～55年	h安政の大地震，東海・南海・江戸の３カ所で相次いで大地震発生。
1858（安政５）年	全国にコレラ流行，続けてはしかも流行，明治期まで継続。

史料A

浅間（あさま）しや富士より高き米相場　火のふる江戸に砂の降とハ　（「落書」）

史料B

其（その）中にも出羽（でわ），陸奥（むつ）の両国は，常（つね）に豊饒（ほうじよう）の国也（なり）しが，此（この）年はそれに引かへて取わけての不熟（ふじゆく）にて，南部（なんぶ），津軽（つがる）に至りては餘所（よそ）よりは甚（はなはだし）く，　（『後見草』）

問１　下線部ａに関連して，寛永期の出来事（Ⅰ～Ⅲ）について，古いものから年代順に並べた配列として最も適当なものを，次の①～④のうちから一つ選べ。【11】

Ⅰ　後水尾天皇が幕府に諮らずに，紫色の袈裟を大徳寺住持に与えた。

Ⅱ　島原の原城を舞台として，キリシタンや農民による一揆が起きた。

Ⅲ　農地の権利移動を禁じた田畑永代売買の禁止令が発令された。

①　Ⅰ→Ⅱ→Ⅲ　②　Ⅰ→Ⅲ→Ⅱ

③　Ⅱ→Ⅲ→Ⅰ　④　Ⅱ→Ⅰ→Ⅲ

問2　下線部bに関連して，この大火を説明した文として最も適当なものを，次の①～④のうちから一つ選べ。【12】

①　放火事件を起こした女性の名から「お七火事」という俗称もある。

②　大火が起こった当時の将軍は，徳川綱吉である。

③　大火の後，江戸の復興や江戸城の修復に費用がかかり，幕府の財政が悪化した。

④　幕府は備蓄米の支給のため大名に献米を命じ，復興政策に努めた。

問3　下線部cに関連して，町火消を設置した江戸町奉行を説明した以下の文（ア～エ）について，正しいものの組合せとして最も適当なものを，次の①～④のうちから一つ選べ。【13】

ア　幕府の法典である『公事方御定書』の編纂にあたった。

イ　評定所前に目安箱を設置し，自ら開箱して庶民の声を聞いた。

ウ　施療施設としての小石川養生所の設立にかかわった。

エ　幕府の法制史である『徳川禁令考』を編纂した。

①　ア・ウ　②　ア・エ　③　イ・ウ　④　イ・エ

問4　下線部dに関連して，享保期に行われた改革の組合せとして最も適当なものを，次の①～④のうちから一つ選べ。【14】

①　棄捐令と株仲間の積極的公認

②　囲米と株仲間の解散

③　人足寄場の設置と足高の制

④　漢訳洋書の輸入制限緩和と上げ米

問5　下線部eに関連して，1784（天明4）年に『漢委奴国王』と刻まれた印が発見されているが，この印が発見された場所として最も適当なものを，次の①～④のうちから一つ選べ。【15】

①　対馬　②　壱岐　③　筑前　④　隠岐

問6　下線部fに関連して，御所・二条城を説明した以下の文（ア～エ）について，正しいものの組合せとして最も適当なものを，次の①～④のうちから一つ選べ。【16】

ア　この火事以後，御所は再建されず，江戸に皇居が造られた。

イ　御所は，禁門の変（蛤御門の変）において，武力衝突の舞台となった。

ウ　二条城は，徳川慶喜が大政奉還を行うにあたり，重臣に伝達を行った場である。

エ　駿府・大坂・伏見の城と異なり，二条城には城代が設置されていなかった。

①　ア・ウ　　②　ア・エ　　③　イ・ウ　　④　イ・エ

問7　下線部gに関連して，天保の飢饉による貧民の救済を訴え，大坂で蜂起したが鎮圧され，自決した人物として最も適当なものを，次の①～④のうちから一つ選べ。【17】

①　生田万　　②　大塩平八郎

③　高野長英　　④　平田篤胤

問8　下線部hに関連して，安政期に起きた安政の大獄を説明した以下の文（ア～エ）について，その正誤の組合せとして最も適当なものを，次の①～④のうちから一つ選べ。【18】

ア　安藤信正の専制に反対する公家・大名・志士ら多数が処罰された。

イ　福井藩主松平慶永・水戸藩主徳川斉昭も投獄された。

ウ　長州藩士の吉田松陰・福井藩士の橋本左内は刑死した。

エ　のちに十五代将軍となる一橋慶喜も隠居謹慎の処分とされた。

①　アー正　イー誤　ウー正　エー誤

②　アー誤　イー正　ウー誤　エー正

③　アー正　イー正　ウー誤　エー誤

④　アー誤　イー誤　ウー正　エー正

問9　史料Aに関連して，この落書には，浅間山および富士山の噴火・江戸の大火・飢饉による米価高騰などの要素がある。これらの要素の背後には賄賂が横行している幕政への批判が含まれている。その批判の対象者として，最も

適当なものを，次の①～④のうちから一つ選べ。【19】

① 徳川吉宗　② 田沼意次　③ 松平定信　④ 水野忠邦

問10 史料Bに関連して，ここに示された内容が該当する飢饉として最も適当なものを，次の①～④のうちから一つ選べ。【20】

① 寛永の飢饉　② 享保の飢饉

③ 天明の飢饉　④ 天保の飢饉

3 次の文章を読み，後の問い（問１～問10）に答えよ。

我が国は，1867（慶応３）年の a王政復古の大号令により，天皇を中心とする国家へと b変化をとげる。翌年江戸を東京と改め，天皇がかつての江戸城に入ると，東京は実質上の首都となり，新政府を支える人が集まった。海に近い築地には外国人居留地が設けられ，c銀座は文明開化を代表する場所となった。

文明開化による近代化は，衣食住のあらゆる面に影響を及ぼした。d鉄道の開通や e後の丸の内オフィス街の計画などは，人々の生活様式に大きな変化をもたらした。東京には，東京医学校や工部大学校，教員養成を目的とした高等師範学校も設置され，次世代を担う若者も多く集まるようになった。また，1875（明治８）年には fイギリス人技師の指導により気象業務を行う g東京気象台も置かれた。

自由民権運動が高まるようになると，各地で h私擬憲法が作成された。東京近郊でも農村の青年グループが，憲法案を起草していた。i この案は，国民の権利保障に力点を置いており，日本国憲法に近い内容もみられる。その意味で，j民権運動の高まりと思想的な深化を感じ取ることができる。

問１ 下線部ａに関連して，この事項を説明した以下の文（ア～エ）について，正しいものの組合せとして最も適当なものを，次の①～④のうちから一つ選べ。【21】

ア 薩摩藩の西郷隆盛や公家の岩倉具視らが，朝廷を動かし実現した。

イ 幕府および諸藩主が土地と人民を天皇に返上する仕組みが含まれる。

ウ　将軍だけでなく，摂政および関白も廃止することが示されている。

エ　天皇のもとの総裁・太政官・神祇官の三職が置かれることになった。

①　ア・エ　②　イ・エ　③　イ・ウ　④　ア・ウ

問2　下線部bに関連して，ここ数年間の社会変化を起こす出来事（Ⅰ～Ⅲ）について，古いものから年代順に並べた配列として最も適当なものを，次の①～④のうちから一つ選べ。【22】

Ⅰ　政治の基本的組織を規定した政体書が制定された。

Ⅱ　国策の基本方針を示した五箇条の誓文が公布された。

Ⅲ　箱（函）館の五稜郭に立てこもっていた旧幕府軍が降伏した。

①　Ⅰ→Ⅱ→Ⅲ　②　Ⅲ→Ⅱ→Ⅰ

③　Ⅱ→Ⅲ→Ⅰ　④　Ⅱ→Ⅰ→Ⅲ

問3　下線部cに関連して，銀座の文明開化の様子を示した以下の文（ア～ウ）について，その正誤の組合せとして最も適当なものを，次の①～④のうちから一つ選べ。【23】

ア　国家的なプロジェクトとして2階建ての煉瓦造の建物が建設された。

イ　鉄道馬車は，銀座では危険性の問題から導入されなかった。

ウ　道には歩道およびガス灯が整備され，東京の名物となった。

①　ア－正　イ－誤　ウ－正

②　ア－誤　イ－正　ウ－誤

③　ア－正　イ－正　ウ－誤

④　ア－誤　イ－誤　ウ－正

問4　下線部dに関連して，日本で最初に開通した鉄道の区間として最も適当なものを，次の①～④のうちから一つ選べ。【24】

①　新橋～日本橋　②　新橋～横濱（横浜）

③　東京～横濱（横浜）　④　新橋～品川

問5　下線部eに関連して，このオフィス街を説明した文として最も適当なものを，次の①～④のうちから一つ選べ。【25】

① 店の奥から商品を持ってくる販売型店舗とオフィスを混在させた街。

② 官庁を集中させるために，政府が出資をしたオフィス中心の街。

③ パリの煉瓦街の町をモデルに，コンドルの指導で計画された街。

④ 陸軍から官用地の払い下げを受けた三菱が，次々とビルを建築した街。

問6　下線部fに関連して，この人物として最も適切なものを，次の①～④のうちから一つ選べ。【26】

① ジョイナー（ジョイネル）　② グナイスト

③ ボアソナード　④ フェントン

問7　下線部gに関連して，東京気象台を管轄していた省庁として最も適当なものを，次の①～④のうちから一つ選べ。【27】

① 文部省　② 宮内省　③ 外務省　④ 内務省

問8　下線部hに関連して，私擬憲法を説明した以下の文（ア～エ）について，正しいものの組合せとして最も適当なものを，次の①～④のうちから一つ選べ。【28】

ア 黒田清隆と交詢社が作成したのは「東洋大日本国国憲按」である。

イ 植木枝盛の私擬憲法には，人権保障・抵抗権・革命権が示された。

ウ 自由民権運動を担った板垣退助は，「私擬憲法案」を作成した。

エ 国会期成同盟では，独自の憲法草案を作るべく試案を持ち寄った。

① ア・エ　② イ・エ　③ イ・ウ　④ ア・ウ

問9　下線部iに関連して，この憲法草案が発見された場所として最も適当なものを，次の①～④のうちから一つ選べ。【29】

① 五日市　② 八王子

③ 立川　④ 青梅

問10　下線部jに関連して，民権運動の高まりや政府の対応として最も適当なものを，次の①～④のうちから一つ選べ。【30】

① 自由党のイギリス流の穏健な立憲政治論が，支持されるようになった。

② 板垣退助は，遊説中に民権運動に反対する暴漢に襲われて死去した。

③ 政府は，立憲帝政党の大隈重信を援助するなどの懐柔策をとった。

④ 政府は，保安条例を公布し，民権運動家を東京から追放した。

4 次の史料を読み，後の問い（問１～問10）に答えよ。

※史料は，一部省略したり，書き改めたりしたところもある。

帝国政府ハ［ 1 ］攻略後尚ホ$_{a}$支那国民政府ノ反省ニ最後ノ機会ヲ与フルタメ今日ニ及ヘリ。然ルニ国民政府ハ帝国ノ真意ヲ解セス漫リニ抗戦ヲ策シ，内民人塗炭ノ苦ミヲ察セズ外東亜全局ノ和平ヲ顧ミル所ナシ。仍テ帝国政府ハ爾後国民政府ヲ対手トセス$_{b}$帝国ト真ニ提携スルニ足ル新興支那政権ノ成立発展ヲ期待シ，是ト両国国交ヲ調整シテ更生新支那ノ建設ニ協力セントス。元ヨリ帝国カ支那ノ領土及主権竝ニ在支列国ノ権益ヲ尊重スルノ方針ニハ毫モカハル所ナシ。今ヤ東亜和平ニ対スル帝国ノ責任愈々重シ。政府ハ国民カ此ノ重大ナル任務遂行ノタメ一層ノ発奮ヲ冀望シテ止マス。

問１　この史料は日本政府が発表した声明である。この声明を発表した当時の総理大臣として最も適当なものを，次の①～④のうちから一つ選べ。【31】

① 平沼騏一郎　　② 米内光政

③ 近衛文麿　　④ 東条英機

問２　この声明が発表された年として最も適当なものを，次の①～④のうちから一つ選べ。【32】

① 1930年　② 1932年　③ 1938年　④ 1942年

問３　下線部ａに関連して，［ 1 ］には，この声明の前年まで国民政府の首都があった都市名が入る。その都市名として最も適当なものを，次の①～④のうちから一つ選べ。【33】

① 北京　② 上海　③ 南京　④ 漢口

問4　下線部aに関連して，当時国民政府を実質的に指導していた人物として最も適当なものを，次の①～④のうちから一つ選べ。【34】

①　張作霖　②　毛沢東　③　孫文　④　蔣介石

問5　問4の人物は，第二次世界大戦中の国際会議に参加しているが，その会議の名称として最も適当なものを，次の①～④のうちから一つ選べ。【35】

①　カイロ会談　②　テヘラン会議

③　ヤルタ会談　④　ポツダム会談

問6　問4の人物は，1949年以降，ある国（地域）の指導者となるが，それはどこか。最も適当なものを，次の①～④のうちから一つ選べ。【36】

①　中華人民共和国　②　中華民国（台湾）

③　香港　④　マカオ

問7　この声明はある戦争のさなかに発表されたが，その戦争が始まるきっかけとなった事件としてもっとも適当なものを，次の①～④のうちから一つ選べ。【37】

①　柳条湖事件　②　満州某重大事件

③　盧溝橋事件　④　真珠湾攻撃

問8　問1の人物は，この声明のあと問7の戦争の目的を明らかにするという名目の別の声明を発表する。その声明においてこの戦争の目的とされたものとして最も適当なものを，次の①～④のうちから一つ選べ。【38】

①　五族協和　②　大東亜共栄圏建設

③　東亜新秩序建設　④　八紘一宇の実現

問9　下線部bに関連して，1940年に成立した親日派の政府の首班となった人物として最も適当なものを，次の①～④のうちから一つ選べ。【39】

①　袁世凱　②　段祺瑞　③　汪兆銘　④　張学良

問10　問9の政権が首都とした都市として最も適当なものを，次の①～④のうち

から一つ選べ。【40】

① 北京　② 南京　③ 重慶　④ 西安

5 元禄時代の諸学問に関する次の文章を読んで，後の問い（問１～問10）に答えよ。

鎖国により外国との交渉が制限された江戸時代には，独自の学問が発達した。元禄時代には，将軍 [1] は幕藩体制の思想的基盤として儒学を重んじ，a 湯島聖堂を建てて朱子学者の林鳳岡（信篤）を大学頭に任じた。朱子学には土佐におこった南学（海南学派）もあり，その山崎闇斎は神儒融合の [2] を創始する。同じく儒学でも中江藤樹は [3] を重視する陽明学を取り入れ，その系列からは熊沢蕃山らも出ている。

一方，古学派の山鹿素行は b 武士日用の道徳を主張して朱子学的解釈を批判したため，幕府により赤穂へ配流された。さらに古文辞学派（蘐園学派）の荻生徂徠は，[4] が改革を行うにあたって政治顧問の役割を果たし，徂徠の弟子の [5] は，経済学の分野を研究し，後の経世論の発展に寄与している。

この時代には他の分野の学問も発展した。儒学者でもあった貝原益軒は c『大和本草』を著し，関孝和は [6] を大成した。また，渋川春海（安井算哲）は，これまでの暦の誤差を修正した d 新たな暦をつくり，初代の天文方に任じられた。

問１　空欄 [1] に入るものとして最も適当なものを，次の①～④のうちから一つ選べ。【41】

① 徳川家綱　② 徳川綱吉　③ 徳川家宣　④ 徳川家継

問２　下線部 a の湯島聖堂が祀っているのは誰か，次の①～④のうちから最も適当な人名を一つ選べ。【42】

① 徳川家康　② 徳川家光

③ 林羅山（道春）　④ 孔子

問3　空欄 [2] に入る山崎闇斎の創始した神道は何と呼ばれるか，次の①～④のうちから最も適当なものを一つ選べ。【43】

①　垂加神道　②　復古神道

③　伊勢神道　④　唯一神道

問4　空欄 [3] に入る陽明学が重視するものは何か，次の①～④のうちから最も適当なものを一つ選べ。【44】

①　知行合一　②　原典　③　大義名分　④　尊王

問5　下線部bに関連して，山鹿素行が赤穂へ配流される原因となったこの内容を持つ書物は何か，次の①～④のうちから最も適当なものを一つ選べ。【45】

①　『本朝通鑑』　②　『読史余論』

③　『大学或問』　④　『聖教要録』

問6　空欄 [4] に入る人物として最も適当なものを，次の①～④のうちから一つ選べ。【46】

①　徳川吉宗　②　徳川家治　③　徳川家斉　④　徳川家慶

問7　空欄 [5] に入る人物として最も適当なものを，次の①～④のうちから一つ選べ。【47】

①　伊藤仁斎　②　伊藤東涯　③　太宰春台　④　新井白石

問8　下線部cに関連して，この書物はどのような学問の書物か，次の①～④から最も適当なものを一つ選べ。【48】

①　教育学　②　古典文学　③　農学　④　薬物学

問9　空欄 [6] に入る関孝和の大成した分野とは何か，次の①～④から最も適当なものを一つ選べ。【49】

①　和算　②　国学　③　心学　④　歌学

問10　下線部dに関連して，この暦は何と呼ばれたか，次の①～④から最も適当

なものを一つ選べ。【50】

① 宣明暦　② 貞享暦　③ 授時暦　④ 宝暦暦

世界史

（60分）

1　1860年代から1920年代にかけてのアメリカ合衆国の経済的発展とそれに関連する歴史について述べた次の文章を読み，下の問い（問１～問10）に答えよ。

アメリカは①1860年代の動乱から，一つの国家として②再生して，その後の発展の礎を築いた。1850年，シンガーが現在とほぼ同じ構造のミシンを発明し，翌年特許をとった。ミシンの改良で女性の家事労働が軽減された。1870年頃には，普段着は家庭で作られていた。女性の服もデパートなどの小売店で購入されるようになったのは，③1920年代の繁栄の時代からである。料理以外の生産活動が家庭では徐々になくなり，家計が名実ともに「消費単位」となった。

19世紀に電気はあまり利用されていなかったが，1940年には，アメリカの都市部では電気の世帯普及率はほぼ100%になった。電気の歴史はまだ浅かった。1791年にガルヴァーニが２種類の金属をカエルの脚に接触させると，その筋肉がけいれんするという現象を発表した。人々は電気の不思議さに興味を懐き，1818年に④メアリー＝シェリーが『フランケンシュタイン』を公表した。

19世紀，⑤コークス生産の副産物であるガスを利用したガス灯が夜の街を照らした。家庭では灯火用に鯨油も利用されていた。1859年ペンシルベニア州で油井が発見され，捕鯨で得た鯨油に代わり，石油の時代が始まろうとしていた。20世紀にはいると，灯りは電気でともされ，交通機関として自動車が普及した。都市ガス，電話，上下水道も同じような傾向にあった。

ウッドロー＝ウィルソンは⑥長老派教会の牧師の家に生まれた。1902年，ウィルソンは長老派教会が設立したプリンストン大学の学長になった。プリンストン大学は現在，世界の大学ランキングでもノーベル賞受賞者の数でも，ほぼ10位以内に位置する名門の大学である。

ウィルソンがアメリカ合衆国大統領に就任したのは1913年である。その年，連邦準備制度理事会が設立され，アメリカでも本格的な⑦中央銀行制度が開始された。さらに，1914年，独占禁止法の一つであるクレイトン法が成立した。当時，労働組合の組合員数が急増していた。保守政治家は労働者の組織化を大企業の独占と同等に嫌悪して，労働組合をカルテル同様に解釈していた。これに対して，クレイトン法は労働組合を独占規制対象外にした。ＡＦＬ（アメリカ労働総同盟）初代会長サミュエル＝ゴンパーズはこれを「労働者の⑧マグナ＝カルタ」として評価した。

1916年の大統領選挙では，最低賃金，８時間労働の制度化，児童労働禁止，女性労働者の保護などをかかげ，ウィルソンは２期連続の大統領当選を果たした。

第一次世界大戦の終盤に⑨様々な動きがあった。大戦末にインフルエンザが流行して，4000万人以上が死亡したという推算もある。これは戦争での犠牲者数をはるかにこえた。ウィルソンは十四カ条を提案した。パリ講和会議で，彼が主導的な役割を果たして，国際連盟規約を成立させた。国際連合と異なり，国際連盟は安全保障に関する規約が弱体だったため，⑩戦争を防止できなかった。

その後，アメリカは1920年代に好景気の時代を迎えたが，1929年，大恐慌に陥った。1933年にフランクリン＝ローズヴェルト大統領はラジオで全国民に，銀行は破産しないと優しく語りかけ，金融恐慌に歯止めをかけた。1929年の大恐慌では，餓死者も出た。大統領は1935年に失業保険などを規定した社会保障法を制定した。以後，社会保障という言葉が使用されるようになった。

問１　下線部①に関連して，1860年代の出来事として正しいものを，次の①～④のうちから一つ選べ。【１】

①　テキサス併合

②　ホームステッド（自営農地）法制定

③　アメリカ＝スペイン（米西）戦争

④　アメリカ＝メキシコ戦争

問２　下線部②に関連して，1860年代の動乱ののちに始まった制度の一つにシェアクロッパー制度がある。その説明として正しいものを，次の①～④のうちから一つ選べ。【２】

①　この制度は，公有地を貧農に貸し付け，自営農を育成するための制度である。

② 地主は土地を提供し，農具や種子などは小作人自身が調達した。

③ 南部の地主がプランテーションの土地を小区画に分け，小作人に貸し付けた。

④ 小作人の多くはクーリーと呼ばれた東洋系アメリカ人であった。

問3　下線部③に関連して，1920年代にアメリカ合衆国で見られた事柄の説明文として正しいものを，次の①～④のうちから一つ選べ。【3】

① 1920年代に共和党の政権が3代続いた。

② 中国からの移民の流入を禁止する，いわゆる中国人移民禁止法が初めて制定された。

③ 庶民でも買えるT型車を擁したGM（ゼネラルモーターズ）が自動車業界を繁栄に導いた。

④ 1929年のロンバード街での株価の暴落まで，合衆国では「永遠の繁栄」が謳歌されていた。

問4　下線部④に関連して，メアリー＝シェリーはその物語を，ある有名な詩人の別荘での交流で思いついたと言われる。彼はロマン派の詩人で『チャイルド＝ハロルドの遍歴』によって名声を得た人物である。その詩人の名として正しいものを，次の①～④のうちから一つ選べ。【4】

① ワーズワース　② バイロン

③ ディケンズ　④ ヴィクトル＝ユゴー

問5　下線部⑤に関連して，コークスは，17世紀には産業的に利用されていて，石炭を高温乾留して得られる物質である。18世紀のイギリスで，コークス製鉄法で鋳鉄・銑鉄が生産されるようになり，鉄工業の産業革命が始まった。コークス製鉄法を開発した人物の名として正しいものを，次の①～④のうちから一つ選べ。【5】

① ワット　② クロンプトン

③ ニューコメン　④ ダービー

問6　下線部⑥に関連して，プリンストン大学自体は非宗派の大学であるが，長

老派教会の説明として正しいものを，次の①～④のうちから一つ選べ。【6】

① 長老派はカトリック系の宗派である。

② 長老派はイギリス革命時代，王党派の一員となった。

③ 長老派は16世紀にスコットランドにひろまり，プレスビテリアンとよばれた。

④ 長老派がチャールズ１世のイギリス国王への復帰に尽力した。

問７　下線部⑦に関連して，1694年に設立されたイングランド銀行を史上初の中央銀行と理解する説が有力である。しかし，イングランド銀行は設立当初からではなく，1844年のピール銀行法で唯一の発券銀行と認められて，名実ともに中央銀行になったと理解される。第２次ピール内閣（1841－46年）のもとで行われた，その他の事業として正しいものを，次の①～④のうちから一つ選べ。【7】

① 穀物法の廃止

② カトリック教徒解放法の制定

③ 審査法の廃止

④ 奴隷解放法の制定

問８　下線部⑧に関連して，マグナ＝カルタ（大憲章）の説明として正しいものを，次の①～④のうちから一つ選べ。【8】

① マグナ＝カルタは1215年，ヘンリ２世が承認した憲章である。

② マグナ＝カルタで，貴族の封建的諸権利が保障された。

③ マグナ＝カルタで，国王は戦時課税を自由に行えるようになった。

④ マグナ＝カルタで，法の下の平等が規定された。

問９　下線部⑨に関連して，第一次世界大戦の終期（1917～18年）について述べた，次の文ａとｂの正誤の組み合わせとして正しいものを，下の①～④のうちから一つ選べ。【9】

ａ　1917年，ロシアの革命政府は無償金，無併合，民族自決にもとづく即時停戦を提案した。

ｂ　1918年，ドイツとロシアはブレスト＝リトフスク条約を締結した。

① a－正　b－正

② a－正　b－誤

③ a－誤　b－正

④ a－誤　b－誤

問10　下線部⑩に関連して，国際組織を構想する著作の一つとして，『永遠平和のために』(1795年) がある。このなかで，国際法は自由な諸国家の連合制度に基礎をおくべきであると主張されているが，その作者の名として正しいものを，次の①～⑦のうちから一つ選べ。【10】

① モンテスキュー　② ヴォルテール

③ ルソー　④ ロック

⑤ カント　⑥ ヘーゲル

⑦ フィヒテ

2　ベトナムを中心としたインドシナ半島の歴史について述べた次の文章を読み，下の問い（問１～問12）に答えよ。

ベトナムの北部では，前４世紀ごろ［ 1 ］文化と呼ばれる青銅器・鉄器文化が現れた。この文化は銅鼓とよばれる独特の祭器を製作したことで知られている。前３世紀以降，ベトナムへの中国の進出が進行していった。秦の始皇帝は，南海など三郡を現在の広東，広西一帯に置いた。秦滅亡前後の混乱に乗じて①趙佗がベトナム北部に国を建てるという動きもあったが，これは②前111年に当時中国にあった王朝により滅ぼされ，その後には南海郡など九郡が置かれた。その中でも日南郡はベトナム中部に位置し，中国最南部の郡であった。７世紀には唐がベトナム北部に交州大総管府（後の安南都護府）を設置した。

なお１世紀ごろ，ベトナムの南部から現在のカンボジアの一部などを含むメコン川下流域には③扶南という国が，また２世紀ごろ，ベトナムの中部にはチャンパーと呼ばれる国が建てられた。

さて，10世紀ごろから盛んになった北部ベトナムでの独立の動きの中で，呉朝や丁朝が成立した。それらはいずれも短命に終わったものの，11世紀には李公蘊により④李朝が建てられ，その⑤首都も栄えた。李朝に続く⑥陳朝も100年以上続き，国家の発展のもと，民族意識には高揚が見られた。陳朝は14世紀末に倒れ，胡朝の成立と短期間での崩壊，それに続く明の支配という混乱を経て，黎朝が成立した。黎朝は15世紀後半に版図を拡大したが，16世紀には莫氏に王位を簒奪されるなど，内部での争いが生じ，さらには阮氏の政権と鄭氏の政権の間で分裂状態に陥り，⑦1771年から始まった反乱のなかで滅亡した。この反乱勢力が建てた政権はごく短命に終わり，阮氏の一族である阮福暎が，フランス人宣教師である［ 2 ］の力なども借りて阮朝を建てた。阮朝は1804年に清の冊封を受け，越南国（ベトナム）を国号とするようになった。

19世紀に，フランスはベトナムへの進出の勢いを強め，仏越戦争後に結ばれたサイゴン条約により，コーチシナ東部を獲得した。そして1863年にはカンボジアを保護国とし，さらに数年後にはコーチシナ西部を獲得するに至った。こうしたフランスの動きに対し，太平天国の乱の後，ベトナムに逃れていた［ 3 ］は［ 4 ］を組織し，抵抗を試みた。しかし⑧1883年および1884年にフランスとベトナムの間で結ばれた条約により，ベトナムはフランスの保護国となった。

こうしたフランスによる植民地支配に対して，ベトナムの民族運動的抵抗も高揚した。1904年に［ 5 ］を組織したファン＝ボイ＝チャウや，1907年にドンキン義塾を設立したファン＝チュー＝チンらの活動はその代表である。また第一次世界大戦後にはホー＝チ＝ミンが活発で広範な抵抗運動を展開した。

問１　空欄［ 1 ］にあてはまる文化の名称として正しいものを，次の①～④のうちから一つ選べ。【11】

①　テオティワカン　　②　メコン
③　ドンソン　　④　ドヴァーラヴァティー

問２　下線部①に関連して，趙佗が前203年に建てた国の名称として正しいものを，次の①～④のうちから一つ選べ。【12】

①　真臘　　②　南越
③　青海　　④　東周

問３　下線部②に関連して，問２の国を滅ぼし，南海郡など九郡を設置した中国

の皇帝の名として正しいものを，次の①～④のうちから一つ選べ。【13】

①　太武帝　②　光武帝

③　劉邦（高祖）　④　武帝

問4　下線部③に関連して，扶南の交易の中心地として繁栄した港の名称として正しいものを，次の①～④のうちから一つ選べ。【14】

①　パータリプトラ　②　マラッカ

③　パレンバン　④　オケオ

問5　下線部④に関連して，李朝が1054年から名乗った国号の名称として正しいものを，次の①～④のうちから一つ選べ。【15】

①　大理　②　大秦

③　大越（大越国，ダイベト）　④　南詔

問6　下線部⑤に関連して，1010年以降，李朝の首都となった都市の名称として正しいものを，次の①～④のうちから一つ選べ。【16】

①　昇竜（ハノイ）　②　泉州

③　ユエ（フエ）　④　広州

問7　下線部⑥に関連して，陳朝時代の出来事として**誤っているもの**を，次の①～④のうちから一つ選べ。【17】

①　仏教が弾圧された。

②　字喃（チュノム，チューノム）という文字が作られた。

③　官僚制の整備が進んだ。

④　元朝の侵攻を数度にわたって撃退した。

問8　下線部⑦に関連して，1771年に生じたこの反乱の名称として正しいものを，次の①～④のうちから一つ選べ。【18】

①　徴（チュン）姉妹の反乱　②　永嘉の乱

③　八王の乱　④　西山（タイソン）の乱

問9　空欄 [2] にあてはまる人物の名として正しいものを，次の①～④のうちから一つ選べ。【19】

① ブーヴェ（白進）　② デクラーク

③ クライヴ　④ ピニョー

問10　空欄 [3] と [4] にあてはまる語の組み合わせとして正しいものを，次の①～⑥のうちから一つ選べ。【20】

① [3]：左宗棠　[4]：北洋軍

② [3]：左宗棠　[4]：常勝軍

③ [3]：左宗棠　[4]：黒旗軍

④ [3]：劉永福　[4]：北洋軍

⑤ [3]：劉永福　[4]：常勝軍

⑥ [3]：劉永福　[4]：黒旗軍

問11　下線部⑧に関連して，1883年および1884年に結ばれた，ベトナムを保護国化した条約の名称として正しいものを，次の①～④のうちから一つ選べ。【21】

① ティルジット条約　② バウリング条約

③ 天津条約　④ ユエ（フエ）条約

問12　空欄 [5] にあてはまる，ファン＝ボイ＝チャウが1904年に作った組織の名称として正しいものを，次の①～④のうちから一つ選べ。【22】

① ベトナム光復会　② 維新会

③ ベトナム青年革命同志会　④ インドシナ共産党

3 中世ヨーロッパの社会について述べた次の文章を読み，下の問い（問１～問12）に答えよ。

以下の文章は，1025年頃にラン司教アダルベロンが［　1　］の２代目の王であったロベールに対して書いた『ロベール王に捧げる歌』の一部である（資料には，省略したり，改めたところがある）。

王　：神の１つの家［世界］は，１つの法により支配されるのか？
司教：信仰のことがらでは１つだが，身分は３つある。
まず人間の法は，２つの身分を導く。
すなわち，貴族と農奴。だがそれらは，同じ法に服しはしない。
そこには２人の長がいる。１人は①王で，もう１人は②皇帝。
〔中略〕
どんな権力によっても拘束しえない者がいる。
これが戦士たち，つまり教会の保護者である。
彼らは富裕な者も貧しい者も，
あらゆる民衆を等しく守る。
もう１つの身分として，農奴たちがいる。
この苦労の身分は，苦しむことなく何も獲得できない。
だれも，算盤をはじくような手軽さで，
農奴の苦労やその生活，無数の仕事を言い表せない。
すべての者に食料と衣服を与えることが，③農奴の義務である。
④どんな自由人も，農奴の働きなしには生活できない。
〔中略〕
このように，１つにみえる神の家は，３つに分かれている。
ある者は祈り，ある者は戦い，ある者は働く。
これら３つで全体をなし，分割されることはない。
１つのものの職務に，他の２つの者の成果は負う。
それぞれが互いに，全体の安寧に貢献する。
このように，⑤３つの者の結合が１つとなる。
この法が支配したとき，世界は平和を享受した。

甚野尚志 訳

この文章でアダルベロンは，三身分（祈る者，戦う者，働く者）が相互に協力し合うことで，社会の良い秩序が形成されることを述べている。中世ヨーロッパ社会は，しばしばアダルベロンが述べる三身分で構成されていると捉えられるが，当時のヨーロッパには，ここには当てはまらない者たちもいた。その一つが奴隷である。キリスト教徒がキリスト教徒を奴隷として保持することは中世初期から徐々になくなっていったが，他の宗教に属する者を奴隷にすることはあった。特にイベリア半島では，国土回復運動（レコンキスタ）が進む中で多くの⑥ムスリムが戦時捕虜となり，彼らは奴隷として労働を強いられたり，あるいは市場で売却されたりした。しかし，国土回復運動（レコンキスタ）が落ち着きを見せる13世紀以降は，ムスリム奴隷の数が徐々に減っていく。すると今度は，主にイタリア商人が，奴隷をヨーロッパ世界へと運ぶ役割を担うようになる。彼らは東地中海や⑦黒海沿岸などで奴隷を調達し，西ヨーロッパ世界へと運んだ。また，⑧アフリカへと進出する⑨ポルトガルは，その過程で⑩黒人奴隷を入手し，そして売買するようになる。このように，中世のヨーロッパ社会には，それほど多くの数ではないにせよ，三身分には当てはまらない者たちも存在していた。

問1　空欄［　1　］にはフランスの王朝名が入るが，その王朝に関する説明として正しいものを，次の①～④のうちから一つ選べ。【23】

①　この王朝の初代の王は，パリ伯であった。

②　この王朝の初代の王は，ウィリアム1世であった。

③　この王朝の時代に，ヴェルダン条約が結ばれた。

④　この王朝は，15世紀に途絶えた。

問2　下線部①に関連して，中世ヨーロッパの王に関する説明として正しいものを，次の①～④のうちから一つ選べ。【24】

①　フランス王フィリップ2世は，第4回十字軍に参加した。

②　イングランド王ジョンは，模範会議を招集した。

③　デンマーク女王マルグレーテの主導により，カルマル同盟が結ばれた。

④　スペイン王フェリペ2世は，グラナダを占領し国土回復運動（レコンキスタ）を完結させた。

問3　下線部②に関連して，神聖ローマ皇帝の名とその皇帝が生きた時代に起きた出来事との組み合わせとして正しいものを，次の①～④のうちから一つ選べ。【25】

① 皇帝：カール4世
皇帝が生きた時代に起きた出来事：ルターによる宗教改革の開始

② 皇帝：カール5世
皇帝が生きた時代に起きた出来事：金印勅書の発布

③ 皇帝：ハインリヒ4世
皇帝が生きた時代に起きた出来事：カノッサの屈辱

④ 皇帝：オットー1世
皇帝が生きた時代に起きた出来事：コンスタンツ公会議の開催

問4　下線部③に関連して，中世ヨーロッパにおける農奴の義務として**誤っているもの**を，次の①～④のうちから一つ選べ。【26】

① 軍事的奉仕の義務

② 賦役と貢納の義務

③ 十分の一税を教会に支払う義務

④ 結婚税と死亡税を支払う義務

問5　下線部④に関連して，14世紀から15世紀にかけてのヨーロッパの農民に関する説明として正しいものを，次の①～④のうちから一つ選べ。【27】

① 人口が減少し労働力が不足したことで，農民の地位が上がった。

② ラティフンディアとよばれる大規模な農場経営が行われるようになった。

③ 農民への支配を強めようとする領主に対して，イングランドではジャックリーの反乱が起きた。

④ フランスでは，ヨーマンと呼ばれる独立自営農民が登場した。

問6　下線部⑤に関連して，フランスではこの三身分を基にして議会が開かれるが，この議会についての説明として正しいものを，次の①～④のうちから一つ選べ。【28】

① この議会を初めて招集したのは，ルイ9世であった。

② この議会が初めて招集された背景には，フランス王と教皇グレゴリウス7世との対立があった。

③ この議会では，1身分が1票を持ち投票する身分別投票が採用されていた。

④ この議会は，最初に招集されてからフランス革命が起きるまで定期的に開催されていた。

問7 『ロベール王に捧げる歌』が作成されてから，以後100年の間に起きたローマ＝カトリック教会に関連する出来事として正しいものを，次の①～④のうちから一つ選べ。【29】

① ビザンツ皇帝レオン3世による聖像禁止令に，ローマ教会が反発した。

② 教皇庁が，アヴィニョンに移転した。

③ インノケンティウス3世が教皇となり，その時代に教皇の権威が絶頂に達した。

④ ヴォルムス協約が，締結された。

問8 下線部⑥に関連して，イスラーム勢力に支配された地域には様々な民族がおり，ムスリムでない者もいた。イスラーム勢力下の人々の義務や立場に関する説明として正しいものを，次の①～④のうちから一つ選べ。【30】

① 被征服民であるズィンミーには，ジズヤが免除された。

② ウマイヤ朝期に，アラブ人とイスラームに改宗した非アラブ人のマワーリーに課される税の差はなくなった。

③ アッバース朝誕生以後，アラブ人にはハラージュが免除された。

④ アッバース朝期に，民族の区別なくムスリムにはジズヤが免除されるようになった。

問9 下線部⑦に関連して，ロシアは黒海から地中海へと抜けるルートを確保すべく南下政策を展開するが，その政策の過程における出来事が，年代の古いものから順に正しく並んでいるものを，次の①～④のうちから一つ選べ。ただし，ベルリン会議はサン＝ステファノ条約を討議した会議，パリ条約は黒

海の中立化（非武装化）を決めた条約を意味する。【31】

① クリミア戦争→ベルリン会議→ロシア＝トルコ（露土）戦争→パリ条約
② ロシア＝トルコ戦争（露土）→パリ条約→クリミア戦争→ベルリン会議
③ クリミア戦争→パリ条約→ロシア＝トルコ（露土）戦争→ベルリン会議
④ ロシア＝トルコ戦争（露土）→ベルリン会議→クリミア戦争→パリ条約

問10　下線部⑧に関連して，16世紀以降ヨーロッパ勢がアフリカに進出するなか，ヨーロッパ勢への奴隷供給を経済基盤の一つとする国が現れるが，その国の名称として正しいものを，次の①～④のうちから一つ選べ。【32】

① ベニン王国　② ソンガイ王国
③ アクスム王国　④ モノモタパ王国

問11　下線部⑨に関連して，ポルトガルについての説明として正しいものを，次の①～④のうちから一つ選べ。【33】

① エンリケ航海王子の指導の下で，ポルトガルはアフリカ南端まで航路を開拓した。
② カブラルがブラジルに漂着したことがきっかけとなり，ブラジルはポルトガル領となった。
③ インド航路開拓後，ポルトガルはバタヴィアを軍事占領した。
④ アジア貿易に参入したポルトガルは，マニラを交易の拠点にした。

問12　下線部⑩に関連して，黒人奴隷は奴隷貿易を通してアメリカ大陸に多く運ばれたが，アメリカの黒人奴隷に関する説明として正しいものを，次の①～④のうちから一つ選べ。【34】

① ミズーリ協定により北緯36度30分以南に，奴隷州をつくらないことが決まった。
② 奴隷制拡大に反対する勢力が，民主党を結成した。
③ 南北戦争終了後に，奴隷解放宣言は公布された。
④ 奴隷制廃止の後も，クー＝クラックス＝クラン（ＫＫＫ）が組織されるなどして，黒人への迫害は続いた。

4　諸子百家について述べた次の文章を読み，下の問い（問１～問12）に答えよ。

　春秋時代に①王朝の衰微にともない，実力のある諸侯が王朝にかわって盟主となった。これを「覇者」という。また，諸侯間で兵争が絶えず，強者が弱者を併合した。春秋時代には，200ほどあったと伝えられる諸侯国は，戦国時代には②「戦国七雄」とよばれる七つの大国に減った。存亡の危機にさらされた諸侯たちは，どうすれば国を強くすることができるか，その知恵を求め，出身国を問わず，人材を積極的に登用した。その時代のなか，さまざまな思想家や思想体系があらわれた。これを「諸子百家」という。

　儒家の祖とされる孔子の思想は，儒家の経典のひとつである③『論語』に集約されている。孔子の編または添削による儒家経典には，魯を中心に242年間の歴史を編年体に記した［　1　］がある。④孟子は孔子の儒家思想を継承し，その理論は『孟子』にまとめられている。墨子を中心とした墨家は⑤「非攻」などを主張した。老子や荘子に代表される道家は，宇宙の原理である「道」を万物の根源として，［　2　］を主張する。欲望を捨てて自由に生きよと説く思想は，道教や［　3　］に大きな影響を与えた。『荘子』の「外物」において「知の徹するを徳と為す」とある。一方，古代ギリシアの哲学者プラトンは『メノン』において，「徳は教えられるか」という問いに対する⑥師のことばを「徳（アレテー）とは知である」などと引用し，「徳」と「知」の関連性に論究している。このように，「徳」の概念に関して，道家思想と古代ギリシアの哲学で相通ずるところがみられる。

　法家の韓非と李斯はともに⑦荀子の門下から出ている。法家思想を集大成したのは『韓非子』の著で知られる韓非であるが，法家思想を実践し，秦の強国策に貢献したのは商鞅と李斯であった。兵争のなか，必然的に軍事学の兵家も生まれた。孫子の兵法が広く知られているが，⑧『史記』によると，それまで知られていた孫武のほか，彼の子孫にあたる孫臏も兵法書を残しているという。1972年，孫臏の兵法書が山東省銀雀山の漢墓から出土し，『史記』の記述が実証された。また，孫武と並ぶ兵法家に呉子がいた。そのほか，論理学の名家，農学の農家，天文学・暦学の陰陽家，外交の術を説いた縦横家などがある。縦横は「合従連衡」に由来するが，合従連衡において最も大きな役割を果たしたのは，ともに鬼谷子に師事したとされる蘇秦と［　4　］であったといわれる。

春秋時代から戦国時代にかけて，ほかにも多くの思想家があらわれ，多くの著作が残された。この知恵を競う時代のことを「百家争鳴」の時代という。

問１　下線部①の王朝の名称として正しいものを，次の①～④のうちから一つ選べ。【35】

① 夏　② 殷
③ 周（東周）　④ 漢（前漢）

問２　下線部②に関連して，「戦国七雄」の諸侯国に含まれる国として正しいものを，次の①～④のうちから一つ選べ。【36】

① 陳　② 趙
③ 晋　④ 蔡

問３　下線部③に関連して，『論語』のもととなるものとして正しいものを，次の①～④のうちから一つ選べ。【37】

① 孔子と弟子たちの言行を弟子たちが記録したもの。
② 孔子が儒家思想を集大成して編纂したもの。
③ 孔子と弟子たちがともに著したもの。
④ 弟子たちが書いた書物を孔子が添削したもの。

問４　空欄 [1] にあてはまる書物の名称として正しいものを，次の①～④のうちから一つ選べ。【38】

① 『周易』　② 『書経』
③ 『礼記』　④ 『春秋』

問５　下線部④の孟子に関連して，その主張として**誤っているもの**を，次の①～④のうちから一つ選べ。【39】

① 易姓革命を正当化・肯定した。
② 王道政治がすぐれた政治であるとした。
③ 徳をもつ為政者は覇道を目指すのがよいとした。
④ 性善説を提唱した。

問６　下線部⑤に関連して，「非攻」を主張する墨家についての説明として**誤っているもの**を，次の①～④のうちから一つ選べ。【40】

① 侵略の手段として戦争を否定した。

② 非道の者に対して積極的に攻めた。

③ 城を守るための技術を開発した。

④ 自他の区別のない博愛を提唱した。

問７　空欄 | 2 | にあてはまる道家の主張として正しいものを，次の①～④のうちから一つ選べ。【41】

① 無為自然　　② 徳治主義

③ 孝　　④ 悌

問８　空欄 | 3 | には南北朝時代に達磨が渡来して以降，中国で発展した教団の名称が入る。その名称として正しいものを，次の①～④のうちから一つ選べ。【42】

① 回教　　② 景教

③ 祆教　　④ 禅宗

問９　下線部⑥に関連して，プラトンの師にあたる哲学者の名として正しいものを，次の①～④のうちから一つ選べ。【43】

① タレス　　② ピタゴラス

③ ソクラテス　　④ アリストテレス

問10　下線部⑦に関連して，荀子についての説明として**誤っているもの**を，次の①～④のうちから一つ選べ。【44】

① 人は礼をもって導かなければならないと主張した。

② 「敵を知り己を知る」ことの重要性を説いた。

③ 性悪説をとなえた。

④ 君臣秩序を重んじた。

問11　下線部⑧に関連して，『史記』の著者の名として正しいものを，次の①～

④のうちから一つ選べ。【45】

① 司馬遷 ② 班固

③ 陳寿 ④ 欧陽脩

問12 空欄 4 にあてはまる人物の名として正しいものを，次の①～④のうちから一つ選べ。【46】

① 公孫竜 ② 屈原

③ 鄒衍 ④ 張儀

政治・経済

(60分)

1　次の文章を読み、後の問いに答えなさい。

1990年代に各地で国内紛争が起こり、停戦後の復興支援・(ア)平和構築は開発援助機関にとっても重要な課題となっている。さらに2001年に9.11同時多発テロが起きると、貧困緩和こそがテロの温床を取り除くために不可欠であるとして、テロ対策としても開発援助が注目されるようになっている。

このように開発に関わる国際機関に対して、平和の問題に直接・間接のいずれにせよ、より積極的に関わるべきであるとする主張は強まっており、(イ)国際開発援助機関もまた、伝統的には取り組んでこなかった新領域での活動を展開している。

(中略) 平和構築や国家能力形成支援は、伝統的な開発援助の視点からは、必ずしもその効率・効果を測ることができるものではない。そもそも冷戦後はもはや、西側先進国にとり開発途上国に対する援助をロシアと競う必要性はなく、援助を増額するインセンティブは下がった。それだけに2000年以降になると、インプット(援助総額)よりも援助活動のアウトプット(援助成果)およびアウトカム(援助効果)が重視されるようになった。

成果・効果を測定する基準となる開発目標を設定する必要があり、ここに「ミレニアム開発目標」(MDGｓ：Millennium Development Goals)という具体的な目標が掲げられることとなった。2000年9月に開催された国連ミレニアム・サミットにおいて【1】が採択され、この宣言と1990年代のサミット・国際会議等での開発目標を合わせて整理し、これらをミレニアム開発目標とした。そこでは、8つの目標が掲げられ、これらの目標は2015年までに達成すべきものとされた。このミレニアム開発目標において、国連は、貧困緩和と世界の安全保障問題は強く相互に結びついており、紛争、暴力、政治不安、テロなどを防止するためには8つの目標を実現することが必要であると主張する。

2012年6月にはＭＤＧｓに代わる新たな世界の目標として、【2】で開催された「国連持続可能な開発会議」では、(ウ)地球環境を守るために期限を設けて達成すべき新たな目標「持続可能な開発目標」(ＳＤＧｓ：Sustainable Development Goals）を策定することで各国が合意した。ＳＤＧｓは、2016年から2030年までに達成すべき17の目標と169の達成基準から成る。

このような地球規模の問題について取り組んできた(エ)国連の加盟国は、2021年7月現在【3】か国となっている。新たに国連に加盟する国の承認を総会に勧告したり、平和と安全の維持に主要な責任をもつのが、国連安全保障理事会である。安全保障理事会は常任理事国5か国（中国、フランス、ロシア連邦、イギリス、アメリカ）と、総会が【4】年の任期で選ぶ非常任理事国10か国の、合計15か国で構成される。国連の予算は、各加盟国の経済力を基礎に分担金を設定しており、日本は8.564％（2019～2021年。外務省調べ）を負担している。その額は世界第【5】位である。国家はもとより、他の国際組織や(オ)ＮＧＯとも協力して、人道支援や平和構築などの活動に取り組んでいる。

※4段落目までの文章は、以下の文献より引用したが、作問用に加筆修正した。5段落目以降は作問用に加筆した。

【出典】大芝亮「開発に関わる国際機関と平和」日本平和学会『平和研究第33号－国際機構と平和』早稲田大学出版部、2008年、pp. 61－69

問1　空欄【1】～【5】に入る最も適当な語句または数字を、それぞれ次の①～④のうちから一つずつ選びなさい。

【1】①　国連開発宣言　②　国連開発目標宣言
③　国連ミレニアム開発宣言　④　国連ミレニアム宣言

【2】①　リオデジャネイロ　②　ストックホルム
③　オスロ　④　カイロ

【3】①　163　②　173　③　183　④　193

【4】①　2　②　3　③　4　④　6

【5】①　1　②　2　③　3　④　4

問２　下線部(ア)に関して、平和構築活動ないしは平和維持活動についての記述として最も適当なものを、次の①～④のうちから一つ選びなさい。【６】

①　現在、国連は平和維持活動、すなわちＰＫＡの活動に加えて、紛争後の社会づくり・国づくりを支援する平和構築活動にも取り組み、経済的な復興や警察・軍隊の改革などを支援している。

②　平和維持活動は、国連憲章で定められている国連軍による活動である。

③　平和維持活動は、紛争を平和的に解決することを定めた国連憲章６章と、紛争を経済制裁や軍事制裁などの強制力を用いて解決する方法について定めた国連憲章７章の中間的な取り組みであるとして、「憲章６章半の活動」とも呼ばれる。

④　平和維持活動のうち、平和維持軍（隊）は、紛争当事国の同意を得て、多数の国連加盟国から主に軍隊が重武装をして参加し、必要に応じて武力行使による鎮圧を行う停戦監視のための組織である。

問３　下線部(イ)に関して、1994年に、これまで主眼が置かれてきた国家の枠組みでの安全保障だけでなく、戦争・暴力による恐怖からの自由と貧困による欠乏からの自由といった一人ひとりの人間の安全を保障することを目指す「人間の安全保障」という考え方が登場した。この新たな考え方を提示した、国連総会の補助機関の名称として最も適当なものを、次の①～④のうちから一つ選びなさい。【７】

①　国連食糧計画　　②　国連人間居住計画

③　国連環境基金　　④　国連開発計画

問４　下線部(ウ)に関して、「環境に配慮しながら、人間の生活の質を改善し社会の不平等を解消する経済」を意味する用語として最も適当なものを、次の①～④のうちから一つ選びなさい。【８】

①　連帯経済　　②　循環経済

③　グリーン経済　　④　持続経済

問５　下線部(エ)に関して、国連総会の補助機関についての記述として<u>適当でないもの</u>を、次の①～④のうちから一つ選びなさい。【９】

① 国連難民高等弁務官事務所とは、難民や国内避難民の保護など、難民に関する諸問題の解決を任務とする組織が元になっており、英語の略称はＵＮＣＴＡＤである。

② 国連児童基金とは、第二次世界大戦で被災した子どもたちに対して緊急支援を行うために設立された組織であり、英語の略称はＵＮＩＣＥＦである。

③ 国連人口基金とは、主に発展途上国における人口問題に対する啓発と援助を行う組織であり、英語の略称はＵＮＦＰＡである。

④ 国連人権高等弁務官事務所とは、世界各国における人権の保護と啓蒙を目的として活動する組織であり、英語の略称はＯＨＣＨＲである。

問6　下線部(オ)に関して、2017年７月に国連総会において採択された核兵器禁止条約の成立に貢献し、また2017年度のノーベル平和賞を受賞したＮＧＯの連合体の名称として最も適当なものを、次の①～④のうちから一つ選びなさい。【10】

① 核兵器廃絶国際キャンペーン

② 核兵器不拡散国際キャンペーン

③ 核兵器廃絶キャンペーン

④ 核兵器不拡散キャンペーン

2　次の文章を読み、後の問いに答えなさい。

日本では第二次世界大戦の直後、多くの政党が結成されたが、19 【11】 年には分裂していた日本社会党が再統一を果たし、自由党と日本民主党の 【12】 により自由民主党が成立した。その後、1990年代まで日本政治では両党が対立する構図が続き、 【11】 年体制と呼ばれるようになった。

自由民主党の結成大会が開かれた日の朝日新聞では、両党を「保守・革新二大政党」と呼び、社説では「相手を社会党として円滑な交代を期するためには」という記述が見られるように、(ア)政権交代の存在する二大政党制の実現が期待されていた。

(イ)しかし、その後の議席数はほとんどの期間で自由民主党が日本社会党を大きく上回り、「1と2分の1政党制」、「一党優位制」などと表現された。その結果、1993年まで自由民主党は一貫して政権を担当し続けることとなった。(ウ)また、1960年代から1970年代にかけては中道の政党が複数結成され、いわゆる多党化が進んだ。

このような状況で、自由民主党では党所属議員のグループである 【13】 が、党のリーダーである総裁の選出を巡って激しく争うようになった。また、1994年の法改正まで衆議院選挙では 【14】 制を採用していたため、自由民主党が議席の過半数を獲得するためには、所属議員同士が同じ選挙区で争うことが必要となった。同じ党の議員同士では政策による違いを打ち出せないため、選挙区民に対するさまざまなサービスの提供が重視されるようになり、政治家が多額の資金を必要とすることとなったと指摘されている。

そのため、自由民主党の議員には政治資金を巡るスキャンダルが繰り返し発生した。1988年に発覚した 【15】 では、自由民主党を中心とする多くの政治家に未公開株の譲渡という形で利益が供与されたことが明らかになり、当時の竹下登内閣が退陣に追い込まれた。さらに1991年に摘発された東京佐川急便事件を受けて、92年には自由民主党副総裁を務めた金丸信が政治資金規正法違反で起訴されることとなった。

このような状況下で、当時の宮澤喜一内閣にとって政治改革が焦眉の課題となった。しかし、国会における政治改革関連法案（公職選挙法の一部を改正する法律、衆議院議員選挙区画定審議会設置法、政治資金規正法の一部を改正する法律、(エ)政党助成法）の成立断念をきっかけに提出された内閣不信任案が1993年６月に可決され、７月に実施された総選挙の結果、(オ)８党派が連立した細川護熙内閣が成立することとなった。これにより、自由民主党による38年間連続の政権担当は途切れることになった。

問１　空欄 【11】 ～ 【15】 に入る最も適当な語句または数字を、それぞれ次の①～④のうちから一つずつ選びなさい。

【11】 ①　45　②　50　③　55　④　60

【12】 ①　人民戦線　②　保守合同
③　新体制運動　④　憲政擁護運動

【13】 ①　院内会派　②　派閥　③　族議員　④　議員連盟

【14】 ①　中選挙区　②　小選挙区比例代表並立
③　単純小選挙区　④　小選挙区比例代表併用

【15】 ①　ロッキード事件　②　造船疑獄
③　共和汚職事件　④　リクルート事件

問２　下線部(ア)に関して、第二次世界大戦後に二大政党制であり、かつ議院内閣制を採用する国として最も適当なものを次の①～④のうちから一つ選びなさい。【16】

①　イギリス　②　中華人民共和国
③　アメリカ　④　韓国

問３　下線部(イ)に関して、自由民主党が長く政権を担当した理由の一つが、特定の階層・集団・宗派に限定せず、幅広い有権者の支持を求めたことにあると考えられるが、このような政党を指す用語として最も適当なものを、次の①～④のうちから一つ選びなさい。【17】

①　名望家政党　②　大衆政党
③　包括政党　④　前衛政党

問４　下線部(ウ)に関して、この時期に結成されて国会に議席を有した政党として**適当でないもの**を、次の①～④のうちから一つ選びなさい。【18】

① 公明党　　② 民社党

③ 社会民主連合　　④ 日本協同党

問５　下線部(エ)に関して、この法律での政党の定義における要件に該当する政治団体として最も適当なものを、次の①～④のうちから一つ選びなさい。ただし、各選択肢の政治団体は政治資金規正法で規定される政治団体であり、他の政党に所属している議員は所属していないこととする。【19】

① 地方議会議員が５名以上所属している政治団体。

② 国会議員が５名以上所属している政治団体。

③ 地方議会議員が１名以上所属していて、前回の参議院議員通常選挙の選挙区選挙で得票率が１％以上の政治団体。

④ 国会議員が１名以上所属していて、前回の衆議院議員総選挙の比例代表選挙で得票率が１％以上の政治団体。

問６　下線部(オ)に関して、この内閣に**参加していない**政党を、次の①～④のうちから一つ選びなさい。【20】

① 新生党　　② 新党さきがけ

③ みんなの党　　④ 日本新党

3　次の文章を読み、後の問いに答えなさい。

現代では、会社組織の企業の重要性が増している。2006年に施行された 【21】 は、会社組織のあり方として会社を「株式会社」と「持分会社」とに区別している。「持分会社」には、(ア)合名会社・合資会社・合同会社という３種類の会社が含まれる。つまり、 【21】 上の会社には合名会社・合資会社・合同会社・株式会社の４種類がある。なかでも、社会に散在する多数の遊休資本を集め、大規模な資本を形成することができる株式会社が、現代の企業の主要な形態となっている。

株式会社では、株主全員が会社債権者に対して(イ)有限責任しか負わない。このことによって、事業の失敗から生じるリスクを事前に限定しておけること自体が出資を促進することになり、同時に他の出資者の個性によって自分のリスクが左右されることもない。出資という形で投下した資本を容易に回収する手段が用意されていれば、(ウ)株主が自ら経営を行う必要がなく、その結果、株主が経営責任を負わない会社では経営に関する知識・能力・関心を持たない者からの出資までも募ることができる。経営責任を負わない一方、株式会社の株主は、(エ)株主の地位に基づいて、会社に対して多くの権利を有することになる。

株式会社の経営者は、経営に直接関与しない株主に対して、会社がどのように運営され、財務的にどんな業績をあげているかを報告する責任（会計責任）を負い、会計報告は株主に対する会計責任を果たすうえで不可欠とされてきた。また、現代の株式会社は、新規事業や市場への参入、企業グループの再編、事業統合、経営が不振な企業の救済、資金調達などを目的として 【22】 をおこなうこともあり、企業を取り巻く多くの利害関係者（ステークホルダー）が存在する。株主に限らず、多くのステークホルダーに対して、(オ)企業が組織活動を行うにあたり担っている社会的責任を果たすことが求められている。この企業の社会的責任を 【23】 という。例えば、ステークホルダーの利益に反する行為を企業がおこなわないように監視、統制する 【24】 や、企業活動のなかで法令を遵守するという 【25】 も含まれる。

問１　空欄 【21】 ～ 【25】 に入る最も適当な語句を、それぞれ次の①～④のうちから一つずつ選びなさい。

【21】 ① 商法 ② 会社法 ③ 民法 ④ 憲法

【22】 ① ストライキ ② M&A
③ ダンピング ④ R&D

【23】 ① NPT ② TOB ③ CSR ④ POS

【24】 ① コーポレート・ガバナンス ② クラウドソーシング
③ マイルストーン ④ コンセンサス

【25】 ① ベストプラクティス ② アライアンス
③ コアコンピタンス ④ コンプライアンス

問2 下線部(ア)に関する記述として**適当でないもの**を、次の①〜④のうちから一つ選びなさい。【26】

① 合同会社は、社員が持分を他の社員の承諾なしに譲渡できる。

② 合名会社と合資会社には、無限責任社員がいる。

③ 合資会社は、社員が最低でも2名以上でなければならない。

④ 合同会社は、社員全員が有限責任社員である。

問3 下線部(イ)に関する記述として最も適当なものを、次の①〜④のうちから一つ選びなさい。【27】

① 株主は会社の債務について、会社債権者に対して、会社財産で弁済できない額についてのみ責任を負う。

② 株主は会社の債務については、一切の責任を負わなくてよい。

③ 有限責任社員の出資は、金銭的な出資だけではなく労務出資や信用出資でもよい。

④ 会社が倒産した場合、出資した金額の範囲内で責任を負う。

問4 下線部(ウ)に関して、株主が自ら経営を行わず、経営を専門家に委任することを何というか。最も適当なものを、次の①〜④のうちから一つ選びなさい。【28】

① 株主平等の原則 ② 資本と利益の区分
③ 所有と経営の分離 ④ 株主有限責任の原則

問5　下線部(エ)に関して、株主の権利に**含まれないもの**を、次の①～④のうちから一つ選びなさい。【29】

①　配当を受け取る権利

②　株主総会における議決権

③　出資の払い戻しを請求する権利

④　帳簿を閲覧・謄写することを請求できる権利

問6　下線部(オ)に関して、企業が社会的責任を果たすために取り組む活動の例として**適当でないもの**を、次の①～④のうちから一つ選びなさい。【30】

①　株主の利益を多くするために、取引先に対して倉庫に適正に収容しきれない量の商品を販売すること。

②　タイヤメーカーが子どもたちへ交通安全教育プロジェクトをおこなうこと。

③　安心・安全な情報通信社会の実現のために、東北被災地をつなぐ継続的な復興支援として、タブレット体験教室によるコミュニティづくり支援をおこなうこと。

④　写真フィルム製造時に「大量の清浄な水と空気」という自然資源を消費してしまうため、環境保全のための活動をすること。

4　次の文章を読み、後の問いに答えなさい。

世界の社会保障制度は、公的扶助の起源とされるイギリスの 【31】 救貧法（1601年）を先駆けとするが、近代以前の制度は国家による恩恵や治安維持のための施策という性格が強かった。19世紀後半に至るとヨーロッパで近代的な制度が整備されるようになるが、その背景には、産業革命後に工業化が進行し、資本主義経済の景気循環が顕著となる中で、貧困や失業は個人の責任ではなく社会的・経済的要因によって生み出される、という考え方が広まったことがある。ドイツの宰相ビスマルクは1880年代に(ア)世界初の社会保険制度を創設した。

社会保障という言葉が初めて使われたのは、アメリカのニューディール政策の一環として成立した社会保障法（1935年）であった。２度の世界大戦が起きた20世紀前半は、国家が公衆衛生、児童福祉、医療、年金、公的扶助といった社会保障制度の確立と充実を進めた時代であった。第二次世界大戦中の1942年にイギリスでチャーチル内閣に提出された 【32】 が示した(イ)社会保障制度の構想は、戦後に労働党政権が制度化することとなり、20世紀の社会保障の基礎となった。

1945年の日本の降伏に至るまでのアジア太平洋戦争の期間は、日本の社会保障制度・政策の行政基盤が成立した時期でもあった。日中戦争が長期化する中、医療制度が拡充され、1938年に（旧）国民健康保険法が制定された。同じ年には 【33】 が設置されている。1944年に厚生年金保険法が制定され、一般国民への年金の適用範囲が広がった。

敗戦直後の日本各地には家を焼け出された人々や戦災孤児、負傷した帰還兵を含む失業者があふれていたため、1946年に公布された 【34】 の(ウ)第25条の理念にもとづき、社会保障各分野の基本法が制定されていった。児童福祉法（1947年）、失業保険法（1947年）、身体障害者福祉法（1949年）、そして1950年の（新）生活保護法などである。

日本の高度成長期には国民生活が向上し、(エ)他の先進国の後を追って福祉国家の道を歩むこととなった。1961年には農業者や自営業者を含むすべての国民が医療保険と年金保険の適用を受ける 【35】 体制が確立した。その後、老人医療費無料制度の創設など社会保障の充実がはかられ、1973年は福祉元年とよばれた。しかし、第一次石油危機を機に経済成長が鈍化すると、長期的な少子高齢化も相まって国の財政再建の必要性が高まり、(オ)社会保障制度の見直しが継続的に行われるようになった。

問1　空欄 【31】 ～ 【35】 に入る最も適当な語句をそれぞれ次の①～④のうちから一つずつ選びなさい。

【31】 ①　エリザベス　②　エドワード
③　ヴィクトリア　④　ヴァージニア

【32】 ①　ケインズ報告　②　ベヴァン報告
③　バベッジ報告　④　ベヴァリッジ報告

【33】 ①　厚生省　②　厚生労働省
③　内務省　④　保健福祉省

【34】 ①　フィラデルフィア宣言　②　社会保障法
③　日本国憲法　④　世界人権宣言

【35】 ①　全員参加型　②　国民主義
③　国民精神総動員　④　国民皆保険・国民皆年金

問2　下線部(ア)の語句に関連する記述として、**適当でないもの**を、次の①～④のうちから一つ選びなさい。【36】

①　社会保険立法による労働者保護と社会主義者鎮圧法による労働運動弾圧を使い分けて、労働者対策をおしすすめた。

②　1883年にビスマルクのもとで成立した疾病保険法が世界初の社会保険制度の創設につながった。

③　労働運動に対する弾圧とともに「アメとムチの政策」とも呼ばれるが、失業保険は導入されなかった。

④　国民の権利としての社会保障が位置づけられることになった。

問3　下線部(イ)の語句に関連する記述として、**適当でないもの**を、次の①～④のうちから一つ選びなさい。【37】

①　社会保険と公的扶助を柱とした。

②　給付・拠出の均一主義を原則とした。

③　ナショナル・セキュリティの原則に立つ。

④　戦後に「ゆりかごから墓場まで」がスローガンとなった。

問4　下線部(ウ)の語句に関連する記述として、**適当でないもの**を次の①～④のうちから一つ選びなさい。【38】

①　ここで定められているのはいわゆる社会権の一種で、19世紀に新しく確立された基本権の一つである。

②「すべて国民は、健康で文化的な最低限度の生活を営む権利を有する」と定めている。

③　この条文が示す権利は生存権と呼ばれ、国が社会福祉、社会保障などを向上させ、福祉国家へ向かうことにつながる。

④　この条文が示す権利は自由権とは異なり、具体的な内容が明らかではなく、その実現には政府による積極的な施策が必要となる。

問5　下線部(エ)の社会保障制度に関連する記述として、**適当でないもの**を次の①～④のうちから一つ選びなさい。【39】

①　北欧型の社会保障制度では、租税が財源の中心であり、全国民に単一の制度を適用する。

②　ドイツやフランスなど大陸ヨーロッパ型の社会保障制度では、職業別に組織された社会保険を中心としている。雇用主と労働者が拠出した保険料を主な財源とし、保険料や給付額は所得に比例する。

③　イギリスでは1980年代のサッチャー政権が国有企業の民営化や規制緩和とともに福祉制度の見直しをすすめ、自助努力を基盤とする制度が導入された。

④　アメリカは国家による生活保障よりも市場、自助努力、寄付、ボランティアなどを通じた福祉を重視する自由主義の伝統が強い。医療保険は高齢者や低所得者以外は民間保険に加入するのが一般的であり、近年では無保険者はいなくなっている。

問6　下線部(オ)の語句に関連する記述として、**適当でないもの**を次の①～④のうちから一つ選びなさい。【40】

①　老人医療費が急増したため、1982年に老人保健法が制定され、患者本人の一部自己負担が導入された。

②　国民年金の財政が加入者の高齢化により悪化したことへの対応と年金制

度間の格差の縮小を目的として、1986年には全国民共通の基礎年金制度が実施された。

③ 1994年の年金制度改正により、厚生年金・共済年金の受給開始年齢が原則として60歳から70歳に段階的に引き上げられることが決められた。

④ 2004年の年金制度改正により、保険料負担を2017年まで段階的に引き上げる一方で、給付水準は人口減少や平均余命の伸びを勘案して自動的に調整するマクロ経済スライドの導入が決められた。

数学

解答上の注意

1．問題の文中の 【1】【2】，【3】 などには，特に指示がないかぎり数字（0～9）が入ります。【1】，【2】，【3】，【4】，…の一つ一つは，数字の一つに対応します。それらを解答用紙の【1】，【2】，【3】，【4】，…で示された解答欄にマークして答えなさい。

（例） 【1】【2】 に 83 と答えたいとき

解答番号	解答欄									
	1	2	3	4	5	6	7	8	9	0
【1】	①	②	③	④	⑤	⑥	⑦	●	⑨	⓪
【2】	①	②	●	④	⑤	⑥	⑦	⑧	⑨	⓪

2．同一の問題中に 【1】，【2】【3】 などが2度以上現れる場合，2度目以降は，【1】，【2】【3】 のように細字で表記します。

3．問題の文中に網かけされた 【1】 などには，選択肢から一つを選んで答えなさい。

4．【1】 x^2+ 【2】 $x+$ 【3】 に例えば x^2+3 と解答する場合は，【1】 に1，【2】 に0，【3】 に3と答えなさい。

5．比を解答する場合，最も簡単な整数比で答えなさい。例えば2：3と答えるところを，4：6や6：9のように答えてはいけません。

6．分数形で解答する場合はそれ以上約分できない形で答えなさい。例えば，$\frac{3}{4}$ と答えるところを，$\frac{6}{8}$ のように答えてはいけません。

7．根号を含む形で解答する場合，根号の中に現れる自然数が最小となる形で答えなさい。
例えば，$\square\sqrt{\square}$ に $4\sqrt{2}$ と答えるところを，$2\sqrt{8}$ のように答えてはいけません。

8．指数を含む形で解答する場合，底（a^b の形における a）が最小の自然数となる形で答えなさい。例えば，2^6 と答えるところを 4^3 のように答えてはいけません。

◀数学Ⅰ・A▶

（60 分）

1 次の問いに答えなさい。

問 1．次の等式の空欄に適切な数値を入れなさい。

(1)　$x^4 - x^2y^2 - 6y^4 = (x^2 + \boxed{【1】}y^2)(x^2 - \boxed{【2】}y^2)$

(2)　$4x^4 - 17x^2y^2 + 4y^4$

$= (x + \boxed{【3】}y)(x - \boxed{【4】}y)(\boxed{【5】}x + y)(\boxed{【6】}x - y)$

問 2．不等式

$$|3x + 1| \geqq 4$$

を解くと，

$$x \leqq -\frac{\boxed{【7】}}{\boxed{【8】}},\quad \boxed{【9】} \leqq x$$

となる。

また，不等式

$$|x + 2| \geqq -2x - 3$$

を解くと，

$$x \geqq -\frac{\boxed{【10】}}{\boxed{【11】}}$$

となる。

問 3．等式

$$xy = 4(x + y)$$

を満たす自然数 x，y の組（x，y）について，組の数は全部で $\boxed{【12】}$ 個あり，その組の中で，$x + y$ の値が最大になる組の $x + y$ の値は $\boxed{【13】【14】}$ である。

問４．等式

$$\sin\theta - \cos\theta = \frac{1}{2} \qquad (0^\circ < \theta < 90^\circ)$$

が成り立つとき，

- $\sin\theta\cos\theta = \dfrac{\boxed{【15】}}{\boxed{【16】}}$

- $\sin\theta + \cos\theta = \dfrac{\sqrt{\boxed{【17】}}}{\boxed{【18】}}$

- $\left|\sin^2\theta - \dfrac{1}{1+\tan^2\theta}\right|^2 = \dfrac{\boxed{【19】}}{\boxed{【20】【21】}}$

である。

問５．データの値を大きさの順に並べて，４つの組に分けることを考える。データを２つの組に分ける際に，データの数が奇数の場合は中央の位置にくる値を境目の値として，その数を除いて２つに分ける。一方で，データの数が偶数の場合は中央の２つの値の平均を境目の値として，境目でデータを２つに分ける。このルールに従って，まずデータの個数が等しくなるように２つの組に分けて，さらにそれぞれの組をデータの個数が等しくなるように２つの組に分ける。このとき，３つの境目の値を四分位数といい，小さい方から第１四分位数，第２四分位数，第３四分位数という。また，第３四分位数と第１四分位数の差を四分位範囲という。このとき，次のデータの分析を行いたい。

4，5，9，11，12，14，15，17，18，22，

このデータの

- 第１四分位数は $\boxed{【22】}$，
- 第２四分位数は $\boxed{【23】【24】}$，
- 第３四分位数は $\boxed{【25】【26】}$

である。

また，四分位範囲は $\boxed{【27】}$ である。

2　2次関数

$$y = ax^2 + bx + c \quad \cdots\cdots\cdots ①$$

について，次の問いに答えなさい。ただし，$a \neq 0$とする。

(1)　2次関数①のグラフが3点（0，1），（2，−1），（3，7）を通るとき

$$a = \boxed{【28】},\ b = -\boxed{【29】},\ c = \boxed{【30】}$$

である。

(2)　2次関数①のグラフが2点（1，3），（4，12）を通り，x軸に接しているとき

$$a = \boxed{【31】},\ b = -\boxed{【32】【33】},\ c = \boxed{【32】【33】}$$

または

$$a = \frac{1}{\boxed{【34】}},\ b = \frac{\boxed{【35】}}{\boxed{【36】}},\ c = \frac{\boxed{【35】}}{\boxed{【36】}}$$

である。

(3)　2次関数①のグラフが直線$y = 2x + 1$に点（2，5）で接しているとき

$$b = -\boxed{【37】}a + \boxed{【38】},\ c = \boxed{【39】}a + \boxed{【40】}$$

である。この2次関数の頂点の座標をaを用いて表すと

$$\left(\boxed{【41】} - \frac{\boxed{【42】}}{a},\ \boxed{【43】} - \frac{\boxed{【44】}}{a}\right)$$

と表すことができる。さらに，この2次関数のグラフがx軸と接するとき

$$a = \frac{\boxed{【45】}}{\boxed{【46】}},\ b = \frac{\boxed{【47】}}{\boxed{【46】}},\ c = \frac{\boxed{【48】}}{\boxed{【46】}}$$

である。

3 下の図のように△ABCの内部に点D，E，Fがあり，AD = 3DE，BE = 3EF，CF = 3FDである。また，直線ADとBCの交点をGとする。ここで，△ABCの面積を1としたときの△DEFの面積を求めたい。このとき，次の問いに答えなさい。

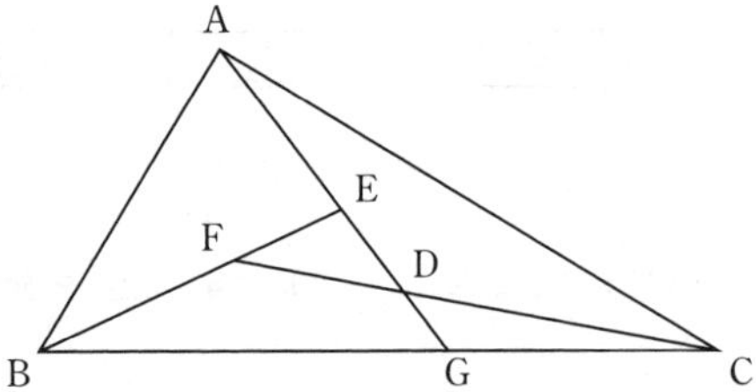

(1) △FBCについて考えると，$\dfrac{\text{FD}}{\text{CD}} = \dfrac{【49】}{【50】}$，$\dfrac{\text{EF}}{\text{BE}} = \dfrac{【51】}{【52】}$ より，

$\dfrac{\text{BG}}{\text{GC}} = \dfrac{【53】}{【54】}$ である。

(2) △EBGについて考えると，$\dfrac{\text{EF}}{\text{BF}} = \dfrac{【55】}{【56】}$，$\dfrac{\text{BC}}{\text{CG}} = \dfrac{【57】}{【58】}$ より，

$\dfrac{\text{GD}}{\text{DE}} = \dfrac{【59】}{【60】}$ である。

(3) △ABGの面積は $\dfrac{【61】}{【62】}$，△EBDの面積は $\dfrac{【63】}{【64】【65】}$ であるから，

△DEFの面積は $\dfrac{【66】}{【67】【68】}$ である。

◀数学Ⅰ・A・Ⅱ・B▶

（60分）

1 ◀数学Ⅰ・A▶の 1 に同じ。

2 次の問いに答えなさい。

(1)　x についての2次方程式 $2x^2 - 2(k+6)x + k^2 + 3k + 22 = 0$ が実数解をもつときの k の値の最小値は 【28】 であり，最大値は 【29】 である。また，それぞれの場合の実数解を求めると重解となり，k が最小値 【28】 の場合の実数解は $x =$ 【30】 であり，k が最大値 【29】 の場合の実数解は $x =$ 【31】 である。

(2)　a，b を実数とする。4次方程式 $x^4 + ax^3 + 10x^2 + bx + 65 = 0$ は2次方程式 $x^2 + 2x + 5 = 0$ と共通な解を2個もっている。このとき実数 a，b は $a = -$ 【32】，$b =$ 【33】 となる。

また，このときの4次方程式の残りの解は

$x =$ 【34】 $+$ 【35】 i，【34】 $-$ 【35】 i

となる。

3　次の問いに答えなさい。

(1)　空間上の点（3，1，－2）を通り，ベクトル（2，4，－1）に平行な直線 ℓ と平面 $\alpha : x - 3y - 2z = 12$ との交点の座標を求めると

$$(\boxed{【36】},\ -\boxed{【37】},\ -\boxed{【38】})$$

となる。

(2)　空間上の4点A(1，2，3)，B(－1，1，2)，C(2，3，1)，D(1，1，1)に対し，2点ABを通る直線を l，2点CDを通る直線を m とする。また，l と m の両方に直交する直線を n とし，l と n の交点をE，m と n の交点をFとする。

s，t を実数とし，l 上の任意の点Pの位置ベクトルを $\vec{p}$，m 上の任意の点Qの位置ベクトルを $\vec{q}$ とすると，l，m のベクトル方程式はそれぞれ，

$$\vec{p} = (1,\ 2,\ 3) + s(\boxed{【39】},\ \boxed{【40】},\ 1)$$
$$\vec{q} = (2,\ 3,\ 1) + t(\boxed{【41】},\ 2,\ \boxed{【42】})$$

と表すことができる。

また，点E，点Fの座標を求めると

$$\mathrm{E}\left(\boxed{【43】},\ \frac{\boxed{【44】}}{\boxed{【45】}},\ \frac{\boxed{【46】}}{\boxed{【47】}}\right)$$

$$\mathrm{F}(\boxed{【48】},\ \boxed{【49】},\ \boxed{【50】})$$

となる。

物理

（60分）

1 図1(A)に示すように，自然長 l_0 [m]，ばね定数 k [N/m] の質量の無視できるばねが鉛直につるされている。この一端に，質量 m [kg] の大きさの無視できる小球1をつるしたところ，図1(B)に示すようにばねが l [m] 伸びた位置でつり合った。その後，小球1を鉛直下向きに a [m] 引っ張り図1(C)の状態にした後，静かに離した。このとき，以下の設問に最も適する答えをそれぞれの解答群①～④から一つ選べ。ただし図1に示すように，鉛直方向を X 軸にとり，鉛直上向きを正，(B)の小球1の位置を $X=0$ [m]（位置エネルギーの基準水平面）とする。また，小球の運動は鉛直方向のみに生じるものとし，重力加速度を g [m/s^2] とする。また，l_0 は l，a に比べて十分に長いものとする。

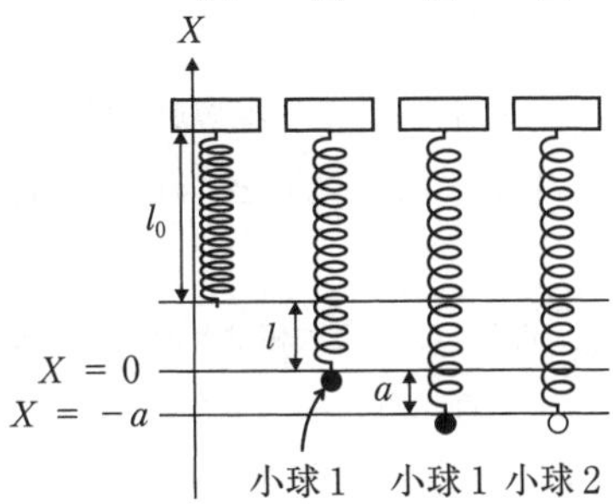

図1

問1　l は m，g，k を用いてどのように表されるか。【1】

①　$\dfrac{m}{k}g$　　②　$\dfrac{2m}{k}g$　　③　$\dfrac{4m}{k}g$　　④　$\dfrac{m}{2k}g$

問2　(B)から(C)になるとき，小球1の重力による位置エネルギーの変化 [J] はどのように表されるか。【2】

①　mga　　②　$-mga$

③　$mg(l+a)$　　④　$-mg(l+a)$

問3　(B)におけるばねの弾性エネルギー [J] はどのように表されるか。【3】

①　0　　②　$\dfrac{1}{2}ka^2$

③ $\frac{1}{2}kl^2$　　④ $\frac{1}{2}k(l+a)^2$

問4　(B)から(C)になるとき，ばねの弾性エネルギーの増加分［J］はどのように表されるか。【4】

① $\frac{1}{2}ka^2$　　② $\frac{1}{2}k(l+a)^2$

③ $\frac{1}{2}k(l^2+a^2)$　　④ $\frac{1}{2}k\{(l+a)^2-l^2\}$

以下では，(C)から運動を開始した小球1が，ある瞬間に存在する位置のX座標をx_1［m］，そのときの速さをv_1［m/s］で表すこととする。

問5　x_1の最大値はどのように表されるか。【5】

① 0　　② a　　③ $2a-l$　　④ $2a$

問6　$X=x_1$における小球1とばねの力学的エネルギーの和［J］はどのように表されるか。【6】

① $mgx_1+\frac{1}{2}k(l-x_1)^2+\frac{1}{2}mv_1{}^2$

② $mgx_1+\frac{1}{2}k(l-x_1)^2-\frac{1}{2}mv_1{}^2$

③ $-mgx_1+\frac{1}{2}k(l-x_1)^2+\frac{1}{2}mv_1{}^2$

④ $-mgx_1+\frac{1}{2}k(l-x_1)^2-\frac{1}{2}mv_1{}^2$

問7　v_1はどのように表されるか。【7】

① $\sqrt{\frac{k}{m}}x_1$　　② $\sqrt{\frac{k}{m}}(a-x_1)$

③ $\sqrt{\frac{k}{m}(a^2+x_1{}^2)}$　　④ $\sqrt{\frac{k}{m}(a^2-x_1{}^2)}$

次に図1(D)に示すように，図1(C)と同じばねの一端に小球1のかわりに質量$\frac{1}{3}m$［kg］の大きさの無視できる小球2をとりつけ，図1(C)と同じ位置$X=-a$まで引っ張った後，静かに手を離した。(D)から運動を開始した小球2

が，ある瞬間に存在する位置の X 座標を x_2 [m]，そのときの速さを v_2 [m/s] で表すこととする。

問 8　x_2 の最大値を求めよ。【8】

①　a　②　$a+\frac{2}{3}l$　③　$a+\frac{4}{3}l$　④　$a+2l$

問 9　v_2 の最大値は v_1 の最大値の何倍か。【9】

①　$\frac{\sqrt{3}}{3}$　②　$\sqrt{3}$

③　$\frac{\sqrt{3}}{3a}\left(a+\frac{2}{3}l\right)$　④　$\frac{\sqrt{3}}{a}\left(a+\frac{2}{3}l\right)$

2　大気中の屈折率より大きな屈折率を持つ材料でできた，間隔 $d=2.0\times10^{-6}$ [m] で直線状に周期的な溝を持つ回折格子がある。その断面は，図 1 に示すように，角度 θ_B ののこぎりの歯状に成型されている。この回折格子の表面に入射した可視光の回折について考える。下の設問に最も適する答えをそれぞれの解答群①～④から一つ選べ。ただし，入射光源および回折光を投影して観察するスクリーンは，いずれも d に比べて回折格子から十分遠方にあるとし，光速 c を $c=3.0\times10^{8}$ [m/s] とする。また，この回折格子の入射角および回折角は，回折格子の法線方向を基準に，反時計回りを正とし，時計回りを負とする。

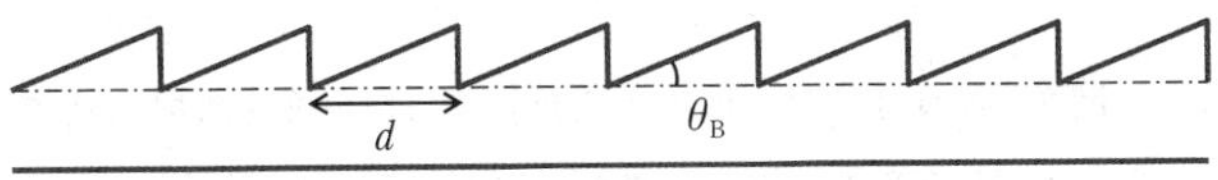

図 1

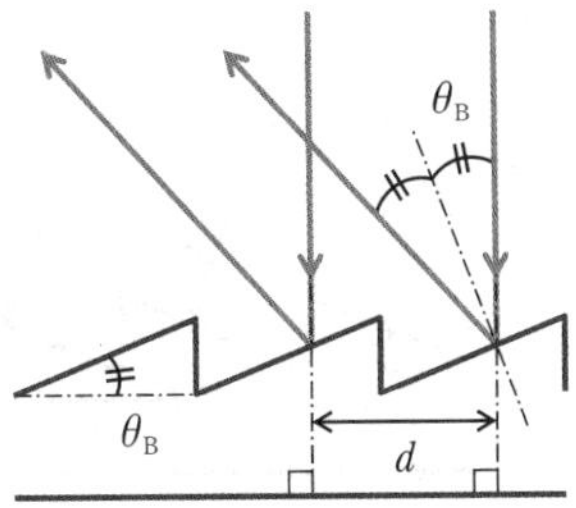

図 2

はじめに，図 2 に示すように，図 1 の回折格子に垂直に入射し（入射角 = 0），回折角 $2\theta_B$ の方向の 2 つの光の干渉について考える。

問 1　入射光の波長を 6.0×10^{-7} [m] とする。入射光の振動数は何 Hz か。最も近いものを選べ。【10】

① 5.0×10^{14}　② 1.7×10^{6}　③ 1.8×10^{2}　④ 2.0×10^{-15}

問 2　次の文章の [A]，[B] に入る言葉の組み合わせとして正しいものはどれか。【11】

回折格子の屈折率は大気中のそれより大きいことから，この回折格子表面での入射光の反射は [A] であり，反射光の位相は [B] 。

	A	B
①	固定端反射	変化しない
②	固定端反射	π だけ変化する
③	自由端反射	変化しない
④	自由端反射	π だけ変化する

問 3　図 2 の 2 つの光の光路差は何 m か。【12】

① $d \sin\theta_B$　② $d \sin(2\theta_B)$

③ $2d \sin\theta_B$　④ $2d \sin(2\theta_B)$

次に，図 3 に示すように，図 1 の回折格子に白色光を入射角 θ_B で入射し，入射光と同じ方向に反射した 2 つの光の干渉について考える。

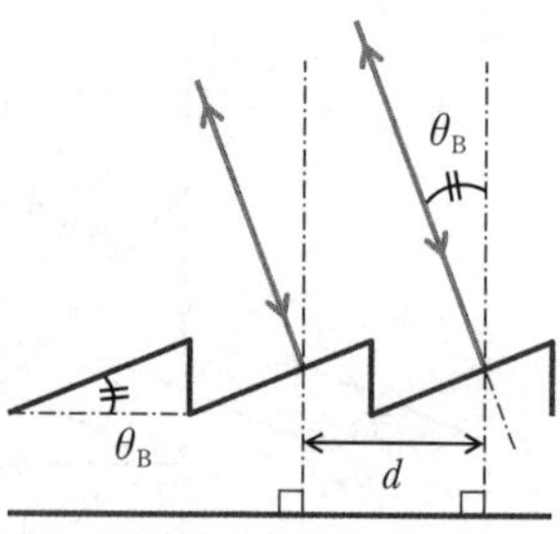

図 3

問 4　図 3 の 2 つの光の光路差は何 m か。【13】

① $d\sin\theta_B$　② $d\sin(2\theta_B)$
③ $2d\sin\theta_B$　④ $2d\sin(2\theta_B)$

問 5　問 4 で求めた光路差が入射光の 2 波長分に一致して，2 つの反射光が干渉して強め合った場合の反射光の波長が 4.8×10^{-7} [m] であったとする。このときの $\sin\theta_B$ の値はどれか。【14】

① 0.10　② 0.12　③ 0.24　④ 0.48

次に，図 4 に示すように，図 1 の回折格子に斜めから入射した 2 つの光 $A_1B_1C_1$ と $A_2B_2C_2$ の干渉について考える。入射角を α (>0)，回折角を β (<0) とし，$|\alpha|<|\beta|$ の関係があるとする。

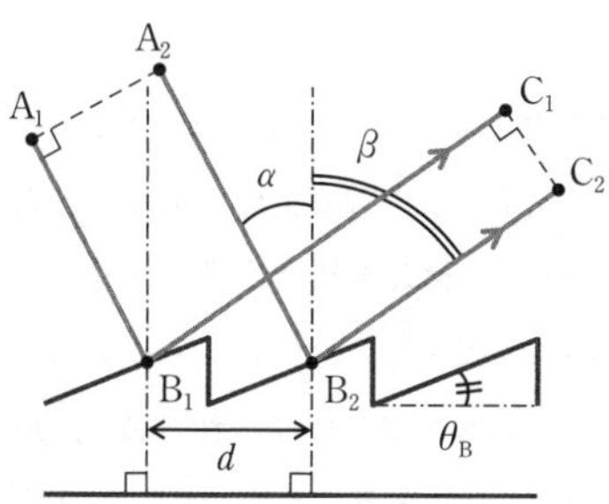

図 4

問 6　図 4 において，光路 A_1B_1 と光路 A_2B_2 の差はどのように表されるか。【15】

① $d\sin\alpha$　② $2d\sin\alpha$
③ $d\sin(\pi-\alpha)$　④ $2d\sin(\pi-\alpha)$

問 7　図 4 において，光路 $A_1B_1C_1$ は光路 $A_2B_2C_2$ よりどれだけ長いか。【16】

① $-d\sin(\alpha+\beta)$　② $d\sin(\alpha-\beta)$
③ $-d(\sin\alpha+\sin\beta)$　④ $d(\sin\alpha-\sin\beta)$

問8　問7で求めた光路差が入射光の1波長分に一致するとき，回折光は強め合う。いま，波長 $\lambda = 6.0 \times 10^{-7}$ [m] の単色光を $\alpha = \dfrac{\pi}{6}$ で入射したとき，この条件に対応する回折角 β_1 は次のどの範囲にあるか。【17】

① $-\dfrac{\pi}{2} < \beta_1 \leqq -\dfrac{\pi}{3}$　② $-\dfrac{\pi}{3} < \beta_1 \leqq -\dfrac{\pi}{4}$

③ $-\dfrac{\pi}{4} < \beta_1 \leqq -\dfrac{\pi}{6}$　④ $-\dfrac{\pi}{6} < \beta_1 < 0$

問9　問8と同じ条件を適用して，波長 $\lambda = 4.8 \times 10^{-7}$ [m] の単色光を $\alpha = \dfrac{\pi}{6}$ で入射したときに回折光が強め合う回折角を β_2 とする。β_1 と β_2 との関係はどうなるか。【18】

① $\sin\beta_1 - \sin\beta_2 = 0.6$　② $\sin\beta_1 - \sin\beta_2 = 0.06$

③ $\sin\beta_1 - \sin\beta_2 = -0.6$　④ $\sin\beta_1 - \sin\beta_2 = -0.06$

3　フタ付きの断熱されている密閉容器Aの中には不揮発性の液体と，単原子分子の理想気体1モルが圧力 P_0 [Pa]，体積 V_0 [m^3] で封入された状態でフタが壁面に固定されている。(図1)。また容器Aには加熱器にも冷却器にもなる装置が取り付けられており，最初に気体の温度が T_0 [K] に調整されている。気体定数を R [J/mol・K] とし，大気圧を P_a [Pa]，気体と液体間の熱移動は無視でき，理想気体はこの液体に溶解しないものとして以下の設問に最も適する答えをそれぞれの解答群①～④から一つ選べ。

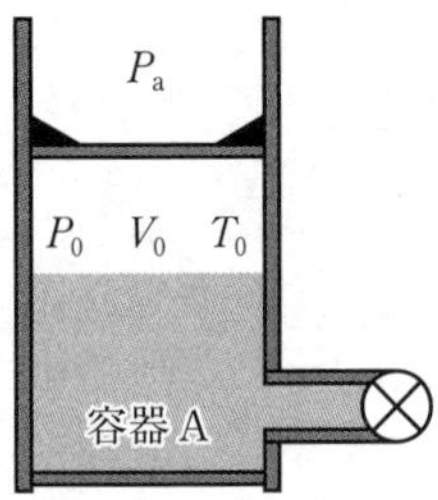

図1

ただし，フタが密閉容器Aから外れることはないものとする。

フタを壁面に固定したままで，加熱器を使って気体の温度を T_0 [K] から T_1 [K] にした後，加熱を止めた。

問1　気体の温度が T_0 [K] から T_1 [K] に変化する間に気体に加えられた熱量を求めよ。【19】

① $\dfrac{1}{2}R(T_1 - T_0)$　② $R(T_1 - T_0)$

③ $\frac{3}{2}R(T_1 - T_0)$　　　　④ $\frac{5}{2}R(T_1 - T_0)$

問 2　気体の温度が T_1 [K] になったときの気体の圧力 P_1 [Pa] を求めよ。【20】

① $\frac{1}{2}\frac{T_1}{T_0}P_0$　　② $\frac{T_1}{T_0}P_0$　　③ $\frac{3}{2}\frac{T_1}{T_0}P_0$　　④ $\frac{5}{2}\frac{T_1}{T_0}P_0$

加熱器を取り外して，容器 A のフタの固定を外すとフタが移動した。ここでフタの重さは無視でき，フタはピストンのように摩擦なく動くことができるものとする。気体の温度が T_1 [K] から T_2 [K] に変化したところでフタの移動が止まった。

問 3　気体の温度が T_2 [K] になったときの気体の体積 V_2 [m^3] を求めよ。【21】

① $\frac{1}{2}\frac{RT_2}{P_a}$　　② $\frac{RT_2}{P_a}$　　③ $\frac{3}{2}\frac{RT_2}{P_a}V_0$　　④ $\frac{5}{2}\frac{RT_2}{P_a}$

問 4　気体の温度が T_1 [K] から T_2 [K] に変化する間に密閉容器 A のフタが動くことにより気体がされた仕事を求めよ。【22】

① $\frac{3}{2}R(T_2 - T_1)$　　　　② $\frac{3}{2}R(T_2 + 2T_1)$

③ $\frac{5}{2}R(T_2 - T_1)$　　　　④ $\frac{5}{2}R(T_2 + T_1)$

また，容器 A のフタを壁面に固定した。同じ不揮発性の液体と真空の空間で構成された断面積が容器 A のフタとは異なるフタが固定された断熱の密閉容器 B を空気が入らないように容器 A に接続しバルブを開けたところ，容器 A 内の気体は圧力 P_3 [Pa] となり，容器 A と容器 B の液面の高さの差は h [m] になった（図 2）。容器 A の断面積を S_A [m^2]，容器 B の断面積を S_B [m^2] とし，容器内の液体の密度を ρ [kg/m^3]，重力加速度を g [m/s^2] とする。ただし，液体の体積は変化しないものとする。

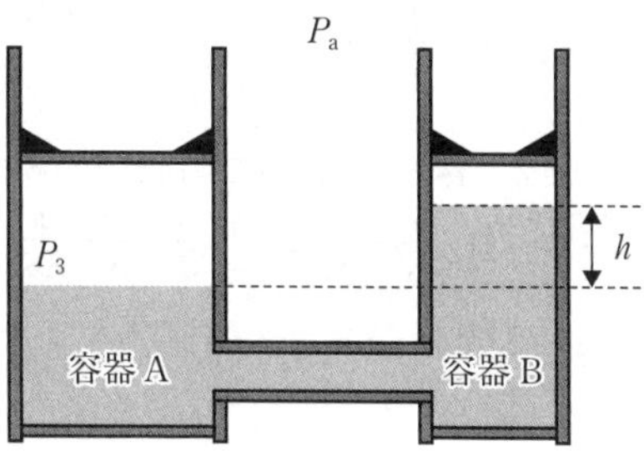

図 2

問5　密閉容器Bでの液面での圧力 P_B [Pa] を求めよ。【23】

①　0　　②　$\frac{1}{2}\frac{S_B}{S_A}P_3$　　③　$\frac{S_B}{S_A}P_3$　　④　$\frac{3}{2}\frac{S_B}{S_A}P_3$

問6　圧力 P_3 [Pa] を求めよ。【24】

①　$\frac{1}{2}\rho gh$　　②　ρgh　　③　$\frac{3}{2}\rho gh$　　④　$\frac{5}{2}\rho gh$

容器Bのフタをとったところ，容器Aと容器Bの液面の高さの差は h' [m] になった（図3）。このとき，容器Bの液面は容器Aの液面より高いままであった。

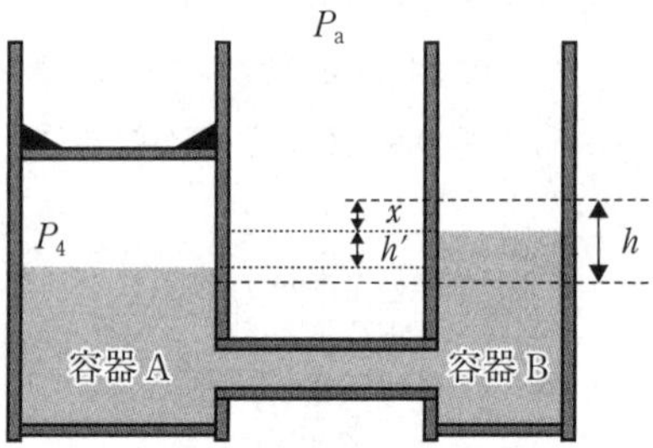

図3

問7　容器A内の気体の圧力 P_4 [Pa] を求めよ。【25】

①　$\frac{1}{2}\rho gh' + P_a$

②　$\rho gh' + \frac{1}{2}P_a$

③　$\rho gh' + P_a$

④　$\frac{3}{2}\rho gh' + P_a$

問8　容器Bにおいて液面が下がった距離 x [m] を求めよ。【26】

①　$\frac{h-h'}{S_A-S_B}S_A$　　②　$\frac{h-h'}{S_A-S_B}S_B$　　③　$\frac{h-h'}{S_A+S_B}S_A$　　④　$\frac{h-h'}{S_A+S_B}S_B$

化学

（60分）

1 以下の問い（問1～3）に答えよ。

問1 次の記述（ア）～（ウ）の目的に最も適した分離法を，下の①～⑤の中から一つずつ選べ。ただし，同じ選択肢を繰り返し選んでもよい。

（ア） 海水から真水を得る。
（イ） 原油から，灯油，軽油，ガソリンなどを取り出す。
（ウ） 植物から有機溶媒に溶ける成分を取り出す。
ア【1】 イ【2】 ウ【3】

① 再結晶　② 蒸留や分留
③ クロマトグラフィー　④ 抽出
⑤ 昇華法

問2 次の（ア）～（サ）のうち，純物質，単体，イオン結晶，分子結晶にあてはまるものはそれぞれいくつあるか。最も適当なものを，下の①～⓪の中から一つずつ選べ。

（ア） コンクリート　（イ） ダイヤモンド　（ウ） 塩化カルシウム
（エ） ガラス　（オ） 氷　（カ） ドライアイス
（キ） 木材　（ク） 鉄　（ケ） 水晶
（コ） 斜方硫黄　（サ） ショ糖（スクロース）
純物質【4】 単体【5】 イオン結晶【6】 分子結晶【7】

① 1　② 2　③ 3　④ 4　⑤ 5

⑥　6　　⑦　7　　⑧　8　　⑨　9　　⓪　0

問3　原子に関する次の記述（ア）～（オ）のうち，正しいものはいくつあるか。最も適当なものを，下の①～⑥の中から一つ選べ。【8】

（ア）　原子番号が同じで，中性子の数が異なる原子を，互いに同位体という。

（イ）　臭素 $^{79}_{35}Br$ の中性子数は，44である。

（ウ）　貴ガス（希ガス）の原子は他の原子と結びつきにくく，単原子分子として存在することが多い。

（エ）　周期表の3～11族の元素は遷移元素である。

（オ）　負の電荷を帯びたイオンを陰イオンという。

①　1　　②　2　　③　3　　④　4　　⑤　5　　⑥　0

2　以下の問い（問1～3）に答えよ。

問1　次の記述中の空欄［ア］～［エ］にあてはまる最も適当なものを，下の①～⑧の中から一つずつ選べ。ただし，同じ選択肢を繰り返し選んでもよい。

触媒を用いると［ア］エネルギーがより［イ］い反応経路で反応する。そのため［ア］状態に達しやすくなるため，反応速度は［ウ］くなる。なお，［エ］は反応物と生成物のもっているエネルギーの差で決まるので，触媒を用いても［エ］の値は変化しない。

ア【9】　イ【10】　ウ【11】　エ【12】

①　小さ　　②　大き　　③　不活化　　④　活性化

⑤　標準　　⑥　平衡　　⑦　反応熱　　⑧　比熱容量

問2　0.40 molの四酸化二窒素N_2O_4を体積が20 Lに固定された容器に入れた。加熱して容器を一定温度に保つと，N_2O_4の40 %が二酸化窒素NO_2に解離し，平衡状態に達した。次の問(1)，(2)に答えよ。

(1)　この平衡状態におけるNO_2の物質量は何molか。最も適当な値を，次の①～④の中から一つ選べ。【13】

①　0.080　　②　0.16　　③　0.32　　④　0.48

(2)　この温度での平衡定数は何mol/Lか。最も適当な値を，次の①～④の中から一つ選べ。【14】

①　0.0053　　②　0.021　　③　0.67　　④　1.3

問3　酢酸CH_3COOHと酢酸ナトリウムCH_3COONaの混合水溶液は，緩衝作用を持つ。

$$CH_3COOH \rightleftarrows CH_3COO^- + H^+ \qquad \text{式(a)}$$

$$CH_3COONa \longrightarrow CH_3COO^- + Na^+ \qquad \text{式(b)}$$

0.30 mol/L酢酸水溶液1.0 Lと0.15 mol/L酢酸ナトリウム水溶液1.0 Lを混合した水溶液の25 ℃におけるpHはいくらか。最も適当なものを，次の①～④の中から一つ選べ。ただし，酢酸の電離定数は25 ℃において$K_a = 2.7 \times 10^{-5}$ mol/Lとし，必要であれば$\log_{10}1.35 = 0.13$，$\log_{10}5.4 = 0.73$の値を用いてもよい。また，混合水溶液において式(a)の酢酸の電離はわずかなので［CH_3COOH］≒ 0.15 mol/Lと近似し，混合水溶液において式(b)の酢酸ナトリウムはほぼ完全に電離するので［CH_3COO^-］≒ 0.075 mol/Lと近似するものとする。【15】

①　4.27　　②　4.87　　③　5.13　　④　5.73

3　以下の問い（問１，２）に答えよ。

問１　次の２つのグラフは，ジメチルエーテル CH_3OCH_3 とエタノール C_2H_5OH の蒸気圧曲線を示したものである。これらのグラフをもとに，下の問(1)〜(4)に答えよ。ただし，気体定数は 8.3×10^3 Pa・L/(K・mol)，原子量は H = 1.0，C = 12，O = 16 とする。

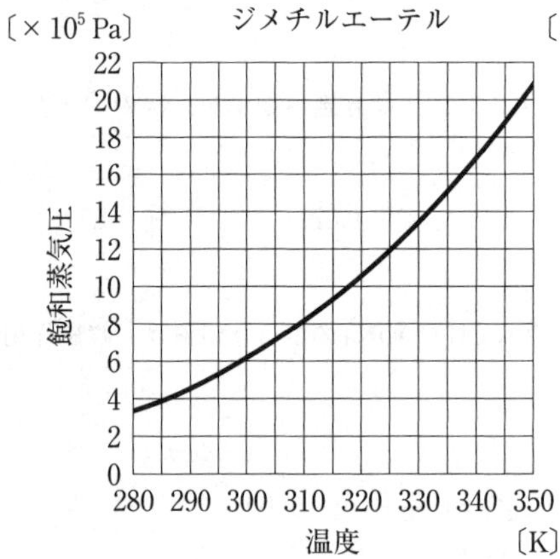

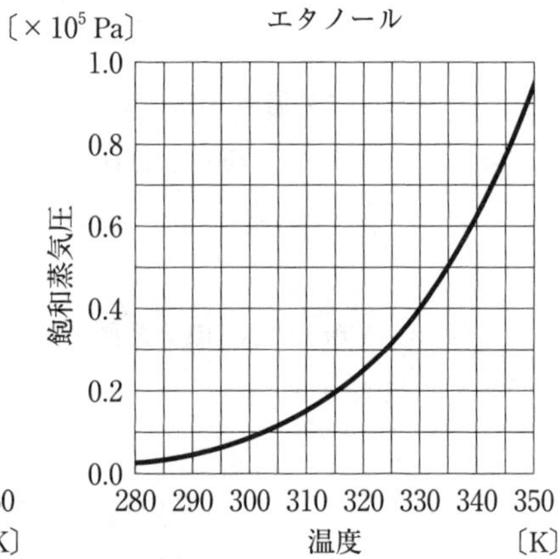

(1)　次の（ア）〜（カ）の６つの記述のうち，<u>これらのグラフから読み取れる内容として正しいもの</u>はいくつあるか。最も適当なものを，下の①〜⑦の中から一つ選べ。【16】

（ア）　外気圧が 5.0×10^5 Pa のとき，ジメチルエーテルの沸点は 280 K よりも低い。

（イ）　ジメチルエーテルの 285 K における飽和蒸気の密度は，エタノールの 335 K における飽和蒸気の密度よりも低い。

（ウ）　2.0×10^4 Pa の外気圧下では，エタノールは，およそ 315 K で凝固する。

（エ）　外気圧が高いほど，エタノールの沸点は低下する。

（オ）　同じ外気圧であれば，エタノールの融点は，ジメチルエーテルの融点よりも高い。

（カ）　外気圧が 4.0×10^4 Pa のとき，エタノールの沸点はおよそ 330 K である。

① 1　② 2　③ 3　④ 4
⑤ 5　⑥ 6　⑦ 0

(2)　全体が 330 K に保たれた容積が 10 L の密閉容器がある。この容器内をエタノールの蒸気のみで飽和させたとき，容器内に存在するエタノールの質量は何 g か。最も適当な値を，次の①～⑦の中から一つ選べ。【17】

① 0.21　② 0.45　③ 1.6　④ 3.1
⑤ 6.7　⑥ 17　⑦ 21

(3)　容積を自由に変えられる容器を用意した。この容器の容積を 10 L に設定し，内部を 285 K のジメチルエーテルの蒸気のみで飽和させて密閉した。温度を一定に保ちつつ，気体の体積が 1.0 L になるまで十分ゆっくりと容積を減少させたところ，気体の一部が液化していた。液化したジメチルエーテルは何 g か。最も適当な値を，次の①～⑦の中から一つ選べ。【18】

① 2.1　② 7.8　③ 18　④ 21
⑤ 70　⑥ 78　⑦ 130

(4)　容積を自由に変えられる容器を 2.0 L に設定し，内部を 285 K のジメチルエーテルの蒸気のみで飽和させて密閉した。その後，温度を一定に保ったまま気体の体積を 1.0～4.0 L の範囲で変化させつつ容器内の圧力を測定した。容器内の圧力変化を表したグラフとして最も適当なものを，次の①～④の中から一つ選べ。【19】

①

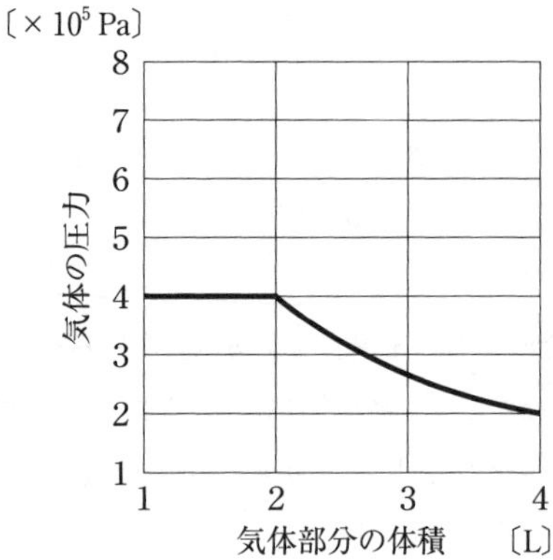

②

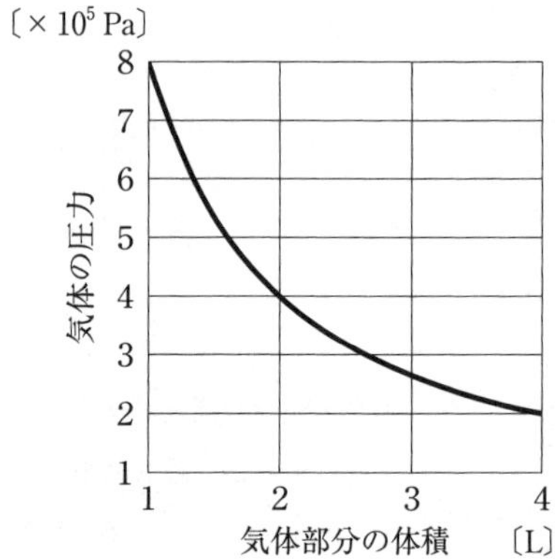

③

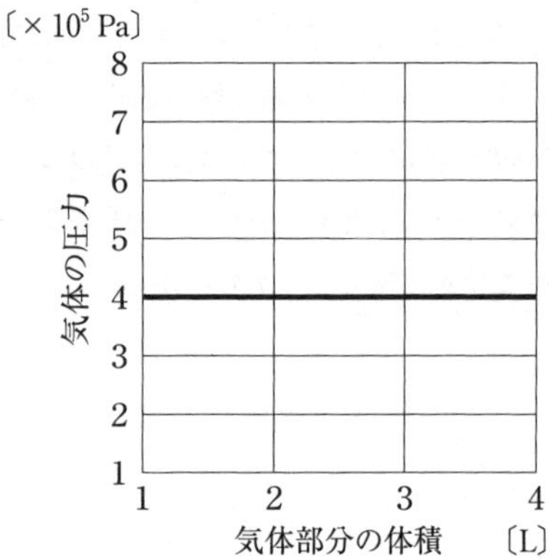

④

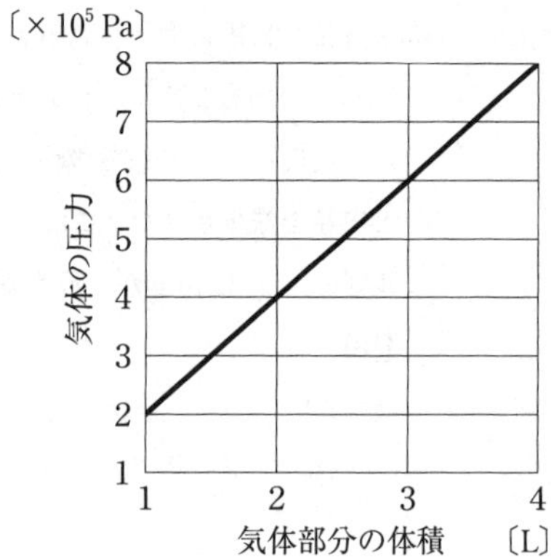

問２　次の記述（ア）～（オ）は，５種類の金属元素Ａ～Ｅについてそれぞれ述べたものである。金属元素Ａ～Ｅの各用途に関する記述として最も適当なものを，下の①～⓪の中から一つずつ選べ。

Ａ【20】　Ｂ【21】　Ｃ【22】　Ｄ【23】　Ｅ【24】

（ア）　Ａは金属元素の中で最も融点が低く，多くの金属とアマルガムを生成する。

（イ）　Ｂの単体は柔らかい金属で，高い密度を活かし放射線の遮蔽にも利用されている。

（ウ）　Cは炎色反応で黄色を示し，単体は非常に酸化されやすい柔らかい金属である。

（エ）　Dはハンダの主成分の一つである。かつてはハンダとしてBとDの合金が用いられていたが，最近ではBを含まないハンダの利用が増えている。

（オ）　Eは金属元素としては地殻中に２番目に多い元素である。この金属の工業的製法では，コークスの燃焼などで発生した一酸化炭素を用いた還元が利用されている。

①　蛍光灯などに使用されているが，毒性が問題となり最近では使用が削減されている。

②　耐食性の高い貴金属として古くから装飾品に利用されている。

③　この元素の酸化物は発熱しながら水と反応するので，発熱剤として使用されている。

④　軽さを活かし，航空機の機体などにも利用されている。

⑤　自動車やオートバイ用バッテリーの電極としても利用されている。

⑥　鋼板にこの元素をめっきしたものはトタンとして知られ，耐食性に優れている。

⑦　電気や熱の伝導性が金属中で最大であり，導電性のペーストなどに使用されている。

⑧　この元素の水酸化物は，パルプやセッケンの製造など化学工業で幅広く使用されている。

⑨　ハーバー・ボッシュ法における触媒は，この元素を主成分としている。

⓪　この元素は，青銅やブリキなどに使用されている。

4　以下の問い（問１～３）に答えよ。

問１　次の化合物（ア）～（ウ）の分類に関して，正しい組み合わせはどれか。最も適当なものを下の①～⑧の中から一つ選べ。【25】

（ア）
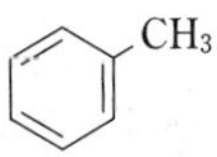

（イ）　$CH_3-C\equiv C-CH_2CH_3$

（ウ）
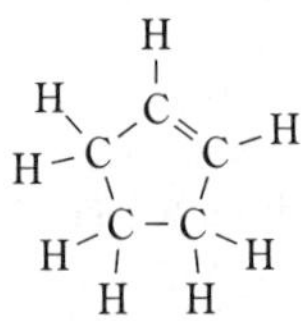

	ア	イ	ウ
①	脂環式炭化水素	芳香族炭化水素	芳香族炭化水素
②	脂環式炭化水素	脂環式炭化水素	脂環式炭化水素
③	脂環式炭化水素	鎖式炭化水素	脂環式炭化水素
④	芳香族炭化水素	鎖式炭化水素	脂環式炭化水素
⑤	芳香族炭化水素	脂環式炭化水素	鎖式炭化水素
⑥	芳香族炭化水素	鎖式炭化水素	芳香族炭化水素
⑦	芳香族炭化水素	芳香族炭化水素	芳香族炭化水素
⑧	脂環式炭化水素	鎖式炭化水素	芳香族炭化水素

問２　濃度未知の，化合物Ａの四塩化炭素溶液（溶液Ａ）がある。一方，赤褐色をした臭素の四塩化炭素溶液（溶液Ｂ）があり，この溶液Ｂのモル濃度は0.500 mol/Lであることがわかっていた。100 mLの溶液Ｂに，溶液Ａを加えていったところ，ちょうど200 mLの溶液Ａを加えたときに臭素の色が消え，無色の溶液となった。この反応により，化合物Ｃが生成した。下の問(1)～(4)に答えよ。ただし，原子量は H = 1.00，C = 12.0，Br = 80.0 とする。

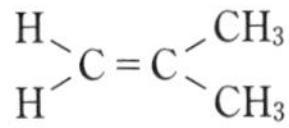

化合物A

(1) 反応が完全に進んだものとすると，反応に使われた溶液Aに含まれていた化合物Aは何gか。最も適当な値を，次の①～⑤の中から一つ選べ。【26】

① 0.280　② 1.40　③ 2.80　④ 14.0　⑤ 28.0

(2) 溶液Aに含まれる化合物Aのモル濃度は何mol/Lか。最も適当な値を，次の①～⑤の中から一つ選べ。【27】

① 0.250　② 0.264　③ 0.272　④ 0.280　⑤ 0.294

(3) 反応が完全に進んだものとすると，反応によってできた化合物Cは何gか。最も適当な値を，次の①～⑤の中から一つ選べ。【28】

① 1.08　② 5.40　③ 10.8　④ 54.0　⑤ 108

(4) 化合物Cと同じ分子式で表される化合物（構造異性体）は何個あるか。最も適当なものを，次の①～⓪の中から一つ選べ。ただし，化合物Cは数に含めないものとし，一対の鏡像異性体は，あわせて一つとして数えることとする。【29】

① 1　② 2　③ 3　④ 4　⑤ 5
⑥ 6　⑦ 7　⑧ 8　⑨ 9　⓪ 10

問3 濃度不明の塩化カルシウム $CaCl_2$ 水溶液25 mLを，陽イオン交換樹脂に通した。次の問(1)，(2)に答えよ。

(1) 流出液を0.10 mol/Lの水酸化ナトリウムNaOH水溶液で滴定したところ，20 mL加えたところで中和が完了した。はじめの $CaCl_2$ 水溶液の濃度は何mol/Lか。最も適当な値を，次の①～⑤の中から一つ選べ。ただし，$CaCl_2$ 水溶液中のカルシウムイオンはすべて陽イオン交換樹脂により

交換されたものとする。【30】

① 0.040　② 0.080　③ 0.12　④ 0.16　⑤ 0.24

(2) はじめの塩化カルシウム水溶液に溶けている，すべてのイオンの物質量は，合計何 mol か。最も適当な値を，次の①～⑤の中から一つ選べ。ただし，$CaCl_2$ は水溶液中ですべて電離しており，水の電離は考えないこととする。【31】

① 0.00050　② 0.0010　③ 0.0020　④ 0.0030　⑤ 0.0040

生物

(60分)

1 生物の体内環境とその維持に関する次の文章を読み，以下の問い（問1～5）に答えよ。

ヒトでは，$_A$腎臓や肝臓のはたらきなどにより，体液における物質濃度などが調節されている。一方，ヒトには，外部環境からの異物の侵入を防ぎ，排除するしくみも備わっている。例えば，$_B$血管が傷ついて出血した場合，血液を速やかに固めることにより，病原体などの侵入を防ぐとともに，血液が体内から失われるのを防ぐ。さらに，$_C$免疫とよばれる生体防御のしくみも備わっている。

問1　下線部Aに関連し，安静時の正常なヒトの腎臓における尿生成に関する次の文ⅠとⅡについて，その正誤の組み合わせとして最も適当なものを，下の①～④のうちから1つ選べ。【1】

Ⅰ　タンパク質は，原尿に含まれていないので，尿中には排出されない。
Ⅱ　グルコースは，原尿に含まれていないので，尿中には排出されない。

	Ⅰ	Ⅱ
①	正	正
②	正	誤
③	誤	正
④	誤	誤

問2　下線部Aに関連し，ヒトの肝臓のはたらきに関する記述として最も適当なものを，次の①～④のうちから1つ選べ。【2】

①　グリコーゲンの分解を促すホルモンを血中に分泌する。

② 有害な物質である尿酸をアンモニアに変える。

③ 脂肪の消化を助ける胆汁を生成する。

④ 赤血球のヘモグロビンを分解してアルブミンに変える。

問3　下線部Bに関する記述として最も適当なものを，次の①～④のうちから1つ選べ。【3】

① 赤血球が傷口に付着し，血液凝固に関する物質を放出する。

② 血管が傷つくと，最初に白血球が集まり傷口をふさぐ。

③ 血小板が壊れるとヘモグロビンが放出され，血液の凝固が始まる。

④ 繊維状のフィブリンが血球と絡み合って血ぺいをつくる。

問4　下線部Cに関連し，自然免疫について述べた次の文Ⅰ～Ⅲについて，その正誤の組み合わせとして最も適当なものを，下の①～⑧のうちから1つ選べ。【4】

Ⅰ　自然免疫は，獲得免疫（適応免疫）と比較して，応答が素早く病原体への特異性も高い。

Ⅱ　マクロファージや好中球などの食作用により異物を排除する。

Ⅲ　汗や涙などに含まれるリゾチームは，細菌の細胞壁を分解する。

	Ⅰ	Ⅱ	Ⅲ
①	正	正	正
②	正	正	誤
③	正	誤	正
④	正	誤	誤
⑤	誤	正	正
⑥	誤	正	誤
⑦	誤	誤	正
⑧	誤	誤	誤

問５　免疫には，抗原抗体反応により異物が無毒化されるしくみも知られている。次の図１は，ヒトの抗体産生の流れを示したものである。下の(1)，(2)に答えよ。

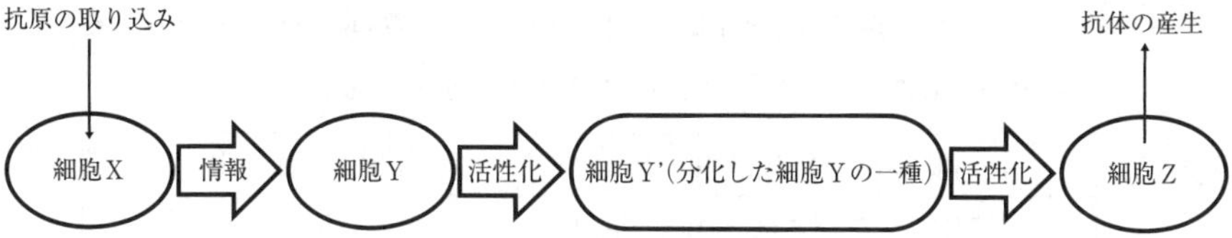

図１

(1)　抗原が体内に入ると，細胞Xが抗原を取り込んで，抗原情報を細胞Yに伝える。それを受けて，細胞Y'（分化した細胞Yの一種）は細胞Zを活性化し，抗体産生細胞（形質細胞）へと分化させる。細胞X，YおよびZに関する次の文Ⅰ～Ⅲについて，その正誤の組み合わせとして最も適当なものを，下の①～⑧のうちから１つ選べ。【5】

Ⅰ　細胞X，YおよびZは，いずれもリンパ球である。

Ⅱ　細胞Yは体液性免疫に関わるが，細胞性免疫には関わらない。

Ⅲ　細胞ZはB細胞であり，活性化されるとその多くは免疫グロブリンを産生するようになる。

	Ⅰ	Ⅱ	Ⅲ
①	正	正	正
②	正	正	誤
③	正	誤	正
④	正	誤	誤
⑤	誤	正	正
⑥	誤	正	誤
⑦	誤	誤	正
⑧	誤	誤	誤

(2) 図1における細胞Yへの抗原情報の伝達や細胞Zの活性化にはタンパク質が関わっている。細胞Yへの抗原情報の伝達に関わる細胞Xの表面上に存在するタンパク質と，細胞Zの活性化に関わる細胞Y'が分泌するタンパク質は，MHCタンパク質（MHC抗原），サイトカイン，シクロスポリンのいずれかであるとする。これらのタンパク質の組み合わせとして最も適当なものを，次の①～⑥のうちから1つ選べ。【6】

	細胞Yへの抗原情報の伝達	細胞Zの活性化
①	MHCタンパク質（MHC抗原）	サイトカイン
②	MHCタンパク質（MHC抗原）	シクロスポリン
③	サイトカイン	MHCタンパク質（MHC抗原）
④	サイトカイン	シクロスポリン
⑤	シクロスポリン	MHCタンパク質（MHC抗原）
⑥	シクロスポリン	サイトカイン

2 神経系による興奮の伝達に関する次の文章を読み，以下の問い（問1～6）に答えよ。

ある動物の足の筋肉を神経ごと取り出した。図1のように，部位Cで筋肉に接している神経の筋肉から60mm離れた部位に電気刺激用の電極A，30mm離れた部位に記録用の電極Bをとりつけた。図2は電極Aにより刺激を与えた時に，電極Bで記録された電位の変化の様子である。図2のように電極Aで電気刺激を与えてから2ミリ秒後に電極Bで興奮が生じはじめた。ただし，電極Aで電気刺激を与えてから神経の興奮が起きるまでの時間のズレはないものとする。

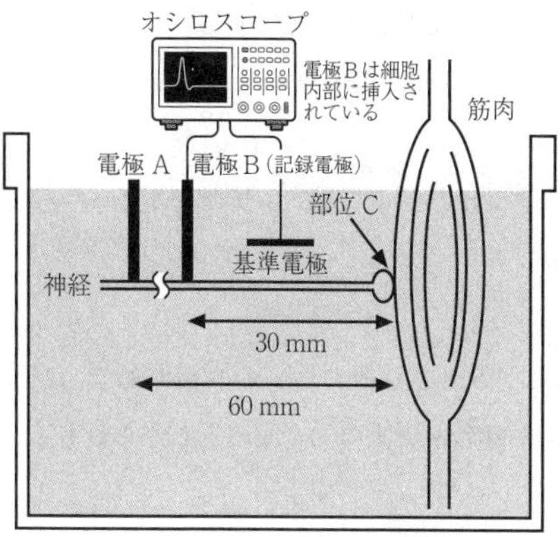

図1　神経筋標本での実験

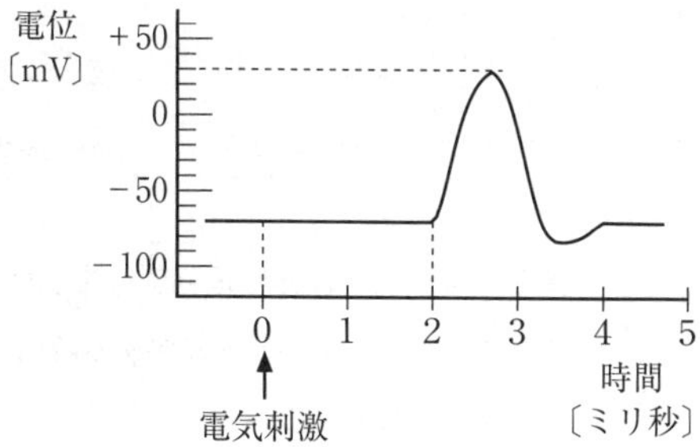

図2　膜電位の記録

問1　細胞膜の外側の電位を基準（0 mV）とするとき，この神経の静止電位の値と活動電位の最大値の組み合わせとして，次の①～⑥のうちから最も適当なものを1つ選べ。【7】

	静止電位	活動電位
①	30 mV	100 mV
②	30 mV	−70 mV
③	100 mV	30 mV
④	100 mV	−70 mV
⑤	−70 mV	30 mV
⑥	−70 mV	100 mV

問2　この神経の伝導速度は何 m/秒となるか。次の①～⑥のうちから最も適当なものを1つ選べ。【8】

① 2 m/秒　② 5 m/秒　③ 10 m/秒
④ 15 m/秒　⑤ 30 m/秒　⑥ 45 m/秒

問3　図1の神経と筋肉の接合部位である部位Cの名称について，次の①～⑤のうちから最も適当なものを1つ選べ。【9】

① ニューロン　② シナプス　③ 樹状突起
④ 軸索　⑤ ランビエ絞輪

問4　図1の神経と筋肉の接合部位である部位Cで興奮の伝達に使用される神経伝達物質の名称について，次の①～⑤のうちから最も適当なものを1つ選べ。【10】

① オーキシン　② ノルアドレナリン　③ レチナール
④ アセチルコリン　⑤ エチレン

問5　電極Aで神経に電気刺激を加えると，5ミリ秒後に筋肉の収縮が始まった。部位Cでの伝達に要する時間は何ミリ秒か。次の①～⑥のうちから最も適当なものを1つ選べ。【11】

① 0.5ミリ秒　② 1ミリ秒　③ 2ミリ秒
④ 3ミリ秒　⑤ 4ミリ秒　⑥ 5ミリ秒

問6　次の文a～eは神経細胞が刺激を受けたときに生じる現象を示したものである。a～eの現象を，静止時から発生順に並べたものとして最も適当なものを，下の①～⑧のうちから1つ選べ。【12】

a　ナトリウムイオンが細胞内に大量に流入する。
b　膜電位が静止時の値に戻り，細胞膜の内側が外側に対して－70～－60 mVになる。
c　細胞膜の内側が，外側に対して＋30～＋60 mVになる。
d　ナトリウムイオンに対する細胞膜の透過性が一時的に増大する。
e　カリウムイオンに対する細胞膜の透過性が高まり，カリウムイオンが細胞膜を通して細胞外へ流出する。

① d→c→a→e→b　② d→c→b→e→a
③ e→d→c→a→b　④ d→a→c→e→b
⑤ e→d→a→c→b　⑥ c→d→a→e→b
⑦ c→d→e→a→b　⑧ c→e→d→a→b

3 DNAの塩基配列は遺伝情報を担っている。遺伝情報は，タンパク質を構成するアミノ酸の種類や配列順序を指定する。タンパク質の合成にあたって，まず，DNAの塩基配列がRNAの塩基配列として写し取られmRNAが合成される。この遺伝情報の発現の第一段階である転写とmRNAについて，以下の問い（問1～5）に答えよ。

問1　RNAとDNAの基本単位は共に，ヌクレオチドである。RNAとDNAとの違いとして**誤っているもの**を，次の①～④のうちから1つ選べ。【13】

① 構成するヌクレオチドの糖の種類に違いがある。

② 構成するヌクレオチドの塩基の種類に違いがある。

③ ヌクレオチドの糖とリン酸との結合の様式に違いがある。

④ アデニンに相補性を示す塩基が異なる。

問2　次に，ある遺伝子の塩基配列を示した。上段の鎖をセンス鎖としたときのmRNAの配列として，下の①～⑧のうちから最も適当なものを1つ選べ。【14】

5'－ATG AGT AAA GGA GAA GAA CTT TTC ACT GGA－3'
3'－TAC TCA TTT CCT CTT CTT GAA AAG TGA CCT－5'

① 5'－ATG AGT AAA GGA GAA GAA CTT TTC ACT GGA－3'

② 5'－AUG AGU AAA GGA GAA GAA CUU UUC ACU GGA－3'

③ 5'－TAC TCA TTT CCT CTT CTT GAA AAG TGA CCT－3'

④ 5'－UAC UCA UUU CCU CUU CUU GAA AAG UGA CCU－3'

⑤ 5'－AGG TCA CTT TTC AAG AAG AGG AAA TGA GTA－3'

⑥ 5'－AGG UCA CUU UUC AAG AAG AGG AAA UGA GUA－3'

⑦ 5'－TCC AGT GAA AAG TTC TTC TCC TTT ACT CAT－3'

⑧ 5'－UCC AGU GAA AAG UUC UUC UCC UUU ACU CAU－3'

問3　mRNAには，塩基が連続してたくさん並んでいるので，区切り方の違いによって，1つの塩基配列により指定されるアミノ酸配列は最大で3通りできる。この連続した3つの塩基の読み枠をフレームという。問2で示したある遺伝子の塩基配列について，上段あるいは下段をセンス鎖としたときのそれぞれのmRNAに対して各3通り，合計6通りのフレームの決め方がある。そのうち終止コドン（UAA，UAG，UGA）が**生じない**フレームの決め方の数として，次の①～⑦のうちから最も適当なものを1つ選べ。ただし，mRNAの塩基配列の中の開始コドンの有無にかかわらず翻訳され，また，フレームの決め方により両末端の塩基が3つに満たない場合はそれらの塩基は無視するものとする。【15】

①　0　　②　1　　③　2　　④　3
⑤　4　　⑥　5　　⑦　6

問4　真核生物あるいは原核生物の遺伝子の種類によって，「転写の開始・調節に必要となる場合がある領域（塩基配列）」と「その領域に結合することのあるタンパク質」の組み合わせとして**誤っているもの**を，次の①～④のうちから1つ選べ。【16】

①　プロモーターとRNAポリメラーゼ
②　プロモーターと基本転写因子
③　オペレーターと調節タンパク質
④　オペレーターと基本転写因子

問5　遺伝子の中には，細胞の種類や生体内の状況によって選択されて発現するものがある。このように細胞の状況などによって遺伝子が選択的に転写されることなどを通じて特定の遺伝子が発現することを選択的遺伝子発現という。この選択的遺伝子発現の例として，次の①～④のうちから**誤っているもの**を1つ選べ。【17】

①　筋細胞でアクチン遺伝子やミオシン遺伝子が発現する。
②　ヒトの水晶体細胞でクリスタリン遺伝子が発現する。
③　赤芽球（赤血球の前駆細胞）で，ヘモグロビン遺伝子が発現する。
④　膵臓のランゲルハンス島のB細胞で，グルカゴン遺伝子が発現する。

4 ウメの感染症に関連する次の文章を読み，以下の問い（問1～3）に答えよ。

モモやスモモに感染すると作物に被害を与えるウイルスとして20世紀初頭に発見されたプラムポックスウイルス（以後PPVと表記する）がウメに感染していることが世界で初めて2009年に東京都青梅市で確認された。PPVのウメへの感染は，細胞内に存在する「ひも状ウイルス様粒子」の観察，ウイルスゲノム塩基配列の検出，ウイルス抗原の検出によって確認された。

PPVは長さ700 nm前後，幅15 nm前後のひも状のウイルスである。PPVが感染した植物には，3年ほどの潜伏期間を経て，葉には斑点や輪紋，花弁には斑入りなどの症状が現れる。感染対策の方法はPPVの感染を媒介するアブラムシの防除の徹底と感染樹の除去である。梅林で有名な青梅市は全域が植物防疫法に基づく防除区域に指定されて，市内の大半の梅の木が伐採された。

問1　標準和名が「ウメ」と標記される生物の分類群に対応する学名は「*Prunus mume*」である。この「二名法」という学名の表し方は，ある研究者によって導入された。ウメの学名における「*Prunus*」と「*mume*」が示す分類階級と「二名法」を導入した研究者の名前の組み合わせとして，次の①～⑥のうちから最も適当なものを1つ選べ。【18】

	Prunus	*mume*	研究者
①	種小名	属名	リンネ
②	属名	科名	ダーウィン
③	属名	目名	ウーズ
④	属名	種小名	リンネ
⑤	科名	属名	ダーウィン
⑥	目名	属名	ウーズ

問2 次のア）～オ）を観察するために適切な拡大倍率を持つ顕微鏡の組み合わせとして，下の①～⑥のうちから最も適当なものを1つ選べ。【19】

ア） ウメの葉の柵状組織を構成する細胞

イ） ウメの葉の細胞内の中間径フィラメント

ウ） ウメに感染したPPV

エ） ウメの葉にある気孔の孔辺細胞

オ） ウメの細胞のミトコンドリアのクリステ

	ア）	イ）	ウ）	エ）	オ）
①	光学顕微鏡	電子顕微鏡	電子顕微鏡	光学顕微鏡	電子顕微鏡
②	電子顕微鏡	電子顕微鏡	光学顕微鏡	電子顕微鏡	光学顕微鏡
③	電子顕微鏡	光学顕微鏡	電子顕微鏡	光学顕微鏡	電子顕微鏡
④	光学顕微鏡	光学顕微鏡	電子顕微鏡	電子顕微鏡	光学顕微鏡
⑤	光学顕微鏡	電子顕微鏡	光学顕微鏡	光学顕微鏡	電子顕微鏡
⑥	電子顕微鏡	光学顕微鏡	光学顕微鏡	電子顕微鏡	光学顕微鏡

問3 PPVの感染を媒介するアブラムシは通常の有性生殖以外に，精子の寄与なしに卵のみから次世代を生み出すこともできる生物の1つとして知られている。このような増え方をする生物に関する説明として，次の①～③のうちから最も適当なものを1つ選べ。【20】

① 卵形成時の減数分裂の有無に依らず，得られる次世代の個体と母親が持つ遺伝情報の組み合わせは同じになる。

② 卵形成時の減数分裂の有無に依らず，得られる次世代の個体と母親が持つ遺伝情報の組み合わせは異なる。

③ 卵形成時の減数分裂の有無に依り，得られる次世代の個体と母親が持つ遺伝情報の組み合わせが同一の場合と異なる場合とがある。

5 植生の遷移に関する次の文章を読み，以下の問い（問1～5）に答えよ。

時間に沿った植生の変化を遷移といい，それが始まる状態により，一次遷移と二次遷移に大別される。一次遷移とは，植生や土壌が全く存在しない状態からのものであり，土壌の形成や植物の侵入に時間を要する。それに対し，二次遷移は，土壌やその中に含まれる植物種子などが存在した状態から始まるため，一次遷移に比べて（　ア　）に到達するまでの時間が短い。次のa～eには一次遷移の系列と進行のメカニズムの一例を示している。ただし，その順序は実際に遷移が進行する順序とは異なっている。

a　i草原に木本植物が侵入する。強光下で成長の速い（　イ　）の林がまず形成される。

b　ii林内はかなり暗いが（　ウ　）の芽生えは林床で生育できる。この状態は（　ア　）とよばれる。

c　乾燥や貧栄養に耐えることができるコケ植物や地衣類が侵入する。これらは（　エ　）とよばれる。

d　林内の光が減少すると，iii（　イ　）の芽生えは生育しにくくなるが（　ウ　）の芽生えは生育できる。そのため，（　イ　）と（　ウ　）の（　オ　）林を経て，（　ウ　）林へと変化する。

e　植物遺骸の蓄積や岩石の（　カ　）によって土壌が形成され，iv成長の速い草本植物が侵入する。

問1　下線部の一次遷移に関する記述として最も適当なものを，次の①～④のうちから1つ選べ。【21】

①　遷移の初期には，ミズナラなど乾燥に強い木本が生育する。

②　陸上で始まる一次遷移は湿性遷移とよばれる。

③　植物が島状（パッチ状）に点在する草原が最初に成立する。

④　乾燥や貧栄養の土壌への耐性が高い植物が最初に侵入する。

問2　上記の（ア）～（カ）に入る語の組み合わせとして最も適当なものを，次の①～⑨のうちから1つ選べ。【22】

	（ア）	（イ）	（ウ）	（エ）	（オ）	（カ）
①	成熟	陰樹	陽樹	優占種	階層	堆積
②	成熟	陽樹	陰樹	特定種	階層	風化
③	成熟	陰樹	陽樹	優占種	混交	風化
④	極相	陽樹	陰樹	先駆種	混交	堆積
⑤	極相	陰樹	陽樹	優占種	共生	堆積
⑥	極相	陽樹	陰樹	先駆種	混交	風化
⑦	湿原	陰樹	陽樹	特定種	混交	風化
⑧	湿原	陽樹	陰樹	優占種	共生	堆積
⑨	湿原	陰樹	陽樹	先駆種	階層	風化

問3　a～eの文を一般的な遷移の進行の順に並べたものとして最も適当なものを，次の①～⑤のうちから1つ選べ。【23】

①　a→c→e→d→b

②　c→e→a→d→b

③　e→c→a→d→b

④　c→a→e→b→d

⑤　e→a→c→b→d

問4　下線部ⅰ～ⅳの理由として**適当でないもの**を，次の①～④のうちから1つ選べ。【24】

①　下線部ⅰ：一般に，荒原と比べて草原では土壌の形成が進み，地中の有機物が少ない。

②　下線部ⅱ：この芽生えは弱光下でも光合成速度が呼吸速度を上回っている。

③　下線部ⅲ：植物によって光補償点が異なっている。

④　下線部ⅳ：この草本植物は陽生植物で，種子を散布する能力が高い。

問５　よく発達した森林には，高さに応じた階層構造がみられる。階層構造の記述として最も適当なものを，次の①～④のうちから１つ選べ。【25】

① 森林の林床には，強い光を好む植物が生育している。

② 林冠に枝葉を広げる植物が，森林の相観を決定する。

③ 熱帯多雨林よりも亜寒帯の針葉樹林のほうが，階層構造が発達している。

④ 一般に地表近くでは，森林の最上層に照射される光量の８割程度の明るさになっている。

⑤　教育における選択の自由を尊重する民主的平等は、アメリカの学校制度設立の根幹をなす価値観であるにもかかわらず、近年は悪平等主義などとも言われて評判が芳しくない。

問10　本文の内容と合致するものを、次の①～⑤から一つ選びなさい。解答番号は【28】。
①　教育の議論において、「教育は素晴らしい」という面が見過ごされているのは大きな問題である。
②　社会的効率性を重視する立場の人々にとって、教育サービスは一種の私有財である。
③　結婚市場において、より水準の高い教育を受けたかどうかはあまり意味がない。
④　社会的効率性を重視する立場は保守的で、教育によって社会を変えようという意識が薄い。
⑤　アメリカの教育制度に関するラバレーの指摘を日本に当てはめることには多くの疑問が残る。

② アメリカの学校制度は柔軟で幅広い選択を許容してはいるものの、それはあくまでもさまざまな価値観の対立の妥協の産物として生まれたものであるから、社会効率性という面での実効性は低いと言わざるを得ない。
③ 自由主義者は教育における社会効率性の機能を否定的に見るわけではないが、制度として柔軟な選択を許容することと、現実にその理念が達成されているかは一致しないので、否定的な決断を下すこともある。
④ 社会的効率性のために自由な選択と業績主義を尊重すると、利己主義的な欲望から競争が激化してしまうが、かといって機会を拡大すれば、学歴のインフレや過剰教育という非効率な状態が発生してしまう。
⑤ アメリカの学校制度はさまざまな価値観の対立の妥協の産物として生まれたものではあるが、自由な選択と業績主義を尊重すればするほど、競争が激しくなって学歴のインフレや過剰教育という弊害が生まれてしまう。

問9　傍線部F「近年の改革は社会移動と社会的効率性を強調しすぎており、バランスを欠いている」とあるが、その説明として最も適切なものを、次の①～⑤のうちから一つ選びなさい。解答番号は【27】。

① 民主的平等という理念のうち誰でも学校へアクセスできるという側面は、アメリカでは中等教育まで成し遂げられたが、現在は高等教育について前向きに議論中である。
② 社会移動や社会的効率性が重んじられている一方で、民主的平等については、市民性の涵養や生徒の平等な取り扱いという面が薄れ、成し遂げられているのは中等教育への平等なアクセスにとどまっている。
③ 民主的平等、社会的効率性、社会移動の三つを同時に達成するのは不可能だとラバレーが述べている通り、三者の間で釣り合いが取れていない現在の状況はやむを得ないものである。
④ アメリカでは教育を私有財と見なして選択の自由を強調する一方で、経済的なニーズや保護者の関心にはあまり配慮せず、教育の公共財的な側面が見失われている。

⑤　うまい話

問7　傍線部Ｄ「進歩主義者は、平等主義と自由主義、いずれを重視するかで対応が異なる」とあるが、その説明として最も適切なものを、次の①〜⑤のうちから一つ選びなさい。解答番号は【25】。

①　平等主義を重視する立場は出身階層による不公平がまかり通っていると見なして批判的であるのに対し、自由主義を重視する立場は、柔軟で幅広い選択を許容するアメリカの立場を尊重して妥協的な立場を取る。

②　社会効率性を重視する考えに対し、平等主義を重視する保守的な立場は、社会構造を固定化する装置だと批判的に捉える一方、自由主義を重視する進歩的な立場は、好みや能力が活かせると肯定的に捉える。

③　社会的効率性を重んじて不必要な進学熱を煽る保守主義者に対して、平等主義を重視する進歩主義者は批判的な立場を取るが、自由主義を重視する進歩主義者は、選択の自由が増えるとの理由で肯定的な立場を取る。

④　平等主義を重視する進歩主義者は、社会的効率性を重んじる立場が持つ社会構造再生産の側面を批判的に捉えるが、自由主義を重視する進歩主義者は、社会的効率性に基づいて進学先を自由に選択できるという側面を肯定的に考える。

⑤　どちらも進歩主義的である点では共通するが、平等主義者は社会効率性を重視する考えを自己責任だと考えるのに対し、自由主義者は、これを選択が自由になり、子どもの好みや能力を活かせる機会だと肯定的に捉える。

問8　傍線部Ｅ「制度の点で柔軟な選択を許容していることと、現実に理念が達成されているかどうかは別問題だ」とあるが、その説明として最も適切なものを、次の①〜⑤のうちから一つ選びなさい。解答番号は【26】。

①　社会的効率性に配慮して柔軟で自由な選択と業績主義を許容したはずなのに、結果として社会的に非効率な事態が発生してしまうのは、アメリカが日本同様に、社会移動機能に力点を置いているからである。

問5　傍線部C「効率性や生産性という特性を、社会全体ではなく、個人の側から考えたものが、三つ目の社会移動である」とあるが、その説明として最も適切なものを、次の①～⑤のうちから一つ選びなさい。解答番号は【23】。

① 社会にとっての効率性や生産性を重視する考えが人的資本という合理性を追い求めるのに対し、社会移動の考えは教育に不熱心な親をも許容する寛容さを持つが、両者は能力に応じて個人を適正配置するという点では共通する。

② 社会にとっての効率性や生産性を重視する考えが社会全体の利益を生み出そうとするのに対し、社会移動の考えは自分の子によりよい教育を受けさせたいという利己主義が前面に出るが、両者は教育は公共財と考える点では共通する。

③ 社会にとっての効率性や生産性を重視する考えが個人を適正配置して社会全体の利益を生もうとするのに対し、社会移動の考えでは他人よりも秀でようとする利己主義が目立つようになるが、両者は他との差異を強調する点では共通する。

④ 社会にとっての効率性や生産性を重視する考えが公共財としての教育を守ろうとするのに対し、社会移動の考えは私有財としての教育を守ろうとするが、両者は進学競争による序列や職業の多様さに合わせるための多様化を許容する点では共通する。

⑤ 社会にとっての効率性や生産性を重視する考えが社会における人的資本の生成を志向するのに対し、社会移動の考えは他者と差異化する手段として学歴を利用するが、両者は労働市場や結婚市場などを消費者の目で考える点では共通する。

問6　空欄［Y］に入る語句として最も適切なものを、次の①～⑤のうちから一つ選びなさい。解答番号は【24】。

① 悪い話
② 理解しがたい話
③ 笑い話
④ 許せる話

問3　傍線部B「学校知と労働市場のニーズが、完全に一致しているわけでもない」とあるが、その説明として最も適切なものを、次の①～⑤のうちから一つ選びなさい。解答番号は【21】。

① 多くの人が「卒業証書」や「学位」を求めるが、それは社会において指導者の地位にふさわしいことを示す証明書と見なされるからであり、指導者が増えすぎることによる競争の激化は社会のバランスを崩しかねない。
② 教育が職業生活に直結することで社会全体の生活水準が向上するという労働市場のニーズと、「教育は素晴らしい」という理想論的な学校知とは、考えが一致しない。
③ 労働市場側から一定の地位にふさわしい能力の有無を示す証明と見なされるのは、大学に合格し、修了したことを示す「卒業証書」や「学位」、すなわち学歴に他ならない。
④ 自由や平等を基本とする民主主義の重要性を理解させることを目的とする学校知と、職業生活に直結し、所得を増やし、生産性を高めることを目的とする労働市場のニーズとは、根本的に相容(あいい)れない。
⑤ 「教育は素晴らしい」という理想論が説得力を欠く一方、職業によってどのような能力を重視するかは多様であるので、様々な社会集団のニーズに応じる形で教育内容や選抜方法が整えられる。

問4　空欄 X に入る語句として最も適切なものを、次の①～⑤のうちから一つ選びなさい。解答番号は【22】。

① 限定的
② 個別的
③ 排他的
④ 局地的
⑤ 選択的

傍線部(オ)「シンチョウ」解答番号【19】
① うわさのシンソウを探る。
② 新入生同士でシンコウを深める。
③ 不祥事をおこしてキンシンする。
④ 調子が出ずフシンを極める。
⑤ ケンシン的に看病する。

問2　傍線部A「民主的平等」とあるが、その説明として最も適切なものを、次の①～⑤のうちから一つ選びなさい。解答番号は【20】。
① アメリカの学校制度設立の根幹をなす価値観であるが、近年その重要性が意識されづらくなっているので、利己主義的な価値観も取り入れるようになった。
② アメリカ社会で最高の価値観である自由と平等を浸透させるためには、人種、階級、性別などの個性に応じた教育がすべての人に与えられる必要がある。
③ 市民性の涵養、生徒の平等な取り扱い、教育機関への平等なアクセスというアメリカの学校制度設立の根幹をなす価値観の重要性は、今なお色あせていない。
④ 個人の利益を重んじる移民社会のアメリカでは、その実現のために、共通のカリキュラムを備えた普通教育がすべての人に開かれている必要がある。
⑤ アメリカ社会では市民に自由と平等の価値観を養い育てなければならないので、普通教育が人種、階級、性別を問わずすべての人に開かれている必要がある。

⑤　郷土の偉人をケンショウする。

傍線部(イ)「ナイホウ」解答番号【16】

①　江戸時代はホウケン的な社会だった。
②　あらゆる要素をホウカツした総合芸術だ。
③　街にケイホウが鳴り響いた。
④　料理は得意だがサイホウは苦手だ。
⑤　彼は食事のサホウにうるさい。

傍線部(ウ)「ザイゲン」解答番号【17】

①　シンゲンチが近いので大きく揺れた。
②　人の欲望にはサイゲンがない。
③　興味深いゲンショウだ。
④　相手が初心者でもテカゲンしない。
⑤　破れた絵画をフクゲンする。

傍線部(エ)「カンワ」解答番号【18】

①　煩わしい手続きをカンベンにした。
②　商店街がカンサンとしている。
③　利益を消費者にカンゲンする。
④　動きにカンキュウをつける。
⑤　カンダイな態度を示す。

な目的は、経済的ニーズや、教育を受ける子どもや保護者の関心が薄いため、優先順位が下がっている。

その結果、学校に誰でもアクセスできることだけが民主的平等の理念を支える最後の砦（とりで）となる。ただ、高校（中等教育）まではほとんど誰もが進学するようになり、中等教育までは民主的平等がほぼ達成されている。したがって、議論となるのは高等教育へのアクセスだ。

ラバレーは、民主的平等、社会的効率性、社会移動の三つの機能の関係を(オ)シンチョウに検討し、これらすべてを同時に達成するのは不可能だと述べる。問題なのは、特定の価値観だけを追求して、他の価値観をすべて捨て去るという態度である。

F 近年の改革は社会移動と社会的効率性を強調しすぎており、バランスを欠いている。このことが、教育の公共財的な側面を見失わせる大きな要因となっている。ラバレーの指摘は、日本にも多々該当する面があるだろう。

（中澤渉『日本の公教育』）

＊問題作成上の都合で、原文の一部に手を加えてあります。

問1　傍線部(ア)～(オ)を漢字にしたとき、それと同じ漢字になるものを、次の①～⑤のうちからそれぞれ一つずつ選びなさい。解答番号は【15】～【19】。

傍線部(ア)「ホショウ」解答番号【15】

① 近視になり読書にシショウが出る。
② 組織の実権をショウアクする。
③ 勝利のダイショウは高くついた。
④ 球場の名前をカイショウする。

投資に見合うか疑念をもつ人は少なくない。また、もっと職業に直結した教育を行うべきだという意見も耳にする。これらの立場に立てば、教育は社会に従属的に位置づけられる。すると、教育の普及や、好きなことを学ぶという教育の力を通して、教育から社会を変えてゆくというベクトルは意識されにくくなるだろう。

納税者からすれば、教育の意義を、自分自身や自分の子どもだけではなく、他者の子ども（社会）に適用して考えることになる。すると保守的な人は、今ある社会構造を前提に、能力に沿って子どもたちを適正に配置し、不必要な進学熱を煽（あお）らず、より実践的で社会に有用な教育内容を与えるべきだと考える。

それに対して進歩主義者は、平等主義と自由主義、いずれを重視するかで対応が異なる。（D）

前者であれば、社会的効率性を重視する政策は、出身階層により進学の選択肢が限られているにもかかわらず、それを個人の自由な選択の結果、つまり自己責任と見なしていると非難する。その結果、彼らは学校を、社会構造を再生産する装置として批判的に捉える。

後者であれば、選択の自由を、子どもの好みや能力を活（い）かせる機会と肯定的に考える。その場合、彼らは社会的効率性の機能を、必ずしも否定的にみるわけではない。以上のように、ラバレーによれば、柔軟で幅広い選択を許容するアメリカの学校制度は、さまざまな価値観の対立の妥協の産物として生まれたものだという。

しかし制度の点で柔軟な選択を許容していることと、現実に理念が達成されているかどうかは別問題だ。（E）社会的効率性に配慮して、自由な選択と業績主義を尊重すれば、必ず競争が生まれ、勝敗も生じる。競争の弊害が目立ち、機会の拡大で競争を（エ）カンワしようとすれば、需要を上回る進学率の上昇が発生し、非効率な状態になる。これが、学歴のインフレや過剰教育という状態だ。社会的効率性を追求していたはずなのに、社会的非効率な事態が発生する。

アメリカでは、日本同様、教育を私有財と見なし、選択の自由を強調する社会移動機能に力点を置いた改革が推進されている。その結果、教育現場の平等な取り扱いは、悪平等主義として否定的に語られるようになっている。また市民性の涵養という抽象的

は、個人の適性や能力に応じた教育という名目で、正当化される。もし能力に応じて個人を適正配置し、低コストで教育することで社会全体の利益が生み出される、と考えれば、社会的効率性の観点からも、教育を公共財と見なすことは可能である。

一方で、C効率性や生産性という特性を、社会全体ではなく、個人の側から考えたものが、三つ目の社会移動である。教育機関は、必要な教育を提供してくれる場所と位置づけられる。学校に何らかの順位に基づく階層（ランキング）があると、個人の選択や志望もそれに影響を受ける。つまり、威信の高い学校に進学したい、という欲望が生じる。こうなると、個人の関心は自分にとっての地位達成（いかに高い地位に就くか）にあって、社会における人的資本の生成という意識はない。これがラバレーのいう社会移動機能だが、この側面が強調されれば、教育は公共財ではなく、私有財の色彩を強く帯びる。

私有財となった教育サービスは、一種の消費だ。教育が拡大すれば、消費である教育は、むしろ他者との差異が強調される。つまり、よりよい（高い）教育を受けることで、それがその人の財産となり、労働市場や結婚市場などのマーケットで、他者と差異化する手段として学歴が利用される。

こうなると、親（保護者）が望むのは「平等な機会」ではない。社会的効率性と似ているところもあるが、自分の子には他の子よりよい教育を受けさせたいという利己主義が前面に出る点で異なる。ただし、教育に対する親の態度には相当な違いがある。なかには、自分の子どもの教育に全く関心を示さない親もいる。教育熱心な親にとって、教育に不熱心な親の存在は、本音として　Y　ではないだろう。なぜなら、そうした親の存在によって、自分の子が学歴競争で優位に立てる可能性が高まるからだ。

民主的平等は、文字通り民主主義かつ平等主義という価値観をナイホウ(イ)する。社会移動は、個人の自由な選択を強調する点で自由主義的であり、うまく機能させれば、メリトクラティック（能力主義的）に働かせることも可能だ。平等主義と自由主義は、究極的には両立が困難だが、しかし近代以降、ともに進歩主義として重視されてきた価値観だ。

一方、社会的効率性は、現状の社会構造を前提とした効率性という点で、保守的かつ再生産的だ。限られたザイゲン(ウ)で、教育が

次に社会的効率性の価値観は、教育の職業主義化や学校教育の階層化という形で現れる。現実の労働市場や仕事と関係をもち、人々が教育を受けることで「食い扶持(ぶち)」を獲得できたから、教育はここまで普及したといえる。

教育が職業生活に直結し、所得を増やし、生産性を高める。このことで、社会全体の生活水準も向上する。その結果、税収も伸びて社会ホ(ア)ショウや福祉にも役立つ。こうしたロジックの方が、抽象的な「教育は素晴らしい」という理想論より、教育の重要性を訴えるメッセージとしては説得力がある。だから歴史的にも、古典的なカリキュラムに、より実践的、実用的な知識を施す教育が徐々に組み入れられるようになったのだ。

ただしB学校知と労働市場のニーズが、完全に一致しているわけでもない。学校は、一定の課程を修了した人に「卒業証書」や「学位」を付与する。労働市場側はその「卒業証書」や「学位」の有無から、採用の資格ありと判断する。つまり学歴は、労働市場において、一定の地位にふさわしい能力の有無を示す証明と見なされる。ただ職業により、どのような能力を重視するかは異なるから、卒業証書や学位を付与するにふさわしい教育内容や選抜方法を決定するまでに、さまざまな利害関係をもつ集団間で駆け引きが行われる。

そうした社会集団同士の葛藤(コンフリクト)を通じて、選抜方法やカリキュラムが整えられる。学歴取得が高い地位への必要条件なので、人々も学歴を獲得しようと競争する。競争が激化すれば、競争に勝ち残った人の名声や社会的評価は高まるから、ますます多くの人が競争に参入する。このようにして進学需要は高まり、ニーズに応じて高学歴の枠は拡大される。これが進学率上昇のメカニズムだ。社会学者ランドル・コリンズの提唱した、葛藤理論に基づけば、教育の拡大や普及は以上のように説明される。

ところが、多くの人が進学するようになると、進学者の中でも、成績にばらつきが生じる。また職業世界は多様だから、教育を職業とある程度関連させようとすれば、教育もそれに対応して教育内容を分化させざるを得なくなる。

こうして、教育の場で効率性や生産性が強調されるようになれば、誰に対しても一律に同じ教育を提供する意味は薄れる。つまり普遍的な教育内容が、［　X　］なものになってゆく。やがて学校間にランクが生じたり、学歴の高低が生じたりする。それ

② 丸山と福田は日本の思想的伝統の欠如を問題視しており、両者の意見は本質的には通じるものがある。
③ 保守主義者を自認していた福田は、空虚な戦後民主主義を捨て、江戸民衆の生き方に向き合った。
④ 同一人物が、何となくの進歩志向となし崩しの現状維持志向をあわせ持つ可能性は皆無である。
⑤ 征服による切断を直視せず、戦前の政治体制との連続性を信じていた福田は、進歩主義者といえる。

二

次の文章を読んで、後の問い（問1～問10）に答えなさい。

社会や家族のあり方が大きく変化することにより、学校教育は難しい局面に立たされている。このとき、何か問題が発生すると、特に学校教育が攻撃の的となりやすい。

アメリカの歴史社会学者デヴィッド・ラバレーは、学校の掲げるべき目標として、民主的平等、社会的効率性、そして社会移動の三つを挙げる。

最初の民主的平等（A）とは、アメリカの学校制度設立の根幹をなす価値観である。しかし長期的にみて、教育拡大が進み、その重要性は意識されにくくなった。それでも、市民性の涵養（かんよう）、生徒の平等な取り扱い、そして教育機関への平等なアクセスという面に着目することで、この価値観は生き永らえてきた。

個人が利己主義的で感情的になれば、それこそ多様な背景をもつ移民社会のアメリカは成立しない。自由と平等は、アメリカ社会としての最高の価値観でもある。その価値観の実現のためには、自由や平等を基本とする民主主義の重要性を、誰もが理解しなければならないため、共通のカリキュラムを備えた普通教育が、すべての人に開かれている必要がある。教育現場における人種、階級、性別による不平等な扱いを告発し、改めようとする立場は、主としてこの観点に基づく。

③　まさに
④　とはいえ
⑤　そのうえ

問9　傍線部F「「虚妄」の戦後民主主義」とあるが、その説明として最も適切なものを、次の①～⑤のうちから一つ選びなさい。解答番号は【13】。

①　占領軍による戦後改革の内実は独りよがりな征服でしかないにもかかわらず、戦後進歩主義はその事実を無視し、征服を進歩的な革命であるとしか理解しなかった。
②　戦後進歩主義が戦前と戦後に分断された伝統の回復を拒絶したため、占領軍の征服による戦後の転換期には、歴史的な断絶こそあれ、顧みるべき文化の連続性はない。
③　戦後改革に伴う戦後民主主義の誕生が、占領軍の征服による偶発的なものにすぎないにもかかわらず、これを進歩的な革命とみなす偽善的な態度を福田は憂えた。
④　戦後民主主義とは占領軍による征服と改革にすぎず、過去との連続性が欠如したものであるが、進歩主義者たちは戦後民主主義を革命による進歩だとする妄想を抱いた。
⑤　丸山によれば、戦後進歩主義は占領軍による征服という過去を秘匿するばかりか、征服によって切断された歴史的な伝統を取り戻すという重要な義務を放棄した。

問10　本文の内容と合致するものを、次の①～⑤のうちから一つ選びなさい。解答番号は【14】。

①　丸山が思想なき保守勢力の強さや何となくの進歩勢力の台頭を喝破したのは、一九五七年である。

④　激賞
⑤　悲観

問7　傍線部E「日本の歴史を特徴づけるのは断絶であり、その都度、歴史は根本的に書き換えられてきた」とあるが、その説明として最も適切なものを、次の①〜⑤のうちから一つ選びなさい。解答番号は【11】。

①　福田の理解では、近代の天皇制は、それまで日本でたびたび観念や思想が書き換えられてきたことによる歴史性の欠如の埋め合わせに過ぎず、歴史性や伝統が生じたわけではない。
②　宗教改革による歴史の大変動を経験したヨーロッパに比べ、日本では変換のたび、あらゆる時代の観念や思想が変えられたため、存外に歴史的な伝統に乏しいと福田は述べている。
③　ルネサンスを経験したヨーロッパの歴史が統一性・一貫性を特徴とするのに対し、ヨーロッパほどの飛躍的な変化を経験しなかった日本の特徴は伝統や歴史性の欠如だと福田は考えている。
④　福田によれば、日本では中世以降、各時代に文化の連続性や伝統の歴史が書き換えられ、中世以来の伝統を一貫して固持するヨーロッパと異なり、統一性や歴史性を生まなかった。
⑤　中世以来、文化の連続性を否定してきた日本と異なり、ヨーロッパでは、中世以来キリスト教を中心とした統一性が堅持され、その伝統は近代に断絶するまで連綿と続いたと福田は捉えている。

問8　空欄［Y］に入る語句として最も適切なものを、次の①〜⑤のうちから一つ選びなさい。解答番号は【12】。

①　だからこそ
②　たしかに

の前触れもなく思い出されることが伝統となってきた。

問5　傍線部D「実をいうと、福田は自分を「保守主義者」とは考えていない」とあるが、その説明として最も適切なものを、次の①～⑤のうちから一つ選びなさい。解答番号は【9】。

① 福田の考える保守とは、イデオロギーをふりかざす革新主義や保守主義とは異なり、過去を尊重するという、生活に根ざした生き方や態度の問題に尽きる。

② 英文学者として様々な作品に接した福田が考える保守とは、「反動」的に過去を尊重する生き方であり、現状に向き合う革新主義とは一線を画する。

③ 福田は「文化」とは生き方であると確信しており、保守派が、現状を変えようとする革新主義とは無関係に存在するものである以上、そこに信念や主義は必要ない。

④ 一般的に保守主義とは生活感情に基づき最低限の改革さえ行えば理屈のいらないものであり、過去を尊重する福田自身の態度とは距離のある考え方である。

⑤ 福田は自身について、現状の変革を主張する革新主義に抵抗を覚える保守的な立場であると吹聴(ふいちょう)したが、自らを正当化する大義は必要ないと説いている。

問6　空欄［X］に入る語句として最も適切なものを、次の①～⑤のうちから一つ選びなさい。解答番号は【10】。

① 詠嘆

② 傍観

③ 楽観

派は互いに鍛えあう関係になっていない。

③　保守派がズルズルと現状維持を好み続け、革新派と互いを鍛えあう関係を作れなければ、そのどちらの思想も互いを位置づけていく構造を組み立てられない。

④　保守派も進歩派も、確固たる思想的中核がなくズルズルとしており、自ら相手との関係を明らかにしようともせず、曖昧な関係のまま堕落していく。

⑤　ズルズルとした日本の思想を鍛えるためには、保守主義の側が確固たる信念をもち、それに追従して進歩主義の側が現状維持に甘んじる態度を改めることが必要である。

問4　傍線部C「それらはいつのまにか意識の底に押しやられ、逆にあるとき突発的に「思い出される」」とあるが、その説明として最も適切なものを、次の①～⑤のうちから一つ選びなさい。解答番号は【8】。

①　日本では、最新の外来思想や流行を意欲的に摂取したが、これらを体系的に組み立てていく努力を怠った結果、思想や制度を輸入した事実を忘れ去ってしまった。

②　日本の思想は、外来思想の位置づけを構造化してこなかったため、摂取しては「忘却」し、改めて思い出しては再び「忘却」することを繰り返すばかりであった。

③　仏教や儒学からキリスト教・マルクス主義にいたるまで、あらゆる舶来の思想や制度は、日本では「忘却」され、一度も受容されることがないまま終わってしまった。

④　日本において儒教やキリスト教、さらには保守主義を摂取したとき、他の外来思想と十把一絡げ（じっぱひとから）にしてきたため、これらは意識のなかで浮き沈みをくり返している。

⑤　古来、各種の思想や制度を吸収してきた日本では、それらを相互連関させないうちに故意に「忘却」してきたが、なん

問2　傍線部A「「健全な保守主義」とでも呼ぶべきものの欠如を嘆くかのような発言が目立つ」とあるが、その説明として最も適切なものを、次の①～⑤のうちから一つ選びなさい。解答番号は【6】。

① 丸山眞男は近代主義的な知識人とされているが、その実、進歩主義の停滞を自覚しつつ、また進歩勢力の根の浅さを不安に思っている。

② 革新派として知られる丸山眞男は、現状維持を容認して定着した保守主義に対しても、漠然と進歩を妄想する態度に対しても、同様に批判を加えた。

③ 戦後を代表する論客とされる丸山眞男は、革新的な進歩主義の隆盛に対しても、思想的な緊張感をもっていない保守勢力に対しても、懸念を表明している。

④ 丸山眞男は近代の日本を代表する保守主義論者とされているが、現行の保守勢力が、自覚的に日本の過去や伝統から脱却していないことを良しとしていない。

⑤ 近代主義的な知識人の論客とされている丸山眞男は、自覚的で信念をもった保守主義も必要としているが、現行の保守勢力には満足していない。

問3　傍線部B「明確な保守主義が存在せず、何となくの進歩志向となし崩しの現状維持が横行するとき、すべてはズルズルベッタリとなり、思想的な緊張関係は不在となる」とあるが、その説明として最も適切なものを、次の①～⑤のうちから一つ選びなさい。解答番号は【7】。

① 保守派も進歩派も、実は思想的伝統を確立させているわけではなく、このズルズルとした関係に緊張感を与えるには、互いの思想的立場を否定する方法しかない。

② 座標軸となる思想的伝統を構築してきた進歩派に対して、保守派はズルズルと現状維持に甘んじるのみであるため、両

⑤ 故郷の町にセキジツの面影はない。

傍線部(ウ)「メイブン」解答番号【3】

① 上司の意見にキョウメイする。
② あらゆる議論はコウメイ正大に行うべきだ。
③ 数学の授業でメイダイの論理を教わる。
④ すばらしい企画に参加してカンメイを受ける。
⑤ 確かな経験と人柄によりメイボウを集める。

傍線部(エ)「サンショウ」解答番号【4】

① 地場産業のヨウサンに力を入れる。
② 人生のシンサンをなめる。
③ 男女共同サンカクを推進する。
④ 我が社は巨大企業のサンカには入らない。
⑤ 必要な経費をサンシュツする。

傍線部(オ)「ヨウゴ」解答番号【5】

① 日本ブヨウの教室に通って稽古をする。
② 敵の注意をそらすためヨウドウ作戦を開始する。
③ 次の選挙では新人候補をヨウリツして戦う。
④ 毎年墓参りを欠かさずコウヨウを尽くす。
⑤ 朗読する際にはヨクヨウをつけるとよい。

べき自由主義のかたちを究明した。

＊注2　エリオット――イギリスの詩人、劇作家（一八八八～一九六五）。ノーベル文学賞受賞者。福田は彼の代表作である詩劇「カクテル・パーティー」を翻訳した。

＊問題作成上の都合で、原文の一部に手を加えてあります。

問1　傍線部(ア)～(オ)を漢字にしたとき、それと同じ漢字になるものを、次の①～⑤のうちからそれぞれ一つずつ選びなさい。解答番号は【1】～【5】。

傍線部(ア)「コクフク」解答番号【1】

① シンコクな問題を抱えている。
② 発表の内容がコクヒョウされた。
③ 機械を使って稲をダッコクする。
④ 思い出をコクメイに記憶する。
⑤ 敵対する相手にセンセンフコクする。

傍線部(イ)「チクセキ」解答番号【2】

① 今月の会社の売上額をセキサンする。
② 実験のデータをカイセキする。
③ ボウセキ会社で綿花や麻を加工する。
④ 別れ際にセキベツの情にかられる。

けていた。日本の近代で否定すべき神はなく、明治維新で天皇制が持ち出されたのも、ある意味でその空虚さを埋めるものでしかなかったと福田はいう。

福田にいわせれば、進歩主義の自己欺瞞（ぎまん）は、そのような断絶を正面から認めなかったことにある。「戦前から戦後への転換には連続はない。連続がない以上、それは進歩ではない。進歩主義の立場からは、それを革命と呼びたいであらう。が、事実は征服があっただけだ。征服を革命とすりかへ、そこに進歩を認めたことに、進歩主義の独りよがりと甘さがある」（「進歩主義の自己欺瞞」）。福田にいわせれば、戦後改革は占領軍による「征服」であったが、それを直視しなかったことにこそ進歩主義の誤りがあった。

福田はさらに、進歩主義にとって「征服による切断を乗り越えて、なんとか連続を見出し、その懸け橋を造ること、言ひかへれば、征服による疑似革命を進歩の中に吸収せしめること、それが一番大事な仕事ではなかったか」（同前）と指摘する。福田の見るところ、戦後の進歩主義はそのような仕事を引き受けるどころか、むしろ反動的であるとして退けてしまったのである。

[Y]、このような福田の議論には、実は丸山の保守主義論と通じるものがある。両者はともに、日本の歴史を貫く思想的連続性の欠如に着目し、結局のところ、明確な伝統が形成されなかったとする点で一致しているからである。その限りでいえば、しばしば対照的に捉えられる二人の人物は、同じコインの表裏の関係にあったのかもしれない。

丸山が日本における連続性の欠如を前提に、あえて「虚妄」の戦後民主主義に賭けたとすれば（F）、福田はこれを否認し、むしろ江戸時代以来の民衆の生き方を評価した。人間は過去なしに生きられないと考える福田は、あくまで「態度」としての保守を（オ）ヨウゴしたのである。

（宇野重規『保守主義とは何か』）

＊注1　ハイエク――オーストリアの経済学者（一八九九～一九九二）。景気変動に関する理論を発表すると同時に、社会にある

次に丸山とは対照的に、戦後日本を代表する「保守主義的知識人」としてしばしば語られる英文学者・文芸評論家の福田恆存（一九一二―九四）の議論を検討してみたい。

とはいえ、実をいうと、福田は自分を「保守主義者」とは考えていない（この点、少しハイエク[*注1]と似ている）。福田は「私の保守主義観」の冒頭で次のようにいう。「私の生き方ないし考へ方の根本は保守的であるが、自分を保守主義者とは考へない」。

これはどういうことか。福田によれば、保守とはまず態度の問題であって、イデオロギーの問題ではない。そもそもイデオロギーとして先行したのは革新主義である。現状に強い不満をもつ人間が、一定の世界観に基づいて変革を主張する。このような革新主義に対し、反発を覚える自己を認識したものが保守派となる。すなわち、保守は必ず革新に遅れて登場するというのである。

そのような保守派はイデオロギーを必要としない。自らの生活感情に根ざして必要な改革を行えばいいのであり、むしろ「保守主義」なる大義メイブンをかざして自らを正当化しようとすれば「反動」となってしまう。英文学者である福田は、しばしばエリオット[*注2]をサンショウして「文化」とは生き方であると論じたが、保守とは過去を尊重する一つの生き方であり、理屈を振りかざして相手を説得する必要はないと説いたのである。

このような信念に基づき、革新主義や進歩主義を批判し続けた福田であるが、かといって、日本における文化の連続性について、けっして　X　していたわけではない。「日本のばあひ、中世と近世とは、近世と近代とは、それぞれの時代に全体的観念の書きかへを要求されてきた。それどころか、戦前と戦後とでも、書きかへが必要とされたのであります。そんなところに、伝統や歴史の観念は生じるわけがありません」（「絶対者の役割」）。日本の歴史を特徴づけるのは断絶であり、その都度、歴史は根本的に書き換えられてきた。このように断じる福田は、むしろ日本における伝統の不在を嘆いたのである。

福田が日本と対照するのは、ヨーロッパである。宗教改革やルネサンスからヨーロッパの近代が始まったとしばしばいわれるが、その両者も単純な過去からの断絶ではなく、中世以来の漸進的な変化の帰結である。ヨーロッパに特徴的なのは統一性であり、キリスト教を中核にその一貫性は近代にまで続く。これに対し、日本における過去を振り返れば、端的にそこには歴史性が欠

きわめてアイロニカルな表現であるが、いわんとするところは明白だろう。丸山の見るところ、日本では、知的にも政治的にも保守主義が明確に定着することはなかった。すなわち、現行の政治体制を自覚的に保守しようとする勢力はついに現れなかったのである。代わりに目立ったのは、漠然と進歩を信じるか、さもなければ、ズルズルと現状維持を好む態度であった（両者は同一の人物のなかで並存することもありえる）。結果として、明確に政治的革新を目指す勢力はつねに少数で、目立ったのは思想なき保守勢力であった。

丸山はある意味で、信念をもった保守主義を望んでいたとさえいえるかもしれない。尊重すべき原理を掲げ、現行の政治体制を自覚的に保守する勢力があるならば、それとの対決を通じて、革新を目指す側も自らの思想と実践を鍛え上げることができる。逆にまた、保守主義の側も、その自覚がより深いものになるであろう。これに対し、B明確な保守主義が存在せず、何となくの進歩志向となし崩しの現状維持が横行するとき、すべてはズルズルベッタリとなり、思想的な緊張関係は不在となる。

丸山は『日本の思想』（一九六一年）のなかで、日本の思想における「座標軸」の欠如を指摘している。あるいはそこに、保守主義の不在という関心とも通底する問題意識を見出せるかもしれない。「あらゆる時代の観念や思想に否応（いやおう）なく相互連関を与え、すべての思想的立場がそれとの関連で——否定を通じてでも——自己を歴史的に位置づけるような中核あるいは座標軸に当（あた）る思想的伝統はわが国には形成されなかった」（強調は原文）。

新しい流行の摂取に熱心な日本の伝統は、次から次へと外来の思想や制度を輸入したものの、それらはチクセキ(イ)されることも、あるいは相互に関連づけられることもなく、いつしか「忘却」されていった。仏教や儒学に始まり、キリスト教やマルクス主義に至るまで、あらゆる思想は構造化されることがないままに受容されていった。Cそれらはいつのまにか意識の底に押しやられ、逆にあるとき突発的に「思い出される」。日本の思想とは、その連続であったというのである。

なし崩しの変化はあっても、自覚的な保守主義はついに形成されることはなかった。このような丸山の判断は正しかったのか。さらに他の人物の保守主義論を見てみたい。

国語

（六〇分）

一

次の文章を読んで、後の問い（問1～問10）に答えなさい。

日本の政治的近代化の起点を明治維新に求めるか、あるいは第二次世界大戦の戦後改革に求めるかはともかく、それ以前の政治体制との明確な断絶によって近代化が推し進められた点は共通している。その意味では、政治的急進派とそれに対抗する勢力は存在しても、保守主義の確立には難しい政治的土壌であったといえるだろう。とはいえ、はたして日本に保守主義が存在しないと言い切れるか。日本の保守主義についてのいくつかの見解をみておきたい。

第一に検討すべきは政治学者の丸山眞男（まさお）（一九一四―一九六）の保守主義論である。丸山といえば、しばしば戦後日本を代表する「近代主義的知識人」とされ、日本の過去や伝統をもっぱら(ア)コクフクすべき対象として捉えた理論家として語られることが多い。しかしながら、丸山の思考ははるかに複雑である。実際、彼の議論を細かく検討するならば、むしろ保守主義、あるいはA「健全な保守主義」とでも呼ぶべきものの欠如を嘆くかのような発言が目立つ。

丸山は一九五七年の「反動の概念」という論文で、次のように述べている。「日本に保守主義が知的および政治的伝統としてはとんど根付かなかったことが、一方進歩『イズム』の風靡（ふうび）に比して進歩勢力の弱さ、他方保守主義なき『保守』勢力の根強さという逆説を生む一因をなしている」（強調は原文）。

解答編

英語

I

解答　【1】―①　【2】―④　【3】―③　【4】―②　【5】―③

解 説　≪動物福祉や持続可能性を考慮した衣服の製造≫

【1】puffer coat というのは，コートの内側の断熱材に水鳥の羽毛（down）の代わりに別の物を使うようになってきたコートのことである。①「裏打ちされていて，裏地の中に詰められた物が重要である」が，第1段第3文（And it's what's inside …）に合致する。

【2】第2段第2文（As its name …）より，Save The Duck は水鳥の羽毛を使わずにジャケットやベストを作っているとわかる。したがって，④「水鳥の羽毛を使って puffer coat を作ることで先頭を行く」は間違い。

【3】「なぜバルジは，ファッション産業は方針を変えるときだと決心したのか」　第2段第6～最終文（After seeing many … generation," he says.）より，③が適切。

【4】第5段最終文（"I want to pursue …）より，②「自分の会社に事業と社会的責任の両方を追求させたいと彼は望んでいる」が適切。

【5】「生駒によればZ世代の人々は何に関心をもっているのか」　最終段最後から2つ目の文（She says growing up …）「気候変動と他の環境問題の知識とともに成長したので，彼らは自分たちの支出の判断の影響により敏感になっている，と彼女は言う」と③は合致する。

II

解答　【6】―③　【7】―②　【8】―②　【9】―②　【10】―②

解 説　≪私を野球に連れてって≫

【6】第1段最終文（It has been ranked …）「それは世論調査で20世紀の上位10の歌の一つにランクインされていて，アメリカの最も聞き覚え

のある歌として『ハッピーバースデー』と『星条旗』（アメリカ国歌）だけに次ぐものである」と③は合致する。

【7】第2段最終文（Fans of the song, …）「しかしながら，その歌のファンは，この野球の歌の成功を決定づけたのは，フォン＝ティルザーの魅惑的なワルツ風のリズムと忘れられないメロディーとともに，性的に中立でどれか一つのチームを名指しして味方しないように抜け目なく作られた歌詞のまったくの素朴さと率直さである，と主張する」から，②を選ぶことができる。

【8】第4段第4文（And, it cannot be …）「彼らの野球の歌はみな，一般に野球の諸問題を避けたのは単なる偶然の一致のはずがない」と②は合致する。

【9】第5段最終文（Norworth also maintained …）と②は合致する。

【10】最終段最終文（In every sense, …）「あらゆる意味において，『私を野球に連れてって』は，シカゴ・カブス専属で殿堂入りの解説者であるハリー＝ケリー氏の言葉によれば，『野球の魅力を反映する歌』であり，野球をより魅力的にし，若い観客も年配の観客も声を上げ試合に参加することを可能にする歌なのだ」に②は合致する。

Ⅲ　解答　【11】−②　【12】−①　【13】−②　【14】−①　【15】−①

解説　≪同窓会の日時，場所の決定≫

【11】ユイのメールによれば，ユイは5月23日（木）にロンドンに行き，27日（月）の朝まで南ロンドンのペックハムの近くに住む叔母のところに滞在する。それから31日（金）までダービーにいる。その日の午後早い時間までにロンドンに戻り，6月2日（日）に東京に戻る。したがって，ロンドンの外で過ごす夜は，27・28・29・30の4日間。

【12】ユイのメールの最初の段落に，学生の期間より卒業生の期間（4年近く）の方が長いとあるので，①しか適切なものはない。

【13】返事のサイトに入れなかったマリのメールの第5文（I'm available on …）によれば，マリは2番目の土曜日（6月1日）以外は参加できる。これとスケジュールの表を合わせて考えると，時間通りに参加できる人の数は5月25日が一番多い。

【14】場所については，カイとカナがキャムデンがよいと言っているだけなので，ユイの提案通りにキャムデンになると思われる。

【15】ユイは「結婚式に出るためにロンドンに戻る」と言っているが，誰の結婚式か述べておらず，式の前後は叔母のところに泊まると言っていることから，自分の結婚とは考えられない。他はすべて述べられている。

Ⅳ 解答

【16】―④ 【17】―④ 【18】―③ 【19】―① 【20】―②
【21】―① 【22】―③ 【23】―① 【24】―④ 【25】―①

解説 【16】「学校からのお知らせはオンライン掲示板に掲示される」文意より，④が適切。①「逮捕する」 ②「無視する，解雇する」 ③「治す」

【17】「救急治療がなされなかったら，もっと多くの人がその病気で亡くなっていただろう」 前半が仮定法過去完了の表現なので，主節もそれに合わせるのが適切。

【18】「科学者たちは実験によって新しい結果を得た」 文意より，③が適切。①「含む」 ②「勾留する」 ④「汚す」

【19】「デビッドはたいへん貧しくて，家賃を払う余裕がなかった」 as poor as a church mouse「たいへん貧しい」

【20】「その芸術財団はとても資金が豊かなので，10億ドルの絵画を買うことができた」 deep pockets「豊かな資金」

【21】「彼らはその立入禁止区域に入ろうと試みたが，警備員に捕まった」attempt to *do*「～しようと試みる」 直後に目的語のto不定詞をとれるのはattemptだけ。

【22】「技術者たちは，より厳密な測定方法を提案した」 測定方法を修飾する形容詞なので，③「厳密な，精密な」が適切。

【23】「この祝祭は信心深い仏教信者によって行われている」 文意より，①が適切。②「有害な」 ③「さげすむような」 ④「無駄の多い」

【24】「この部屋を二つに仕切ってはどうですか？」 文意より，④が適切。①「オーディションを受ける，行う」 ②「警告する」 ③「話に出す」

【25】「我々の会社の方針は，従業員の民族の多様性を尊重することです」文意より，①が適切。②「施設，能力」 ③「湿度」 ④「量」

V **解答** 【26】―④ 【27】―② 【28】―① 【29】―③ 【30】―④
【31】―④ 【32】―① 【33】―③ 【34】―① 【35】―②

解説 【26】(The) team is comprised of engineers who (have very different skills.)「そのチームは非常にさまざまな技能をもった技術者からなる」 be comprised of ～「～からなる」

【27】(Some) obstacles stood in the way of (our project.)「いくつかの障害が我々の計画の邪魔になった」 in the way of ～「～の邪魔になって」

【28】(Helmut) must have got caught in heavy (traffic.)「ヘルムトは交通渋滞につかまったのに違いない」 Helmut は人名。get〔be〕caught (up) in ～「～に巻き込まれる，～で動けなくなる」

【29】(Gretchen) gained the upper hand and won (the election.)「グレッチェンは優勢になり，選挙に勝った」 gain the upper hand「優勢〔優位，有利〕になる」

【30】(I) reflected on what had brought me (to psychology.)「私は何が自分を心理学に導いたのかよく考えた」

【31】(Nobody) was to blame for the blackout (yesterday.)「昨日の停電は誰のせいでもなかった」 be to blame for ～「～の責任がある」

【32】There need to be more guidelines (for public health.)「公衆衛生の指針がもっと必要である」

【33】(Why) do you think Anna started with (a new employer?)「あなたはなぜアンナは転職した（＝新しい雇い主のもとで始めた）のだと思いますか？」 間接疑問文では，do you think (believe, suppose など) は必ず疑問詞の直後に置かなければならない。

【34】(Please) be advised that we are accepting (inquiries by email only.)「E メールからのみお問い合わせを受け付けますことをご通知します」 advise *A* that S V「*A* に S が V すると通知する」を受動態にした形の命令文。硬い表現。

【35】(The) research picked up steam after the (fundraising.)「調査は資金調達の後，軌道に乗った」 pick up steam「軌道に乗る，速度を増す」

Ⅵ　解答　【36】－③　【37】－③　【38】－③　【39】－①　【40】－④

解説　【36】A が騒がしい者たちに注意するように B に頼み，本を借りたいので，どこに行ったらよいか尋ねていることから，図書館での会話だとわかる。

【37】A が医者からの処方箋を見せてもらえるかと B に尋ね，B が副作用が強すぎるので薬を替えてくれるように頼んだと答えていることから，薬局での会話だとわかる。

【38】A「ミカ，あなたが薦めてくれた韓国レストランはどこ？　来週出張でソウルに行くの」 B「江南にあったよ。でも，オーナーがやめて，もうやってないの」 A「それは残念ね。同僚にその店のことを話したら，彼はそこに行くのをとても楽しみにしているのよ」 B「そうね，その地域には別のよいレストランがあると思う。調べて知らせるわ」 空所の次に That's too bad. と答えているので，よくない話が入る。文脈から②「最近，具合が悪いの」はおかしい。

【39】A「すみませんが，中にはお入りになれません。ラストオーダーをもうとってしまいました」 B「ああ，でもカーディガンをここに忘れたので，それを取りに戻ってきただけなんです」 A「そうですか，わかりました。席はどこだったか教えてください」 B「隅の窓のそばのテーブルだと思います」 A「わかりました。探します」 A が席の場所を尋ねたり，それを探すと答えていることから，B が忘れ物をしたのだとわかる。

【40】A「リョウコ，私，今度の週末キャンプに行くの。浜辺の近くに素敵な場所を見つけたの」 B「わあ！　誰と一緒に行くの？　テントはどれくらいの大きさなの？」 A「実はね，一人でキャンプするの」 B「何ですって？　そんなことこれまで聞いたことがない。楽しいとは思わない」 A「もうじきよ。楽しむわ」 キャンプについての，通常ではなく，楽しくないとも思えるようなことなので，④が適切。

日本史

1 解答

問1．④ 問2．③ 問3．④ 問4．② 問5．③
問6．② 問7．③ 問8．④ 問9．③ 問10．③

解 説 ≪中世～近世の政治・外交・文化≫

問1．ア．誤文。史料Aの「大蒙古国皇帝」であるフビライ＝ハンはチンギス＝ハンの孫である。イ．誤文。李成桂は高麗を滅ぼして朝鮮を建国した人物である。

問2．ア・エが誤り。引付を設置したのは5代執権の北条時頼。鎮西探題の設置は蒙古襲来後の1293年で，このときの執権は9代の北条貞時である。

問3．ウ．正文。エ．正文。霜月騒動は有力御家人の安達泰盛が内管領の平頼綱に滅ぼされた1285年の事件。ア．誤文。『正法眼蔵』は道元の説法を収録したもの。日蓮の著作としては『立正安国論』が知られる。イ．誤文。金沢文庫を設けたのは北条氏一族の金沢実時。

問4．史料Bの「日本准三后某」とは足利義満のことである。①誤文。観応の半済令は足利尊氏が将軍のときに出された。③誤文。足利義満は京都の北山に北山山荘（北山殿）を造った。東山山荘を造ったのは8代将軍の足利義政である。④誤文。南北朝の合体で天皇は北朝の後小松天皇一人となった。

問7．ア．誤文。フランシスコ＝ザビエルの鹿児島到着は1549年である。

問10．史料Cのバテレン（宣教師）追放令は，豊臣秀吉が九州の島津征討を行った1587年に出されたものである。①誤文。豊臣（羽柴）秀吉の関白就任は1585年。なお，秀吉が豊臣姓を与えられたのは翌1586年である。②誤文。後陽成天皇の聚楽第行幸は1588年。④誤文。刀狩令の発布は1588年。

2 解答

問1．①　問2．③　問3．①　問4．④　問5．③
問6．③　問7．②　問8．④　問9．②　問10．③

解説　≪江戸時代の災害≫

問1．Ⅰから発展した紫衣事件は1627年の出来事。Ⅱの島原の乱の勃発は1637年。Ⅲの田畑永代売買の禁止令は1643年に出された。

問2．①誤文。明暦の大火の俗称は「振袖火事」であり，「お七火事」は天和の大火の俗称。②誤文。明暦の大火が起きたときの将軍は徳川家綱。④誤文。明暦の大火の際には，幕府への「献米」ではなく，被災者への粥の給食を4大名に対して命じている。また，のちの寛政の改革時に，大名に米を領内に備蓄させること（囲米）はあった。

問3．「町火消を設置した江戸町奉行」とは大岡忠相のことである。イ．誤文。目安箱は将軍徳川吉宗が直接開箱した。エ．誤文。『徳川禁令考』は明治時代に政府によって編纂された江戸幕府の法制史料集。

問4．①誤り。棄捐令は寛政の改革および天保の改革で出された。②誤り。囲米は寛政の改革時の政策，株仲間の解散は天保の改革時の政策。③誤り。人足寄場の設置は寛政の改革時の政策。

問6．ア．誤文。天明の大火の後，御所は再建されている。また，江戸に皇居が造られたのは明治時代になってからである。エ．誤文。城代は駿府・大坂・伏見・二条城に設置された。

問8．ア．誤文。安政の大獄は井伊直弼の専制に反対する者が処罰された事件である。イ．誤文。安政の大獄で松平慶永は隠居謹慎，徳川斉昭は蟄居となったが，いずれも投獄はされていない。

3 解答

問1．④　問2．④　問3．①　問4．②　問5．④
問6．①　問7．④　問8．②　問9．①　問10．④

解説　≪明治時代の東京≫

問1．イ．誤文。藩主が土地と人民を天皇に返上したのは1869年の版籍奉還である。エ．誤文。王政復古の大号令で天皇のもとに置かれたのは総裁・議定・参与の三職である。

問2．1868年3月にⅡの五箇条の誓文が公布され，これを受けて同年の閏4月にⅠの政体書が制定された。Ⅲの旧幕府軍の降伏で戊辰戦争が終わったのは1869年。

問3．イ．誤文。鉄道馬車は銀座でも導入され，東京の名物となった。

問5．やや難。①誤文。丸の内オフィス街ができたころにはショーウィンドーや陳列台を用いたデパート型の小売りが始められていた。②誤文。丸の内オフィス街は三菱の出資で造られていった。③誤文。丸の内オフィス街はロンドンの煉瓦街の町をモデルにしていた。

問6．やや難。気象観測などの指導を行ったイギリス人技師は①ジョイナー。ドイツ人の②グナイストとフランス人の③ボアソナードは法学者，イギリス人の④フェントンは『君が代』を作曲した人物。なお，グナイストは伊藤博文が憲法調査で渡欧した際に教授を受けた人物で，来日はしていない。

問8．ア・ウ．誤文。「東洋大日本国国憲按」は植木枝盛が作成。福沢諭吉を中心とした交詢社が作成したのは「私擬憲法案」。板垣退助が設立した立志社は「日本憲法見込案」を発表している。

問10．①誤文。自由党はフランス流の急進的な自由主義を主張した。②誤文。板垣退助は岐阜事件で暴漢に襲われたが，負傷しただけである。③誤文。大隈重信は立憲改進党の党首であり，政府が援助したのは自由党の板垣退助。

4　解答

問1．③　問2．③　問3．③　問4．④　問5．①
問6．②　問7．③　問8．③　問9．③　問10．②

解説　≪昭和期の政治・外交≫

問1・問2．史料中の「国民政府ヲ対手トセス」から，この史料が日中戦争勃発後の1938年に出された近衛声明と判断したい。

問5．①カイロ会談はアメリカのフランクリン＝ローズベルト，イギリスのチャーチル，中国の蔣介石が集まって行ったもの。②テヘラン会議，③ヤルタ会談，④ポツダム会談は，いずれも米・英・ソの首脳が集まっている。

問8．③第二次近衛声明では東亜新秩序の建設が日中戦争の目的であるとされ，太平洋戦争時の大東亜共栄圏の構想へと発展していくこととなった。

問9・問10．1940年に親日派の汪兆銘による新国民政府が南京に樹立されたとき，蔣介石の国民政府は重慶で日本に対する徹底抗戦を続けていた。

5 解答

問1．②　問2．④　問3．①　問4．①　問5．④
問6．①　問7．③　問8．④　問9．①　問10．②

解説　≪元禄文化≫

問1．「元禄時代」「湯島聖堂を建て」から5代将軍の徳川綱吉を想起したい。

問2．湯島聖堂は儒教の祖である孔子を祀った孔子廟である。

問9．関孝和は『発微算法』を著し，①和算を大成した。②国学を大成したのは本居宣長，③心学を大成したのは石田梅岩。また，北村季吟は和学者・俳人で，幕府の歌学方に任じられている。

問10．渋川春海は平安時代以来使われていた①宣明暦を，元の③授時暦を参考に修正して，②貞享暦を作成した。

世界史

1 解答

問1．②　問2．③　問3．①　問4．②　問5．④
問6．③　問7．①　問8．②　問9．①　問10．⑤

解説　≪近代のアメリカ史≫

問2．③正文。南北戦争後の南部では多くの解放黒人に農地の分配が行われなかったので，彼らはシェアクロッパー（分益小作人）として搾取された。

問3．①正文。1920年代のアメリカ合衆国ではハーディング，クーリッジ，フーヴァーと共和党の大統領が3代続いた。

②誤文。1882年に中国人移民禁止法がアメリカの移民規制法としては初めて制定された。1920年代に制定された移民法は排日移民法と言われ，日本人の移民が禁止された。③誤文。フォードがT型自動車を生産し，自動車を大衆化した。④誤文。金融・証券の中心地ウォール街で株価が大暴落して世界恐慌が始まった。

問6．①誤文。長老派はカルヴァン派の流れをくむプロテスタントである。②誤文。長老派はイギリス革命時代に議会派のなかで多数を占め，王党派と対立した。④誤文。共和政末期，長老派は王党派と妥協してチャールズ2世の帰国に尽力した。

問8．②正文。マグナ＝カルタは1215年にジョン王が承認したもので，新規課税には議会の承認を得ることや貴族の権利を保障することなど，国王の権限を制限するものであった。

2 解答

問1．③　問2．②　問3．④　問4．④　問5．③
問6．①　問7．①　問8．④　問9．④　問10．⑥
問11．④　問12．②

解説　≪ベトナムの歴史≫

問1．①誤り。テオティワカン文明は前1世紀にメキシコ高原に誕生した文明である。②誤り。メコン川下流域には扶南の外港であるオケオがあった。④誤り。ドヴァーラヴァティーはチャオプラヤ川下流域にモン人が建国した王国である。
問5．①誤り。大理は南詔滅亡後に建国された。②誤り。大秦は『後漢書』に記されていてローマ帝国を指すと考えられている。④誤り。南詔は唐代の雲南地方にあった王国。
問7．①誤文。陳朝（大越国）では仏教や儒教が受容された。
問11．①誤り。ティルジット条約はイエナの戦いなどで勝利したナポレオンが1807年プロイセン・ロシアと結んだ講和条約。②誤り。バウリング条約は1855年タイとイギリスの間で結ばれた不平等条約。③誤り。天津条約は1885年に締結された清仏戦争の講和条約。これにより清はベトナムに対する宗主権を放棄した。
問12．②正解。ファン＝ボイ＝チャウはベトナム民族運動を進めるために維新会を設立した。しかし，ドンズー運動が挫折すると辛亥革命後の広東で①ベトナム光復会を組織して，ベトナムの独立を目指した。なお，ホー＝チ＝ミンの下で③ベトナム青年革命同志会が組織され，これの分裂後，④インドシナ共産党が組織された。

3 解答

問1．①　問2．③　問3．③　問4．①　問5．①
問6．③　問7．④　問8．④　問9．③　問10．①
問11．②　問12．④

解説　≪中世のヨーロッパ史≫

問2．①誤文。フィリップ2世は第3回十字軍に参加した。②誤文。模範議会はエドワード1世が招集した。④誤文。カスティリャ女王イサベルとアラゴン王子フェルナンドの結婚でスペイン王国が成立し，共同統治を行った両者がナスル朝の首都グラナダを陥落させたことで国土回復運動は完結した。
問3．③正解。1077年ハインリヒ4世はカノッサで教皇グレゴリウス7世に屈服した。
①・②誤り。カール4世は金印勅書を発布した。カール5世はルターの宗教改革と対峙した。④誤り。教皇ヨハネス12世はオットー1世にローマ皇帝の帝冠を授けた。
問5．①正文。「人口が減少」は黒死病（ペスト）の大流行によるもの。
②誤文。ラティフンディアは古代ローマ時代の大土地所有制度のこと。③

誤文。イングランドで起きた農民反乱はワット＝タイラーの乱。ジャックリーの乱はフランス北部で起きた農民反乱である。④誤文。ヨーマンと呼ばれる独立自営農民が登場するのは，イギリスである。

問6．①・②誤文。教皇ボニファティウス8世と対立したフィリップ4世が1302年初めて三部会を開催した。④誤文。三部会はルイ13世が招集した1614～15年からルイ16世が招集した1789年まで開催されなかった。

問8．①誤文。ズィンミーはハラージュとジズヤを支払うことで信仰の自由などを認められた非ムスリムの庇護民である。②誤文。ウマイヤ朝期はアラブ人が免税特権を有していたのに対して，マワーリーはハラージュとジズヤを課せられた。③誤文。アッバース朝誕生以降，アラブ人，マワーリーともにハラージュを支払ったがジズヤは免除された。

問10．①正解。ベニン王国は15世紀末以降，ヨーロッパ商人と奴隷貿易を行った。

問11．①誤文。アフリカ南端に到達したのは，ジョアン2世の命を受けたバルトロメウ＝ディアスである。③誤文。オランダがジャワ島のバタヴィアに商館を建てた。④誤文。スペインがマニラを交易の拠点としてアジア貿易に参入した。

問12．①誤文。ミズーリ協定で，北緯36度30分以南に成立した新州を奴隷州とすることを定めた。②誤文。奴隷制に反対する政党として共和党が結成された。③誤文。南北戦争中の1863年に奴隷解放宣言が発せられた。

4 解答

問1．③　問2．②　問3．①　問4．④　問5．③
問6．②　問7．①　問8．④　問9．③　問10．②
問11．①　問12．④

解説　≪諸子百家を中心とした文化史≫

問3．①正文。『論語』は孔子と弟子の言行録を集めたもの。孔子の死後，弟子が編纂したものなので，孔子が執筆や編纂に関わっているとする②～④は誤り。

問5．③誤文。孟子は易姓革命を唱えるとともに，力による統治である覇道ではなく徳による統治である王道を説いた。

問6．②誤文。墨家は侵略の手段としての戦争を否定する非攻を主張したが，小国が大国に侵略された場合などには自衛の戦争を肯定している。

問 10. ②誤文。「敵を知り己を知る」ことの重要性を説いたのは兵家の孫子である。

問 11. ②～④誤り。②班固は後漢の歴史家で『漢書』を著した。③陳寿は西晋の歴史家で『三国志』を著した。④欧陽脩は北宋の学者・政治家で，唐宋八大家の一人である。

問 12. ①～③誤り。①公孫竜は名家の思想家である。②屈原は戦国時代の楚の政治家・詩人で，『楚辞』が有名。③鄒衍は陰陽家の思想家である。

政治・経済

1 解答

問1．【1】―④　【2】―①　【3】―④　【4】―①　【5】―③

問2．③　問3．④　問4．③　問5．①　問6．①

解説　≪国際連合の組織と役割≫

問2．③正文。平和維持活動（PKO）は国連憲章の規定にはなく，慣行で行われてきたものである。第6章の紛争の平和的解決と第7章の平和破壊活動に対する強制措置の中間に位置するという意味で，6章半の活動と呼ばれる。

①誤文。平和維持活動はPKO（Peacekeeping Operations）である。②誤文。平和維持活動は国連憲章で定められている国連軍によるものではない。④誤文。停戦監視団は平和維持軍（PKF）とは異なり，武器携行を認められていない。

問4．③適切。環境保全と持続可能な経済発展の両立をはかる経済のあり方であり，緑の経済ともいう。反対の意味でブラウン（茶色）経済がある。

問5．①誤文。国連難民高等弁務官事務所の英語の略称はUNHCRである。UNCTADは南北問題の対策を検討する国連貿易開発会議のことである。

問6．①適切。平和を目指し軍縮や人権問題に取り組む約100カ国の500近い団体で構成されているNGOで，スイスのジュネーブに拠点を置いている。

2 解答

問1．【11】―③　【12】―②　【13】―②　【14】―①　【15】―④

問2．①　問3．③　問4．④　問5．②　問6．③

解説　≪戦後日本の政党政治≫

問3．③適切。20世紀半ばに台頭した中間層などの広範な社会集団に支持を求める政党。キャッチオールパーティ（Catch all party）ともいう。

問4．④正解。日本協同党は1945年に結成された保守政党である。

問5．②正文。政党助成法とは，政党活動にかかる費用の一部を国が政党交付金として交付することを定めた法律で，国会議員が5人以上，または直近の国政選挙での得票率が2％以上の政党を，政党と定義している。
問6．③正解。みんなの党は2009年に自由民主党の離党者を中心に結成された保守政党である。2014年に解党している。

3 解答

問1．【21】－②　【22】－②　【23】－③　【24】－①　【25】－④
問2．①　問3．④　問4．③　問5．③　問6．①

解説　≪会社のしくみ≫

問2．①誤文。合同会社における持分の譲渡は社員全員の承認が必要。
問4．③適切。今日の株式会社などにおいて，資本の所有者である株主と実際に経営を担当する経営者が分離し同一でないことをいう。
問5．③正解。原則として，出資の払い戻しを請求する権利はない。しかし，株主は，会社に対し自分が保有している株式を公正な価格で買い取るよう請求できる権利があり，このことを株式買取請求権という。また，株主は④のように会計帳簿閲覧謄写請求権も有している。
問6．①誤文。利益追求目的の不公正な企業活動は，企業の社会的責任を果たしているとはいえない。

4 解答

問1．【31】－①　【32】－④　【33】－①　【34】－③　【35】－④
問2．④　問3．③　問4．①　問5．④　問6．③

解説　≪世界の社会保障制度の歴史≫

問2．④誤文。①～③ビスマルクは社会主義者鎮圧法を制定する一方で，世界で最初の社会保険制度である疾病保険法を成立させ，アメとムチの政策といわれた。失業保険法が制定されたのは1927年である。
問3．③誤文。ナショナル・セキュリティとは国家安全保障のことを指し，社会保障制度にはあてはまらない。
問4．①誤文。社会権は20世紀に入ってから導入された権利である。
問5．④誤文。「無保険者はいなくなっている」としているのが誤り。アメリカでは，公的な社会保障制度は十分に整っておらず，民間企業の保険が発達しているため，高額な保険料などで無保険者の存在は社会問題となっている。

問 6．③誤文。1994 年の年金制度改正では，年金受給開始年齢が 60 歳から 65 歳に段階的に引き上げられることが決まった。

数学

◀数学Ⅰ・A▶

1 **解答**　問1．(1)【1】2　【2】3

(2)【3】2　【4】2　【5】2　【6】2

問2．【7】5　【8】3　【9】1　【10】5　【11】3

問3．【12】5　【13】【14】25

問4．【15】3　【16】8　【17】7　【18】2　【19】7　【20】【21】16

問5．【22】9　【23】【24】13　【25】【26】17　【27】8

解説　≪小問5問≫

問1．(1)　$x^4-x^2y^2-6y^4=(x^2+2y^2)(x^2-3y^2)$　(→【1】・【2】)

(2)　$4x^4-17x^2y^2+4y^4=(x^2-4y^2)(4x^2-y^2)$

$$=(x+2y)(x-2y)(2x+y)(2x-y)$$

(→【3】～【6】)

問2．$|3x+1|\geqq 4$

$3x+1\leqq -4,\ 4\leqq 3x+1$

$3x\leqq -5,\ 3\leqq 3x$

$\therefore\ x\leqq -\dfrac{5}{3},\ 1\leqq x$　(→【7】～【9】)

また

$|x+2|\geqq -2x-3$

(i)　$x+2\geqq 0$ すなわち $x\geqq -2$ のとき

$x+2\geqq -2x-3$　　$3x\geqq -5$

$\therefore\ x\geqq -\dfrac{5}{3}$

$x\geqq -2$ より共通範囲は　$x\geqq -\dfrac{5}{3}$

(ii)　$x+2\leqq 0$ すなわち $x\leqq -2$ のとき

$$-(x+2) \geqq -2x-3 \qquad -x-2 \geqq -2x-3$$

$\therefore \quad x \geqq -1$

$x \leqq -2$ より，これらをともに満たす実数 x は存在しない。

(i)，(ii)より　　$x \geqq -\dfrac{5}{3}$　(→【10】・【11】)

問3．$xy=4(x+y)$

$$xy-4x-4y+16=16 \qquad (x-4)(y-4)=16$$

x，y は自然数なので，$x-4$，$y-4$ は -3 以上の整数である。

$$(x-4,\ y-4)=(1,\ 16),\ (2,\ 8),\ (4,\ 4),\ (8,\ 2),\ (16,\ 1)$$

よって　　$(x,\ y)=(5,\ 20),\ (6,\ 12),\ (8,\ 8),\ (12,\ 6),\ (20,\ 5)$

したがって，組の数は全部で　　5個　(→【12】)

また，$x+y$ の値が最大になる組の値は

$x+y=20+5=25$　(→【13】【14】)

問4．$\sin\theta-\cos\theta=\dfrac{1}{2}$　　$(\sin\theta-\cos\theta)^2=\dfrac{1}{4}$

$$\sin^2\theta-2\sin\theta\cos\theta+\cos^2\theta=\frac{1}{4}$$

$$1-2\sin\theta\cos\theta=\frac{1}{4}$$

$\therefore \quad \sin\theta\cos\theta=\dfrac{3}{8}$　(→【15】・【16】)

また

$$\begin{aligned}(\sin\theta+\cos\theta)^2&=\sin^2\theta+2\sin\theta\cos\theta+\cos^2\theta\\&=1+2\sin\theta\cos\theta\\&=1+2\cdot\frac{3}{8}=\frac{7}{4}\end{aligned}$$

$0^\circ<\theta<90^\circ$ より，$\sin\theta>0$，$\cos\theta>0$ なので　　$\sin\theta+\cos\theta>0$

よって　　$\sin\theta+\cos\theta=\dfrac{\sqrt{7}}{2}$　(→【17】・【18】)

また

$$1+\tan^2\theta=\frac{\cos^2\theta+\sin^2\theta}{\cos^2\theta}=\frac{1}{\cos^2\theta}$$

なので

$$\left|\sin^2\theta-\frac{1}{1+\tan^2\theta}\right|^2=|\sin^2\theta-\cos^2\theta|^2$$

$$=|(\sin\theta+\cos\theta)(\sin\theta-\cos\theta)|^2$$

$$=\left|\frac{\sqrt{7}}{2}\cdot\frac{1}{2}\right|^2$$

$$=\frac{7}{16}$$　（→【19】〜【21】）

問5．4，5，9，11，12，14，15，17，18，22

まず，データが10個あることより，第2四分位数は小さい方から5番目の12と6番目の14の平均値で

$$\frac{12+14}{2}=13$$　（→【23】【24】）

2つに分けたデータのうち，

前半4，5，9，11，12の中央値が第1四分位数で，その値は　9（→【22】）

後半14，15，17，18，22の中央値が第3四分位数で，その値は　17（→【25】【26】）

したがって，四分位範囲は

$17-9=8$　（→【27】）

2　解答

(1)【28】3　【29】7　【30】1

(2)【31】3　【32】【33】12　【34】3　【35】4　【36】3

(3)【37】4　【38】2　【39】4　【40】1　【41】2　【42】1　【43】5　【44】1　【45】1　【46】5　【47】6　【48】9

解説　≪2次関数の決定≫

$y=ax^2+bx+c\quad(a\neq0)$　……①

(1)　2次関数①のグラフが3点$(0,\ 1)$，$(2,\ -1)$，$(3,\ 7)$を通るので

$$\begin{cases}1=c & \cdots\cdots② \\ -1=4a+2b+c & \cdots\cdots③ \\ 7=9a+3b+c & \cdots\cdots④\end{cases}$$

②を③に代入すると

$-1=4a+2b+1 \qquad 4a+2b=-2$

$2a+b=-1 \quad \cdots\cdots③'$

②を④に代入すると

$7=9a+3b+1 \qquad 9a+3b=6$

$3a+b=2 \quad \cdots\cdots④'$

④′−③′ より　$a=3$

③′ より　$b=-2a-1=-2\cdot 3-1=-7$

したがって

$a=3,\ b=-7,\ c=1$　(→【28】〜【30】)

(2)　2 次関数①のグラフが 2 点 (1, 3), (4, 12) を通るので

$$\begin{cases} 3=a+b+c & \cdots\cdots⑤ \\ 12=16a+4b+c & \cdots\cdots⑥ \end{cases}$$

⑥−⑤より　$9=15a+3b$

$b=-5a+3 \quad \cdots\cdots⑦$

⑦を⑤に代入して　$3=a+(-5a+3)+c$

$c=4a \quad \cdots\cdots⑧$

2 次関数①のグラフが x 軸と接しているとき，2 次方程式 $ax^2+bx+c=0$ は重解をもつので，判別式を D とすると

$D=b^2-4ac=0$

⑦，⑧を代入すると

$(-5a+3)^2-4\cdot a\cdot 4a=0 \qquad 25a^2-30a+9-16a^2=0$

$9a^2-30a+9=0 \qquad 3a^2-10a+3=0$

$(a-3)(3a-1)=0 \qquad \therefore\ a=3,\ \dfrac{1}{3}$

⑦，⑧より

$a=3,\ b=-12,\ c=12$　(→【31】〜【33】)

$a=\dfrac{1}{3},\ b=\dfrac{4}{3},\ c=\dfrac{4}{3}$　(→【34】〜【36】)

(3)　2 次関数①のグラフと直線 $y=2x+1$ との共有点の x 座標は

$2x+1=ax^2+bx+c$

すなわち

$$ax^2+(b-2)x+c-1=0 \quad \cdots\cdots ⑨$$

の実数解に等しい。

2次関数①のグラフが直線 $y=2x+1$ に点 $(2,\ 5)$ で接しているとき，2次方程式⑨は $x=2$ を重解にもつので

$$ax^2+(b-2)x+c-1=a(x-2)^2$$

$$ax^2+(b-2)x+c-1=ax^2-4ax+4a$$

係数を比較して

$$\begin{cases} b-2=-4a \\ c-1=4a \end{cases}$$

よって　　$b=-4a+2,\ c=4a+1$　（→【37】～【40】）

また

$$\begin{aligned} y&=ax^2+bx+c \\ &=a\left(x^2+\frac{b}{a}x\right)+c \\ &=a\left(x+\frac{b}{2a}\right)^2-\frac{b^2}{4a}+c \end{aligned}$$

よって，2次関数①のグラフの頂点は　$\left(-\dfrac{b}{2a},\ -\dfrac{b^2}{4a}+c\right)$

ここで

$$\begin{aligned} -\frac{b}{2a}&=-\frac{-4a+2}{2a} \\ &=2-\frac{1}{a} \quad (\to【41】・【42】) \end{aligned}$$

$$\begin{aligned} -\frac{b^2}{4a}+c&=-\frac{(-4a+2)^2}{4a}+4a+1 \\ &=-\frac{16a^2-16a+4}{4a}+4a+1 \\ &=5-\frac{1}{a} \quad (\to【43】・【44】) \end{aligned}$$

さらに，この2次関数のグラフが x 軸と接するとき，頂点の y 座標が0となるので

$$5-\frac{1}{a}=0 \qquad \therefore \quad a=\frac{1}{5} \quad (\to【45】・【46】)$$

このとき

$$b=-4a+2=\frac{6}{5}\quad(\to【47】)$$

$$c=4a+1=\frac{9}{5}\quad(\to【48】)$$

3 **解答** (1)【49】1　【50】2　【51】1　【52】3　【53】3　【54】2
(2)【55】1　【56】2　【57】5　【58】2　【59】4　【60】5
(3)【61】3　【62】5　【63】3　【64】【65】19　【66】1　【67】【68】19

解説　≪メネラウスの定理，三角形の面積比≫

(1)　CF=3FD より

$$\frac{\mathrm{FD}}{\mathrm{CD}}=\frac{1}{2}\quad(\to【49】・【50】)$$

BE=3EF より

$$\frac{\mathrm{EF}}{\mathrm{BE}}=\frac{1}{3}\quad(\to【51】・【52】)$$

△FBC と直線 EG において，メネラウスの定理より

$$\frac{\mathrm{FD}}{\mathrm{DC}}\times\frac{\mathrm{CG}}{\mathrm{GB}}\times\frac{\mathrm{BE}}{\mathrm{EF}}=1\qquad\frac{1}{2}\times\frac{\mathrm{CG}}{\mathrm{GB}}\times\frac{3}{1}=1$$

$$\therefore\quad\frac{\mathrm{BG}}{\mathrm{GC}}=\frac{3}{2}\quad(\to【53】・【54】)$$

(2)　BE=3EF より

$$\frac{\mathrm{EF}}{\mathrm{BF}}=\frac{1}{2}\quad(\to【55】・【56】)$$

(1)より，$\frac{\mathrm{BG}}{\mathrm{GC}}=\frac{3}{2}$ なので

$$\frac{\mathrm{BC}}{\mathrm{CG}}=\frac{5}{2}\quad(\to【57】・【58】)$$

△EBG と直線 FC において，メネラウスの定理より

$$\frac{\mathrm{EF}}{\mathrm{FB}}\times\frac{\mathrm{BC}}{\mathrm{CG}}\times\frac{\mathrm{GD}}{\mathrm{DE}}=1\qquad\frac{1}{2}\times\frac{5}{2}\times\frac{\mathrm{GD}}{\mathrm{DE}}=1$$

$$\therefore\quad\frac{\mathrm{GD}}{\mathrm{DE}}=\frac{4}{5}\quad(\to【59】・【60】)$$

(3) (1)より，BG：GC＝3：2なので

$$\triangle ABG=\frac{3}{5}\triangle ABC=\frac{3}{5}$$ (→【61】・【62】)

(2)より，GD：DE＝4：5であり，AD＝3DEなので

GD：DE：EA＝4：5：10

したがって

$$\triangle EBD=\frac{5}{19}\triangle ABG$$

$$=\frac{5}{19}\cdot\frac{3}{5}=\frac{3}{19}$$ (→【63】～【65】)

BE＝3EFより

$$\triangle DEF=\frac{1}{3}\triangle EBD$$

$$=\frac{1}{3}\cdot\frac{3}{19}=\frac{1}{19}$$ (→【66】～【68】)

◀数学Ⅰ・A・Ⅱ・B▶

1

◀数学Ⅰ・A▶の1に同じ。

2

解答　(1)【28】2　【29】4　【30】4　【31】5
(2)【32】2　【33】6　【34】2　【35】3

解説　≪2次方程式の解の判別，方程式の解から係数の決定≫

(1)　$2x^2-2(k+6)x+k^2+3k+22=0$　……①

①の判別式を D とおくと，①が実数解をもつとき　$D\geqq 0$

$$\frac{D}{4}=(k+6)^2-2(k^2+3k+22)\geqq 0$$

$$k^2+12k+36-2k^2-6k-44\geqq 0$$

$$k^2-6k+8\leqq 0$$

$$(k-2)(k-4)\leqq 0$$

$$\therefore\ 2\leqq k\leqq 4$$

したがって　k の最小値は 2，k の最大値は 4　(→【28】・【29】)

また

$k=2$ のとき

$$2x^2-16x+32=0 \qquad x^2-8x+16=0$$

$$(x-4)^2=0 \qquad \therefore\ x=4$$　(→【30】)

$k=4$ のとき

$$2x^2-20x+50=0 \qquad x^2-10x+25=0$$

$$(x-5)^2=0 \qquad \therefore\ x=5$$　(→【31】)

(2)　$x^4+ax^3+10x^2+bx+65=0$　……②

$x^2+2x+5=0$　……③

4次方程式②の解のうち，2つの解は2次方程式③の解と共通であることより，$x^4+ax^3+10x^2+bx+65$ は，x^2+2x+5 で割り切れる。

$$
\begin{array}{r|llll}
 & \multicolumn{4}{l}{x^2+(a-2)x+(-2a+9)} \\ \cline{2-5}
x^2+2x+5 & x^4+ax^3 & +10x^2 & +bx & +65 \\
 & x^4+2x^3 & +5x^2 & & \\ \cline{2-5}
 & (a-2)x^3 & +5x^2 & +bx & \\
 & (a-2)x^3 & +(2a-4)x^2 & +(5a-10)x & \\ \cline{2-5}
 & & (-2a+9)x^2 & +(b-5a+10)x & +65 \\
 & & (-2a+9)x^2 & +(-4a+18)x & -10a+45 \\ \cline{2-5}
 & & & (b-a-8)x & +10a+20
\end{array}
$$

したがって

$$
\begin{cases} b-a-8=0 \\ 10a+20=0 \end{cases}
$$

よって　　$a=-2,\ b=6$　(→【32】・【33】)

このとき，$x^4+ax^3+10x^2+bx+65$ を x^2+2x+5 で割った商は

$$x^2+(a-2)x+(-2a+9)=x^2-4x+13$$

となり，４次方程式②の残りの解は $x^2-4x+13=0$ の解であるので

$$x^2-4x+13=0$$

解の公式より

$$x=2\pm\sqrt{4-13}=2\pm\sqrt{-9}$$
$$=2\pm 3i$$　(→【34】・【35】)

別解　$x^4+ax^3+10x^2+bx+65=0$ は $x^2+2x+5=0$ と共通な解を２個もっているので，p，q を実数として $(x^2+2x+5)(x^2+px+q)=0$ と変形できる。これを展開して

$$x^4+(2+p)x^3+(q+5+2p)x^2+(2q+5p)x+5q=0$$

もとの式と係数比較して

$$
\begin{cases} 2+p=a \\ q+5+2p=10 \\ 2q+5p=b \\ 5q=65 \end{cases}
$$

これを解いて

$$
\begin{cases} a=-2 \\ b=6 \\ p=-4 \\ q=13 \end{cases}
$$

残りの解は，$x^2+px+q=0$ つまり $x^2-4x+13=0$ の解だから，解の公式より

$$x=2\pm\sqrt{4-13}$$
$$x=2\pm 3i$$

3　解答

(1)【36】1　【37】3　【38】1

(2)【39】2　【40】1　【41】1　【42】0　【43】0　【44】3　【45】2　【46】5　【47】2　【48】1　【49】1　【50】1

解説　≪位置ベクトル，ベクトル方程式≫

(1)　直線 l 上の任意の点の座標を $(x,\ y,\ z)$ とおくと

$$(x,\ y,\ z)=(3,\ 1,\ -2)+t(2,\ 4,\ -1)$$
$$=(2t+3,\ 4t+1,\ -t-2)\quad (t：実数)$$

これを平面 α の方程式に代入すると

$$(2t+3)-3(4t+1)-2(-t-2)=12$$
$$2t+3-12t-3+2t+4=12$$
$$-8t=8\qquad \therefore\quad t=-1$$

したがって，求める交点の座標は

$$x=2t+3=1$$
$$y=4t+1=-3$$
$$z=-t-2=-1$$

より

$$(x,\ y,\ z)=(1,\ -3,\ -1)\quad (\to【36】\sim【38】)$$

(2)　原点を O とする。

$$\vec{p}=\overrightarrow{\mathrm{OA}}+s'\overrightarrow{\mathrm{AB}}\quad (s'：実数)$$
$$=(1,\ 2,\ 3)+s'(-2,\ -1,\ -1)$$
$$=(1,\ 2,\ 3)+(-s')(2,\ 1,\ 1)$$

$-s'=s$ とすると

$$\vec{p}=(1,\ 2,\ 3)+s(2,\ 1,\ 1)\quad (\to【39】・【40】)$$

また

$$\vec{q}=\overrightarrow{\mathrm{OC}}+t'\overrightarrow{\mathrm{CD}}\quad (t'：実数)$$
$$=(2,\ 3,\ 1)+t'(-1,\ -2,\ 0)$$

$$=(2,\ 3,\ 1)+(-t')(1,\ 2,\ 0)$$

$-t'=t$ とすると

$$\vec{q}=(2,\ 3,\ 1)+t(1,\ 2,\ 0)$$ （→【41】・【42】）

ここで，点 E，F はそれぞれ直線 l，m 上の点なので

$$\overrightarrow{\mathrm{OE}}=(1,\ 2,\ 3)+\alpha(2,\ 1,\ 1) \quad (\alpha：定数)$$
$$=(2\alpha+1,\ \alpha+2,\ \alpha+3)$$
$$\overrightarrow{\mathrm{OF}}=(2,\ 3,\ 1)+\beta(1,\ 2,\ 0) \quad (\beta：定数)$$
$$=(\beta+2,\ 2\beta+3,\ 1)$$

と表すことができる。

$$\overrightarrow{\mathrm{EF}}=\overrightarrow{\mathrm{OF}}-\overrightarrow{\mathrm{OE}}$$
$$=(\beta-2\alpha+1,\ 2\beta-\alpha+1,\ -\alpha-2)$$

直線 l と直線 n は直交することより

$$\overrightarrow{\mathrm{EF}}\cdot(2,\ 1,\ 1)=0$$
$$2(\beta-2\alpha+1)+(2\beta-\alpha+1)+(-\alpha-2)=0$$
$$4\beta-6\alpha=-1 \quad \cdots\cdots①$$

直線 m と直線 n は直交することより

$$\overrightarrow{\mathrm{EF}}\cdot(1,\ 2,\ 0)=0$$
$$(\beta-2\alpha+1)+2(2\beta-\alpha+1)=0$$
$$5\beta-4\alpha=-3 \quad \cdots\cdots②$$

①，②より

$$\alpha=-\frac{1}{2},\ \beta=-1$$

よって

$$\mathrm{E}\left(0,\ \frac{3}{2},\ \frac{5}{2}\right),\ \mathrm{F}(1,\ 1,\ 1)$$ （→【43】～【50】）

物理

1 解答

問1．①　問2．②　問3．③　問4．④　問5．②
問6．①　問7．④　問8．③　問9．④

解説　≪鉛直ばね振り子≫

問1．小球1の位置が $X=0$ のとき，小球にはたらく力のつり合いより

$$mg=kl \qquad \therefore \quad l=\frac{m}{k}g\,[\mathrm{m}]$$

問2．小球1が鉛直に距離 a だけ下がるので，位置エネルギーの変化は $-mga\,[\mathrm{J}]$ となる。

問3．図1(B)のとき，ばねの自然長からの伸びは l であるので，弾性エネルギーは，$\frac{1}{2}kl^2\,[\mathrm{J}]$ である。

問4．弾性エネルギーの増加分は

$$\frac{1}{2}k(l+a)^2-\frac{1}{2}kl^2=\frac{1}{2}k\{(l+a)^2-l^2\}\,[\mathrm{J}]$$

問5．$X=0$ の位置が力のつり合い位置なので，振動中心と一致する。したがって，振動の最下点 $X=-a$ と最上点である x_1 の最大値 $x_{1\max}$ の中点が $X=0$ となる。

$$\frac{(-a)+x_{1\max}}{2}=0 \qquad \therefore \quad x_{1\max}=a\,[\mathrm{m}]$$

問6．$X=x_1$ における重力による位置エネルギーは mgx_1，ばねの自然長からの伸びは $l-x_1$ なので，弾性エネルギーは $\frac{1}{2}k(l-x_1)^2$ である。よって，求める力学的エネルギーは

$$mgx_1+\frac{1}{2}k(l-x_1)^2+\frac{1}{2}mv_1{}^2\,[\mathrm{J}]$$

問7．力学的エネルギー保存則より

$$mgx_1+\frac{1}{2}k(l-x_1)^2+\frac{1}{2}mv_1{}^2=-mga+\frac{1}{2}k(l+a)^2+0$$

これと問1の結果を利用して整理すると

$$v_1=\sqrt{\frac{k}{m}(a^2-x_1{}^2)}\,\text{〔m/s〕}$$

問 8．ばねに小球 2 をとりつけ，力がつり合うときの，ばねの自然長からの伸びを l_2〔m〕とすると，力のつり合いより

$$kl_2=\frac{1}{3}mg \qquad \therefore \quad l_2=\frac{mg}{3k}=\frac{1}{3}l$$

力のつり合い位置（振動中心）を $X=x_{\mathrm{c}}$〔m〕とすると

$$x_{\mathrm{c}}=l-l_2=\frac{2}{3}l$$

x_2 の最大値 $x_{2\max}$ は問 5 と同様に

$$\frac{(-a)+x_{2\max}}{2}=\frac{2}{3}l \qquad \therefore \quad x_{2\max}=a+\frac{4}{3}l\,\text{〔m〕}$$

問 9．単振動を行う物体の速さの最大値 $v_{\max}$〔m/s〕は，振幅 A〔m〕，角振動数 ω〔rad/s〕を用いて $v_{\max}=A\omega$ と表すことができる。小球 1，小球 2 が単振動を行うときの振幅をそれぞれ A_1〔m〕，A_2〔m〕，角振動数をそれぞれ ω_1〔rad/s〕，ω_2〔rad/s〕とすると

$$A_1=|0-(-a)|=a$$

$$A_2=\left|\frac{2}{3}l-(-a)\right|=a+\frac{2}{3}l$$

$$\omega_1=\sqrt{\frac{k}{m}}$$

$$\omega_2=\sqrt{\frac{k}{\frac{1}{3}m}}=\sqrt{\frac{3k}{m}}$$

と表せるので，小球 1，小球 2 の速さの最大値をそれぞれ $v_{1\max}$〔m/s〕，$v_{2\max}$〔m/s〕とすると

$$\frac{v_{2\max}}{v_{1\max}}=\frac{A_2\omega_2}{A_1\omega_1}=\frac{\left(a+\frac{2}{3}l\right)\sqrt{\frac{3k}{m}}}{a\sqrt{\frac{k}{m}}}$$

$$=\frac{\sqrt{3}}{a}\left(a+\frac{2}{3}l\right)$$

2 解答

問1．①　問2．②　問3．②　問4．③　問5．③
問6．①　問7．③　問8．②　問9．④

解 説　≪反射型回折格子≫

問1．波の伝わる速さの式より

$$\frac{3.0\times10^{8}}{6.0\times10^{-7}}=5.0\times10^{14}\,[\mathrm{Hz}]$$

問2．屈折率の小さい媒質から屈折率の大きい媒質への，境界面における光波の反射は固定端反射と対応し，反射波の位相はπだけ変化する。

問3．２つの光の光路差は反射後の波面に着目すると，右図より，$d\sin(2\theta_B)$〔m〕となる。

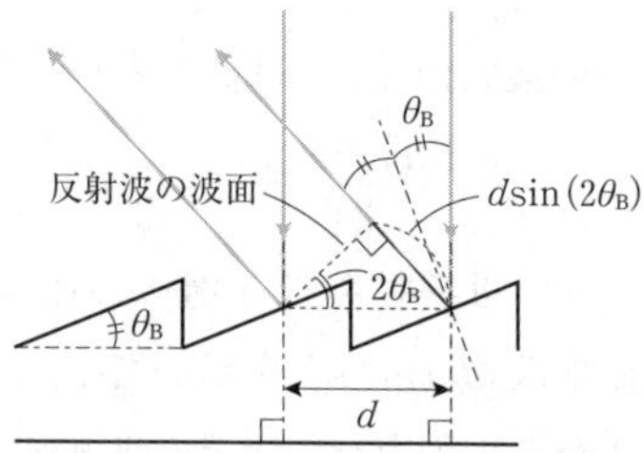

問4．２つの入射光の光路差は入射時の波面に着目すると，右中図より，$d\sin\theta_B$〔m〕であり，同様に反射時の波面を考えると，この往復分が光路差となるので，$2d\sin\theta_B$〔m〕となる。

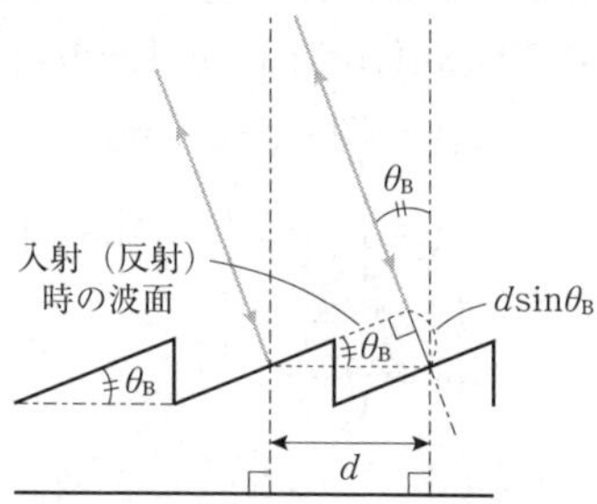

問5．強め合いの干渉条件より

$$2d\sin\theta_B=2\lambda$$

$$\therefore\quad \sin\theta_B=\frac{\lambda}{d}=\frac{4.8\times10^{-7}}{2.0\times10^{-6}}=0.24$$

問6．点B_1から直線A_2B_2に下ろした垂線と直線A_2B_2の交点をB_1'とする。光路A_1B_1と光路A_2B_2の差は入射時の波面に着目すると，右図の$B_1'B_2$と一致するので，$d\sin\alpha$〔m〕となる。

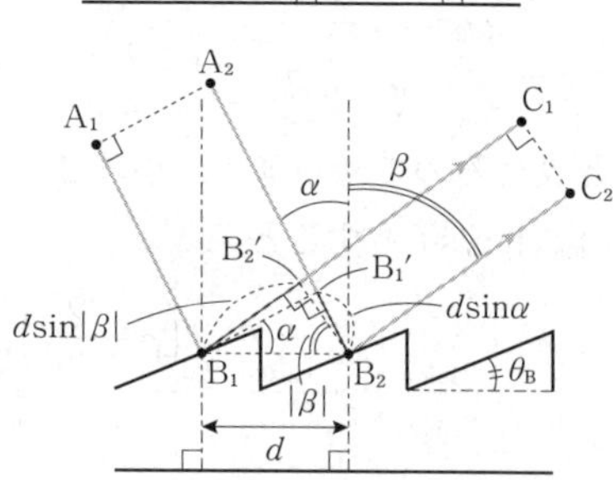

問7．点B_2から直線B_1C_1に下ろした垂線と直線B_1C_1の交点をB_2'とする。光路B_1C_1と光路B_2C_2の差は反射時の波面に着目すると，問6の〔解説〕で示した図のB_1B_2'と一致するので，$d\sin|\beta|$〔m〕となり，$\beta<0$に注意すると

$$d\sin|\beta|=d\sin(-\beta)=-d\sin\beta$$

となるので，光路 $A_1B_1C_1$ から光路 $A_2B_2C_2$ を引いた長さは

$$-d\sin\beta-d\sin\alpha=-d(\sin\alpha+\sin\beta)\,[\mathrm{m}]$$

問８．強め合いの干渉条件より

$$-d(\sin\alpha+\sin\beta)=1\cdot\lambda$$

$\alpha=\dfrac{\pi}{6}$ のとき，$\beta=\beta_1$ として

$$-d\left(\sin\frac{\pi}{6}+\sin\beta_1\right)=1\cdot\lambda$$

$$\therefore\quad \sin\beta_1=-\frac{\lambda}{d}-\frac{1}{2}\quad\cdots\cdots①$$

$$=-\frac{6.0\times10^{-7}}{2.0\times10^{-6}}-\frac{1}{2}$$

$$=-0.8$$

ここで，$\sin\dfrac{\pi}{3}=\dfrac{\sqrt{3}}{2}=\dfrac{1.73\cdots}{2}\fallingdotseq0.87$，$\sin\dfrac{\pi}{4}=\dfrac{\sqrt{2}}{2}=\dfrac{1.41\cdots}{2}\fallingdotseq0.71$ であるから

$$-0.87<\sin\beta_1<-0.71$$

$$-\sin\frac{\pi}{3}<\sin\beta_1<-\sin\frac{\pi}{4}$$

$$\therefore\quad -\frac{\pi}{3}<\beta_1\leqq-\frac{\pi}{4}$$

問９．$\lambda=4.8\times10^{-7}\,[\mathrm{m}]$ のときも $\beta=\beta_2$ として，①式と同様に

$$\sin\beta_2=-\frac{\lambda}{d}-\frac{1}{2}$$

$$=-\frac{4.8\times10^{-7}}{2.0\times10^{-6}}-\frac{1}{2}$$

$$=-0.74$$

よって

$$\sin\beta_1-\sin\beta_2=(-0.8)-(-0.74)=-0.06$$

3　解答

問１．③　問２．②　問３．②　問４．①　問５．①
問６．②　問７．③　問８．③

解説　≪液体入り容器内での気体の状態変化≫

問１．フタを壁面に固定した状態なので，この変化は定積変化であり，気

体が外部にした仕事はゼロである。よって，熱力学第一法則より，気体に加えられた熱量は

$$\frac{3}{2}\cdot 1\cdot R(T_1-T_0)=\frac{3}{2}R(T_1-T_0)\,[\mathrm{J}]$$

問2．理想気体の状態方程式は

絶対温度 T_0〔K〕のとき：$P_0V_0=RT_0$

絶対温度 T_1〔K〕のとき：$P_1V_0=RT_1$

2式より　$P_1=\dfrac{T_1}{T_0}P_0\,[\mathrm{Pa}]$

問3．フタの固定を外し移動が止まったとき，フタにはたらく力のつり合いから気体の圧力が大気圧の P_a〔Pa〕と一致することがわかる。このとき，理想気体の状態方程式より

$$P_aV_2=RT_2 \qquad \therefore\quad V_2=\frac{RT_2}{P_a}\,[\mathrm{m^3}]$$

問4．温度が T_1〔K〕から T_2〔K〕に変化する間に気体がされた仕事 W〔J〕は，熱力学第一法則より

$$0=\frac{3}{2}R(T_2-T_1)+(-W)$$

$$\therefore\quad W=\frac{3}{2}R(T_2-T_1)\,[\mathrm{J}]$$

問5．密閉容器Bの内部は真空なので，液面の圧力 P_B〔Pa〕は

$P_B=0$〔Pa〕

問6．容器Aと容器Bで液面の高さが等しい部分の圧力は等しくなるので，容器A内の気体の圧力 P_3〔Pa〕は，容器B内の高さ h〔m〕の液体にはたらく重力を断面積 S_B〔$\mathrm{m^2}$〕で割ったものと等しい。よって

$P_3=\rho gh$〔Pa〕

問7．容器A内の気体の圧力 P_4〔Pa〕は，容器B内の液面差 h'〔m〕の液体にはたらく重力を断面積 S_B〔$\mathrm{m^2}$〕で割ったものと大気圧 P_a〔Pa〕の和とつり合うので

$P_4=\rho gh'+P_a$〔Pa〕

問8．液体の体積は変化しないので

$$S_Bh=S_A(h-h'-x)+S_B(h-x)$$

$$\therefore\quad x=\frac{h-h'}{S_A+S_B}S_A\,[\mathrm{m}]$$

化学

1 解答

問1．(ア)―②　(イ)―②　(ウ)―④

問2．純物質：⑧　単体：③　イオン結晶：①

分子結晶：④

問3．⑤

解説　≪物質の構成と化学結合≫

問1．(ア)　海水から真水を得るには，蒸留が適している。

(イ)　原油から，灯油，軽油，ガソリンなどを取り出すには，分留が適している。

(ウ)　目的の物質を溶媒に対する溶解度の差を利用して分離する方法を抽出という。

問2．純物質：ダイヤモンド，塩化カルシウム，氷，ドライアイス，鉄，水晶，斜方硫黄，ショ糖

単体：ダイヤモンド，鉄，斜方硫黄

イオン結晶：塩化カルシウム

分子結晶：氷，ドライアイス，斜方硫黄，ショ糖

2 解答

問1．ア―④　イ―①　ウ―②　エ―⑦

問2．(1)―③　(2)―②

問3．①

解説　≪化学平衡≫

問2．(1)　最初と平衡時における各気体の物質量は，次のようになる。

$$N_2O_4 \rightleftarrows 2NO_2$$

	N_2O_4	$2NO_2$	
最　初	0.40	0	〔mol〕
平衡時	0.24	0.32	〔mol〕

(2)
$$平衡定数=\frac{[NO_2]^2}{[N_2O_4]}=\frac{\left(\frac{0.32}{20}\right)^2}{\frac{0.24}{20}}$$

$$=0.0213\fallingdotseq 0.021〔mol/L〕$$

問3．問題文中の条件より

$$[\mathrm{H^+}]=K_\mathrm{a}\times\frac{[\mathrm{CH_3COOH}]}{[\mathrm{CH_3COO^-}]}=2.7\times10^{-5}\times\frac{0.15}{0.075}$$

$$=5.4\times10^{-5}\,[\mathrm{mol/L}]$$

$$\mathrm{pH}=-\log_{10}(5.4\times10^{-5})=5-\log_{10}5.4$$

$$=5-0.73=4.27$$

3 解答

問1．(1)—①　(2)—⑤　(3)—⑤　(4)—①

問2．A—①　B—⑤　C—⑧　D—⓪　E—⑨

解説　≪蒸気圧曲線，金属元素の性質≫

問1．(1)　(ア)誤り。外気圧が 5.0×10^5 Pa のとき，ジメチルエーテルの沸点は約 295 K である。

(イ)誤り。ジメチルエーテルの 285 K における飽和蒸気圧は約 4.0×10^5 Pa，エタノールの 335 K における飽和蒸気圧は約 0.50×10^5 Pa である。

(ウ)・(オ)誤り。蒸気圧曲線から凝固点や融点はわからない。

(エ)誤り。外気圧が高いほど，エタノールの沸点は高くなる。

(2)　330 K 下でのエタノールの飽和蒸気圧は 0.4×10^5 Pa であるため，求める質量を x〔g〕とすると，気体の状態方程式より

$$0.4\times10^5\times10=\frac{x}{12\times2+16+1.0\times6}\times8.3\times10^3\times330$$

$\therefore\ x=6.71\fallingdotseq6.7$〔g〕

(3)　285 K 下でのジメチルエーテルの飽和蒸気圧は，4.0×10^5 Pa であるため，求める質量を y〔g〕とすると，気体の状態方程式より

$$4.0\times10^5\times(10-1.0)=\frac{y}{12\times2+16+1.0\times6}\times8.3\times10^3\times285$$

$\therefore\ y=70.0\fallingdotseq70$〔g〕

問2．金属元素 A は水銀，B は鉛，C はナトリウム，D はスズ，E は鉄である。

4 解答

問1．④

問2．(1)—③　(2)—①　(3)—③　(4)—⑧

問3．(1)—①　(2)—④

解説　≪有機化合物の分類と反応の量的関係，中和滴定≫

問2．(1)　化学反応式は次の通りとなる。

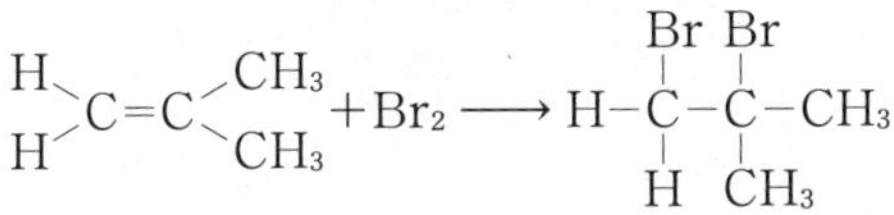

つまり，反応に使われた溶液Aに含まれていた化合物Aの質量は

$$(12.0\times4+1.00\times8)\times0.500\times\frac{100}{1000}=2.80\,[\mathrm{g}]$$

(2)　$$0.500\times\frac{100}{1000}\times\frac{1000}{200}=0.250\,[\mathrm{mol/L}]$$

(3)　$$(12.0\times4+1.00\times8+80.0\times2)\times0.500\times\frac{100}{1000}=10.8\,[\mathrm{g}]$$

(4)　化合物C以外の構造異性体は次の通りである。

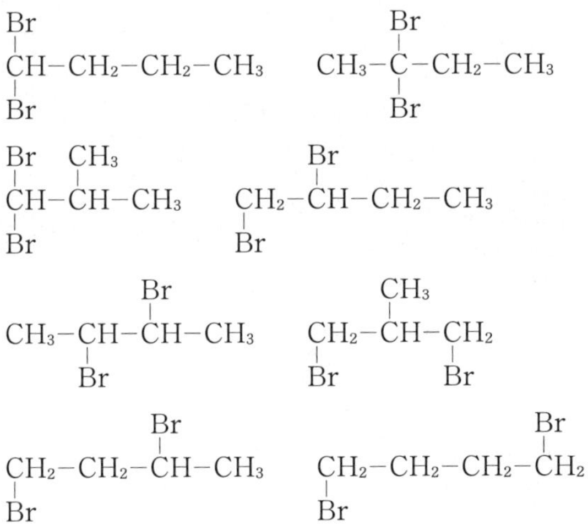

問3．(1)　$CaCl_2$ 水溶液中のカルシウムイオンはすべて陽イオン交換樹脂により交換され，HClが生成したと考えられるため，求める濃度は

$$0.10\times\frac{20}{1000}\times\frac{1}{2}\times\frac{1000}{25}=0.040\,[\mathrm{mol/L}]$$

(2)　水溶液中で $CaCl_2$ がすべて電離していると考えると，次のように表すことができる。

$$CaCl_2 \longrightarrow Ca^{2+}+2Cl^-$$

つまり，求める物質量は

$$0.040\times\frac{25}{1000}\times3=0.0030\,[\mathrm{mol}]$$

生物

1

解答　問1．②　問2．③　問3．④　問4．⑤
問5．(1)―⑦　(2)―①

解説　≪腎臓や肝臓のはたらき，免疫≫

問1．腎臓の糸球体には小さな孔が開いており，その孔を通り抜けられる小さな物質のみがボーマンのうへとろ過される。グルコースはろ過されるが，健康な人では細尿管ですべて再吸収されるので，尿中に排出されない。

問2．①誤り。グリコーゲンの分解を促すホルモンとしてグルカゴンやアドレナリンなどが挙げられ，それぞれ膵臓のランゲルハンス島 A 細胞，副腎髄質から分泌される。②誤り。肝臓は有害な物質であるアンモニアを尿素に変える。④誤り。アルブミンは血しょう中で物質の運搬や浸透圧の維持に関わるタンパク質である。肝臓でヘモグロビンが分解されると，ビリルビンが生じる。

問3．①誤り。傷口に付着し血液凝固に関する物質を放出するのは血小板である。②誤り。血管が傷ついたとき，最初に血小板が集まり栓の役割をして傷口をふさぐ。③誤り。血小板から血液凝固因子が放出されて血液の凝固が始まる。

問4．Ⅰ．誤り。自然免疫は獲得免疫（適応免疫）と比較して応答は素早いが，病原体への特異性は低い。

問5．(1)　細胞 X，Y，Z はそれぞれ，樹状細胞，ヘルパー T 細胞，B 細胞である。

Ⅰ．誤り。樹状細胞はリンパ球ではなく食細胞である。Ⅱ．誤り。ヘルパー T 細胞は体液性免疫と細胞性免疫の両方に関わる。

(2)　抗原を取り込んだ樹状細胞は，細胞表面に発現している MHC タンパク質（MHC 抗原）に細胞内で分解した抗原の一部をのせて提示している。T 細胞は抗原の一部と MHC タンパク質に結合することで抗原情報を受け取っている。シクロスポリンは免疫抑制薬として用いられているポリペプチドであり，T 細胞内でサイトカインの一種であるインターロイキンの産生を抑制するはたらきをもつ。

2　解答　問 1．⑥　問 2．④　問 3．②　問 4．④　問 5．②　問 6．④

解 説　≪興奮の伝導と伝達≫

問 1．問題文に「細胞膜の外側の電位を基準とするとき」とあるが，図 1 を見ると基準電極が細胞膜外にあるため，この実験も同じ条件で膜電位を記録したことがわかる。また，静止電位とは，興奮が生じていないときの細胞外に対する細胞内の電位差のことである。これらより，図 2 の 0 ミリ秒に注目すると，静止電位は，−70 mV であることがわかる。また，活動電位とは，興奮が生じたときの，静止電位に対する電位の変化の差のことである。図 2 の 2.5 ミリ秒付近に注目すると，その最大値は

+30〔mV〕−(−70〔mV〕)=100〔mV〕

となる。

問 2．リード文に「電極 A で電気刺激を与えてから 2 ミリ秒後に電極 B で興奮が生じはじめた」とあるので，電極 AB 間の距離 30 mm を 2 ミリ秒で興奮が伝わったことがわかる。よって

30〔mm〕÷2〔ミリ秒〕=15〔m/秒〕

となる。

問 4．①・⑤不適。オーキシンは成長の促進など，エチレンは果実の成熟などのはたらきをもつ植物ホルモンである。②不適。ノルアドレナリンは交感神経の節後神経の末端から分泌される神経伝達物質である。③不適。レチナールはオプシンとともに視物質であるロドプシンを構成する。

問 5．電極 A で電気刺激を加えると，AC 間を興奮が伝導し，部位 C で伝達が起こって筋肉の収縮が始まる。問題文より，この間にかかった時間は 5 ミリ秒である。また，図 1 より AC 間の距離は 60 mm であり，問 2 より伝導速度は 15 m/秒 である。よって，伝達にかかる時間を x ミリ秒とすると

60〔mm〕÷15〔mm/ミリ秒〕+x〔ミリ秒〕=5〔ミリ秒〕

と表すことができる。これを解くと，x=1〔ミリ秒〕となる。

3　解答　問 1．③　問 2．②　問 3．④　問 4．④　問 5．④

解 説　≪DNAの転写≫

問1．③誤り。RNAとDNAは，どちらもヌクレオチドの糖の5′末端でリン酸と結合し，3′末端で次のヌクレオチドのリン酸と結合する。

問2．上段の鎖がセンス鎖の場合，下段の鎖が鋳型鎖となる。RNAポリメラーゼは鋳型鎖の3′末端側に結合して相補的な塩基をつなげ，新生鎖を5′末端から3′末端の方向に合成する。

鋳型鎖　3′－TAC TCA TTT CCT CTT CTT GAA AAG TGA CCT－5′
新生鎖　5′－AUG AGU AAA GGA GAA GAA CUU UUC ACU GGA－3′

問3．上段または下段をセンス鎖としたときのmRNAの読み枠と終止コドンを以下に示す。ただし，リボソームはmRNAの5′末端から3′末端へと翻訳を進めるので，下段がセンス鎖の場合も左側を5′末端にして示している。

上段がセンス鎖の場合

AUG AGU AAA GGA GAA GAA CUU UUC ACU GGA
AU GAG **UAA**（終止コドン）
A **UGA**（終止コドン）

下段がセンス鎖の場合

UCC AGU GAA AAG UUC UUC UCC UUU ACU CAU
UC CAG **UGA**（終止コドン）
U CCA GUG AAA AGU UCU UCU CCU UUA CUC AU

以上より，終止コドンが生じないフレームの決め方は3通りである。

問5．④誤り。膵臓のランゲルハンス島B細胞で発現するのは，インスリン遺伝子である。

4　解答　問1．④　問2．①　問3．③

解 説　≪生物の命名法，細胞の観察，生殖≫

問2．光学顕微鏡の分解能は0.2μm，電子顕微鏡の分解能は0.2nm程度である。問題文は「ウメの…」と限定しているが，それぞれの対象物の一般的な大きさを比較してよい。

ア)柵状組織を構成する細胞は5μm×30μm程度，イ)中間径フィラメントは直径10nm程度，ウ)PPVはリード文にある通り，長さは700nm程度あるが幅（直径）は15nm程度，エ)孔辺細胞は$10\mu m \times 30\mu m$程度である。また，オ)ミトコンドリアのクリステは，厚さ5～10nm程度の内膜が作るひだ状の構造である。

問3．アブラムシの中には，ミツバチの女王が雄の子を産むときなどと同様に単為生殖を行う種が存在する。単為生殖とは，雌が雄と関係なしに単独で卵のみから次世代を生じさせる生殖法のことである。単為生殖を行ったときには，次世代の染色体数が半減する場合（ミツバチの雄）や，減数分裂をせず卵が生じたり，減数第一ないし第二分裂を経た細胞が融合して卵が生じたりして次世代の染色体数が母親と変わらない場合など，さまざまなタイプがある。

①誤り。卵の減数分裂が起こる場合には，次世代の染色体数は半減し，遺伝子の組換えも生じうるため，母親と次世代のもつ遺伝情報は異なる。②誤り。卵の減数分裂が起こらない場合，母親と次世代は同じ遺伝情報をもつ。

5　解答　問1．④　問2．⑥　問3．②　問4．①　問5．②

解説　≪植生遷移≫

問1．①誤り。遷移の初期には，乾燥や貧栄養に強い草本類やコケ植物，地衣類などの先駆植物が侵入する。②誤り。陸上で始まる一次遷移は乾性遷移とよばれる。湿性遷移とは，湖沼などの水中から始まり，陸上へ移り変わる遷移のことをいう。③誤り。植物が島状に点在する遷移の段階は荒原とよばれ，先駆植物が侵入したあと草原が生じるまでの過渡期である。

問4．①誤り。草原は荒原に比べて土壌の形成が進むため，有機物の量が多い。

問5．①誤り。森林の林床には弱い光でも生育できる陰生植物が多い。③誤り。熱帯多雨林が成立する地域は一年中植物の生育に適する気候であり，樹種や着生植物も多く，階層構造が発達している。④誤り。森林の林床では，林冠に比べて数%～20%ほどの相対照度を示す。

問7　次段落で「平等主義」、次々段落で「自由主義」を重視する「進歩主義者」について説明している。前者は「社会的効率性……社会構造を再生産する装置として批判的」、後者は「選択の自由……肯定的に考える」とあり、④の内容が合致している。

問8　直後の内容を押さえること。「自由な選択と業績主義を尊重すれば、必ず競争が生まれ」、「機会の拡大で競争をカンワ……学歴のインフレや過剰教育……社会的非効率な事態が発生する」とあり、④の内容が合致している。

問9　傍線部Fが「ラバレーの指摘」であることに着目する。ラバレーによれば、「教育現場の平等な取り扱い……否定的」で、「市民性の涵養……優先順位が下がっている」結果、「学校に誰でもアクセスできることだけが民主的平等の理念を支える最後の砦」となり、「中等教育までは民主的平等がほぼ達成されている」とある。

問10　④傍線部Dの二段落前の「社会的効率性は……教育から社会を変えてゆくというベクトルは意識されにくくなる」という内容に合致している。①第六段落に「教育は素晴らしい」というのは「抽象的」で「理想論」だとある。②傍線部Cの前文に「社会的効率性……教育を公共財と見なすことは可能」とある。③空欄Yの前段落に「結婚市場……他者と差異化する手段として学歴が利用される」とある。⑤最終段落に「ラバレーの指摘は、日本にも多々該当する面があるだろう」とある。

二

出典 中澤渉『日本の公教育——学力・コスト・民主主義』〈第2章 学校と格差・不平等 1 対立する学校へのニーズ〉（中公新書）

解答

問1 (ア)—① (イ)—② (ウ)—① (エ)—④ (オ)—③
問2 ⑤
問3 ⑤
問4 ②
問5 ③
問6 ①
問7 ④
問8 ④
問9 ②
問10 ④

解説

問2 次の段落に「自由と平等は、アメリカ社会としての最高の価値観……実現のためには……普通教育が、すべての人に開かれている必要がある」とあり、⑤の内容が合致している。③は傍線部Bの次の段落内容に照らして、「重要性は、今なお色あせていない」が不適。

問3 二段落後に「教育を職業とある程度関連させようとすれば、教育もそれに対応して教育内容を分化させざるを得なくなる」とある。「様々な社会集団のニーズに応じる形で」とした⑤が合致している。

問5 ①「教育に不熱心な親」を「許容する寛容さを持つ」が不適。②次段落に「社会移動」は「私有財の色彩を強く帯びる」とある。④・⑤「社会にとっての効率性……を重視する考え」は、④「進学競争による序列……を許容する」わけではなく、⑤「労働市場や結婚市場などを消費者の目で考える」わけでもない。

る勢力」との対決を通じて、「革新を目指す側」も「自らの思想と実践を鍛え上げることができ」、さらに「保守主義の側」も「その自覚がより深いものになる」のである。この関係が築けなければ「思想的な緊張関係」は生まれないと述べている。

問4　「それら」については直前の内容を押さえること。「次から次へと」輸入した「外来の思想や制度」を、蓄積することも相互に関連づけることもせず、「構造化されることがないままに受容」していったことを言っている。「忘却」し「思い出される」ことの「連続」による「受容」であり、②が正解。忘れ去って「受容」しなかったわけではないので③は不適。

問5　次段落以降の内容を押さえること。「保守とはまず態度の問題」であり、「現状に強い不満をもつ人間」が「変革を主張する」ことに対して、「反発を覚える自己を認識」したというのが「保守派」であると述べられている。このような「保守派」は「イデオロギーを必要としない」「自らの生活感情に根ざして必要な改革を行えばいい」「保守とは過去を尊重する一つの生き方」とある。⑤は「自身について……吹聴した」が不適。

問7　次段落に「日本に……歴史性が欠けていた」とある。続けて「明治維新」の天皇制について「その空虚さを埋めるもの」と書かれている。

問9　三段落前の「進歩主義の自己欺瞞……断絶を正面から認めなかった」「連続がない以上、それは進歩ではない」「征服を革命とすりかへ、そこに進歩を認めた」に着目する。

問10　①丸山が喝破したのは、「保守主義」が日本では根付いていないということである。③傍線部Dに「福田は自分を『保守主義者』とは考えていない」とある。④第四段落に「漠然と進歩を……現状維持を好む」態度の「両者は同一の人物……並存」とある。⑤傍線部Eと次の文に「日本の歴史を特徴づけるのは断絶……このように断じる福田」とある。

国語

一

出典　宇野重規『保守主義とは何か――反フランス革命から現代日本まで』〈第4章　日本の保守主義〉（中公新書）

解答

問1　(ア)―④　(イ)―①　(ウ)―⑤　(エ)―③　(オ)―③
問2　⑤
問3　③
問4　②
問5　①
問6　③
問7　①
問8　④
問9　④
問10　②

解説　問2　この「発言」とは、次段落の「反動の概念」という論文の中の発言であり、「信念をもった保守主義」を望んでいたのである。この保守勢力との対決を通じて革新側の思想も鍛えられると考えていた。「ズルズルと現状維持を好む」現行の保守勢力には満足していないことになる。

問3　前問と関連させて考えるとよい。傍線部B直前の「これに対し」に着目する。「現行の政治体制を自覚的に保守す

//////////////////// · memo · ///////////////////

////////////////////// · memo · //////////////////////

教学社 刊行一覧

2025年版 大学赤本シリーズ

374大学556点 全都道府県を網羅

国公立大学（都道府県順）

全国の書店で取り扱っています。店頭にない場合は，お取り寄せができます。

1 北海道大学（文系－前期日程）
2 北海道大学（理系－前期日程） 医
3 北海道大学（後期日程）
4 旭川医科大学（医学部〈医学科〉） 医
5 小樽商科大学
6 帯広畜産大学
7 北海道教育大学
8 室蘭工業大学／北見工業大学
9 釧路公立大学
10 公立千歳科学技術大学
11 公立はこだて未来大学 総推
12 札幌医科大学（医学部） 医
13 弘前大学 医
14 岩手大学
15 岩手県立大学・盛岡短期大学部・宮古短期大学部
16 東北大学（文系－前期日程）
17 東北大学（理系－前期日程） 医
18 東北大学（後期日程）
19 宮城教育大学
20 宮城大学
21 秋田大学 医
22 秋田県立大学
23 国際教養大学 総推
24 山形大学 医
25 福島大学
26 会津大学
27 福島県立医科大学（医・保健科学部） 医
28 茨城大学（文系）
29 茨城大学（理系）
30 筑波大学（推薦入試） 医 総推
31 筑波大学（文系－前期日程）
32 筑波大学（理系－前期日程） 医
33 筑波大学（後期日程）
34 宇都宮大学
35 群馬大学 医
36 群馬県立女子大学
37 高崎経済大学
38 前橋工科大学
39 埼玉大学（文系）
40 埼玉大学（理系）
41 千葉大学（文系－前期日程）
42 千葉大学（理系－前期日程） 医
43 千葉大学（後期日程） 医
44 東京大学（文科） DL
45 東京大学（理科） DL 医
46 お茶の水女子大学
47 電気通信大学
48 東京外国語大学 DL
49 東京海洋大学
50 東京科学大学（旧 東京工業大学）
51 東京科学大学（旧 東京医科歯科大学） 医
52 東京学芸大学
53 東京藝術大学
54 東京農工大学
55 一橋大学（前期日程）
56 一橋大学（後期日程）
57 東京都立大学（文系）
58 東京都立大学（理系）
59 横浜国立大学（文系）
60 横浜国立大学（理系）
61 横浜市立大学（国際教養・国際商・理・データサイエンス・医〈看護〉学部）
62 横浜市立大学（医学部〈医学科〉） 医
63 新潟大学（人文・教育〈文系〉・法・経済科・医〈看護〉・創生学部）
64 新潟大学（教育〈理系〉・理・医〈看護を除く〉・歯・工・農学部） 医
65 新潟県立大学
66 富山大学（文系）
67 富山大学（理系） 医
68 富山県立大学
69 金沢大学（文系）
70 金沢大学（理系） 医
71 福井大学（教育・医〈看護〉・工・国際地域学部）
72 福井大学（医学部〈医学科〉） 医
73 福井県立大学
74 山梨大学（教育・医〈看護〉・工・生命環境学部）
75 山梨大学（医学部〈医学科〉） 医
76 都留文科大学
77 信州大学（文系－前期日程）
78 信州大学（理系－前期日程） 医
79 信州大学（後期日程）
80 公立諏訪東京理科大学 総推
81 岐阜大学（前期日程） 医
82 岐阜大学（後期日程）
83 岐阜薬科大学
84 静岡大学（前期日程）
85 静岡大学（後期日程）
86 浜松医科大学（医学部〈医学科〉） 医
87 静岡県立大学
88 静岡文化芸術大学
89 名古屋大学（文系）
90 名古屋大学（理系） 医
91 愛知教育大学
92 名古屋工業大学
93 愛知県立大学
94 名古屋市立大学（経済・人文社会・芸術工・看護・総合生命理・データサイエンス学部）
95 名古屋市立大学（医学部〈医学科〉） 医
96 名古屋市立大学（薬学部）
97 三重大学（人文・教育・医〈看護〉学部）
98 三重大学（医〈医〉・工・生物資源学部） 医
99 滋賀大学
100 滋賀医科大学（医学部〈医学科〉） 医
101 滋賀県立大学
102 京都大学（文系）
103 京都大学（理系） 医
104 京都教育大学
105 京都工芸繊維大学
106 京都府立大学
107 京都府立医科大学（医学部〈医学科〉） 医
108 大阪大学（文系） DL
109 大阪大学（理系） 医
110 大阪教育大学
111 大阪公立大学（現代システム科学域〈文系〉・文・法・経済・商・看護・生活科〈居住環境・人間福祉〉学部－前期日程）
112 大阪公立大学（現代システム科学域〈理系〉・理・工・農・獣医・医・生活科〈食栄養〉学部－前期日程） 医
113 大阪公立大学（中期日程）
114 大阪公立大学（後期日程）
115 神戸大学（文系－前期日程）
116 神戸大学（理系－前期日程） 医
117 神戸大学（後期日程）
118 神戸市外国語大学 DL
119 兵庫県立大学（国際商経・社会情報科・看護学部）
120 兵庫県立大学（工・理・環境人間学部）
121 奈良教育大学／奈良県立大学
122 奈良女子大学
123 奈良県立医科大学（医学部〈医学科〉） 医
124 和歌山大学
125 和歌山県立医科大学（医・薬学部） 医
126 鳥取大学 医
127 公立鳥取環境大学
128 島根大学 医
129 岡山大学（文系）
130 岡山大学（理系） 医
131 岡山県立大学
132 広島大学（文系－前期日程）
133 広島大学（理系－前期日程） 医
134 広島大学（後期日程）
135 尾道市立大学 総推
136 県立広島大学
137 広島市立大学
138 福山市立大学 総推
139 山口大学（人文・教育〈文系〉・経済・医〈看護〉・国際総合科学部）
140 山口大学（教育〈理系〉・理・医〈看護を除く〉・工・農・共同獣医学部） 医
141 山陽小野田市立山口東京理科大学 総推
142 下関市立大学／山口県立大学
143 周南公立大学 新 総推
144 徳島大学 医
145 香川大学 医
146 愛媛大学 医
147 高知大学 医
148 高知工科大学
149 九州大学（文系－前期日程）
150 九州大学（理系－前期日程） 医
151 九州大学（後期日程）
152 九州工業大学
153 福岡教育大学
154 北九州市立大学
155 九州歯科大学
156 福岡県立大学／福岡女子大学
157 佐賀大学 医
158 長崎大学（多文化社会・教育〈文系〉・経済・医〈保健〉・環境科〈文系〉学部）
159 長崎大学（教育〈理系〉・医〈医〉・歯・薬・情報データ科・工・環境科〈理系〉・水産学部） 医
160 長崎県立大学 総推
161 熊本大学（文・教育・法・医〈看護〉学部・情報融合学環〈文系型〉）
162 熊本大学（理・医〈看護を除く〉・薬・工学部・情報融合学環〈理系型〉） 医
163 熊本県立大学
164 大分大学（教育・経済・医〈看護〉・理工・福祉健康科学部）
165 大分大学（医学部〈医・先進医療科学科〉） 医
166 宮崎大学（教育・医〈看護〉・工・農・地域資源創成学部）
167 宮崎大学（医学部〈医学科〉） 医
168 鹿児島大学（文系）
169 鹿児島大学（理系） 医
170 琉球大学 医

2025年版　大学赤本シリーズ

国公立大学 その他

171 〔国公立大〕医学部医学科 総合型選抜・学校推薦型選抜※ 医 総推
172 看護・医療系大学〈国公立 東日本〉※
173 看護・医療系大学〈国公立 中日本〉※
174 看護・医療系大学〈国公立 西日本〉※
175 海上保安大学校／気象大学校
176 航空保安大学校
177 国立看護大学校
178 防衛大学校 総推
179 防衛医科大学校(医学科) 医
180 防衛医科大学校(看護学科)

※No.171～174の収載大学は赤本ウェブサイト(http://akahon.net/)でご確認ください。

私立大学①

北海道の大学(50音順)

201 札幌大学
202 札幌学院大学
203 北星学園大学
204 北海学園大学
205 北海道医療大学
206 北海道科学大学
207 北海道武蔵女子大学・短期大学
208 酪農学園大学(獣医学群〈獣医学類〉)

東北の大学(50音順)

209 岩手医科大学(医・歯・薬学部) 医
210 仙台大学 総推
211 東北医科薬科大学(医・薬学部) 医
212 東北学院大学
213 東北工業大学
214 東北福祉大学
215 宮城学院女子大学 総推

関東の大学(50音順)

あ行(関東の大学)

216 青山学院大学(法・国際政治経済学部－個別学部日程)
217 青山学院大学(経済学部－個別学部日程)
218 青山学院大学(経営学部－個別学部日程)
219 青山学院大学(文・教育人間科学部－個別学部日程)
220 青山学院大学(総合文化政策・社会情報・地球社会共生・コミュニティ人間科学部－個別学部日程)
221 青山学院大学(理工学部－個別学部日程)
222 青山学院大学(全学部日程)
223 麻布大学(獣医、生命・環境科学部)
224 亜細亜大学
226 桜美林大学
227 大妻女子大学・短期大学部

か行(関東の大学)

228 学習院大学(法学部－コア試験)
229 学習院大学(経済学部－コア試験)
230 学習院大学(文学部－コア試験)
231 学習院大学(国際社会科学部－コア試験)
232 学習院大学(理学部－コア試験)
233 学習院女子大学
234 神奈川大学(給費生試験)
235 神奈川大学(一般入試)
236 神奈川工科大学
237 鎌倉女子大学・短期大学部
238 川村学園女子大学
239 神田外語大学
240 関東学院大学
241 北里大学(理学部)
242 北里大学(医学部) 医
243 北里大学(薬学部)
244 北里大学(看護・医療衛生学部)
245 北里大学(未来工・獣医・海洋生命科学部)
246 共立女子大学・短期大学
247 杏林大学(医学部) 医
248 杏林大学(保健学部)
249 群馬医療福祉大学・短期大学部
250 群馬パース大学 総推
251 慶應義塾大学(法学部)
252 慶應義塾大学(経済学部)
253 慶應義塾大学(商学部)
254 慶應義塾大学(文学部) 総推
255 慶應義塾大学(総合政策学部)
256 慶應義塾大学(環境情報学部)
257 慶應義塾大学(理工学部)
258 慶應義塾大学(医学部) 医
259 慶應義塾大学(薬学部)
260 慶應義塾大学(看護医療学部)
261 工学院大学
262 國學院大學
263 国際医療福祉大学 医
264 国際基督教大学
265 国士舘大学
266 駒澤大学(一般選抜T方式・S方式)
267 駒澤大学(全学部統一日程選抜)

さ行(関東の大学)

268 埼玉医科大学(医学部) 医
269 相模女子大学・短期大学部
270 産業能率大学
271 自治医科大学(医学部) 医
272 自治医科大学(看護学部)／東京慈恵会医科大学(医学部〈看護学科〉)
273 実践女子大学 総推
274 芝浦工業大学(前期日程)
275 芝浦工業大学(全学統一日程・後期日程)
276 十文字学園女子大学
277 淑徳大学
278 順天堂大学(医学部) 医
279 順天堂大学(スポーツ健康科・医療看護・保健看護・国際教養・保健医療・医療科・健康データサイエンス・薬学部) 総推
280 上智大学(神・文・総合人間科学部)
281 上智大学(法・経済学部)
282 上智大学(外国語・総合グローバル学部)
283 上智大学(理工学部)
284 上智大学(TEAPスコア利用方式)
285 湘南工科大学
286 昭和大学(医学部) 医
287 昭和大学(歯・薬・保健医療学部)
288 昭和女子大学
289 昭和薬科大学
290 女子栄養大学・短期大学部 総推
291 白百合女子大学
292 成蹊大学(法学部－A方式)
293 成蹊大学(経済・経営学部－A方式)
294 成蹊大学(文学部－A方式)
295 成蹊大学(理工学部－A方式)
296 成蹊大学(E方式・G方式・P方式)
297 成城大学(経済・社会イノベーション学部－A方式)
298 成城大学(文芸・法学部－A方式)
299 成城大学(S方式〈全学部統一選抜〉)
300 聖心女子大学
301 清泉女子大学
303 聖マリアンナ医科大学 医
304 聖路加国際大学(看護学部)
305 専修大学(スカラシップ・全国入試)
306 専修大学(前期入試〈学部個別入試〉)
307 専修大学(前期入試〈全学部入試・スカラシップ入試〉)

た行(関東の大学)

308 大正大学
309 大東文化大学
310 高崎健康福祉大学
311 拓殖大学
312 玉川大学
313 多摩美術大学
314 千葉工業大学
315 中央大学(法学部－学部別選抜)
316 中央大学(経済学部－学部別選抜)
317 中央大学(商学部－学部別選抜)
318 中央大学(文学部－学部別選抜)
319 中央大学(総合政策学部－学部別選抜)
320 中央大学(国際経営・国際情報学部－学部別選抜)
321 中央大学(理工学部－学部別選抜)
322 中央大学(5学部共通選抜)
323 中央学院大学
324 津田塾大学
325 帝京大学(薬・経済・法・文・外国語・教育・理工・医療技術・福岡医療技術学部)
326 帝京大学(医学部) 医
327 帝京科学大学 総推
328 帝京平成大学 総推
329 東海大学(医〈医〉学部を除く－一般選抜)
330 東海大学(文系・理系学部統一選抜)
331 東海大学(医学部〈医学科〉) 医
332 東京医科大学(医学部〈医学科〉) 医
333 東京家政大学・短期大学部 総推
334 東京経済大学
335 東京工科大学
336 東京工芸大学
337 東京国際大学
338 東京歯科大学
339 東京慈恵会医科大学(医学部〈医学科〉) 医
340 東京情報大学
341 東京女子大学
342 東京女子医科大学(医学部) 医
343 東京電機大学
344 東京都市大学
345 東京農業大学
346 東京薬科大学(薬学部) 総推
347 東京薬科大学(生命科学部) 総推
348 東京理科大学(理学部〈第一部〉－B方式)
349 東京理科大学(創域理工学部－B方式・S方式)
350 東京理科大学(工学部－B方式)
351 東京理科大学(先進工学部－B方式)
352 東京理科大学(薬学部－B方式)
353 東京理科大学(経営学部－B方式)
354 東京理科大学(C方式、グローバル方式、理学部〈第二部〉－B方式)
355 東邦大学(医学部) 医
356 東邦大学(薬学部)

2025年版　大学赤本シリーズ

私立大学②

357 東邦大学（理・看護・健康科学部）
358 東洋大学（文・経済・経営・法・社会・国際・国際観光学部）
359 東洋大学（情報連携・福祉社会デザイン・健康スポーツ科・理工・総合情報・生命科・食環境科学部）
360 東洋大学（英語〈3日程×3カ年〉）
361 東洋大学（国語〈3日程×3カ年〉）
362 東洋大学（日本史・世界史〈2日程×3カ年〉）
363 東洋英和女学院大学
364 常磐大学・短期大学 総推
365 獨協大学
366 獨協医科大学（医学部） 医

な行（関東の大学）

367 二松学舎大学
368 日本大学（法学部）
369 日本大学（経済学部）
370 日本大学（商学部）
371 日本大学（文理学部〈文系〉）
372 日本大学（文理学部〈理系〉）
373 日本大学（芸術学部〈専門試験併用型〉）
374 日本大学（国際関係学部）
375 日本大学（危機管理・スポーツ科学部）
376 日本大学（理工学部）
377 日本大学（生産工・工学部）
378 日本大学（生物資源科学部）
379 日本大学（医学部） 医
380 日本大学（歯・松戸歯学部）
381 日本大学（薬学部）
382 日本大学（N全学統一方式－医・芸術〈専門試験併用型〉学部を除く）
383 日本医科大学 医
384 日本工業大学
385 日本歯科大学
386 日本社会事業大学 総推
387 日本獣医生命科学大学
388 日本女子大学
389 日本体育大学

は行（関東の大学）

390 白鷗大学（学業特待選抜・一般選抜）
391 フェリス女学院大学
392 文教大学
393 法政大学（法〈I日程〉・文〈II日程〉・経営〈II日程〉学部－A方式）
394 法政大学（法〈II日程〉・国際文化・キャリアデザイン学部－A方式）
395 法政大学（文〈I日程〉・経営〈I日程〉・人間環境・グローバル教養学部－A方式）
396 法政大学（経済〈I日程〉・社会〈I日程〉・現代福祉学部－A方式）
397 法政大学（経済〈II日程〉・社会〈II日程〉・スポーツ健康学部－A方式）
398 法政大学（情報科・デザイン工・理工・生命科学部－A方式）
399 法政大学（T日程〈統一日程〉・英語外部試験利用入試）
400 星薬科大学 総推

ま行（関東の大学）

401 武蔵大学
402 武蔵野大学
403 武蔵野美術大学
404 明海大学
405 明治大学（法学部－学部別入試）
406 明治大学（政治経済学部－学部別入試）
407 明治大学（商学部－学部別入試）
408 明治大学（経営学部－学部別入試）
409 明治大学（文学部－学部別入試）
410 明治大学（国際日本学部－学部別入試）
411 明治大学（情報コミュニケーション学部－学部別入試）
412 明治大学（理工学部－学部別入試）
413 明治大学（総合数理学部－学部別入試）
414 明治大学（農学部－学部別入試）
415 明治大学（全学部統一入試）
416 明治学院大学（A日程）
417 明治学院大学（全学部日程）
418 明治薬科大学 総推
419 明星大学
420 目白大学・短期大学部

ら・わ行（関東の大学）

421 立教大学（文系学部－一般入試〈大学独自の英語を課さない日程〉）
422 立教大学（国語〈3日程×3カ年〉）
423 立教大学（日本史・世界史〈2日程×3カ年〉）
424 立教大学（文学部－一般入試〈大学独自の英語を課す日程〉）
425 立教大学（理学部－一般入試）
426 立正大学
427 早稲田大学（法学部）
428 早稲田大学（政治経済学部）
429 早稲田大学（商学部）
430 早稲田大学（社会科学部）
431 早稲田大学（文学部）
432 早稲田大学（文化構想学部）
433 早稲田大学（教育学部〈文科系〉）
434 早稲田大学（教育学部〈理科系〉）
435 早稲田大学（人間科・スポーツ科学部）
436 早稲田大学（国際教養学部）
437 早稲田大学（基幹理工・創造理工・先進理工学部）
438 和洋女子大学 総推

中部の大学（50音順）

439 愛知大学
440 愛知医科大学（医学部） 医
441 愛知学院大学・短期大学部
442 愛知工業大学 総推
443 愛知淑徳大学
444 朝日大学 総推
445 金沢医科大学（医学部） 医
446 金沢工業大学
447 岐阜聖徳学園大学 総推
448 金城学院大学
449 至学館大学 総推
450 静岡理工科大学
451 椙山女学園大学
452 大同大学
453 中京大学
454 中部大学
455 名古屋外国語大学 総推
456 名古屋学院大学 総推
457 名古屋学芸大学 総推
458 名古屋女子大学 総推
459 南山大学（外国語〈英米〉・法・総合政策・国際教養学部）
460 南山大学（人文・外国語〈英米を除く〉・経済・経営・理工学部）
461 新潟国際情報大学
462 日本福祉大学
463 福井工業大学
464 藤田医科大学（医学部） 医
465 藤田医科大学（医療科・保健衛生学部）
466 名城大学（法・経営・経済・外国語・人間・都市情報学部）
467 名城大学（情報工・理工・農・薬学部）
468 山梨学院大学

近畿の大学（50音順）

469 追手門学院大学 総推
470 大阪医科薬科大学（医学部） 医
471 大阪医科薬科大学（薬学部） 総推
472 大阪学院大学 総推
473 大阪経済大学 総推
474 大阪経済法科大学 総推
475 大阪工業大学 総推
476 大阪国際大学・短期大学部 総推
477 大阪産業大学 総推
478 大阪歯科大学（歯学部）
479 大阪商業大学 総推
480 大阪成蹊大学・短期大学 総推
481 大谷大学 総推
482 大手前大学・短期大学 総推
483 関西大学（文系）
484 関西大学（理系）
485 関西大学（英語〈3日程×3カ年〉）
486 関西大学（国語〈3日程×3カ年〉）
487 関西大学（日本史・世界史・文系数学〈3日程×3カ年〉）
488 関西医科大学（医学部） 医
489 関西医療大学 総推
490 関西外国語大学・短期大学部 総推
491 関西学院大学（文・法・商・人間福祉・総合政策学部－学部個別日程）
492 関西学院大学（神・社会・経済・国際・教育学部－学部個別日程）
493 関西学院大学（全学部日程〈文系型〉）
494 関西学院大学（全学部日程〈理系型〉）
495 関西学院大学（共通テスト併用日程〈数学〉・英数日程）
496 関西学院大学（英語〈3日程×3カ年〉） 新
497 関西学院大学（国語〈3日程×3カ年〉） 新
498 関西学院大学（日本史・世界史・文系数学〈3日程×3カ年〉） 新
499 畿央大学 総推
500 京都外国語大学・短期大学 総推
502 京都産業大学（公募推薦入試） 総推
503 京都産業大学（一般選抜入試〈前期日程〉）
504 京都女子大学 総推
505 京都先端科学大学 総推
506 京都橘大学 総推
507 京都ノートルダム女子大学 総推
508 京都薬科大学 総推
509 近畿大学・短期大学部（医学部を除く－推薦入試） 総推
510 近畿大学・短期大学部（医学部を除く－一般入試前期）
511 近畿大学（英語〈医学部を除く3日程×3カ年〉）
512 近畿大学（理系数学〈医学部を除く3日程×3カ年〉）
513 近畿大学（国語〈医学部を除く3日程×3カ年〉）
514 近畿大学（医学部－推薦入試・一般入試前期） 医 総推
515 近畿大学・短期大学部（一般入試後期） 医
516 皇學館大学 総推
517 甲南大学 総推
518 甲南女子大学（学校推薦型選抜） 新 総推
519 神戸学院大学 総推
520 神戸国際大学 総推
521 神戸女学院大学 総推
522 神戸女子大学・短期大学 総推
523 神戸薬科大学 総推
524 四天王寺大学・短期大学部 総推
525 摂南大学（公募制推薦入試） 総推
526 摂南大学（一般選抜前期日程）
527 帝塚山学院大学 総推
528 同志社大学（法、グローバル・コミュニケーション学部－学部個別日程）

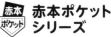

2025 年版　大学赤本シリーズ　No. 419
明星大学

2024 年 6 月 30 日　第 1 刷発行
ISBN978-4-325-26478-1
定価は裏表紙に表示しています

編　集　教学社編集部
発行者　上原 寿明
発行所　教学社
〒606-0031
京都市左京区岩倉南桑原町56
電話　075-721-6500
振替　01020-1-15695
印　刷　共同印刷工業